Revista de Direito Tributário

74

MALHEIROS EDITORES

Revista de Direito Tributário

Publicada sob os auspícios do

Instituto Geraldo Ataliba — IDEPE — Instituto Internacional de Direito Público e Empresarial e do
IBET — Instituto Brasileiro de Estudos Tributários

ISS 0102-7956

REVISTA DE DIREITO TRIBUTÁRIO
publicação trimestral de
MALHEIROS EDITORES LTDA.
Rua Paes de Araújo, 29, 17º andar - conj. 171
CEP: 04531-940 - São Paulo, SP
Tels. 822-9205 - 820-9718 - 820-5549
Fax. 829-2495
Diretor Responsável: Álvaro Malheiros
Diretora: Suzana Fleury Malheiros

Assinaturas e comercialização:
CATAVENTO DISTRIBUIDORA
DE LIVROS S.A.
Rua Conselheiro Ramalho, 928
CEP 01325-000 - São Paulo - SP
Tel. 289-0811 - Fax. 251-3756
Supervisão Gráfica: Vânia Lúcia Amato
Composição: L. Brito
Impressão: Paym Gráfica e Editora Ltda.

SUMÁRIO

HOMENAGEM A GERALDO ATALIBA
— **Víctor Uckmar** 7

CADERNOS DE DIREITO TRIBUTÁRIO

LA DISCREZIONALITÀ NEL DIRITTO TRIBUTARIO
— **Franco Gallo** 8

LANÇAMENTO TRIBUTÁRIO
— **José Souto Maior Borges** 19

LA TUTELA DEL CONTRIBUENTE DINANZI ALLA CORTE COSTITUZIONALE ITALIANA ED ALLA CORTE DI GIUSTIZIA EUROPEA
— **Víctor Uckmar** 22

IMPOSTO DE RENDA-PESSOA FÍSICA — GANHOS LÍQUIDOS AUFERIDOS EM OPERAÇÕES REALIZADAS EM BOLSA DE VALORES, DE MECADORIAS, DE FUTUROS E ASSEMELHADAS — INCONSTITUCIONALIDADE DA LEGISLAÇÃO QUE MANDA TRIBUTÁ-LOS A UMA NOVA ALÍQUOTA
— **Roque Antonio Carrazza** 34

A COMPENSAÇÃO FINANCEIRA DEVIDA NA EXPLORAÇÃO DE PETRÓLEO E RECURSOS MINERAIS E NA GERAÇÃO DE ENERGIA ELÉTRICA
— **Heleno Taveira Tôrres** 52

O IMPOSTO DE RENDA DAS PESSOAS JURÍDICAS E A CORREÇÃO MONETÁRIA DE SUAS DEMONSTRAÇÕES FINANCEIRAS
— **Hugo de Brito Machado** 90

LA REFORMA DEL IRPF: FAMILIA Y CARGAS FAMILIARES
— **Eugenio Simón Acosta** 107

LA PROTECCIÓN FISCAL DEL MEDIO AMBIENTE EN LA UNIÓN EUROPEA. EL IMPUESTO COMUNITARIO SOBRE PRODUCTOS ENERGÉTICOS
— **Fernando Serrano Antón** 128

LAS AYUDAS ESTATALES DE CARÁCTER FISCAL Y EL DERECHO COMUNITARIO: ALGUNAS NOTAS SOBRE SU DIFERENCIA DE LOS TRIBUTOS INTERNOS DISCRIMINATORIOS Y LAS EXACCIONES DE EFECTO EQUIVALENTE A PROPÓSITO DEL PRIMER INFORME SOBRE EL CÓDIGO DE CONDUTA FISCAL
— **Marta Villar Ezcurra** 150

FEDERALISMO E AUTONOMIA DOS ESTADOS. A COMPETÊNCIA DO SENADO FEDERAL E A EMISSÃO DE LETRAS FINANCEIRAS DO TESOURO DO ESTADO DE PERNAMBUCO
— **Misabel Abreu Machado Derzi e Sacha Calmon Navarro Coêlho** 158

O IMPOSTO SOBRE A TRANSMISSÃO DE BENS IMÓVEIS (ITBI): PRINCIPAIS QUESTÕES
— **José Maurício Conti** 183

NOTAS E COMENTÁRIOS

A TRIBUTAÇÃO DOS SERVIÇOS DE "INTERNET" PRESTADOS PELOS PROVEDORES: ICMS OU ISS?
— **Clélio Chiesa** ... 193

A INCONSTITUCIONALIDADE DA LEI 9.718, DE 27.11.98, E DA EC 20, DE 16.12.98
— **Igor Nascimento de Souza** ... 205

A SISTEMÁTICA DA PROVISÃO PARA DEVEDORES DUVIDOSOS COM RELAÇÃO ÀS INSTITUIÇÕES FINANCEIRAS
— **Flávio Couto Bernardes** ... 221

O MÉTODO LITERAL DE INTERPRETAÇÃO NO DIREITO TRIBUTÁRIO FRENTE A ALGUNS ASPECTOS SEMIÓTICOS DOS TEXTOS JURÍDICO-POSITIVOS
— **Roberto Wagner Lima Nogueira** ... 232

Revista de Direito Tributário

CADERNOS DE DIREITO TRIBUTÁRIO

Fundador: Rubens Gomes de Souza (†)

CADERNOS DE DIREITO TRIBUTÁRIO

HOMENAGEM A GERALDO ATALIBA*

VÍCTOR UCKMAR
Professor *Ordinario* (Titular) da II Universidade de Gênova

Estou honrado e comovido por participar, inclusive em nome de meus colegas europeus, nas comemorações em homenagem ao professor Geraldo Ataliba e, assim, secundar as palavras do professor José Souto Maior Borges, também dirigidas à memória do saudoso amigo.

Antes mesmo de encontrar Geraldo já o conhecia através de seus preclaros trabalhos doutrinários, os quais citara em meus textos, notadamente em Princípios Comuns de Direito Constitucional Tributário, que foi traduzido no Brasil em 1971. Neste ano iniciei o relacionamento com Geraldo, que se intensificou no Brasil, em seminários e aulas especiais nas Faculdades de Direito do Largo de S. Francisco e da PUC/SP e em encontros internacionais patrocinados pela IFA, CIAT e ILADT.

A propósito do ILADT, devo ressaltar a decisiva contribuição de Geraldo Ataliba, unida àquela de nosso amigo comum professor Ramón Valdés Costa, também recentemente desaparecido, para que a Itália fosse admitida, a título pleno, a integrar esse Instituto que tantos méritos trouxe ao desenvolvimento do Direito Internacional, com a prerrogativa, inclusive, de ter predisposto um Código Fiscal para a América Latina.

O desenvolvimento do Direito Tributário na América Latina foi favorecido pela presença de juristas italianos que, nos anos 40, viram-se obrigados a deixar sua pátria: Ascarelli, Liebman, Pugliese, Jarach.

Essa semente encontrou terreno muito fértil: o quanto foi recebido foi restituído em abundância, principalmente pela atenção aos aspectos de Direito Constitucional Tributário, nos quais se excedia o mestre e amigo Ataliba.

A atenção habitual aos aspectos de Direito Tributário Internacional intensificou a colaboração entre estudantes e docentes inserindo-se em nossas revistas. O último fascículo do Direito e Prática Tributária destaca-se por conter um seu artigo póstumo sobre a fiscalidade brasileira nas relações internacionais.

Assim, permito-me enfatizar mais ainda que neste primeiro Congresso Internacional de Direito Tributário se destaque como primeiro ato nossa comovida lembrança e reconhecimento a Geraldo Ataliba.

Homenagem prestada pelos professores estrangeiros na abertura do I Congresso Internacional de Direito Tributário, realizado em Vitória-ES de 12 a 15.8.98.

CADERNOS DE DIREITO TRIBUTÁRIO

LA DISCREZIONALITÀ NEL DIRITTO TRIBUTARIO

FRANCO GALLO
Professor *Ordinario* (Titular) da II Universidade de Roma "Tor Vergata" — Ex-Ministro das Finanças da Itália

1. Considerazioni introduttive. 2. Il problema della discrezionalità: nella scelta di quanti poteri istruttori esercitare. 3. (Segue): nella scelta del tipo di potere istruttorio da esercitare concretamente. 4. (Segue): nella scelta dei contribuenti da controllare. 5. Alcune considerazioni conclusive. 6. Un'ipotesi di discrezionalità. 7. Un'ipotesi di sindacabilità di un atto istruttorio (ancorché) emesso nell'esercizio di un'attività non discrezionale. 8. La scelta del metodo di accertamento.

1. Considerazioni introduttive

1.1 In ogni manuale di Diritto Tributario si trova puntualmente l'affermazione che l'obbligazione tributaria è indisponibile e che l'amministrazione Finanziaria non può determinare né il tributo dovuto né le sanzioni in misura diversa da quella normativamente prevista.[1] Dal che si fa conseguire generalmente la considerazione che la posizione soggettiva del contribuente è prevalentemente di diritto (soggettivo) e, comunque, che al giudice tributario adito è rimesso solo il controllo sulla legittimità dell'azione amministrativa sotto il profilo della violazione di legge e non dell'eccesso di potere. E anche quella dottrina, in verità minoritaria, che qualifica la posizione del contribuente come interesse legittimo[2] lo fa essendo ben

1. Il carattere vincolato dell'attività dell'AF è stato collegato all'operatività della riserva di legge prevista dall'art. 23 Cost., che imporrebbe agli uffici di attenersi al dato legislativo escludendo ogni possibilità di apprezzamento soggettivo (cfr. Liccardo, *L'Accertamento Tributario*, Napoli, 1956, p. 109); oppure ricondotto al carattere strumentale delle norme che disciplinano la potestà d'imposizione, in quanto volte ad attuare l'interesse pubblico all'acquisizione delle entrate con i soli mezzi normativamente previsti (così Micheli, "Premesse per una teoria della potestà d'imposizione", in *Riv. Dir. Fin. sc. Fin.*, 1967, I, pp. 264 e ss.). Infine, considerandosi il riferimento all'art. 23 Cost. insufficiente vista la natura relativa della riserva di legge in esso stabilita, l'assenza di discrezionalità nella determinazione dei tributi è stata affermata a seguito della verifica circa l'inesistenza di un'attività volitiva di contemperamento di interessi (in tal senso Perrone, *Discrezionalità e Norma Interna nell'Imposizione Tributaria*, Milano, 1969).

2. Cfr. Allorio, *Diritto Processuale Tributario*, Torino, 1942, pp. 106 e ss. e di recente Glendi, *L'Oggetto del Processo Tributario*, Padova, 1984, pp. 187 e ss.

consapevole della non necessaria rispondenza delle posizioni di interesse legittimo del contribuente all'esercizio di un potere discrezionale dell'Amministrazione Finanziaria (e, quindi, anche della possibilità che esista un interesse legittimo a fronte di una posizione di vincolatezza dell'ufficio).

Il riconoscimento del carattere genericamente vincolato dell'azione amministrativa non ha però impedito l'emergere di posizioni dottrinali inclini a riconoscere, almeno in via astratta, discrezionalità agli uffici nell'esercizio di quella vasta area dell'attività impositiva — prodromica alla determinazione del tributo e pertanto su di essa non immediatamente incidente — contrassegnata dai poteri istruttori di natura inquisitoria. Da ciò si è fatta anche conseguire la qualificazione delle corrispondenti situazioni soggettive del contribuente come di interesse legittimo.[3] Ad una posizione di generica discrezionalità si fa così riferimento per individuare la natura dell'attività svolta dall'ufficio in sede di scelta di quanti e quali poteri istruttori esercitare tra quelli attribuiti dalla legge e di scelta dei contribuenti da accertare.

E come logico corollario dell'affermata discrezionalità parte della stessa dottrina, nel solco di una giurisprudenza prodottasi in relazione al vecchio TU del 1958, dà per presupposta in tutti questi casi l'insindacabilità delle scelte operate dall'ufficio da parte del giudice tributario.

Va però subito rilevato che, almeno con riferimento alle ricordate ipotesi, il termine *discrezionalità* è usato atecnicamente senza specificare se si tratti di mera opinabilità (quella cioè che una volta era chiamata discrezionalità tecnica[4]) o, invece, di vera discrezionalità amministrativa.[5] Non si considera infatti che l'attività di scelta dell'ufficio è in queste ipotesi in un certo senso "libera" — beninteso nell'ambito della legge — e di tipo organizzatorio, coinvolgendo, come si vedrà meglio in seguito (v. oltre §§ 2, 3 e 4), soltanto interessi interni all'Amministrazione, estranei alla ponderazione comparativa tra l'interesse pubblico primario e altri interessi secondari che costituisce il fulcro della discrezionalità amministrativa.

1.2 L'assenza di discrezionalità non comporta tuttavia che la conclusione in termini di insindacabilità degli atti dell'AF non sia corretta con riguardo alla maggior parte delle scelte istruttorie (e in particolare di quelle sopra esemplificate). All'insindacabilità si deve giungere infatti ugualmente, pur negando la discrezionalità dei poteri esercitati e ragionando, invece, sulla base di altre più generali considerazioni. Esse partono dalla osservazione che mancano nell'ordinamento tributario italiano norme che nella fase istruttoria di controllo attribuiscono una qualche rilevanza e, dunque, una reale tutela all'interesse privato del contribuente. In particolare mancano norme dalle quali possa dedursi che, nello svolgere un'attività istruttoria, l'ufficio debba effettuare una qualche comparazione, in termini di opportunità o di valutazione costi/benefici, tra l'interesse privato e l'interesse pubblico. In tale ponderazione comparativa consiste, infatti, in riferimento all'accertamento tributario, la discrezionalità amministrativa, almeno secondo la definizione tradizionale qui accolta. Non essendoci coinvolgimento di situazioni giuridicamente rilevanti del privato, non è possibile nemmeno individuare, nell'attività svolta dall'ufficio medesimo, un eccesso di potere quale vizio di legittimità conseguente all'errata ponderazione di interessi.

Come apparirà meglio più avanti, l'assenza in tali casi di discrezionalità ammi-

3. In particolare Falsitta, *Il Ruolo di Riscossione*, Padova, 1972, pp. E 233 ss.

4. Sul punto v. Marzuoli, *Potere Amministrativo e Valutazioni Tecniche*, Milano, 1985.

5. Accogliamo in questa sede la nozione classica di discrezionalità amministrativa come potere, intesa come ponderazione comparativa (o coordinamento) di più interessi secondari, pubblici, privati o collettivi, in ordine ad un interesse primario, rappresentato dall'interesse pubblico che quell'autorità ha in attribuzione o in competenza (M. S. Giannini, *Il Potere Discrezionale della PA*, Milano, 1939; idem, *Diritto Amministrativo*, I, Milano, 1970, pp. 479 e ss.). Attraverso tale valutazione l'Amministrazione perviene alla individuazione della soluzione più opportuna per il caso concreto, che comporta la realizzazione dell'interesse primario con il minor sacrificio possibile degli interessi secondari.

nistrativa dell'ufficio consegue, dunque, in questa costruzione dal fatto della mancata acquisizione — e della mancata tutela — dell'interesse privato nel procedimento di imposizione e dalla coeva legale attribuzione "esclusiva" all'ufficio dei relativi poteri di controllo e di accertamento.[6] Il che equivale a dire che l'ufficio, liberato dalle cure dell'interesse del privato, ha la "libertà" di scegliere le modalità di esercizio dei poteri istruttori attenendosi esclusivamente alla legge e al principio costituzionale di imparzialità amministrativa. L'attività sfugge pertanto, per questa via, ad ogni sindacato di legittimità sotto il profilo dell'abuso o, se si preferisce, dell'eccesso di potere, vizio tipico dell'agire discrezionale.

1.3 L'impostazione qui data in termini generali al tema della discrezionalità, con riferimento all'acquisizione o meno dell'interesse privato nel procedimento accertativo, potrebbe sembrare troppo riduttiva e semplicistica perché fonda la risposta al quesito se sussista o meno discrezionalità esclusivamente sull'esistenza di un interesse del privato leso dall'emissione dell'atto istruttorio e sulla conseguente negazione della discrezionalità (nei confronti del privato) tutte le volte in cui la ponderazione riguarda solo interessi pubblici. Potrebbe sostenersi criticamente che, così ragionando, si aggira il discorso sulla definizione, in termini sostanziali, della discrezionalità spostando l'indagine "a valle" e cioè sull'accertamento dell'esistenza di un interesse (di tipo processuale) del privato ad agire sindacando l'atto istruttorio. Ma così non è: l'attività discrezionale, per configurarsi come tale, non può non richiedere che, in sede di ponderazione (e di coordinamento) degli interessi in gioco, sia presa in considerazione la posizione giuridica del soggetto nei cui confronti il provvedimento è diretto.[7] Dello sviamento di potere egli può infatti lamentarsi in sede contenziosa solo perché "a monte" — ed ancora fuori da un'ottica processuale — si è già fatta una valutazione che ha sacrificato il suo interesse privato. È il sacrificio di quest'ultimo che giustifica, dunque, la nascita dell'interesse processuale a rimuovere gli effetti dell'atto discrezionale. Si capisce, invece, come una ponderazione tra interessi ambedue pubblici che non tocca l'interesse privato sia destinata ad esaurire i suoi effetti all'interno dell'Amministrazione e del suo modulo organizzativo e, comunque, nei confronti del soggetto pubblico titolare dell'interesse sacrificato. E un siffatto tipo di ponderazione, non "degradando" alcun diritto del cittadino,[8] mai potrà tradursi nell'esercizio di un potere discrezionale nei suoi confronti e, quindi, non potrà mai dare luogo ad un eccesso di potere contestabile presso il giudice.

1.4 Quanto finora detto in via generale non esclude che possa esservi una vera discrezionalità amministrativa, intesa sempre come ponderazione comparativa di interessi, nei pochi casi in cui questi interessi non sono attinenti alla sfera impositiva, ma riguardano situazioni giuridiche soggettive — ad esempio, diritto all'inviolabilità del domicilio, alla riservatezza ecc. — che solo incidentalmente vengono compresse dall'attività di controllo.[9] Ciò, peraltro, non

6. Sull'autonoma rilevanza giuridica dei poteri di controllo rispetto all'attività di accertamento v. S. La Rosa, "Caratteri e funzioni dell'accertamento tributario", in *Dir. e Prat. Trib.*, I, 1990, pp. 793 e ss.

7. L'essenza del fenomeno della discrezionalità consiste infatti nella constatazione che gli interessi pubblici non sono isolati, ma calati in una fitta trama di altri interessi. Di essi alcuni possono essere di volta in volta individuati dal legislatore; altri possono non essere preventivamente determinati e tuttavia di fatto collegati con l'interesse da curare e così percepiti dall'organo agente. Così Barone, "Discrezionalità. I — Diritto Amministrativo", in *Enc. Giur. Treccani*, Roma, 1989.

8. Il quale, pur avendo un astratto interesse processuale a far dichiarare l'illegittimità dell'atto istruttorio in funzione dell'illegittimità del successivo atto di accertamento, tuttavia non è legittimato "sostanzialmente" ad agire in giudizio non essendo titolare di una situazione soggettiva lesa (il c.d. interesse ad agire).

9. Questo implica una nozione di accertamento tributario considerato non più come fase necessaria dell'applicazione del tributo finalizzata a determinare il *quantum* della prestazione, ma come controllo eventuale del complessivo comportamento del contri-

contraddice il principio di vincolatezza e non introduce alcun profilo di discrezionalità dell'attività impositiva attinente alla determinazione del tributo dovuto. Significa solo che la discrezionalità può emergere solo laddove le situazioni soggettive compresse sono diverse da quelle inerenti a tale determinazione.

2. *Il problema della discrezionalità: nella scelta di quanti poteri istruttori esercitare*

2.1 Alla luce delle suesposte considerazioni generali esaminiamo, per primo, il caso della scelta da parte dell'ufficio di quanti poteri esercitare tra quelli attribuitigli dalla legge. Appare subito chiaro al riguardo che tale scelta non è fatta sulla base della ponderazione di un interesse pubblico con quello privato del contribuente, che sola, dando luogo ad una discrezionalità, potrebbe aprire la via all'eccesso di potere rilevabile dal giudice. Come è stato correttamente rilevato,[10] gli interessi in gioco infatti sono ambedue pubblici: quello più generale al reperimento delle entrate, che dovrebbe indurre l'ufficio ad esercitare tutti i poteri a sua disposizione per accertare la situazione contributiva del cittadino fino all'esaurimento degli stessi; quello, alla maggiore efficienza e produttività dell'azione amministrativa, che dovrebbe invece portare a limitare il controllo quando l'utilità dell'attività di accertamento riguardo ad un determinato contribuente si prospetta minore di quella svolta nei confronti di altri contribuenti o di quella svolta adottando diversi poteri istruttori.

2.2 È questa, ad esempio, la problematica indotta dall'adozione di criteri selettivi ai sensi dell'art. 37 DPR 600, i quali impongono di contemperare i due interessi attraverso il rinvio alla c.d. capacità operativa degli uffici, senza però limitare la capacità di azione degli uffici stessi. Ora, a parte il fatto che l'interesse pubblico ad operare nei limiti della capacità operativa, in quanto diretto all'ottimizzazione e alla migliore organizzazione dell'azione amministrativa, potrebbe anche ricondursi al più generale interesse al reperimento di maggiori entrate (senza far emergere così un contrasto di interessi da ponderare), è comunque evidente che, pur ragionando diversamente, il carattere pubblico di ambedue gli interessi contrapposti esclude che il contribuente possa far valere un eventuale eccesso di potere laddove l'ufficio abbia accertato la materia impositiva limitandosi ad usare parte dei poteri istruttori: nessuna norma relativa agli accertamenti selettivi, infatti, prende in considerazione il suo interesse privato a che l'ufficio esaurisca tutta la gamma dei poteri istruttori (e cioè a che un'istruttoria completa faccia emergere altri elementi e dati a suo favore che confermino, anziché rettificare, la dichiarazione). E, quindi, nessuna norma gli consente di far rilevare l'eventuale eccesso di potere in cui l'ufficio potrebbe essere incorso privilegiando l'esercizio di un potere rispetto agli altri previsti dalla legge.

Resta quindi dimostrato come l'insindacabilità sia nella specie ancora più "assoluta" di quella che conseguirebbe all'esistenza di una discrezionalità intesa nel senso classico di ponderazione tra interessi.

2.3 Lo stesso tipo di problematica e la stessa risposta vanno date anche con riguardo al caso della scelta dell'ufficio di effettuare un accertamento parziale *ex* art. 41-*bis* DPR 600 senza procedere all'accertamento globale: in tale caso, evidentemente, non è configurabile un interesse del privato all'ampliamento dell'accertamento, ma solo una valutazione di tipo organizzativo dell'ufficio stesso che, al fine di meglio utilizzare la propria capacità operativa, preferisce, anche in attuazione di direttive ministeriali attente ad una politica program-

buente rivolto alla corretta applicazione del tributo. In tal senso v.: Perrone, "Evoluzione e prospettive dell'accertamento tributario" in *Riv. Dir. Fin.*, 1982, pp. 112 e ss.; Fantozzi, "I rapporti tra Fisco e contribuente nella nuova prospettiva dell'accertamento tributario", in *Riv. Dir Fin.*, 1984, I, pp. 216 e ss.; Nuzzo, *Modelli Ricostruttivi della Forma del Tributo*, Padova, 1987, pp. 119 e ss.

10. Cfr. L. Salvini, *La Partecipazione del Privato all'Accertamento*, Padova, 1990, pp. 113 e ss.

mata degli accertamenti, effettuare più accertamenti parziali, piuttosto che pochi accertamenti globali.

Né può dirsi che questa conclusione contrasti con il disposto dell'art. 2, comma 1, L 241 sul procedimento amministrativo, il quale dispone che "ove il procedimento consegua obbligatoriamente ad un'istanza, ovvero debba essere iniziato d'ufficio, la PA ha il dovere di concluderlo mediante l'adozione di un provvedimento espresso". Tale disposizione non si applica perché è diretta esclusivamente a tutelare il cittadino che ha interesse alla conclusione del procedimento, mentre nella specie l'*aborto* del procedimento di accertamento sarebbe addirittura auspicabile dal contribuente, che così si sottrarrebbe alla pretesa tributaria. Si capisce, dunque, che in tal caso egli non ha alcun interesse contrastante con quello pubblico che l'ufficio potrebbe essere chiamato a ponderare.

3. *(Segue): nella scelta del tipo di potere istruttorio da esercitare concretamente*

3.1 Alle stesse conclusioni si deve pervenire esaminando anche l'altra ipotesi della scelta, da parte dell'ufficio, del tipo di potere istruttorio da esercitare nel caso concreto. Anche qui sono d'accordo con chi ritiene che manchi la ponderazione di un interesse privato, essendo pacifico che la disciplina dell'attività istruttoria — anche laddove coinvolge il contribuente — è diretta esclusivamente ad acquisire elementi da utilizzare ai fini dell'accertamento e, quindi, per il perseguimento di un interesse pubblico. E non è certo finalizzata alla tutela della posizione soggettiva del privato contribuente. Sembra pertanto più esatto giungere anche qui al risultato dell'insindacabilità della scelta in esame ragionando in termini di mancata acquisizione degli interessi privati alla fase istruttoria, piuttosto che in termini di discrezionalità tecnica (come faceva una volta il Consiglio di Stato e, in alcune ipotesi, la Corte di Cassazione quando si usava ancor fare riferimento ad un siffatto tipo di discrezionalità).

3.2 Queste considerazioni portano dunque alla conclusione, d'ordine generale, che le norme degli artt. 32 DPR 600 e 51 DPR 633, laddove prevedono che gli uffici "possono" utilizzare i poteri di indagine ivi indicati, si limitano in via generale — e salvi i casi specifici di cui si dirà in seguito — ad attribuire una "libera" facoltà di scelta secondo la regola dell'imparzialità amministrativa e non un potere discrezionale sindacabile per eccesso di potere.

4. *(Segue): nella scelta dei contribuenti da controllare*

4.1 È anche da escludere la discrezionalità delle scelte che, a norma dei decreti ministeriali sui criteri selettivi, l'ufficio deve fare in ordine ai soggetti da accertare tra quelli relativamente ai quali sono pervenute le segnalazioni. Infatti, si è in presenza anche qui di una facoltà di scelta, non sindacabile dal giudice, prevista dalla legge, la quale comporta solo una ponderazione dell'interesse pubblico al migliore accertamento nelle sue diverse articolazioni, come tale, insindacabile da parte del giudice su iniziativa del contribuente.

4.2 Questa stessa facoltà di scelta assume una peculiare rilevanza nei casi in cui essa può concretamente condizionare la fruizione, da parte del contribuente, di un diritto attribuitogli dalla legge. Mi riferisco in particolare al caso, esaminato dalla Corte Costituzionale,[11] in cui l'emissione di un atto di accertamento influisce sulle modalità e condizioni della definizione agevolata dei rapporti tributari in base alle norme sul condono. La Corte ha ritenuto, in questa ipotesi, irragionevole e, quindi, contraria al principio di uguaglianza la norma che condiziona l'applicabilità del condono ad un atto dell'AF, in quanto in base ad essa l'Amministrazione — che può liberamente decidere se emettere l'atto nei confronti di un determinato contribuente e in quali tempi — è resa "arbitra" di tale applicabilità.

11. C. Cost. 7.7.86, n. 175, in *Giur. Cost.*, 1986, pp. 1.361 e ss.

Ciò dicendo, però, la Corte non sembra aver preso posizione a favore della discrezionalità del potere dell'ufficio in ordine alle scelte di cui sopra, ma si è limitata a prendere atto di un diritto del soggetto attribuito, con norma straordinaria, in aggiunta alle situazioni soggettive peculiari di ogni soggetto passivo dell'accertamento. Per cui ben può sostenersi che la scelta è stata presa in considerazione dalla Corte nella sua sentenza non quale espressione di un potere discrezionale, ma quale strumento usato dall'AF, seppur inconsapevolmente, per far fruire il contribuente del condono con modalità più gravose.

4.3 Il problema della sindacabilità della scelta del contribuente da accertare ha assunto in passato qualche profilo di opinabilità con riguardo alla più specifica ipotesi della scelta dell'ufficio diretta a controllare contribuenti i cui nominativi non erano stati oggetto di segnalazione nelle c.d. liste selettive. Questo problema si è posto, invero, fino all'emanazione del DM 16 dicembre 1985 contenente i criteri selettivi per l'anno 1986, che ha espressamente previsto la destinazione di una residua parte della capacità operativa degli uffici anche ai controlli cui "riterranno di procedere". Prima di tale decreto non era prevista la possibilità di iniziare il controllo in mancanza di un innesco esterno.

Ci si è chiesto in particolare[12] se l'azione degli uffici dovesse limitarsi ai soli soggetti indicati nelle liste. Al riguardo si capisce come il nodo interpretativo da sciogliere per risolvere il problema sia dato dalla risposta all'interrogativo di fondo se la struttura dei criteri selettivi e la natura dei DDMM che li recano siano tali da costituire diritti soggettivi a favore del contribuente. Ciò è stato contestato dalla dottrina[13] con argomentazioni decisamente condivisibili e che, almeno nell'ottica finora esposta, si risolvono nella circostanza che il sistema dei criteri selettivi non disconosce la completa autonomia dell'ufficio nell'attività di controllo. Tali criteri svolgono, infatti, solo la funzione pratica di indirizzare, *senza vincolarla*, l'attività di controllo degli uffici, con la conseguenza che essi, attraverso i criteri selettivi, fruiscono esclusivamente di un ausilio pratico per ottenere una maggiore efficienza del controllo. Il quale controllo si rivolge comunque a soggetti la cui individuazione è rimessa alla scelta dell'ufficio e che non hanno nemmeno alcun diritto di conoscere quando e come l'iniziativa dei controlli è decisa e si svolgerà. Non esiste invece una norma o, comunque, un atto esterno all'ufficio, cui possa ricondursi la nascita dell'obbligo a suo carico di procedere al controllo di determinati soggetti ad esclusione di altri.

5. Alcune considerazioni conclusive

5.1 Quanto finora detto con riferimento ai singoli casi presi in considerazione conferma, dunque, l'inesistenza di un potere discrezionale dell'ufficio in ordine alle scelte istruttorie. Ma conferma anche, in via generale, la diretta insindacabilità degli atti istruttori da parte del giudice, allorché tali atti non toccano un interesse privato del contribuente — non attinente alla determinazione del tributo — immediatamente leso. Il che, peraltro, non vuol dire che manchi in assoluto una tutela della situazione giuridica di questi in ordine alle modalità di svolgimento dell'attività istruttoria. Significa solo che tale tutela manca nella fase di controllo, ma può essere data nella fase contenziosa in tutte le ipotesi in cui le carenze avvertibili nel corso dello svolgimento dell'attività istruttoria si traducono in carenze di motivazione.

È evidente però che, così impostato il problema, la tutela non sarà mai piena, essendo scontato che la mancata deduzione *preventiva* degli elementi di fatto e di diritto in un eventuale contraddittorio instaurato nella fase istruttoria-amministrativa comporta pur sempre un certo pregiudizio per

12. Fantozzi, "I rapporti tra Fisco e contribuente nella nuova prospettiva dell'accertamento tributario", cit.

13. Maffezzoni, "Limiti del sindacato giurisdizionale sugli atti generali d'imposizione", in *Boll. Trib.*, 1987, p. 1.361.

il contribuente: egli si trova, infatti, a dover impugnare un atto di accertamento emesso senza che sia stata udita "l'altra parte" e sconta, di conseguenza, l'indubbia antidemocraticità di una fase istruttoria retta da un principio inquisitorio assolutamente privo di eccezioni.[14]

5.2 Per attenuare gli effetti sfavorevoli di questa situazione di non piena tutela, potrebbe essere utile percorrere la via dell'ampliamento delle ipotesi di contraddittorio tra AF e contribuente già nel corso della fase istruttoria e, comunque, prima dell'emanazione dell'avviso di accertamento.

Com'è ben noto, non è configurabile nell'ordinamento tributario un generalizzato diritto del contribuente alla partecipazione al procedimento di accertamento,[15] sicché un obbligo di coinvolgimento del privato nello svolgimento dell'attività di controllo su situazioni che lo riguardano sorge, per gli uffici finanziari, nei soli casi specificamente previsti per legge.

Alcune delle modifiche normative via succedutesi mostrano peraltro la tendenza all'incremento delle richieste di dati e notizie attraverso questionari, in modo da realizzare lo stesso risultato di acquisizione di informazioni attraverso un rapporto collaborativo con il contribuente. Altre contengono la previsione di puntuali disposizioni che subordinano la legittimità dell'avviso di accertamento alla preventiva richiesta di chiarimenti al contribuente, così da creare un necessario "contatto" con gli uffici finanziari già in sede amministrativa. Si pensi alla richiesta di chiarimenti prevista dall'art. 12 DL 69/89 in tema di coefficienti presuntivi dei ricavi e dei compensi e, da ultimo, a quella disciplinata dall'art. 37-*bis* DPR 600[16] relativa agli accertamenti di operazioni aventi natura elusiva.

L'intento di instaurare, in una fase prodromica all'accertamento, un contraddittorio tra il soggetto che è il titolare del potere di imposizione ed il contribuente, è poi alla base delle recenti disposizioni introdotte in tema di accertamento con adesione dal DL 19.6.97, n. 218. L'accordo tra Fisco e contribuente può infatti essere raggiunto già a seguito delle svolgimento da parte degli uffici di accessi, ispezioni e verifiche senza dover attendere, appunto, che i rilievi dell'ufficio vengano formalizzati attraverso l'emanazione di un avviso di accertamento. Tale previsione riprende, sia pure portandolo su un terreno amministrativo e non più giurisdizionale, l'istituto del c.d. "patteggiamento preventivo" dinanzi alla Commissione Tributaria di I grado previsto nel testo originario dell'art. 48 DL 546/92.[17] E già allora osservavo[18] che, in una prospettiva strettamente dichiarativistica, la frase "esame preventivo del rapporto tributario" dovesse interpretarsi nel senso che esso esame poteva essere innescato dall'emissione di atti che preludono all'accertamento, ma non fossero ancora essi stessi atti accertativi. Tale schema procedimentale è ora esplicitamente previsto, dalla nuova disciplina dell'accertamento con adesione: v. *Accertamento con adesione*.[19] Anche qui, infatti, il contraddittorio può situarsi in una fase successiva all'attività di controllo e precedente all'accertamento. Il che costituisce di per sé un notevole vantaggio, in quanto consente di far acquisire, ai fini dell'accertamento, elementi dedotti direttamente dal contribuente.[20]

14. Sul punto, v. le mie osservazioni in "Accertamento e garanzie del contribuente: prospettive di riforma", in *Dir. Prat. Trib.*, 1989, p. 6.

15. V. in tal senso Salvini, op. cit., pp. 28 e ss. Nonostante la L 241/90 abbia riconosciuto il diritto del privato alla partecipazione al procedimento amministrativo, tali previsioni non sono applicabili al procedimento tributario di controllo ed accertamento per l'espressa esclusione dell'art. 13, 2 comma, L 241/90.

16. Introdotto dall'art. 7 DL 8.10.97, n. 358.

17. Emanato in attuazione dell'art. 30, lett. "b", L 413/91 e totalmente novellato dall'art. 12, 1º comma, L 556/96.

18. V. il mio "Discrezionalità dell'accertamento tributario e sindacabilità delle scelte dell'ufficio", in *Riv. Dir. Fin. Sc. Fin.*, 1992, pp. 655 e ss.

19. In questo *Aggiornamento*, II.

20. Nella nuova disciplina dell'accertamento con adesione particolarmente delicato può essere il

6. Un'ipotesi di discrezionalità

6.1 Un interesse privato da ponderare in sede di scelta istruttoria e una conseguente esigenza di tutela immediata del contribuente potrebbero invece rinvenirsi in alcune ipotesi, diverse da quelle esaminate, in cui — come si è visto *sub* par. 1.4 — la posizione soggettiva del contribuente viene compressa dall'esercizio del potere di controllo oltre i limiti della ragionevolezza e della normalità. Ci si riferisce, ad esempio, alle ipotesi — non infrequenti nella pratica — in cui l'accesso o la permanenza presso i locali del contribuente degradano, per le modalità un cui sono svolte, il diritto all'inviolabilità del suo domicilio e alla libertà personale o, più generalmente, all'ordinato espletamento della sua attività privata; oppure ai casi in cui l'esercizio dell'attività istruttoria incide sul diritto alla riservatezza del contribuente.[21]

Qui in effetti si potrebbe affermare che c'è un interesse giuridicamente rilevante del contribuente a non subire gli eccessi dell'attività di controllo e che la scelta dell'ufficio sconta un'implicita ponderazione tra tale interesse e l'interesse pubblico all'accertamento e al reperimento delle entrate, che porta al sacrificio del primo: si pensi al pregiudizio che il contribuente potrebbe sopportare qualora la (anormale) permanenza dell'ispezione richiedesse un onere amministrativo o un intralcio all'attività dell'azienda superiore al normale.

Si potrebbe al riguardo sostenere che questa ponderazione è già fatta dal legislatore allorché attribuisce il potere all'ufficio, ma va rilevato al contrario che nei casi appena ricordati la ponderazione che si richiede all'ufficio è ben diversa da quella operata dalla legge, riguardando essa il profilo ulteriore dell'intensità dell'esercizio del potere.

Né può ritenersi che l'assenza dei limiti normativi all'esercizio vada interpretata come indifferenza del legislatore alla compressione del diritto del privato e, quindi, come legittimazione dell'ufficio ad usare incondizionatamente il suo potere attraverso la scelta delle modalità di esercizio: giustamente è stato rilevato[22] come l'indeterminatezza della legge non equivalga a indifferenza ed anzi costituisca il presupposto perché si eserciti la facoltà di scelta da parte dell'ufficio che la deve applicare. In altri termini, il travalicamento, da parte dell'ufficio, dei limiti fissati dalla legge allo svolgimento dell'attività di controllo comporta l'illegittimità dell'attività stessa per violazione della legge. Ma quando tali limiti — come avviene nei casi in esame — non sono fissati, non è detto che l'attività di controllo "troppo intensa" non si presti ugualmente a critiche sia pure sotto il diverso profilo dell'eccesso di potere, allorché essa è svolta con modalità tali da comprimere diritti del contribuente costituzionalmente garantiti.

La soluzione data in termini di sindacabilità all'ipotesi ora esposta dovrebbe dunque comportare una tutela immediata dell'interesse privato leso del cittadino:[23]

profilo relativo alla verifica degli accordi raggiunti tra Fisco e contribuente, non essendoci necessariamente una pretesa tributaria formalizzata nell'atto di accertamento e mancando il controllo, sia pure limitato ai soli profili di legittimità, da parte del giudice tributario. In tal senso particolare rilievo deve essere dato alla motivazione dell'accertamento con adesione, in quanto espressione dell'*iter* logico seguito fino al raggiungimento dell'accordo.

21. V. in merito TAR Veneto, 15.6.88, n. 313 (ord.), in *Rass. Trib.*, 1988, II, p. 1.061; TAR Veneto, 6.10.88, n. 1.010, in *Rass. Trib.*, 1989, II, p. 68; Cons. Stato (app.), 28.1.91, n. 43, in *Riv. Dir. Fin.*, 1991, II, p. 31. Nel caso di specie erano stati inviati ai clienti di alcuni professionisti questionari in cui si chiedeva di indicare l'ammontare degli onorari pagati, con conseguente sospetto di lesione dell'onore e della reputazione dei professionisti stessi.

22. Salvini, op. cit., p. 113.

23. La tutela mediata dell'interesse del privato leso dall'esercizio dell'attività istruttoria attraverso il ricorso al giudice tributario risulta infatti profondamente insufficiente. Essa infatti è innanzitutto subordinata all'emanazione di un atto impugnabile dinanzi alle Commissioni Tributarie; e poi condizionata dal legame funzionale e non anche strutturale che lega gli atti del procedimento di accertamento,

ciò dovrebbe valere sia per il privato *contribuente*, che ha interesse a rimuovere l'illegittimità dell'atto istruttorio *subito* al fine di evitare il pregiudizio che esso importa senza attendere l'emissione dell'atto di accertamento, sia, e a maggior ragione, per il privato terzo, che "collabora" con l'ufficio solo in sede, ad esempio, di accesso presso il suo domicilio o luogo di lavoro. In quest'ultimo caso infatti nessuna tutela — nemmeno successiva — potrebbe avere il privato presso il giudice tributario, non essendo egli destinatario dell'atto di accertamento e, quindi, non potendo far valere il suoi interessi in sede di impugnativa dello stesso.

La circostanza che tale lesione coinvolga posizioni giuridicamente rilevanti del contribuente configurabili come diritti soggettivi (diritto al domicilio, diritto alla riservatezza, diritto al normale svolgimento della propria attività privata) è stata ritenuta sufficiente per attribuire all'autorità giudiziaria ordinaria la competenza a conoscere tali controversie.[24] La via sarebbe quella della promozione dell'azione cautelare *ex* art. 700 c.p.c. e di quella risarcitoria per responsabilità extracontrattuale della PA. Alcuni autori arrivano, invece, alla conclusione, opposta della giurisdizione del TAR sul presupposto che l'ufficio in tali casi esercita un potere amministrativo di controllo (di natura appunto discrezionale), che degraderebbe tali diritti in interessi legittimi.[25] È esclusa in ogni caso la possibilità di adire il giudice tributario non avendo questi competenza riguardo agli atti istruttori (art. 2 DL 31.12.92, n. 546).

6.2 Il riconoscimento della natura discrezionale riguardo ad un'attività istruttoria sconta una mia presa di posizione circa la questione se la discrezionalità amministrativa possa manifestarsi con riguardo ad ogni atto amministrativo o, invece, debba esclusivamente esprimersi attraverso atti a contenuto provvedimentale.[26] La mia opinione è nel senso di riconoscere che l'attività non provvedimentale non presenta profili di discrezionalità se considerata come prodromica al compimento di un atto decisorio: si tratta, in tali casi, di attività svolte al fine di accertare le situazioni di fatto poste a base di tale atto. Ciò non esclude però che, se l'attività — come ho posto in evidenza nella premessa (v. *supra*, § 1) — viene considerata (non come prodromica al provvedimento di accertamento, bensì) sotto il diverso aspetto dell'incidenza diretta sulle situazioni soggettive del privato non attinenti la sfera impositiva, anch'essa assuma contenuto provvedimentale e, quindi, possa avere natura discrezionale (beninteso se all'autoritarietà si accompagna anche la ponderazione o, più semplicemente, il coordinamento degli interessi contrapposti). Essa potrà perciò in questi casi essere sottoposta a controllo giurisdizionale per eccesso di potere.

7. Un'ipotesi di sindacabilità di un atto istruttorio (ancorché) emesso nell'esercizio di un'attività non discrezionale

È parimenti impugnabile immediatamente — ma non perché emesso in eccesso di potere e, comunque, non perché "discrezionale" — l'autorizzazione del Procuratore della Repubblica prevista dall'art. 52, commi 2 e 3, DPR 633 per l'accesso in locali diversi da quello destinato all'eserci-

sicché eventuali vizi dell'attività istruttoria determinano, più che una invalidità derivata dell'accertamento, l'inutilizzabilità delle prove così acquisite e dunque l'infondatezza degli accertamenti esclusivamente su di esse fondati.

24. P. Russo, *Manuale di Diritto Tributario*, Milano, 1996, p. 260.

25. Lupi, *Diritto Tributario*, Milano, 1995, p. 181; Basilavecchia, "Il riparto di giurisdizione tra commissioni tributarie e giudice amministrativo ordinario", in *Boll. Trib.*, 1990, p. 10. In senso dubitativo sulla possibilità di ricorrere al giudice ordinario ovvero al giudice amministrativo, v. Fantozzi, *Diritto Tributario*, Torino, 1997, p. 325. La giurisprudenza al riguardo è alquanto ondivaga e incerta (vedila esaminata da Schiavolin, "Indagini fiscali e tutela giurisdizionale anteriore al processo tributario", in *Riv. Dir. Fin.*, 1991, I, p. 34).

26. Così M. S. Giannini, *Diritto* ... cit., pp. 484 e ss.

zio di attività commerciali e professionali. Il fatto che tale autorizzazione può essere rilasciata solo in presenza di "*gravi* indizi di violazioni" consente, in particolare, di adire il giudice allorché si adduca l'inesistenza dei (gravi) indizi assunti come presupposto per l'emissione dell'autorizzazione stessa.

Si è invece ritenuto al riguardo da parte di alcuni giudici tributari e dalla stessa Cassazione[27] che nella specie si sarebbe in presenza di una vera e propria discrezionalità amministrativa nella valutazione dei "gravi indizi", con la conseguente impossibilità di conoscere, da parte del giudice, dell'esistenza dei presupposti dell'eccesso in tutti i casi in cui l'autorizzazione sia stata formalmente rilasciata.

Tale opinione non è accettabile: la sindacabilità dell'autorizzazione va infatti ammessa, perché mancano i presupposti che la legittimano (e, quindi, per violazione di legge) e non perché si sia in presenza di un'attività discrezionale. La valutazione richiesta al Procuratore della Repubblica non comporta, infatti, alcuna ponderazione dell'interesse del privato, anche se è indubbio che l'autorizzazione è prevista esclusivamente come strumento di tutela del diritto del cittadino compresso dallo svolgimento dell'attività di controllo.

Al Procuratore della Repubblica, in particolare, non è rimessa dall'art. 52 DPR 633 alcuna valutazione dell'interesse del privato all'inviolabilità del domicilio rispetto all'interesse pubblico all'accertamento, avendo la sua valutazione per oggetto solo la *prova* data dall'ufficio circa l'esistenza dei presupposti di legge anzidetti. In questi casi è infatti il legislatore a ricollegare direttamente all'esistenza di tali presupposti (le violazioni gravi) la conseguenza, da esso stesso stabilita, dell'atto diretto a comprimere la sfera del privato (e cioè l'accesso).[28] Ed è lo stesso legislatore che ha già ponderato gli interessi del privato quando ha stabilito che per operare l'accesso è sufficiente l'esistenza di una violazione, senza rimettere all'organo autorizzatore la valutazione in ordine alla gravità delle violazioni.

8. *La scelta del metodo di accertamento*

Anche se si abbandona l'esame dei poteri istruttori e si passa a considerare la materia della scelta dei metodi di accertamento, l'approccio interpretativo finora seguito mantiene intatta la sua validità. Anche qui si può dire, infatti, che le scelte operate sono insindacabili, pur non essendo esse il frutto di un esercizio di un potere discrezionale. Si pensi al caso del passaggio dal metodo analitico di accertamento a quello induttivo regolato dall'art. 39 DPR 600 del 1973. Il comma 2^0 di tale articolo lo "consente" e cioè consente di determinare "il reddito d'impresa sulla base dei dati e delle notizie comunque raccolte o venuti a conoscenza (dell'ufficio), *con facoltà di prescindere in tutto o in parte dalle risultanze del bilancio e dalle scritture contabili e di avvalersi anche di presunzioni*" non qualificate, allorché si verificano le condizioni previste dalle sue lettere da "a" a "d".

Non pone problemi di discrezionalità il passaggio dal metodo analitico a quello induttivo operato ricostruendo *ex novo* "economicamente" il reddito. Può porli, invece, il passaggio al metodo induttivo operato non abbandonando il riferimento alle scritture contabili o al bilancio; e ciò benché si siano verificate una o tutte le condizioni previste per il "passaggio".

È sindacabile al riguardo la scelta di aver mantenuto nella sostanza anche parzialmente (ad esempio, assumendo come veri i ricavi indicati dal contribuente) il metodo analitico? E se la risposta è negativa, l'insindacabilità deriva dalla discrezionalità delle scelte o, invece, è l'ovvia o quanto meno automatica conseguenza dell'attribuzione per legge di una facoltà di (libera) scelta "imparziale"?

27. V. *Cass. SS.UU.* 8.062 dell'8.8.90.

28. In tal senso v. P. Russo, "Questioni vecchie e nuove in tema di operatività del segreto bancario in materia tributaria", in *Riv. Dir. Trib.*, 1991, I, pp. 80 e ss.

La risposta a mio avviso deve essere quella, già anticipata, della insindacabilità della scelta per il metodo analitico non correlata alla discrezionalità. La richiamata disposizione, infatti, attribuisce la facoltà di prescindere in tutto o in parte dalle risultanze del bilancio o dalle scritture contabili non perché vuole "invitare" l'ufficio a ponderare in termini di opportunità l'interesse pubblico (all'accertamento più completo e puntuale) con l'interesse privato (ad esempio, a che il metodo di accertamento sia quello, puro, di ricostruzione economica per presunzioni). Essa acconsente a che si prescinda dalle scritture perché, verificandosi le condizioni stabilite dalle citate lettere, tali scritture non possono più essere assunte come punto di riferimento obbligatorio e, quindi, si presenta necessario "autorizzare" l'ufficio a ricostruire *aliunde* il reddito del contribuente. Ma ciò non esclude che, esistendo le scritture contabili, l'ufficio possa continuare ad adottare il metodo analitico se lo ritiene più consono al perseguimento dell'interesse pubblico alla migliore determinazione del reddito e sempre che la procedura seguita sia, sul piano tecnico-giuridico, inattaccabile sotto il profilo della violazione di legge e, perciò, l'atto di accertamento sia fornito di un'idonea motivazione.

Ciò vuol dire che la scelta avviene solo sulla base di un interesse pubblico (all'ottimizzazione dell'attività accertativa) e che nessun interesse privato va confrontato a tale interesse. La scelta di ricostruire il reddito in via analitica anziché in via induttiva è un fatto organizzativo che non incide la situazione del contribuente. Questi, anche se dal metodo induttivo traesse un miglior "trattamento", nulla potrebbe contestare in ordine all'opportunità della scelta, essendo stata la ponderazione degli interessi già effettuata dalla legge nel momento di attribuire all'ufficio la facoltà di scelta. Il contribuente potrà contrastare il metodo usato e il risultato ottenuto in sede di impugnativa dell'atto di accertamento. E ciò, non perché, nella scelta che lo ha portato a fare riferimento anche ai risultati delle scritture contabili, l'ufficio non abbia tenuto nel debito conto l'interesse del privato, ma perché ha violato la legge fiscale notificando un accertamento non adeguatamente motivato e contenente dati analitici incompleti e inattendibili o non supportati da presunzioni (ad esempio, perché, violando l'art. 75 TUIR, non ha tenuto conto, insieme ai ricavi, anche dei costi).

Fonti: art. 23 Cost.; artt. 32, 37, 39 e 41-*bis* DPR 29.9.73, n. 600; art. 2, comma 1, L 7.8.90, n. 241; art. 51 DPR 26.10.72, n. 633.

Letteratura:

Sulla discrezionalità in generale: M. S. Giannini, *Il Potere Discrezionale della Pubblica Amministrazione*, Milano, 1939; Piras, "Discrezionalità amministrativa", in *Enc. Dir.*, XII, Milano, 1964, pp. 65 e ss.; F. Benvenuti, *La Discrezionalità Amministrativa*, Padova, 1986; Azzariti, *Dalla Discrezionalità al Potere*, Padova, 1989; Marzuoli, "Discrezionalità amministrativa e sindacato giudiziario: profili generali", in *Potere Discrezionale e Controllo Giudiziario*, Milano, 1998, 71 ss.

Sulla discrezionalità nel Diritto Tributario: Micheli, "Premesse per una teoria della potestà d'imposizione", in *Riv. Dir. Fin.*, 1967, I, pp. 264 e ss.; Perrone, *Discrezionalità e Norma Interna nell'Imposizione Tributaria*, Milano, 1969; Falsitta, *Il Ruolo di Riscossione*, Padova, 1972, pp. 233 e ss.; Fantozzi, "I rapporti tra Fisco e contribuente nella nuova prospettive dell'accertamento tributario", in *Riv. Dir. Fin.*, 1984, I, pp. 216 e ss.; L. Salvini, *La Partecipazione del Privato all'Accertamento*, Padova, 1990, pp. 113 e ss.; Gallo, "Discrezionalità dell'accertamento tributario e sindacabilità delle scelte dell'ufficio", in *Riv. Dir. Fin.*, 1992, pp. 655 e ss.

CADERNOS DE DIREITO TRIBUTÁRIO

LANÇAMENTO TRIBUTÁRIO

José Souto Maior Borges
Professor da Faculdade de Direito da Universidade Federal de Pernambuco

1. Inserção do lançamento no Direito Administrativo. 2. Procedimento e ato administrativo. 3. Lançamento como categoria do Direito Tributário Administrativo. 4. Lançamento como procedimento administrativo. 5. Crítica aos críticos do lançamento como procedimento administrativo. 6. A atividade administrativa de lançamento no Código Tributário Nacional (art. 142, parágrafo único). 7. O lançamento como ato de aplicação da lei tributária.

1. Inserção do lançamento no Direito Administrativo

No princípio era o Direito Administrativo. O Direito Tributário estudado como simples capítulo da Ciência do Direito Administrativo. E o Direito Tributário se fez didaticamente autônomo, apartando-se do Direito Administrativo, como novo "ramo" do Direito. Mas guardou, como um resquício, o regime jurídico-administrativo aplicável à estrutura e função da administração tributária. É o chamado "Direito Tributário Administrativo". Nesse campo a categoria mais importante é o lançamento tributário.

2. Procedimento e ato administrativo

Como o lançamento tributário é matéria administrativa, o terreno mais indicado para descrevê-lo e explicá-lo foi trilhado pela doutrina do Direito Administrativo, e não, a rigor, pela doutrina do Direito Tributário. Que nos ensinam os administrativistas? Um texto clássico é o de Adolfo Merkl, onde buscamos inspiração para este trabalho. Para ele, a administração é um fazer, um obrar. Toda *atividade* encaminhada a algo desemboca em *fatos*; todo *fieri* (o procedimento administrativo) num *factum* (o ato administrativo). O procedimento administrativo é, no geral, *vinculado*, é dizê-lo: regrado. Se não o fora, seria questão discricionária descobrir por que vias processuais aplicar-se-ia a lei administrativa: se a lei não prefixasse o meio, qualquer caminho seria adequado à consecução do objetivo a ser legalmente alcançado.

Assim o conteúdo do ato administrativo poderá ser vinculado e o procedimento que o antecede discricionário, e vice-versa, ou ambos vinculados (cf. *Teoría General del Derecho Administrativo*, p. 192). No Direito brasileiro procedimento e ato de lançamento são vinculados.

Todavia, deve-se a Merkl essa observação capital: "No fundo, toda administração é procedimento administrativo e os atos administrativos nos são apresentados como meros produtos do procedimento administrativo" (ob. cit., p. 279).

3. *Lançamento como categoria do Direito Tributário Administrativo*

Na sua reação obstinada quanto à caracterização do lançamento como procedimento administrativo a doutrina brasileira do Direito Tributário parece desconhecer — voltando-lhe as costas — esse legado do Direito Administrativo.

Ora, o lançamento tributário, sobre ser categoria do Direito Tributário Administrativo (ou, se se prefira, do Direito Administrativo Tributário), é uma categoria *dogmática*, isto é, de Direito Positivo. Não é um conceito lógico-jurídico (universal no seu âmbito de abrangência), nem tampouco de Teoria Geral do Direito (conceito formal). Logo, é o Direito Positivo quem lhe desenha o perfil e os contornos: o *accertamento* do Direito italiano não corresponderá de todo ao nosso lançamento, nem a *liquidación* do Direito espanhol, etc.

4. *Lançamento como procedimento administrativo*

Pois bem: *legem habemus*. Trata-se do CTN, art. 142, que define o lançamento como sendo um *procedimento* administrativo, isto é, um *fieri* "tendente a verificar a ocorrência do fato gerador da obrigação correspondente, determinar a matéria tributável, calcular o montante do tributo devido, identificar o sujeito passivo e, sendo o caso, propor a aplicação da penalidade cabível.

O procedimento de lançamento tende, pois, a um *factum*, o *ato* de lançamento, com o conteúdo predeterminado pelo CTN, art. 142, *caput*. Que o lançamento é *procedimento* e também *ato* deixa claro o parágrafo único desse dispositivo ao referir-se à atividade administrativa de lançamento, e, pois, a uma seriação de atos (procedimento) predeterminados à realização do ato final (o ato administrativo de lançamento), vinculados tanto o ato quanto o procedimento que o prepara e antecede. E também o art. 150, *caput*, do CTN explicita que o lançamento opera-se por um *ato* de homologação pela autoridade administrativa.

5. *Crítica aos críticos do lançamento como procedimento administrativo*

A doutrina largamente majoritária — e tão majoritária quanto inconvincente — nega ao lançamento o caráter de procedimento. Volta as costas simultaneamente para texto expresso de lei e as origens vetustas do Direito Tributário, que estão no regime administrativo.

Negar ao lançamento o caráter de procedimento é contrapor-se à *base empírica* do Direito Tributário. É converter a simples *opinião* em tribunal do reto pensar. Lançamento é tanto o ato quanto o procedimento que o antecede (v. nosso *Tratado de Direito Tributário Brasileiro*, IV, *passim*).

6. *A atividade administrativa de lançamento no Código Tributário Nacional (art. 142, parágrafo único)*

O Código Tributário Nacional, naquele mesmo dispositivo (art. 142, parágrafo único), prescreve que a atividade (procedimento + ato) de lançamento é vinculada e obrigatória, sob pena de responsabilidade funcional. Essa definição está perfeitamente adequada à caracterização dos procedimentos vinculados pela doutrina do Direito Administrativo: "Porém, em sentido mais rigoroso e técnico, fala-se do procedimento jurídico somente quando o caminho que conduz a um ato estatal não se entrega à livre eleição do órgão competente para o ato, mas está previsto juridicamente quando, para tanto, o caminho que se percorre para chegar ao ato constitui aplicação de uma norma jurídica que determina, em maior ou menor grau, não somente a meta, mas também o próprio caminho, e que pelo objeto de sua normação se nos oferece como norma processual" (Merkl, ob. cit., p. 279).

7. *O lançamento como ato de aplicação da lei tributária*

A administração, sabe-se, é uma atividade infralegal: administrar é aplicar a lei de ofício — ensina-o lapidarmente Seabra Fagundes.

O ato de lançamento é ato de aplicação da lei tributária ao caso concreto. A noção de ato de aplicação do Direito é pertinente à Teoria Geral do Direito, mas quando o ato de aplicação ingressa no Direito Tributário Brasileiro, com o conteúdo do art. 142, *caput*, dá-se lançamento.

CADERNOS DE DIREITO TRIBUTÁRIO

LA TUTELA DEL CONTRIBUENTE DINANZI ALLA CORTE COSTITUZIONALE ITALIANA ED ALLA CORTE DI GIUSTIZIA EUROPEA

VÍCTOR UCKMAR*
Professor *Ordinario* (Titular) da II Universidade de Gênova

1. La tutela del contribuente davanti alla Corte Costituzionale italiana: 1.1 Introduzione — 1.2 La riserva di legge — 1.3 Applicazione dei tributi in funzione della capacità contributiva. — 1.4 Generalità dell'imposizione — 1.5 Diritto di difesa — 1.6 Il procedimento. 2. La tutela del contribuente davanti alla Corte di Giustizia Europea: 2.1 Le norme comunitarie in materia fiscale — 2.2 Il ruolo dell'ordinamento comunitario — 2.3 La contestazione relativa alla violazione del Diritto Comunitario — 2.4 Il rinvio pregiudiziale — 2.5 Il procedimento di infrazione. 3. Conclusioni.

1. La tutela del contribuente davanti alla Corte Costituzionale italiana

1.1 Introduzione

La Costituzione italiana contiene alcune norme che concernono specificatamente la materia tributaria: le fondamentali sono gli artt. 23 — "nessuna prestazione personale o patrimoniale può essere imposta se non in base alla legge" — e il 53 — "tutti sono tenuti a concorrere alle spese pubbliche in ragione della loro capacità contributiva. Il sistema tributario è informato a criteri di progressività".

Altre disposizioni della Costituzione, peraltro, seppur non specificamente dirette a disciplinare i rapporti fiscali, presentano una rilevanza centrale anche nella materia tributaria per la generale applicazione a tutti i settori del Diritto: si tratta, per esempio, dell'art. 3, recante il principio di uguaglianza dei cittadini davanti alla legge, ovvero dell'art. 24, che assicura a tutti il diritto di difendersi davanti ad un giudice.

La individuazione delle norme costituzionali del Diritto Tributario ha rilevanza, anzitutto, ai fini del controllo delle leggi e degli atti aventi forza di legge: la Corte costituzionale, infatti, può essere investita, vedremo poi in quale modo, del controllo delle leggi, anche di natura fiscale, al fine di valutare se una determinata norma sia o meno conforme alle supreme regole poste dalla Costituzione.

Oltre a costituire, una sorta di Legge delle Leggi in tale senso, le regole poste

* Con la collaborazione dei dottori Sara Armella e Francesca Balzani.

dalla Carta Fondamentale concorrono altresì a formare il corpo dei principi generali del Diritto e quindi ad arricchirne e precisarne gli strumenti di interpretazione.

Infine, le norme costituzionali possono assolvere ad una particolare funzione giuridica: quella di fornire le "direttive" al legislatore ordinario.

1.2 La riserva di legge

L'art. 23 della Costituzione italiana, ponendo la regola per la quale solo la legge può imporre una prestazione patrimoniale, stabilisce una riserva di legge per gli atti impositivi e ciò in conformità al principio secondo cui ogni intervento limitativo della sfera della libertà e della proprietà dei singoli deve essere consentito dal Parlamento. Tale riserva, peraltro, presenta carattere "relativo": ciò significa che la legge, anzichè contenere l'intera disciplina della prestazione tributaria, può "autorizzare" un altro ente pubblico a disporla, nel rispetto dei criteri e limiti da essa fissati (è il caso della legislazione delegata).

In pratica, il legislatore non deve rigidamente determinare *tutti* gli elementi della prestazione imposta, ma può *limitarsi a fornire i criteri idonei ad escludere l'arbitrio dell'autorità delegata* a definire gli elementi necessari per attuare concretamente la legge fiscale (in questo senso la giurisprudenza della Corte si è determinata fin dalla prima pronuncia in materia).

La seconda questione che è stata posta riguardo tale norma attiene i limiti oggettivi del relativo ambito applicativo: poichè, infatti, l'art. 23 si riferisce genericamente alle "prestazioni patrimoniali" si è chiesto alla Corte se la "riserva" debba valere solo per le imposte o anche per altre entrate.

La Corte Costituzionale, sul punto, ha chiaramente affermato che ricadono sotto il vigore dell'art. 23 tutte le prestazioni obbligatorie istituite da un atto di pubblica autorità quale che sia la sua denominazione. In particolare, la Corte ha ritenuto si possa avere "prestazione imposta" anche quando la fonte immediata della obbligazione abbia natura contrattuale, come nel caso delle tariffe telefoniche (fino a poco tempo fa): tutte le volte in cui un servizio, in considerazione di una particolare rilevanza, sia riservato alla mano pubblica e l'uso di esso debba considerarsi essenziale ai bisogni della vita, si deve riconoscere che la determinazione autoritaria delle tariffe deve assimilarsi, nella realtà effettuale, ad una vera e propria imposizione di prestazione patrimoniale.

Se è vero, infatti, che il cittadino è libero di stipulare o non stipulare il contratto, è altrettanto vero che questa libertà si riduce alla possibilità di scegliere fra la rinunzia al soddisfacimento di un bisogno essenziale e l'accettazione di condizioni e di obblighi unilateralmente e autoritariamente prefissati: si tratta, insomma, di una libertà meramente formale, perchè la scelta nel primo senso comporta il sacrificio di un interesse assai rilevante.

Si deve ritenere, perciò, che quando si tratti di un servizio essenziale — esercitato in regime di monopolio pubblico — la determinazione delle tariffe non possa essere rimessa all'arbitrio dell'autorità, ma debba essere assistita da quelle garanzie che la Costituzione ha voluto assicurare attraverso la riserva di legge.

1.3 Applicazione dei tributi in funzione della capacità contributiva

Fondamentali limiti, di carattere sostanziale, al potere impositivo sono stabiliti dall'art. 53 della Costituzione. Col primo comma si dispone, infatti, che il concorso che "tutti" sono tenuti a dare alle spese pubbliche deve essere determinato in ragione della "capacità contributiva" di ciascuno. Si è chiesto se tale formula valga a segnare veri limiti al legislatore, o se invece esprima una generica direttiva, praticamente non vincolante. La delicata soluzione alla questione è stata storicamente indicata da un'acuta dottrina che identificò il cuore della norma nella regola secondo cui il presupposto prescelto dal legislatore deve essere tale da dimostrare l'idoneità astratta del soggetto passivo a sopportare il carico del tributo (F. Giardina, *Le Basi Teoriche del Principio di Capacità Contributiva*, Milano, Giuffrè, 1961).

È evidente che in questa valutazione di congruità c'è ampio spazio per le scelte politiche del legislatore, ma è altrettanto vero che risulta così superato l'insegnamento più risalente nel tempo, secondo il quale "qualsiasi situazione di fatto può, in via di principio, essere suscettibile d'imposizione" (A. D. Giannini, *I Concetti Fondamentali del Diritto Tributario*, Torino, UTET, 1956).

La potestà del legislatore, pertanto, in virtù della norma stessa, risulta ridotta, nel senso che una legge tributaria è legittima solo se il riferimento del presupposto all'obbligato risulta da un collegamento effettivo costituito dalla circostanza che tale presupposto riveli la idoneità astratta del soggetto a sopportare il carico del tributo.

Muovendo da queste sensibili premesse della dottrina, la Corte Costituzionale ha approfondito la portata dell'art. 53, riconoscendo ad esso una spiccata funzione garantiscta in molteplici direzioni.

Secondo i giudici della Consulta, infatti, il primo comma dell'art. 53 costituisce un armonico e specifico sviluppo del principio d'uguaglianza contenuto nell'art. 3 della Costituzione e si traduce nella esigenza di applicare la medesima imposizione in corrispondenza della medesima manifestazione di capacità contributiva.

Tale norma, inoltre, esprime l'esigenza che ogni prelievo tributario abbia causa giustificatrice in indici *concretamente* rivelatori di ricchezza.

Sono quasi evidenti, pertanto, gli ulteriori corollari, secondo cui, da un lato, l'obbligazione tributaria non può sorgere ove la capacità contributiva manchi e, dall'altro, ove questa esista, essa deve divenire metro di commisurazione del prelievo tributario.

È necessario sottolinerare, tuttavia, che, pur ritenendo la Corte necessario il collegamento tra il presupposto del tributo e la sfera economica dell'obbligato, questo non ha tuttavia impedito di considerare ammissibile che la valutazione della base imponibile possa risultare da presunzioni o possa ricavarsi dall'adozione di criteri astratti in relazione a valori mediali.

Il concetto di capacità contributiva ha altresì fornito la soluzione alla delicata questione relativa alla legittimità delle leggi fiscali retroattive: la Corte, infatti, con la sentenza 45 del 1964 ha argomentato l'ammissibilità di una legge retroattiva solo se e nei limiti in cui questa non spezzi il nesso fra imposizione e capacità contributiva.

L'art. 53 pone un ulteriore limite di carattere sostanziale per il legislatore laddove stabilisce che "il sistema tributario dev'essere informato a criteri di progressività".

Secondo tale regola, infatti, i tributi dovrebbe incidere non già in proporzione della capacità contributiva manifestata, ma in una misura più che proporzionale, di proporzione geometrica, così da colpire chi gode di maggiore ricchezza con aliquote più elevate di quanto la misura di esse rispetto alle minori non comporterebbe.

La giurisprudenza ha finora approfondito tale principio specificando che la progressività si presenta quale necessario requisito dell'intero sistema tributario e negando che questo possa elevarsi a necessario carattere costituzionale dei singoli tributi. Secondo la Corte, in particolare, sono evidenti le ragioni per le quali la norma costituzionale non vieta che i singoli tributi siano ispirati a criteri diversi da quello della progressività, ma si limita a dichiarare che il sistema tributario deve avere nel suo complesso un carattere progressivo: ed invero non tutti i tributi si prestano, dal punto di vista tecnico, all'adattamento al principio della progressività, che — inteso nel senso dell'aumento di aliquota col crescere della capacità contributiva interessata — presuppone un rapporto diretto fra imposizione e capacità.

Il precetto costituzionale della progressività ha, peraltro, un insopprimibile fine politico-sociale, che deve essere attuato imprimendo ai tributi che costituiscono il nucleo centrale del sistema fiscale il necessario carattere della progressività per limitare l'abbandono di tale canone solo nelle ipotesi, marginali quantitativamente e qualitativamente, in cui non ne sia possibile o significativa l'applicazione.

L'art. 53 della Costituzione viene infine spesso applicato in combinazione con l'art. 3 (che postula il principio di "uguaglianza"). Ricordo particolarmente le sentenze con le quali la Corte ha dichiarato:

a) incostituzionali le norme che, ai fini dell'imposta sul reddito delle persone fisiche (d.p.r. 29.9.73, n. 597) sancivano il c.d. cumulo dei redditi dei coniugi non legalmente ed effettivamente superati (c.c. 14.7.76, n. 179);

b) incostituzionali le norme che, ai fini dell'imposta comunale sugli incrementi di valore degli immobili (d.p.r. 26.10.72, n. 643), pur assoggettando a tributo incrementi di valore formatisi in lunghi periodi di tempo (anche diciassette anni e più) "non prevedevano correttivi adeguati alle diversità dei periodi di formazione e ciò al fine di ovviare alle conseguenze palesemente inique che, nel lungo periodo, sarebbero derivate da una più ampia variazione del metro monetario" (c.c. 8.11.79, n.126);

c) incostituzionali le norme che, ai fini dell'imposta locale sui redditi (d.p.r. 29.9.73, n. 599), escludevano dal tributo solo i redditi di lavoro dipendente e non anche i redditi di lavoro autonomo, non assimilabili a redditi di impresa (c.c. 26.3.80, n. 42).

1.4 Generalità dell'imposizione

Gli art. 3 e 53 della Costituzione conducono alla affermazione della generalità dell'imposizione con esclusione dei privilegi ed è evidente che il combinato disposto di tali norme ha costituito un fondamentale riferimento al fine di definire i limiti entri i quali una esenzione è legittima.

Con riferimento ciò, infatti, sono state ormai elaborati dalla Corte alcuni principi direttivi. Anzitutto è stata più volte affermata la legittimità di esenzioni che rispondono ad una finalità "fiscale" ossia di quelle che vengono concesse in considerazione del fatto che la forza economica di certi soggetti, fatti o situazioni non è tale da sopportare, a giudizio del legislatore, il carico tributario ordinario. Così i minimi esenti, le detrazioni per i carichi di famiglia, le esenzioni per le località alluvionate etc. In questi casi, invero, l'esenzione non deroga alle regole di universalità e di eguaglianza tributaria disposta dall'art. 53, poichè queste due regole non sono formulate in assoluto, ma in relazione alla "capacità contributiva". Per quanto siffatta espressione possa essere nebulosa e vaga, essa evidentemente permette di argomentare con tutta tranquillità che una esenzione stabilita in considerazione della debolezza della situazione economica in questione risponde a valutazioni che il legislatore fa carica la "capacità contributiva".

Secondo la Corte l'esenzione dei redditi minimi non solo è legittima giacchè collegata ad una razione presunzione del difetto di qualsiasi capacità contributiva, ma è addirittura doverosa perchè il legislatore, se può discrezionalmente stabilire, in riferimento a complesse valutazioni economiche e sociali, quale sia la misura al di sopra della quale sorge la capacità contributiva, non può non esentare dall'imposizione quei soggetti che percepiscono redditi tanto modesti da essere appena sufficienti a soddisfare i bisogni elementari della vita: se così non disponesse, la legge finirebbe con l'imporre un obbligo di imposta anche laddove una capacità contributiva non esiste.

Più delicato è il tema delle esenzioni disposte non per ragioni fiscali, di riconoscimento della mancanza o della attenuazione delle capacità economica di sopportare il tributo, ma per scopi extrafiscali, di regolamentazione della economia e della vita sociale, di intervento a pro di certe attività o situazioni, che si vogliono incoraggiare, stimolare, favorire.

"Capacità contributiva" significa sì forza economica dei soggetti e delle situazioni solpite, ma può anche significare attitudine di questi soggetti e situazioni a pagare il tributo senza pregiudizio per i risultati che il legislatore vuole che nell'economia privata si ottengano. Il legislatore, per legislatore vuole che nell'economia privata si ottengano. Il legislatore, per esempio, può anche pensare che una certa produzione industriale sia abbastanza forte economicamente da poter sopportare l'imposta alla stessa stregua di altre, ma può tuttavia ritenere che questa produzione sia priva della stessa "capacità contributiva": l'esistenza della necessaria "capacità contributiva", infatti, può postulare non ssolo che il soggetto nella situazione considerata abbia una forza economica sufficiente a pagare l'imposta, ma anche che il pagamento dell'imposta avvenga senza provocare effetti economici, sociali e politici non voluti dal legislatore stesso.

L'art. 53, primo comma, pertanto, permette di argomentare la legittimità di esenzioni disposte anche per fini extrafiscali: anche queste esenzioni, infatti, possono trovare fondamento nella "mancanza di capacità contributiva" in una accezione più estesa idonea a tutelare non solo gli interessi del singolo individuo ma anche interessi della collettività intera.

1.5 Diritto di difesa

Numerose sono le questioni che la Corte ha dovuto affrontare, in materia fiscale, con riferimento a possibili violazioni della norma costituzionale che garantisce ai cittadini il diritto di difendersi in giudizio (art. 24).

Le leggi tributarie, infatti, hanno spesso accordato speciali privilegi "processuali" all'Amministrazione delle finanze nel rapporto con il contribuente: si pensi soltanto alla regola che imponeva al cittadino destinatario di una pretesa fiscale l'obbligo di pagare quanto richiesto dall'Ufficio prima di adire gli organi della Giustizia (la famosa regola del *solve et repete*). La norma per mezzo della quale il legilsatore ha più volte compresso oltre il limite del lecito il diritto di difesa, peraltro, era quella, contenuta nell'ambito della disciplina della maggior parte dei tributi indiretti "minori", secondo cui il diritto di adire l'autorità giudziaria veniva subordinato al previo esprimento dei c.d. rimedi amministrativi. In pratica, il contribuente che avesse voluto far valere l'eventuale illegittimità di un atto impositivo non poteva direttamente rivolgersi ad un giudice, ma era cotretto, prima, a chiedere tutela ad un organo appartenente all'amministrazione delle finanze (sua controparte nel medesinmo giudizio). È evidente che tale meccanismo costringeva il cittadino ad una notevole posticipazione del momento in cui avrebbe potuto avere qualla tutela piena e perfetta che solo l'autorità giudiziaria può assicurare. La norme che prevedevano la c.d. pregiudiziale amministrativa, peraltro, sono ormai state del tutto espunte dall'ordinamento. In particolare, fra le ultime dichiarazioni di illegittimità costituzionale di tali disposizioni procedurali, può ricordarsi quella in materia di tasse automobilistiche (Corte Costituzionale, 17.3.98, n. 62).

Dall'analisi delle copiose decisioni nella materia è possibile evincere chiaramente che, secondo i giudici costituzionali il diritto di difesa è violato quando risulti "troppo compresso", ossia quando la compressione di tale diritto è tale da renderne troppo difficoltoso l'esercizio.

La giurisprudenza della Corte, pertanto, non ha, evidentemente, ritenuto assolutamente illegittimi tutti i meccanismi volti a regolamentare l'accesso alla tutela giudiziaria circoscrivendo i confini del dettato costituzionale per mezzo del criterio della "eccessiva difficoltà" dell'azione. Una condizione all'accesso alla tutela è illegittima solo ove renda tale accesso troppo difficoltoso.

Comprendere il significato dell'espressione "eccessivamente difficoltoso" poichè si tratta di un concetto in cui, più o meno velatamente, riemerge la possibilità che il giudizio tributario presenti un certo di grado di sua specifica "difficoltà" — illegittima solo quando eccessiva.

1.6 Il procedimento

La Corte Costituzionale non può essere investita dell'esame di costituzionalità di una norma direttamente dal contribuente o dall'Ufficio delle imposte. Tale potere, infatti, è riservato ai giudici che, trovandosi a dover fare applicazione di una determinata disposizione, possono — d'ufficio o su richiesta di una delle parti del processo — sospendere il processo e rimettere alla Corte il giudizio di legittimità di tale norma.

La norma di cui si prospetta l'eventuale illegittimità, pertanto, deve essere anzitutto applicabile nell'ambito di un giudizio in corso: *rilevante*, si dice, ai fini di tale giudizio nel senso che tale giudizio può essere definito solo mediante l'applicazione di tale norma. In secondo luogo è necessario altresì che la violazione della Costituzione da parte di tale norma appaia *non manifestamente infondata* ossia, dotata un apparente fondamento. Al giudice, pertanto, sono richieste due valutazioni: che la norma di cui si vuole chiedere l'esame da parte della Corte Costituzionale debba essere necessariamente applicata per risolvere un giudizio in corso e che il dubbio dell'illegittimità di tale norma abbia un apparente fondamento.

È evidente, pertanto, che il sindacato di costituzionalità delle leggi viene opportunamente assoggettato al filtro degli organi della giurisdizione limitandolo anzitutto, alle ipotesi in cui l'applicazione della norma illegittima possa immediatamente e concretamente ledere l'interesse tutelato.

2. La tutela del contribuente davanti alla Corte di Giustizia Europea

2.1 Le norme comunitarie in materia fiscale

L'incidenza delle disposizioni comunitarie sul Diritto Tributario italiano ha costituito oggetto di approfondito studio soltanto in tempi recenti, in conseguenza del crescente intervento del legislatore comunitario nella materia tributaria e del più frequente ricorso dei giudici nazionali e della Commissione Europea all'intervento della Corte di Giustizia nello specifico settore.

L'evoluzione del Diritto Tributario europeo è strettamente connessa alle due fasi fondamentali del cammino della CEE.

In una prima fase, che possiamo rappresentare con il perriodo 1957-1993, obiettivo primario del legislatore comunitario è stata la realizzazione di un mercato comune all'interno della CEE, con la progressiva attenuazione dei dazi doganali — fino alla definitiva scomparsa con il 1º gennaio 1993 — e con l'adozione di misure volte a armonizzare i sistemi fiscali degli Stati-membri al fine di eliminare le discriminazioni negli scambi all'interno della Comunità, garantendo l'equa concorrenza tra le imprese europee.

Nell'attuale seconda fase, iniziata con l'abolizione delle frontiere all'interno della CEE, obiettivo primario è l'integrazione economica, monetaria e politica dell'Unione Europea, con la conseguenza di ampliare il tradizionale intervento del legislatore comunitario anche a scelte di politica fiscale non strettamente incidenti sul funzionamento del mercato comune, ma connesse con l'obiettivo della progressiva integrazione dei paesi-membri.

Le disposizioni del Trattato istitutivo della CEE (25 marzo 1957) specificamente dedicate al Diritto Tributario sono contenute in soli cinque articoli: 95, 96, 97, 98 e 99, inseriti nel Titolo V del Trattato, dedicato alle "norme comuni sulla concorrenza, sulla fiscalità e sul ravvicinamento delle legislazioni". Il contenuto letterale di tali norme è molto povero in relazione alla straordinaria forza che hanno ricevuto nelle interpretazioni della Corte di Giustizia.

Particolare rilievo ha assunto l'art. 95, il quale reca disposizioni inderogabili in merito al divieto, per lo Stato-membro, di applicare "direttamente" o "indirettamente" ai prodotti di altri Stati-membri, imposizioni interne superiori a quelle applicate a prodotti nazionali similari. Secondo l'interpretazione accolta in una risalente decisione (1º marzo 1966, Luttike Gmbh, in causa C-48/65), la Corte di Giustizia ebbe occasione di affermare che il suddetto divieto è idoneo a creare "diritti inderogabili che le magistrature nazionali devono salvaguardare e proteggere", con la conseguenza che, in talune circostanze, il cittadino ha il diritto di non pagare le imposte e se le leggi dello Stato di appartenenza lo costringono a ciò coattivamente egli ha il diritto al successivo rimborso.

Fondamentale funzione nel settore dell'imposizione indiretta ha rivestito e riveste tuttora la norma di cui all'art. 99 del Trattato, la quale attribuisce al Consiglio CEE, su proposta della Commissione e previa consultazione con il Parlamento Europeo, il potere di adottare le disposizioni che riguardano l'armonizzazione delle legislazioni relative alle imposte sulla cifra d'affari, alle imposte di consumo ed alle altre imposte indirette, nella misura in cui detta armonizzazione sia necessaria per assicurare l'instaurazione ed il funzionamento del mercato interno tra i paesi-membri della CEE.

Il primo settore di intervento in materia fiscale è stato quello dell'imposizione indiretta, per la immediata incidenza di quest'ultima sugli scambi all'interno della Comunità Europea, nell'obiettivo primario di realizzare tra gli Stati-membri uno spazio senza frontiere interne in cui assicurare le quattro libertà fondamentali di libera circolazione dei beni, dei servizi, delle persone e dei capitali.

La norma di cui all'art. 99 ha così consentito al Consiglio di adottare le direttive in materia di imposta sul valore aggiunto, in forza delle quali sono state abrogate le tradizionali imposte plurifase a cascata sui consumi — vigenti negli anni 60 in tutti i paesi-membri della CEE con esclusione della sola Francia — consentendo, già nei primi anni 70, di introdurre nei sistemi fiscali degli Stati-membri l'imposta sul valore aggiunto. Il rilievo di tale intervento può essere agevolmente inteso se si consideri che nella storia dell'Unione Europea soltanto per l'iva la Commissione ha proposto agli Stati-membri di introdurre un nuovo tributo in sostituzione di altre imposte considerate antieconomiche.

Il sistema dell'imposta sul valore aggiunto, delineato nelle sue linee essenziali con le prime due direttive in materia di iva del 1967, si è via via perfezionato, tanto che attualmente tutti gli essenziali aspetti del tributo sono disciplinati a livello comunitario e — quanto meno in linea tendenziale — uniformemente recepiti negli ordinamenti dei paesi-membri.

La norma di cui all'art. 99 ha costituito inoltre titolo per disciplinare a livello comunitario il settore dell'imposizione indiretta sulla raccolta di capitali, nonchè in materia di accise.

Altro settore in cui l'intervento del legislatore comunitario ha assunto un ruolo fondamentale e "rivoluzionario" è quello doganale. Nella prima fase di sviluppo della CEE, obiettivo fondamentale era di creare un mercato comune: funzionale a tale finalità è stato il divieto di istituire nuovi dazi doganali o misure di effetto equivalente negli scambi tra paesi-membri (c.d. *stand still*) per poi passare alla progressiva attenuazione dei dazi, fino alla loro definitiva scomparsa in corrispondenza con l'abolizione delle frontiere all'interno della CEE, avvenuta il 1º gennaio 1993. Attualmente la materia doganale è disciplinata, nei suoi aspetti essenziali, dal Codice Doganale Comunitario (Reg. 12.10.92, n. 2.913) e, per quanto non espressamente disciplinato da tale fonte, dalle norme nazionali. Le norme doganali trovano, ovviamente, applicazione soltanto agli scambi con i paesi non appartenenti all'Unione Europea, essendo ormai del tutto libera la circolazione dei beni tra i paesi della Comunità.

Pur essendo tradizionalmente più incisivo e copioso l'intervento nel settore dell'imposizione indiretta, il legislatore europeo negli ultimi anni si è progressivamente occupato della normazione in materia di imposte dirette, giacchè anche tali tributi sono idonei a provocare distorsioni alla concorrenza tra i prodotti ed i servizi degli Stati-membri attraverso un'incidenza fiscale maggiore o attenuata.

Con l'obiettivo di armonizzare la legislazione dei paesi-membri, per garantire una equa concorrenza tra le imprese comunitarie, il Consiglio CEE ha approvato le direttive sulle società madri e figlie di Stati-membri diversi (Dir. 23.7.90, n. 90/435) e sulle fusioni, scissioni e scambi di partecipazioni concernenti società di Stati-membri diversi (Dir. 23.7.90, n. 90/434), mentre i paesi-membri hanno stipulato una convenzione relativa all'eliminazione della doppia imposizione derivante dal *transfer pricing* fra imprese appartenenti a Stati europei differenti (Convenzione 90/436).

Recentemente, il Consiglio dei Ministri Economici e Finanziari dei Paesi aderenti all'Unione Europea[1] ha posto l'attenzione delle istituzioni comunitarie e nazionali sul rilievo che la leva fiscale può avere nei rapporti tra i vari Stati. È stata così prevista la progressiva attenuazione delle disparità tuttora presenti tra i sistemi tributari comunitari, che, realizzando una concorrenza tra i paesi con l'obiettivo di attirare investimenti esteri, si pone in contrasto con l'obiettivo attuale di realizzare una unione politica e monetaria tra i paesi europei.

2.2 *Il ruolo dell'ordinamento comunitario*

L'azione dell'Amministrazione Finanziaria, in quanto vincolata al rispetto della legge, deve conformarsi non soltanto alle disposizioni di legge nazionali, ma anche alle norme comunitarie di diretta applicazione nell'ordinamento italiano (Trattato CEE, regolamenti,[2] direttive *self-executing*,[3] statuizioni di principio enunciate dalla Corte di Giustizia Europea). Il Diritto Comunitario costituisce a tutti gli effetti parte del Diritto italiano vigente, le cui norme sono recepite nel nostro ordinamento in virtù dell'art. 11 della Costituzione e della Legge di Esecuzione del Trattato di Roma (14.10.57, n. 1.203).

Le norme comunitarie sono pertanto direttamente efficaci nel nostro ordinamento, vincolando l'azione dell'Amministrazione Finanziaria italiana e costituendo

1. Consiglio ECOFIN del dicembre/97.

2. Ai sensi dell'art. 189 del Trattato CEE, per l'assolvimento dei loro compiti e alle condizioni contemplate dal trattato, il Consiglio e la Commissione stabiliscono regolamenti e direttive, prendono decisioni e formulano raccomandazioni o pareri.

Il regolamento ha portata generale. Esso è obbligatorio in tutti i suoi elementi e direttamente applicabile in ciascuno degli Stati-membri.

La direttiva vincola lo Stato-membro cui è rivolta per quanto riguarda il risultato da raggiungere, salva restando la competenza degli organi nazionali in merito alla forma e ai mezzi.

3. L'efficacia diretta delle direttive comunitarie, per le quali sia inutilmente decorso il termine stabilito per la loro attuazione negli ordinamenti nazionali, ricorre in tre distinte ipotesi:

a) allorquando la direttiva costituisce un mero completamento di una norma del Trattato, già produttiva di effetti immediati, limitandosi a specificarne il contenuto, chiarendone la portata, i tempi e i mod di attuazione (Corte di Giustizia, sentenza 17.12.70, causa 33/70, s.p.a. Sace c. Ministero delle Finanze della Repubblica Italiana, in *Racc.*, 1970, 1.223);

b) allorquando la direttiva impone agli Stati obblighi di natura omissiva, non richiedendo per la sua attuazione l'adozione di uno specifico provvediemnto di attuazione (Corte di Giustizia, sentenza 4.12.74, causa 41/74, van Duyn c. Home Office, in *Racc.*, 1974, 1.337);

c) allorquando si tratti di una direttiva dettagliata, la quale contiene una disciplina talmente minuziosa e particolareggiata da escludere qualsiasi discrezionalità degli Stati destinatari in ordine alla sua attuazione (*ex pluribus*, Corte di Giustizia, sentenza 5.4.79, causa 148/78, procedimento penale a carico di Tullio Ratti, in *Racc.*, 1979, 1.629).

a tutti gli effetti parte del Diritto italiano vigente, applicabili dal giudice nazionale.

Va peraltro rilevato che il Diritto Comunitario non è del tutto equiparato alle norme emanate dal legislatore italiano, ma si pone ad un livello superiore, con la conseguenza che la legge italiana non può contenere prescrizioni difformi dalla disciplina comunitaria.

La preminenza e la diretta applicabilità del Diritto Comunitario nei confronti del Diritto nazionale comporta la disapplicazione delle norme nazionali contrastanti con l'ordinamento europeo, per il principio affermato dalla Corte di Giustizia, secondo il quale "il giudice nazionale, incaricato di applicare, nell'ambito della propria competenza, le disposizioni di Diritto Comunitario, ha l'obbligo di garantire la piena efficacia di tali norme, disapplicando all'occorrenza, di propria iniziativa, qualsiasi disposizione contrastante della legislazione nazionale, anche posteriore, senza doverne chiedere o attendere la previa rimozione in via legislativa o mediante qualsiasi altro procedimento costituzionale" [4]

2.3 La contestazione relativa alla violazione del Diritto Comunitario

Premesse tali fondamentali nozioni, può meglio comprendersi il tema oggetto della presente lezione: la tutela del contribuente davanti alla Corte di Giustizia, giacchè per parlare di tutela del contribuente occorre premettere l'esistenza di un diritto riconosciuto ad un soggetto e leso da un atto dell'Amministrazione Finanziaria.

La normativa comunitaria può incidere direttamente e profondamnete sulla posizione giuridica dei singoli — privati cittadini, imprenditori, persone giuridiche — attribuendo loro diritti che discendono direttamente da norme di Diritto Comunitario, talvolta ignorate o mal recepite dal legislatore nazionale.

Le nozioni di diretta applicabilità e di preminenza delle norme comunitarie in materia fiscale consentono quindi di chiarire la posizione giuridica soggettiva di un contribuente al quale il Diritto Comunitario riconosca un diritto (es.: diritto alla detrazione dell'iva sugli acquisti effettuati da un soggetto passivo d'imposta) leso da un atto dell'Amministrazione Finanziaria italiana (per rimanere all'esempio fatto, che disconosca tale diritto, recuperando a tassazione l'imposta detratta).

Di regola, essendo il procedimento amministrativo compiutamente disciplinato da norme di legge e regolamentari, l'atto amministrativo emanato in spregio della disciplina comunitaria costituisce attuazione di un precetto normativo nazionale ovvero di una interpretazione ministeriale in contrasto con la legislazione europea.

Sia nel caso di atto emanato in attuazione di una legge italiana in contrasto con la normativa comunitaria, sia nell'ipotesi in cui l'atto dell'Amministrazione Finanziaria violi direttamente la norma comunitaria,[5] il provvedimento è invalido in quanto affetto dal vizio di violazione di legge.

Il contribuente destinatario di un atto amministrativo illegittimo può chiedere all'Amministrazione Finanziaria di ritirarlo in sede di autotutela oppure può chiederne l'annullamento al giudice nazionale, lamentando la violazione del Diritto Comunitario di diretta applicazione.

È opportuno sottolineare che al contribuente — sia esso persona fisica o giuridica — non è data azione diretta davanti alla Corte di Giustizia: il vizio di illegitti-

4. Corte di Giustizia, sentenza 9.3.78, causa 106/77, Amministrazione delle Finanze c. Simmenthal s.p.a., in *Racc.*, 1978, pp. 629 e ss.

5. Va infatti sottolineato che il Diritto Comunitario, relativamente alle fonti direttamente applicabili, non necessita di essere recepito dal Diritto nazionale, con la conseguenza che si può avere una diretta violazione della norma comunitaria da parte di un atto emanato dall'Amministrazione Finanziaria italiana.

mità del provvedimento dell'Amministrazione Finanziaria deve invece essere contestato giudizialmente presso gli organi nazionali competenti.

Il giudice nazionale può pertanto dichiarare l'illegittimità di un atto dell'Amministrazione Finanziaria, disponendone l'annullamento, anche qualora tale provvedimento costituisca mera attuazione di una norma interna contrastante con la disciplina comunitaria e ciò in virtù del principio di diretta applicazione della normativa europea — convenzionale e derivata — e della preminenza di questa sul precetto nazionale, che viene ad essere disapplicato dal giudice.

Quando il giudice italiano reputa la norma comunitaria sufficientemente chiara, procede senz'altro all'annullamento dell'atto dell'Amministrazione Finanziaria e ripristina il diritto del contribuente.

L'intervento della Corte di Giustizia è soltanto eventuale, giacchè ad essa il giudice nazionale può rivolgersi soltanto qualora, all'esito di una valutazione a lui integralmente demandata, ritenga sussistere un dubbio circa la corretta interepretazione della norma di fonte europea.

2.4 Il rinvio pregiudiziale

L'art. 177 del Trattato CEE dispone che la Corte di Giustizia è competente a pronunciarsi, in via pregiudiziale, sull'interpretazione del Trattato e degli atti compiuti dalle istituzioni della Comunità, nonchè sulle questioni relative alla validità di tali atti, che le giurisdizioni nazionali le sottopongono.

Il legislatore comunitario ha pertanto apprestato una procedura pregiudiziale per l'interpretazione del Diritto Comunitario demandata alla Corte di Giustizia. Tale soluzione è perfettamente coerente con il ruolo e l'efficacia del Diritto Comunitario che, come precisato, è direttamente applicabile negli Stati-membri e pertanto, costituendo parte del Diritto nazionale, è oggetto di intepretazione — del pari della legislazione interna — da parte del giudice nazionale chiamato a decidere una controversia.

Il ruolo riservato alla Corte di Giustizia non è pertanto di essere l'unico organismo giurisdizionale abilitato all'interpretazione e all'applicazione del Diritto Comunitario, bensì di garantire l'uniformità di interpretazione all'interno dei paesi-membri: di qui la funzione dell'intervento soltanto eventuale del giudice comunitario e solo previa richiesta dell'autorità giurisdizionale del singolo Stato-membro.

In altri termini, la costruzione voluta dai padri fondatori della CEE ha istiuito una cooperazione tra la Corte di Giustizia e le giurisdizioni nazionali per l'interpretazione uniforme e corretta della normativa comunitaria.

Al giudice nazionale è riservata in via esclusiva l'interpretazione della fattispecie e conseguentemente la valutazione squisitamente giuridica relativa all'applicabilità al caso concreto delle norme nazionali o comunitarie. Il giudizio circa l'applicabilità o meno, nella controversia devoluta al giudice, della norma comunitaria rimane pertanto riservato all'autorità giurisdizionale nazionale, la quale potrebbe ritenere che la norma comunitaria invocata dal contribuente non è applicabile in quanto non ne ricorrono, nella fattispecie, i relativi presupposti.

Esemplificando, il giudice potrebbe ritenere di non applicare la norma comunitaria che attribuisce al soggetto passivo iva la detrazione dell'imposta pagata sugli acquisti, sulla valutazione — insindacabile dalla Corte di Giustizia — di non ricorrenza nel caso esaminato dei presupposti di applicazione della norma comunitaria (perchè il contribuente non è soggetto passivo iva ovvero perchè l'acquisto non è stato effettuato nell'esercizio di attività imprenditoriale oppure perchè il contribuente pone in essere soltanto operazioni esenti da imposta).

Qualora invece il giudice nazionale ritenga applicabile al caso in esame una norma della legislazione comunitaria di cui non sia chiaro l'ambito di applicazione, può sospendere il giudizio nazionale e rimettere gli atti alla Corte di Giustizia, alla quale si chiede di enunciare il principio di Diritto applicabile alla fattispecie. L'art. 177, secondo comma, del Trattato CEE dispone infatti che quando una questione interpretativa del Diritto Comunitario originario e derivato è sollevata davanti a una giurisdizione di uno degli Stati-membri, tale giurisdizione può, qualora reputi necessaria per emanare la sua sentenza una decisione su questo punto, domandare alla Corte di Giustizia di pronunciarsi sulla questione.

Il rinvio della questione alla Corte di Giustizia è invece obbligatorio quando una questione interpretativa del Diritto Comunitario è sollevata in un giudizio pendente davanti ad una giurisdizione nazionale avverso le cui decisioni non possa proporsi un ricorso giurisdizionale di Diritto interno, ad esempio quando è pendente il giudizio davanti alla Corte Suprema di Cassazione (art. 177, terzo comma, Trattato CEE).

Al giudice comunitario è pertanto precluso qualsiasi esame dei fatti dedotti davanti al giudice nazionale, nonchè qualsivoglia valutazione circa le contrapposte tesi difensive e ancor meno la decisione della controversia.

Il giudice comunitario è chiamato unicamente a pronunciarsi sul principio di Diritto relativo all'interpretazione della norma comunitaria, principio che il giudice nazionale è assolutamente vincolato ad applicare nella decisione della controversia.

2.5 Il procedimento di infrazione

Una forma di tutela indiretta del contribuente nasce dalla facoltà della Commissione Europea di avviare, anche sulla base della segnalazione di uno o più contribuenti, il procedimento di infrazione a carico di uno Stato-membro, previsto dall'art. 169 del Trattato CEE.

Tale procedimento può anche prendere avvio da una comunicazione inoltrata da parte di un contribuente che intenda segnalare un conflitto fra una disposizione di legge nazionale, ovvero fra un comportamento dell'ente impositore da una parte e una norma di Diritto Comunitario — recata da un regolamento, da una direttiva o da una pronuncia della Corte di Giustizia — dall'altra parte.

Al riguardo, va rilevato che soltanto a partire dagli anni 70 la Commissione ha cominciato a rivolgere una certa attenzione alle segnalazioni ricevute da privati che si sentono lesi da comportamenti anticomunitari dello Stato di appartenenza o di altro ente impositore. Va tuttavia sottolineato che, qualora la Commissione non dia seguito all'iniziativa promossa dal contribuente, questi non possiede alcun diritto per far valere una carenza di adempimento della Commissione.

L'esperienza concreta rappresenta che il promovimento del procedimento di infrazione davanti alla Corte costituisce l'estremo rimedio adottato dalla Commissione, a seguito di più comunicazioni ufficiali di messa in mora dello Stato inadempiente. Può così accadere che qualora lo Stato decidesse di abbandonare i presupposti impositivi contestati per il futuro, la Commissione CEE desisterebbe dall'azione intrapresa ed il contribuente che risultasse già colpito da un atto impositivo basato su presupposti superati a posteriori, non riceverebbe alcuna tutela della sua posizione giuridica soggettiva.

3. Conclusioni

Dall'esame che precede può essere tratta una prima valutazione circa la tutela del contribuente davanti alla Corte di Giustizia.

Si tratta di una tutela indiretta e soltanto eventuale, giacchè ai contribuenti non è dato il diritto di adire direttamente il giudice comunitario ogniqualvolta sia lamentato un diritto riconosciuto dall'ordinamento europeo. L'intervento della Corte succede infatti ad una precisa richiesta di interpretazione formulata dal giudice nazionale, soltanto nel caso in cui quest'ultimo ritenga rilevante agli effetti del giudizio la norma comunitaria (quando cioè il giudice ritenga che possano ricorrerne nel caso di specie i presupposti di applicazione) e quando non sembri chiaro l'ambito di applicazione della norma.

Tale riparto di competenze tra il giudice nazionale e quello comunitario è stato oggetto di critica, sull'assunto che la piena attuazione del Diritto Comunitario si avrebbe soltanto conferendo a qualunque cittadino il potere di adire la Corte di Giustizia, in quanto organo comunitario presposto a garantire l'attuazione del Diritto di fonte europea.

Dissento parzialmente da tale opinione, ritenendo opportuno distinguere i casi in cui il contribuente è destinatario di un provvedimento illegittimo per violazione della normativa comunitaria dai casi in cui al contribuente è riconosciuto un diritto che il legislatore nazionale gli nega.

Relativamente alla prima ipotesi, l'attribuzione di un potere di intervento della Corte di natura pregiudiziale (e quindi soltanto eventuale e relativo unicamente all'esame della questione di diritto e non alla conoscenza ed alla interpretazione dei fatti) credo sia funzionale al ruolo che il legislatore europeo ha inteso attribuire al Diritto Comunitario.

Se infatti il Diritto di fonte europea integra e indirizza — nelle materie di sua competenza — le legislazioni nazionali, se il Diritto Comunitario è direttamente efficace negli ordinamenti degli Stati-membri attribuendo diritti (oltrechè obblighi) ai contribuenti, vincolando l'azione dell'Amministrazione Finanziaria, è del tutto coerente attribuire ai giudici nazionali il potere di applicare direttamente il Diritto Comunitario ed assumerlo a criterio valutativo della legittimità degli atti del Fisco.

In tal modo infatti si garantisce al Diritto Comunitario il ruolo — che gli è proprio — di Diritto vigente, costituente parte integrante del Diritto nazionale e non già la funzione di un ordinamento giuridico autonomo invocabile soltanto davanti ad un giudice straniero, per quanto autorevole.

L'adeguamento della legislazione fiscale nazionale e dell'azione dell'Amministrazione Finanziaria al Diritto Comunitario richiede un costante impegno, una sempre maggiore diffusione della conoscenza del Diritto Comunitario da parte dei cittadini e dello Stato e con questo obiettivo l'azionabilità diretta del Diritto Comunitario davanti al giudice italiano territorialmente competente sembra costituire un necessario strumento ed un opportuno stimolo nella direzione dell'integrazione.

Quanto alle ipotesi in cui al contribuente sia attribuito un diritto che il legislatore nazionale disconosce, riterrei opportuno attribuire un'azione diretta del cittadino alla Corte di Giustizia.

In questi casi, infatti, manca un atto amministrativo contestabile davanti all'autorità giudiziaria nazionale per violazione del Diritto Comunitario ed il contribuente risulta del tutto privo di tutela, salva l'ipotesi di esercitare il diritto attribuitogli dalla legge comunitaria e contestare giudizialmente l'atto amministrativo che in seguito contesti tale condotta sulla base del Diritto nazionale.

È questa, a mio avviso, la grave lacuna dei diritti del contribuente nella legislazione comunitaria.

CADERNOS DE DIREITO TRIBUTÁRIO

IMPOSTO DE RENDA-PESSOA FÍSICA — GANHOS LÍQUIDOS AUFERIDOS EM OPERAÇÕES REALIZADAS EM BOLSAS DE VALORES, DE MERCADORIAS, DE FUTUROS E ASSEMELHADAS — INCONSTITUCIONALIDADE DA LEGISLAÇÃO QUE MANDA TRIBUTÁ-LOS A UMA ÚNICA ALÍQUOTA

ROQUE ANTONIO CARRAZZA

Professor Titular da Cadeira de Direito Tributário da Faculdade de Direito da PUC/SP — Consultor Tributário

1. Circunscrição do problema. 2. A hierarquia das normas jurídicas. A supremacia da Constituição Federal e dos grandes princípios que ela alberga. 3. O princípio da igualdade. 4. O princípio da capacidade contributiva. 5. O princípio da não-confiscatorieade. 6. O perfil constitucional do IR-Pessoas Físicas: 6.1 Generalidades — 6.2 A pequena liberdade do legislador ordinário federal para definir "renda" e "proventos" — 6.3 A "base de cálculo possível" do IR-Pessoas Físicas: 6.3.1 Observações gerais — 6.3.2 A Constituição e a "base de cálculo possível" do IR-Pessoa Física — 6.4 O IR-Pessoa Física e sua "alíquota possível". 7. Reequacionamento da questão inicialmente proposta. 8. A inconstitucionalidade, no caso em estudo, da tributação exclusivamente na fonte. 9. Conclusão.

1. Circunscrição do problema

Os ganhos líquidos auferidos por pessoas físicas em operações realizadas nas Bolsas de valores, de mercadorias, de futuros e assemelhadas estão atualmente sujeitos a tributação em separado pelo imposto sobre a renda, à alíquota única de 10%, nos termos da Lei 8.541, de 23.12.92, e da Lei 8.981, de 20.1.95.

Os referidos ganhos devem ser apurados em separado dos demais rendimentos auferidos pela pessoa física, não integrando a base de cálculo do imposto sobre a renda devido na declaração de ajuste anual, entregue pela pessoa física.

No presente artigo examinaremos se é constitucional tal prática.

Para encaminharmos a solução deste problema jurídico discorreremos inicialmente sobre a necessidade de as leis tributárias guardarem um vínculo de subordinação com a Carta Suprema, máxime com os grandes princípios que ela alberga, nomeadamente o da igualdade, o da capacidade contributiva e o da não-confiscatoriedade.

Ato contínuo, voltaremos nossas atenções para a *regra-matriz* constitucional do imposto sobre a renda e proventos de qualquer natureza das pessoas físicas, procurando demonstrar o significado, o conteúdo e o alcance do art. 153, § 2º, I, da CF, que submete este tributo aos princípios da generalidade, da universalidade e da progressividade.

Depois de preparado nosso terreno, aí, sim, cuidaremos da questão central deste trabalho.

2. A hierarquia das normas jurídicas. A supremacia da Constituição Federal e dos grandes princípios que ela alberga

A ordem jurídica é formada por um sistema de normas dispostas hierarquicamente. Das inferiores, criadas por particulares (contratos), às constitucionais forma-se aquilo que se convencionou chamar de *pirâmide jurídica*. Nela as normas ordenam-se segundo uma relação sintática, pela qual as inferiores recebem validade das que as encimam, até o patamar máximo, que é o constitucional.

Era precisamente isto que Kelsen queria significar quando apregoava que "(...) o fundamento de validade de uma norma apenas pode ser a validade de uma outra norma".[1]

Conhecida a estrutura hierárquica do ordenamento jurídico, torna-se relativamente fácil ao intérprete ou ao aplicador do Direito dirimir qualquer conflito interno de normas. Tratando-se de normas de hierarquia diversa prevalecerá a superior, isto é, a de mais alta hierarquia, porque à outra, exatamente por contraditá-la, faltará validade.

As normas constitucionais, além de ocuparem o ponto mais elevado da *pirâmide jurídica*, caracterizam-se pela imperatividade de seus comandos, que obriga não só as pessoas (físicas ou jurídicas, nacionais ou internacionais), como o próprio Estado.

O descompasso entre uma norma inferior (lei, decreto, portaria, ato administrativo etc.) e a Constituição tem o nome técnico de *inconstitucionalidade*, que, como predica a melhor doutrina, pode ser *formal* ou *material*. *Formal* quando a norma inferior é editada por autoridade, órgão ou pessoa incompetente ou sem a observância dos procedimentos adequados (nos termos da Constituição). E *material* quando o *conteúdo* da norma inferior é incompatível com regra ou princípio constitucional.[2]

Mas dentro da Constituição existem normas jurídicas mais importantes e normas menos importantes. As mais importantes são justamente as que veiculam *princípios*, verdadeiras diretrizes do ordenamento jurídico.

Os princípios constitucionais dão estrutura e coesão ao *edifício jurídico*. Efetivamente, a Constituição não é um mero ajuntamento de preceptivos, cada qual girando em sua estreita órbita, sem sofrer qualquer atração dos demais. Pelo contrário, eles se articulam em feixes orgânicos, em blocos unitários de sentido, que seguem as diretrizes dos princípios. Assim, estes devem ser estritamente obedecidos, sob pena de todo o ordenamento jurídico se corromper.

Conforme tivemos a oportunidade de averbar, o princípio constitucional "(...) é um enunciado lógico, implícito ou explícito, que, por sua grande generalidade, ocupa posição de preeminência nos vastos quadrantes do Direito e, por isso mesmo, vincula, de modo inexorável, o entendimento e a aplicação das normas jurídicas que com ele se conectam".[3]

1. *Teoria Pura do Direito*, 2ª ed., v. II, trad. de João Baptista Machado, Coimbra, Arménio Amado Editor, Sucessor, 1962, p. 2.

2. Adiantamos que é este tipo de inconstitucionalidade que inquina partes das Leis 8.541, de 23.12.92, e 8.981, de 20.1.95.

3. *Curso de Direito Constitucional Tributário*, 12ª ed., São Paulo, Malheiros Editores, 1999, p. 31.

Estamos percebendo, pois, que o princípio jurídico influi na interpretação e na boa aplicação *até* dos mandamentos constitucionais. De fato, se um mandamento constitucional tiver pluralidade de sentidos deve ser interpretado e aplicado em sintonia com o princípio que lhe for mais próximo.

Se até as normas constitucionais sofrem a influência dos princípios jurídicos, por muito maior razão (argumento *a fortiori*) as leis, os decretos, as portarias etc., que, evidentemente, só poderão irradiar efeitos enquanto não os contrariarem, quer na letra, quer no espírito.

Em suma, os *princípios constitucionais* são normas qualificadas que dão coesão e estrutura ao sistema jurídico, exibindo excepcional valor aglutinante. Indicam como devem ser criadas e aplicadas as normas jurídicas, inclusive as de nível legal.

Nenhuma lei pode estar em desconformidade com os princípios constitucionais, sob pena de inexistência, nulidade, anulabilidade ou ineficácia (Gomes Canotilho).

Isto tudo vale para a lei tributária, isto é, a que cria, *in abstracto*. tributos.

Com estas considerações, podemos passar ao estudo dos *princípios* da *igualdade*, da *capacidade contributiva* e da *não-confiscatoriedade*, todos de fundamental importância para o deslinde do problema jurídico que pretendemos solucionar.

3. O princípio da igualdade

Dentre os princípios constitucionais merece especial destaque o princípio da igualdade, também chamado princípio da isonomia.

O princípio da igualdade encontra-se veiculado no art. 5º e seu inciso I da CF, *verbis*: "Art. 5º. Todos são iguais perante a lei, sem distinção de qualquer natureza, garantindo-se aos brasileiros e aos estrangeiros residentes no País a inviolabilidade do direito à vida, à liberdade, à igualdade, à segurança e à propriedade, nos termos seguintes: I — homens e mulheres são iguais em direitos e obrigações, nos termos desta Constituição".[4]

O princípio da igualdade — como frisava Francisco Campos[5] — é o mais importante de quantos nosso ordenamento constitucional alberga. Daí decorre que na interpretação de todos os demais princípios ele deve ser levado em conta.

Realmente, todos os princípios que estão na Constituição (o *princípio da legalidade*, o *princípio da universalidade da jurisdição*, o *princípio da ampla defesa* etc.) encontram-se a serviço da isonomia, e sem ela não se explicam com a necessária densidade de exposição teórica.

A própria legalidade é a morada da isonomia. Daí falarmos em *legalidade isonômica*. Com efeito, quando dizemos que "ninguém será obrigado a fazer ou a deixar de fazer alguma coisa senão em virtude de lei" implicitamente estamos proclamando que "ninguém será obrigado a fazer ou a deixar de fazer alguma coisa senão em virtude de lei igualitária", isto é, de lei editada de conformidade com a isonomia.

Nesse sentido, José Souto Maior Borges não exagerou ao afirmar, no *VIII Congresso Brasileiro de Direito Tributário*, realizado em São Paulo, em setembro/

4. O próprio art. 3º do Diploma Magno, ao frisar serem "objetivos fundamentais da República Federativa do Brasil: I — construir uma sociedade livre, justa e solidária; II — garantir o desenvolvimento nacional; III — erradicar a pobreza e a marginalização e reduzir as desigualdades sociais e regionais; IV — promover o bem de todos, sem preconceitos de origem, raça, sexo, cor, idade, e quaisquer outras formas de discriminação", toma por ponto de partida a igualdade. De fato, só se justifica "construir uma sociedade livre, justa e solidária" se as pessoas que dela fazem parte são iguais em direitos. Por outro lado, "erradicar a pobreza e a marginalização" pressupõe que os que se encontram neste deplorável estado têm a mesma dignidade daqueles que o superaram, ascendendo socialmente. Até a igualdade entre Estados e regiões encontra abrigo neste dispositivo, que manda "reduzir as desigualdades (...) regionais". Em suma, só se justifica promover o bem geral porque se aceita que todos são iguais, independentemente da origem, da cor, da condição social, do sexo etc.

5. "O princípio da igualdade", *RDA* 10/378.

94, que a isonomia não está no texto constitucional: a isonomia é o próprio texto constitucional.

Aprofundando este raciocínio, o Mestre pernambucano, em recente estudo, ponderou: "(...) a Constituição Federal de 1988 não contempla a isonomia como um direito qualquer que dela pudesse ser eventualmente extirpado. A isonomia não está sequer *apenas* ao abrigo das mal-denominadas 'cláusulas pétreas' (art. 60, § 4º, IV). *A isonomia é a própria Constituição*. Confunde-se com ela, ao permear todos os direitos e deveres que a Constituição instituiu. Sem isonomia estaria simplesmente supressa a Constituição Federal de 1988 como um todo. Não é ela portanto uma palavra que possa ser extirpada do texto constitucional e substituída, sem maiores delongas, por outra, como se fora uma inútil quinquilharia".[6]

Podemos, pois, dizer que a igualdade estende seus efeitos sobre todas as normas constitucionais e, *a fortiori*, sobre todas as demais normas jurídicas, sejam elas legais ou infralegais.

É interessante notar, a propósito, que o princípio da igualdade alcança os três Poderes do Estado: o Legislativo, o Executivo e o Judiciário.[7]

Com efeito, a lei deve ser *editada* (pelo *Legislativo*) e *aplicada* (seja pelo *Executivo*, seja — e especialmente — pelo *Judiciário*) de conformidade com a isonomia. De que valeria a lei ser igual para todos se pudesse ser aplicada desigualmente (pelo Judiciário ou pela Administração Pública) em razão de raça, sexo, credo político, credo religioso? Bem precário seria este princípio constitucional se fosse tão fácil costeá-lo.

Em suma, o *caput* do art. 5º da Lei Fundamental, ao proclamar que todos são iguais perante a lei, interdita a arbitrariedade, inclusive em matéria tributária.

Isto não significa, por óbvio, que as leis devem tratar todas as pessoas de modo idêntico, mas apenas que devem dispensar o mesmo tratamento jurídico às que se encontram em situações idênticas.

Assim, a lei pode perfeitamente discriminar situações, desde que não erija em critério diferencial nem um traço tão específico que singularize o contribuinte por ela colhido, nem um fato havido pelo sistema constitucional como insuscetível de aceitar distinções (*e.g.*, a cor, atributo racial). O que não pode haver, em suma, como timbram em frisar Sérgio Ferraz e Lucia Valle Figueiredo, é uma *desigualdade injustificada*.

À lei, portanto, é dado desigualar situações atendendo a peculiaridades de pessoas ou categorias de pessoas, mas só quando haja — como ensina Celso Antônio Bandeira de Mello[8] — uma *correlação lógica* (uma relação de inerência) entre o *discrímen* e os valores prestigiados pela Constituição. Exemplificando, para melhor esclarecer (e já, de algum modo, entrando em nosso assunto central), nada impede que as pessoas que têm rendimentos mais expressivos — justamente por revelarem maior capacidade contributiva — sejam proporcionalmente mais tributadas, por via de *imposto sobre a renda*, que as pessoas que têm rendimentos menores. Esta, aliás, é uma exigência do próprio sistema constitucional tributário brasileiro (art. 145, § 1º, c/c o art. 153, § 2º, I, ambos da CF).

6. "Sobre a atualização de créditos do sujeito passivo contra o Fisco", *Revista Dialética de Direito Tributário* 32/45 (os grifos estão no original).

7. Podemos ir além, sustentando, com Pontes de Miranda (*Comentários à Constituição de 1967*, 2ª ed., 2ª tir., t. IV, São Paulo, Ed. RT, 1974, p. 707), que o *princípio da igualdade* alcança *até* as empresas e os particulares. Assim, por exemplo, uma empresa não pode discriminar sua freguesia em razão de raça, sexo, credo político, condição social, aparência etc., não apenas porque há um *Código de Defesa do Consumidor* ou uma *Lei de Economia Popular* ou, ainda, uma lei que define os crimes de racismo, mas em função do *princípio da isonomia*. Noutros termos, inexistissem tal Código e tais leis, e ainda assim o apontado *princípio* obrigaria ao tratamento igualitário da freguesia.

8. *O Conteúdo Jurídico do Princípio da Igualdade*, 3ª ed., São Paulo, Malheiros Editores, 1993, pp. 17 e 37 e ss.

Era isso, certamente, o que Rui Barbosa queria significar quando, em sua célebre *Oração aos Moços*, averbou: "a igualdade consiste em tratar igualmente os iguais e desigualmente os desiguais, na medida de suas desigualdades".

Transplantando estas noções, apenas esboçadas, para o campo tributário, temos que também a lei que se ocupa com os tributos deve vir editada e aplicada de conformidade com a isonomia. Uma lei que, por hipótese, mande tributar rendimentos diferentes com uma mesma alíquota será flagrantemente inconstitucional, por ferir o magno princípio da igualdade.

Como vemos, o princípio da igualdade, conquanto se espraie sobranceiro sobre todo nosso Direito, incide de chapa no campo da tributação.

Muito bem, bastariam os já mencionados art. 5º e seu inciso I da CF para que tranqüilamente pudéssemos proclamar que todos são iguais perante a lei tributária e que esta deve ser editada e aplicada de conformidade com a isonomia.

Mas o constituinte não se satisfez com isto. Tanto não que fez inscrever no art. 150, II, da Carta Magna os seguintes dizeres: "Art. 150. Sem prejuízo de outras garantias asseguradas ao contribuinte, é vedado à União, os Estados, ao Distrito Federal e aos Municípios: (...) II — *instituir tratamento desigual entre contribuintes que se encontrem em situação equivalente*, proibida qualquer distinção em razão de ocupação profissional ou função por eles exercida, independentemente da denominação jurídica dos rendimentos, títulos ou direitos" (grifamos).

Ora, se "é vedado instituir tratamento desigual entre contribuintes que se encontrem em situação equivalente", segue-se, *a contrario sensu*, que é vedado instituir tratamento igual entre contribuintes que se encontrem em situação diversa.

A este respeito merece ser trazida à balha a seguinte ponderação de Domingos Pereira de Sousa: "*Em sentido jurídico*, a igualdade tributária apresenta-se como paridade de posições, com exclusão de qualquer distinção ou privilégio de classe, de ordem ou de casta, de tal sorte que os contribuintes que se encontrem em idênticas situações sejam submetidos a idênticos regimes fiscais".[9]

Por outro lado, a lei que descreve a *ação-tipo tributária* deve valer para todos igualmente, isto é, deve ser aplicada a seus destinatários de acordo com o princípio da isonomia. Só assim os contribuintes terão segurança jurídica em suas relações com o Fisco.

O princípio da isonomia visa, em última análise, a garantir uma tributação justa. Exige, pois, que a lei tributária, tanto ao ser editada como ao ser aplicada, *(a)* não discrimine os contribuintes que se encontrem em situação jurídica equivalente e *(b)* discrimine, na medida de suas desigualdades, os contribuintes que não se encontrem em situação jurídica equivalente.

Muito bem, dentre as decorrências do princípio da igualdade avulta o *princípio da capacidade contributiva*, que, como frisava Geraldo Ataliba, é o princípio informador dos impostos em geral e do imposto sobre a renda em particular.

4. O princípio da capacidade contributiva

O princípio da capacidade contributiva vem expresso na primeira parte do § 1º do art. 145 da CF: "Sempre que possível, os impostos terão caráter pessoal e serão graduados segundo a capacidade econômica do contribuinte (...)".

Da só leitura deste dispositivo constitucional emerge, de modo inequívoco, a necessária correlação entre os impostos[10]

9. *As Garantias dos Contribuintes*, Lisboa, Universidade Lusíada, 1991, pp. 137 e 138 (os grifos estão no original).

10. Juridicamente falando, imposto é modalidade de tributo que tem por *hipótese de incidência* um fato qualquer, não consistente numa atuação estatal. Não é por outra razão que Geraldo Ataliba chamava o imposto de *tributo não-vinculado*. Não vinculado a quê? Não vinculado a uma atuação estatal.

e a capacidade contributiva. De um modo bem amplo, já podemos adiantar que ela se manifesta diante de fatos ou situações que revelam, *prima facie*, da parte de quem os realiza ou neles se encontra, condições objetivas para, pelo menos em tese, suportar a carga econômica desta particular espécie tributária.

Portanto, é este princípio que informa a tributação por meio de impostos (aí compreendido o *IR-Pessoa Física*). Intimamente ligado ao princípio da igualdade, é um dos mecanismos mais eficazes para que se alcance a tão almejada *justiça fiscal*. De fato, convém que a pessoa que revela possuir maior riqueza pague, em termos proporcionais, mais imposto do que aqueloutra que a exteriorize em menor intensidade.

Cada contribuinte deve, o quanto possível, concorrer para a manutenção da *coisa pública*, de acordo com suas forças econômicas. As pessoas, pois, devem pagar impostos na proporção dos seus haveres, ou seja, de seus índices de riqueza.

É por isso que em nosso sistema jurídico os impostos devem ser *progressivos*. A razão é simples: só graças à progressividade é que eles conseguem atender ao princípio da capacidade contributiva.

Melhor esclarecendo, as leis que criam *in abstracto* os impostos devem estruturá-los de tal forma que suas alíquotas variem para mais à medida que forem aumentando suas bases de cálculo. Assim, quanto maior a base de cálculo do imposto, tanto maior haverá de ser sua alíquota.

Por outro lado, a base de cálculo dos impostos não pode ser manipulada de modo a anular tal exigência constitucional. Exemplificando, não se pode no imposto sobre a renda impedir, para alguns, na apuração da base de cálculo *in concreto*, deduções que a outros é perfeitamente dado fazer. Isto acabaria, por via oblíqua, anulando a progressividade deste tributo.

Lembramos, de passagem, que a *progressividade* não se confunde com a *proporcionalidade*. Esta, pelo menos em tese, atrita com o *princípio da capacidade contributiva*, porque faz com que pessoas economicamente fracas e pessoas economicamente fortes paguem impostos com as mesmas alíquotas. É certo que, se a base de cálculo do imposto a ser pago pelo economicamente mais forte for maior do que a do imposto a ser pago pelo economicamente mais fraco, a quantia devida pelo primeiro também será maior. É igualmente certo, porém, que isto desatende ao *princípio da capacidade contributiva*, porque ambos estarão pagando, *em proporção*, o mesmo imposto. Não se estará levando em conta a capacidade econômica de cada qual.[11]

A progressividade das alíquotas tributárias, longe de atritar com nosso sistema jurídico, é o melhor meio de se afastarem, no campo dos impostos, as injustiças tributárias, vedadas pela Carta Magna. Sem impostos progressivos não há como atingir-se a igualdade tributária. Logo, o sistema de impostos no Brasil deve ser informado pelo critério da progressividade.

Os impostos são, pois, prestações pecuniárias desvinculadas de qualquer relação de troca ou utilidade. Encontram *fundamento de validade*, única e exclusivamente, na competência tributária da pessoa política, não havendo necessidade, para que venham instituídos e cobrados, de que o Poder Público desenvolva, em relação aos contribuintes, qualquer atividade específica.

11. Para ilustrar melhor nosso pensamento figuremos o seguinte exemplo: se alguém ganha *10* e paga *1*, e outrem ganha *100* e paga *10*, ambos estão pagando, proporcionalmente, o mesmo imposto (isto é, as duas pessoas estão pagando, a título de imposto, quantia equivalente a 10% de seus ganhos). Não resta a menor dúvida, porém, de que o sacrifício econômico do primeiro é incontendivelmente maior. De fato, em termos relativos são muito maiores os ônus econômicos de quem ganhando *10* paga *1* do que de quem ganhando *100* paga *10*. Pois bem, o *princípio da capacidade contributiva* só será atendido se o imposto for *progressivo*, de tal arte que, *e.g.*, quem ganha *10* pague *1* e quem ganha *100* pague *25*.

Logo, o princípio da capacidade contributiva não se traduz numa *igualdade aritmética*, do tipo dos impostos de capitação (em que era exigido igual montante de cada contribuinte), mas, sim, numa *igualdade proporcional*, em que as alíquotas dos impostos vão sendo progressivamente elevadas, à medida que suas base de cálculo aumentam.

Impostos com alíquotas crescentes em função do aumento de suas bases tributáveis (bases de cálculo *in concreto*) levam corretamente em conta que o sacrifício suportado pelo contribuinte para concorrer às despesas públicas é tanto maior quanto menor a riqueza que possui (e vice-versa). Ademais, permitem que o Estado remova pelo menos em parte as desigualdades econômicas existentes entre as pessoas.

Realmente, impostos com alíquotas fixas agravam as diferenças sociais existentes, porque tratam de maneira idêntica contribuintes que, sob o ângulo da capacidade contributiva, não são iguais.

Em suma, impostos com alíquotas fixas são inconstitucionais por ofensa ao princípio da capacidade contributiva, que exige que cada um venha tributado de acordo com suas manifestações objetivas de riqueza.

Infligirá, pois, maus-tratos ao princípio da capacidade contributiva lei que, ao criar imposto, imponha o mesmo tratamento fiscal a pessoas que estejam em situações econômicas diversas.

Destarte, da mesma forma pela qual a lei tributária não pode discriminar, para fins de impostos, pessoas em situação econômica equivalente, não lhe é dado equiparar, para os mesmos fins, pessoas que não revelem similar capacidade econômica.

Em suma, a nosso ver, descumpre o *princípio da capacidade contributiva* lei que não levar em conta a distinta *aptidão abstrata* que alguns sujeitos passivos têm em relação a outros para suportar a carga financeira do imposto.

Importante destacar que o princípio da capacidade contributiva tem por *destinatário imediato* (Santi Romano) o legislador ordinário das pessoas políticas. É ele que deve imprimir aos impostos que cria *in abstracto* um caráter pessoal, graduando-os conforme a capacidade econômica dos contribuintes.

O legislador tem o dever, enquanto descreve a *norma jurídica* instituidora dos impostos, não só de escolher fatos que exibam conteúdo econômico, como de atentar às desigualdades próprias das diferentes categorias de contribuintes, sejam eles pessoas físicas ou jurídicas.

De sua parte, o Poder Judiciário, ao aplicar contenciosamente a lei que criou *in abstracto* o imposto, não pode deixar de levar em conta tais desigualdades. Nem, tampouco, o Poder Executivo enquanto aplica, de ofício, tal lei.

Obviamente, o art. 145, § 1º, da CF não encerra mera *diretriz programática*, incapaz de produzir efeitos seja junto ao legislador, seja junto ao administrador ou ao juiz. Hodiernamente, a melhor doutrina está de acordo quanto à natureza obrigatória do vínculo decorrente das normas constitucionais ditas *programáticas* e, destarte, quanto à inconstitucionalidade das leis que as afrontem.

Geraldo Ataliba borda, a respeito, oportunos comentários: "Ora, como deixar de reconhecer caráter jurídico a uma disposição constitucional? Na pior das hipóteses a disposição constitucional mais abstrata e vaga possui, no mínimo, a eficácia paralisante de todas as normas inferiores, se contrastantes com seu sentido, bem como determinadora de importantíssimas conseqüências na compreensão do contexto constitucional e de cada disposição que o integra, bem como determina relevantes conseqüências exegéticas relativamente a todo o sistema normativo (incluídas as leis ordinárias e normas inferiores)".[12]

Apoiados em tão ilustre jurista, reafirmamos que o art. 145, § 1º, da CF vincula os órgãos legislativos e, também, os administratrivos e os judiciais.

Aliás, Aliomar Baleeiro, apreciando o art. 202 da Carta de 1946 ("Os tributos terão caráter pessoal sempre que isso for possível, e serão graduados conforme a capacidade econômica do contribuinte"), nega o *caráter programático* desta disposição (praticamente idêntica à contida na atual Lei

12. *Lei Complementar na Constituição*, São Paulo, Ed. RT, 1971, p. 18.

Maior brasileira), sustentando que tal mandamento "vale como princípio constitucional, ou *standard*, também para o juiz".[13]

Razão assiste, pois, a Alcides Jorge Costa quando, do alto de sua autoridade, observa: "O fato gerador de cada imposto deve guardar conexão com a capacidade tributária. Impossível criar imposto sobre fato não revelador desta capacidade. Por exemplo, se uma pessoa jurídica está tendo prejuízo em determinado exercício social, não pode ficar obrigada a recolher as antecipações do imposto de renda, calculadas com base no lucro do exercício anterior".[14]

No caso do *IR-Pessoas Físicas* não resta a menor dúvida de que também ele deverá obedecer ao princípio da capacidade contributiva, já que a CF, como que reforçando, para este tributo, o mandamento de seu art. 145, § 1º, exige, ainda por cima, venha informado pelos critérios da generalidade, da universalidade e, especialmente, da *progressividade* (art. 153, § 2º, I).

O *princípio da capacidade contributiva* leva a que só sejam consideradas na composição da base de cálculo deste *imposto* as *disponibilidades de riqueza nova* reveladas pelo contribuinte.

Reduzindo a idéia à sua dimensão mais simples, só enquanto aufere rendas ou proventos de qualquer natureza é que o contribuinte poderá ser validamente tributado.

Em linha mais próxima com o objeto deste estudo, consignamos, desde já, que os rendimentos obtidos por pessoa física em operações em Bolsa de valores e similares não podem, independentemente de seu montante, ser submetidos a uma tributação com alíquota única, nem, muito menos, ser postos ao largo do sistema de deduções por ocasião do ajuste anual (declaração anual). Isto, sem dúvida, fere o princípio da capacidade contributiva, ainda mais porque, em tese, nada impede que, apesar de haver obtido tais rendimentos em Bolsa, o contribuinte revele, ao cabo do exercício, falta de capacidade contributiva (por haver, *v.g.*, tido maciças despesas médico-hospitalares, que não lhe deixaram, ao fim e ao cabo, qualquer renda líquida).

Mas, antes de enveredarmos por esta trilha, queremos registar que confirma o *princípio da capacidade contributiva* o da *não-confiscatoriedade*, que passa a ser o alvo de nossas atenções.

5. O princípio da não-confiscatoriedade

O princípio da não-confiscatoriedade encontra-se veiculado no art. 150, IV, da CF, que proíbe "utilizar tributo com efeito de confisco". Realmente, as leis tributárias não podem compelir os contribuintes a colaborar além do devido com os gastos públicos.

É o caso de, aqui, indagarmos: quando um tributo é confiscatório?

A nosso sentir, é confiscatório o tributo que, por assim dizer, "esgota" (ou tem a potencialidade de "esgotar") a *riqueza tributável* das pessoas, isto é, que não leva em conta suas capacidades contributivas.

Não devemos perder de vista que entre nós a ação de tributar excepciona o princípio constitucional que protege a propriedade privada (CF, arts. 5º, XXII, e 170, II).

Isto explica — pelo menos em parte — a razão pela qual nossa Carta Magna disciplinou de modo tão rígido o *mecanismo de funcionamento* da tributação, ao mesmo tempo em que amparou os contribuintes com grande plexo de direitos e garantias contra eventuais excessos do Poder Público.

Na medida em que a Constituição brasileira reconhece e garante o *direito de propriedade* (embora o submeta ao *princípio da função social*), é evidente que a tributação não pode, por via indireta, torná-lo ilusório.

Daí o art. 150, IV, da Carta Magna haver expressamente proibido o *confisco*.

13. *Limitações Constitucionais ao Poder de Tributar*, 2ª ed., Rio, Forense, 1960, p. 337.

14. "Capacidade contributiva", *RDT* 50/302.

Com efeito, a tributação não pode agredir a propriedade privada a ponto de colocá-la em risco. Em termos mais técnicos, não pode assumir feições confiscatórias.

A propósito, Hugo de Brito Machado levanta interessantes questões: "Há quem sustente ser a vedação aos tributos confiscatórios uma decorrência da garantia constitucional da propriedade. Em sendo assim, mesmo sem um dispositivo constitucional vedando, especificamente, o tributo com efeito de confisco essa vedação seria decorrência lógica, em todas as Constituições que garantem o direito de propriedade. Qual seria, então, a significação da norma contida no art. 150, IV, da vigente Constituição? Seria ela meramente explicitante?".[15]

E, logo adiante, este Mestre trata de responder às perguntas que formulou:

"Colocando entre as limitações ao poder de tributar a utilização do tributo com efeito de confisco, a Constituição em vigor evitou controvérsias a respeito da questão de saber se a garantia do direito de propriedade estaria, ou não, preservada pelo fato de serem os tributos instituídos por lei. E da questão de saber se a adoção do regime da livre empresa implica realmente, como sustentamos, uma implícita proibição ao tributo confiscatório.

"Assim, o tributo com efeito de confisco, no regime da vigente Constituição, está proibido sob todos os aspectos, seja qual for a interpretação adotada para os dispositivos pertinentes ao direito de propriedade (art. 5º, XXII) e ao regime econômico prevalente (art. 170, II e IV). O disposto em seu art. 150, IV, não permite dúvidas a este respeito."[16]

Estamos confirmando, destarte, que a norma que impede que os tributos sejam utilizados com efeito de confisco, além de criar um limite explícito às discriminações arbitrárias de contribuintes, reforça o *direito de propriedade*. Assim, por exemplo, em função dela nenhuma pessoa, física ou jurídica, pode ser tributada por fatos que estão fora da *regra-matriz constitucional* do tributo que lhe está sendo exigido. Por quê? Porque isto faz perigar o direito de propriedade.

Portanto, o princípio da não-confiscatoriedade exige do legislador conduta marcada pelo equilíbrio, pela moderação e pela medida na quantificação dos tributos, tudo tendo em vista um Direito Tributário *justo*.

No que concerne aos impostos a lei que os cria só pode direcionar-se a quem possui capacidade econômica, ou seja, a quem pelo menos em tese tem os meios financeiros capazes de absorver o impacto deste tipo de tributo.

Assim, o legislador tem o dever, enquanto descreve a *hipótese de incidência*, a *base de cálculo* e a *alíquota* dos impostos, de escolher fatos que exibam conteúdo econômico.[17] Este conteúdo econômico — como bem observa Pasquale Russo[18] — deve ser *atual*, vale dizer, não pode estar situado nem em época remota (que já não revela uma razoável presunção de que o contribuinte tem os recursos suficientes para adimplir a obrigação tributária), nem em futuro distante (que não dá um mínimo de certeza de que o contribuinte dispõe de meios financeiros para honrar, no presente, o tributo).

Com apoio em todas estas considerações, podemos — agora, sim — discorrer sobre o perfil constitucional do IR-Pessoas Físicas.

6. O perfil constitucional do IR-Pessoas Físicas

6.1 Generalidades

Apenas para introduzirmos este assunto, pedimos vênia para lembrar que *compe-*

15. *Os Princípios Jurídicos da Tributação na Constituição de 1988*, São Paulo, Ed. RT, 1989, p. 66.

16. Hugo de Brito Machado, ob. cit., p. 68.

17. Deste modo, seria inconstitucional um imposto sobre os celibatários, já que esta condição não revela, por si só, a existência de riqueza tributável.

18. *Manuale di Diritto Tributario*, Milão, Giuffrè Editore, 1994, pp. 52 e 53.

tência tributária é a aptidão jurídica para criar, *in abstracto*, tributos, descrevendo legislativamente suas *hipóteses de incidência*, seus *sujeitos ativos*, seus *sujeitos passivos*, suas *bases de cálculo* e suas *alíquotas*.

Têm competência tributária as pessoas políticas. De fato, a União, os Estados, os Municípios e o Distrito Federal receberam do Diploma Máximo a faculdade de instituir, em caráter privativo, todas as modalidades de tributos (impostos, taxas e contribuições).

Importante assinalar que as competências tributárias foram desenhadas, com retoques à perfeição, por grande messe de normas constitucionais, que operam como balizas intransponíveis, guiando o legislador ordinário (federal, estadual, municipal ou distrital) ou complementar na criação, *in abstracto*, das várias exações.

Realmente, a Constituição brasileira, ao discriminar as competências tributárias, traçou a *regra-matriz* (a *norma-padrão de incidência*, o *arquétipo genérico*) de cada exação, apontando, direta ou indiretamente, a *hipótese de incidência possível*, o *sujeito ativo possível*, o *sujeito passivo possível*, a *base de cálculo possível* e a *alíquota possível* das várias espécies e subespécies de tributos. Em suma, o legislador, ao exercitar a competência tributária de *sua* pessoa política, há de ser fiel, em tudo e por tudo, à *regra-matriz constitucional* do tributo.[19]

De conseqüência, as pessoas políticas não podem desvirtuar, quer no todo, quer em parte, os arquétipos dos tributos que lhes foram constitucionalmente deferidos (*v.g.*, apontando-lhes base de cálculo que não se coadune com sua hipótese de incidência).

Tudo isto vale, evidentemente, para o *imposto sobre a renda* (*pessoa física ou pessoa jurídica*), cujo perfil também está traçado — e com retoques à perfeição — na Carta Federal.

De fato, por força do disposto no art. 153, III, da Lei Magna, a União tem competência para tributar, por meio de imposto, *a renda e os proventos de qualquer natureza*.

Instituindo e arrecadando livremente, ao lado de outros tributos, o imposto sobre a renda e proventos de qualquer natureza (*IR*), a União reafirma sua ampla autonomia em relação às demais pessoas políticas.

Deve, no entanto, esta pessoa política obedecer, em tudo e por tudo, à *regra-matriz constitucional* do imposto em apreço. Do contrário, direitos incontornáveis do contribuinte restarão atropelados e, por via de conseqüência, o tributo não passará de um *simulacro de imposto sobre a renda e proventos de qualquer natureza*.

Evidentemente, o dispositivo em exame não deu ao legislador ordinário federal liberdade para tributar o que lhe aprouver. Pelo contrário, conferiu-lhe apenas o direito de tributar a renda e os proventos de qualquer natureza, observados os princípios constitucionais que militam em favor dos contribuintes.

Há na Constituição, como melhor veremos, uma noção genérica quer de "renda", quer de "proventos de qualquer natureza", que o legislador federal é obrigado a levar em conta quando cria *in abstracto* o imposto ora em exame.

19. O *princípio da legalidade tributária* — tal como arquitetado na Carta Magna, especialmente em seus arts. 5º, II e 150, I — exige que os tributos venham criados ou aumentados por meio de *lei formal*. Isto significa que a lei que se ocupa com o assunto deverá detalhar todos os elementos necessários (*v.g.*, a base de cálculo) ao nascimento do tributo (tipicidade), não podendo ser contrariada, direta ou indiretamente, nem pelo Judiciário nem, muito menos, pela Fazenda Pública.

Como se isto não bastasse, o lançamento e a cobrança das obrigações tributárias devem levar em conta os direitos fundamentais dos contribuintes, máxime os que decorrem dos princípios que informam a tributação (segurança jurídica, igualdade, anterioridade, capacidade contributiva, proibição ao confisco, liberdade de comércio etc.). Incumbe ao aplicador (agente fiscal ou juiz) verificar quais têm prevalência, no caso concreto, de modo a garantir os valores prestigiados na Constituição, o que afasta, de plano, a possibilidade de *executar* a lei tributária com *ampla liberdade*, tendo em vista *apenas* os objetivos arrecadatórios.

É o caso, então, de indagarmos: que são "renda e proventos de qualquer natureza"?

Numa primeira resposta temos que "renda e proventos de qualquer natureza" são *disponibilidades de riqueza nova*, vale dizer, *acréscimos patrimoniais experimentados pelo contribuinte num dado período de tempo*.

Efetivamente, tais acréscimos patrimoniais pressupõem que se levem em conta marcos temporais, e não apenas uma situação de momento. Se quisermos, deve haver um aumento da riqueza econômica do contribuinte entre dois lapsos de tempo.

Logo, não é qualquer entrada de dinheiro nos cofres de uma pessoa (física ou jurídica) que pode ser alcançada pelo imposto sobre a renda, mas tão-somente aquilo que tipificar *ganhos efetivos* durante um determinado intervalo de tempo.[20]

A *regra-matriz* do imposto sobre a renda, constitucionalmente traçada, já nos permite afastar da incidência deste tributo tudo quanto não seja nem *renda*, nem *proventos*. É o caso dos custos da empresa, do valor das depreciações, da quantia paga pela energia elétrica consumida, do capital empregado, das indenizações recebidas (simples transformações de riqueza) etc.

Fugindo da definição pela negativa, entendemos que tanto a *renda* quanto os *proventos de qualquer natureza* pressupõem ações humanas que revelem *mais-valias*, isto é, acréscimos na capacidade contributiva (que a doutrina mais tradicional chama de *acréscimos patrimoniais*). Só quando há realidades econômicas novas, que se incorporam ao patrimônio da pessoa (física ou jurídica), é que podemos falar em *renda* ou em *proventos de qualquer natureza*.

20. Amílcar de Araújo Falcão sustentava que, nos termos da Constituição, só há renda tributável quando, num dado período de tempo, verifica-se um aumento do patrimônio do contribuinte em razão do emprego do capital, do trabalho ou da combinação de ambos (*Imposto de Renda e Lucros Extraordinários*, 1ª ed., Financeiras, 1963).

Em suma, o *imposto sobre a renda* só pode alcançar os acréscimos patrimoniais das pessoas físicas ou jurídicas obtidos durante certo lapso de tempo.

Podemos, pois, afirmar que o *imposto sobre a renda*, por injunção constitucional, *deve ter* por *hipótese de incidência* o fato de uma pessoa (física ou jurídica) obter, ao cabo de certo período, renda (líquida) ou outros acréscimos patrimoniais de qualquer natureza.

Cabe ao legislador federal prefixar este período, os modos de apuração *in concreto* de tais rendimentos, bem assim o percentual (alíquota) que sobre eles incidirá. Isto tudo, é óbvio, observados os princípio constitucionais tributários, em especial o da *capacidade contributiva*, que já estudamos.

6.2 A pequena liberdade do legislador ordinário federal para definir "renda" e "proventos"

Ao contrário do que muitos supõem, o legislador federal não possui total liberdade para definir *renda* e *proventos de qualquer natureza* para fins de tributação por meio do imposto específico.

Laboram em equívoco, pois, os que sustentam que "renda" é tudo quanto a lei assim considera, o mesmo se podendo dizer dos "proventos de qualquer natureza".

Estamos convencidos de que, pelo contrário, há uma noção constitucional de *renda e proventos de qualquer natureza*, que não pode ser desconsiderada pelo legislador (seja o complementar nacional, seja o ordinário federal).

Rememoramos, por oportuno, que as *regras-matrizes* de todos os tributos estão contidas na Constituição. O legislador infraconstitucional não pode fugir destes *arquétipos*.

Ainda que possamos aceitar que ele possui alguma liberdade para definir "renda" e "proventos", o certo é que tal liberdade é sobremodo restrita.

Deveras, parece-nos que dentre os diversos conceitos de "renda" fornecidos pela Ciência Econômica pode o legislador ordinário apenas optar por um deles, e ainda assim *desde que sua escolha permita compatibilizar a incidência com os princípios constitucionais que norteiam a tributação por via de imposto sobre a renda, máxime o da capacidade contributiva.*

Realmente, o conceito de "renda e proventos de qualquer natureza" deve levar em conta a *capacidade contributiva* do sujeito passivo tributário. Por quê? Porque o princípio da capacidade contributiva informa a tributação por via de impostos (art. 145, § 1º, da CF).

Raciocínio semelhante podemos desenvolver em relação aos proventos. *Proventos* — como observou Roberto Quiroga Mosquera[21] — são "rendimentos recebidos a título de aposentadoria", isto é, acréscimos patrimoniais resultantes de uma atividade profissional que já cessou mas ainda produz benefícios pecuniários, por força do direito à Previdência Social, constitucionalmente assegurado.

Do sumariamente exposto resulta insofismável que o legislador federal absolutamente não pode intitular *renda* ou *provento* o que, na real verdade, nem é renda, nem provento.

Tais colocações são fundamentais para a boa compreensão do assunto. De fato, se admitirmos que o legislador federal é livre para colocar um fato econômico qualquer (*v.g.*, o recebimento de indenizações) na *hipótese de incidência* do imposto sobre a renda, estaremos, por via oblíqua, aceitando que o Congresso Nacional pode alargar a competência tributária da União, definida na Carta Suprema, o que é, juridicamente, um absurdo.

Oportuno termos presente que é na Carta Constitucional, e não na legislação (complementar ou ordinária), que se hospedam os ditames superiores que norteiam a tributação por via de imposto sobre a renda.

Mesmo cientes disto, observamos, de bom grado, que o próprio Código Tributário Nacional, cuidando do assunto, não foi além dos limites constitucionais. De fato, ele dispõe, em seu art. 43: "Art. 43. O imposto, de competência da União, sobre a renda e proventos de qualquer natureza tem como fato gerador a aquisição da disponibilidade econômica ou jurídica: I — de renda, assim entendido o produto do capital, do trabalho ou da combinação de ambos; II — de proventos de qualquer natureza, assim entendidos os acréscimos patrimoniais não compreendidos no inciso anterior".

O Código Tributário Nacional, pois, reforça o entendimento de que o imposto sobre a renda só pode incidir sobre a *aquisição de disponibilidade de riqueza nova*, em dinheiro ou equivalente, advinda do capital, do trabalho ou da combinação de ambos.

A expressão "produto do capital, do trabalho ou da combinação de ambos" encerra a idéia de *resultado* advindo de um investimento (capital) ou de um esforço/atividade (capital) que leva, sempre, a um *plus* em relação à situação anterior, isto é, a uma *riqueza nova*, indicando maior capacidade contributiva daquele que a auferiu.

O inciso II do precitado art. 43 do CTN não infirma esta assertiva ao estatuir que são considerados proventos de qualquer natureza todos os demais "acréscimos patrimoniais" não compreendidos no conceito de renda. Com efeito, se aceitarmos que patrimônio é "o conjunto de bens e direitos", acréscimos a este conjunto tipificam *riqueza nova*.

Portanto, também sob a óptica do Código Tributário Nacional a *hipótese de incidência possível* do imposto sobre a renda, inclusive das pessoas jurídicas, é, em síntese, *auferir renda nova*. Ou, se preferirmos, obter *renda disponível*.

Nem se alegue que através do mecanismo das ficções, presunções e equiparações o legislador federal pode transformar

21. *Renda e Proventos de Qualquer Natureza*, 1ª ed., São Paulo, Dialética, 1996.

em renda tributável *ingressos* que não atendam às características acima apontadas.

Tudo isto vale seja para o *IR-Pessoa Física*, seja para o *IR-Pessoa Jurídica*.

Vamos, agora, cuidar da *base de cálculo possível* do IR-Pessoa Física.

6.3 A "base de cálculo possível" do IR-Pessoas Físicas

6.3.1 *Observações gerais* — Conforme vimos, a pessoa política, para criar *in abstracto* um tributo, deve não só descrever, legislativamente, sua *hipótese de incidência* (*fato gerador "in abstracto"*) como apontar seu *sujeito ativo*, seu *sujeito passivo*, sua *base de cálculo* e sua *alíquota*.

São justamente a *base de cálculo* e a *alíquota* que *quantificarão* a obrigação tributária. Melhor explicando, são elas que, uma vez ocorrido o *fato imponível* (*fato gerador "in concreto"*), permitirão que se fixe a *exata quantia de dinheiro a pagar* (*quantum debeatur*).

A base de cálculo, em apertada síntese, é a expressão econômica do aspecto material da hipótese de incidência do tributo. Ou, se preferirmos, é o ponto-de-partida das operações matemáticas a serem realizadas pelo Fisco tendo em vista a apuração do *quantum debeatur*.

Precisa, pois, estar em perfeita sintonia com a hipótese de incidência do tributo, já que é ela que *confirma* sua natureza jurídica.[22] Havendo qualquer *descompasso* entre elas, o tributo, porque mal-instituído, não poderá ser validamente lançado e cobrado.

O legislador, ao definir a base de cálculo do tributo, não pode distorcer sua *regra-matriz constitucional*, elegendo-lhe base de cálculo inadequada, isto é, que não se preste a medir o *fato tributável*.

Neste caso *(a)* o tributo será inconstitucional; *(b)* o contribuinte terá o direito subjetivo de não o recolher e *(c)* o Judiciário, quando provocado, terá o dever jurídico de amparar esta legítima pretensão.

Outras vezes é o próprio aplicador da lei que, interpretando-a inadequadamente, distorce a base de cálculo do tributo. As conseqüências do equívoco são igualmente danosas, o que dá ao contribuinte a faculdade de, também neste caso, defender-se do abuso, pleiteando, se necessário, a intervenção das autoridades judiciárias.

6.3.2 *A Constituição e a "base de cálculo possível" do IR-Pessoa Física* — A Constituição Federal implicitamente aponta a *base de cálculo possível* do *IR-Pessoa Física*: a renda líquida auferida durante o exercício financeiro (ou período de apuração menor, desde que previsto em lei).

Realmente, por força de uma série de princípios constitucionais (máxime o da capacidade contributiva e o da não-confiscatoriedade), a base de cálculo deste tributo não é a renda bruta ou os rendimentos alcançados num dado momento, numa única operação financeira. É o valor dos rendimentos líquidos obtidos ao longo do período de apuração, previsto em lei, e estes se definem no momento em que é feito o ajuste (declaração de rendimentos). Assim, os ganhos obtidos numa única operação em

22. Já se disse que a base de cálculo permite que se tire a "prova dos nove" da natureza jurídica do tributo. Exemplificando, é ela que demonstra que o tributo *A* é realmente sobre a renda (porque sua base de cálculo é a *renda líquida* do contribuinte); que o tributo *B* é sobre serviços (porque sua base de cálculo é o *preço do serviço* prestado); que o tributo *C* é sobre a propriedade (porque sua base de cálculo é o *valor venal* do imóvel);etc.

Isto foi bem demonstrado por Alfredo Augusto Becker: "O critério de investigação da natureza jurídica do tributo que se demonstrará ser o único verdadeiramente objetivo e jurídico parte da *base de cálculo* para chegar ao conceito do tributo. Este só poderá ter uma *única* base de cálculo. A sua conversão em cifra é que poderá variar de método: ou peso e/ou medida e/ou valor. Quando o método é o do valor, surge facilmente o perigo de se procurar atingir este valor mediante a valorização de outro elemento que consistirá, logicamente, *outra* base de cálculo. e com isto, *ipso facto*, desvirtuou-se o pretendido gênero jurídico do tributo. *Haverá tantos distintos gêneros jurídicos de tributo quantas diferentes bases de cálculo existirem*" (*Teoria Geral do Direito Tributário*, São Paulo, Saraiva, 1963, p. 339 — os grifos são do autor).

Bolsa de valores não podem ser tributados isoladamente; antes, deverão integrar a *base tributável* (base de cálculo *in concreto*) do imposto, por ocasião da declaração, submetendo-se, também eles, às deduções legais de praxe.

Diante do exposto já percebemos que o IR-Pessoa Física estará irremediavelmente descaracterizado se sua base de cálculo levar em conta *apenas* a renda bruta obtida em operações financeiras isoladas.

Temos, portanto, por incontroverso que a União não possui ampla liberdade para eleger a base de cálculo *in abstrato* do *IR-Pessoa Física.*

É que — tornamos a repetir — a base de cálculo desta exação deve necessariamente guardar uma referibilidade com as *rendas e proventos* obtidos pela pessoa física ao longo do período de apuração previsto em lei. Do contrário teremos um mero *rótulo* (*imposto sobre a renda*), insuficiente para caracterizar a natureza jurídica de qualquer tributo (cf. art. 4º, I, do CTN).

Aprofundando estas idéias, a Constituição fixa diretrizes acerca do assunto que nem o legislador, nem o Fisco, nem, tampouco, o intérprete podem ignorar.

Realmente, nos termos da Constituição, a base de cálculo do *IR-Pessoa Física deve ser* uma *medida* da disponibilidade da riqueza nova.

Observamos, de passagem, que o CTN, em seu art. 44, vem ao encontro destas idéias ao proclamar que "a base de cálculo do imposto é o montante real, arbitrado ou presumido, da renda ou dos proventos tributáveis".

Estamos confirmando, pois, que a *base de cálculo possível* do *IR-Pessoa Física* é o *montante da renda líquida efetivamente obtida durante certo lapso de tempo* (em geral, o *exercício financeiro*). Se sua base de cálculo levar em conta elementos que extrapolem a renda líquida (*v.g.*, a renda bruta ou parte dela), ocorrerá, por sem dúvida, uma descaraterização do perfil constitucional do tributo.

Como corolário, a lei, sob pena de incontornável inconstitucionalidade, não pode transformar em *renda líquida* uma receita isolada, impedindo que ela, submetendo-se às deduções devidas, venha a compor a correta *base de cálculo* do tributo em exame.

Esta última assertiva nos conduz naturalmente para o estudo da *alíquota possível* do IR-Pessoas Físicas.

6.4 O IR-Pessoa Física e sua "alíquota possível"

O IR-Pessoa Física deve, sem sombra de dúvida, obedecer ao princípio da capacidade contributiva. E, para isto, há de ser *progressivo*. É o que estabelece o art. 153, § 2º, I, da CF: "§ 2º. O imposto previsto no inciso III: *(imposto sobre a renda e proventos de qualquer natureza)* I — será informado pelos critérios da generalidade, da universalidade e da *progressividade*, na forma da lei".[23]

Este inciso encerra uma *norma cogente*, isto é, de observância obrigatória. A lei poderá regular o *modo* pelo qual se dará a progressividade no imposto sobre a renda. Mas não poderá anular esta exigência constitucional.

Quem, com efeito, tem renda líquida mais expressiva deve ser proporcionalmente mais tributado, por via deste imposto, do que quem tem renda líquida menor. Isto, como sabemos, é obtido através da adoção de um sistema de alíquotas[24] variáveis. Nou-

23. Esclarecemos no parêntese e grifamos.

24. A alíquota é o critério legal, normalmente expresso em porcentagem (*v.g.*, 10%), que, conjugado à base de cálculo, permite que se chegue ao *quantum debeatur*, ou seja, à quantia que o contribuinte deve pagar, ao Fisco ou a quem lhe faça as vezes, a título de tributo. Forma, com a base de cálculo, o *elemento quantitativo* do tributo e, de algum modo, também está predefinida na Constituição.

De fato, embora o legislador, ao criar *in abstracto* o tributo, tenha alguma liberdade para fazê-la variar, não a pode elevar *ad infinitum*. Isto fatalmente imprimiria ao tributo o proibido caráter de *confisco* (cf. art. 150, IV, da CF), vulnerando, por via reflexa, o direito de propriedade, constitucionalmente protegido (arts. 5º, XXII e 170, II, da CF).

tras palavras, as alíquotas do imposto sobre a renda devem ser proporcionamente maiores à medida que forem aumentando as rendas líquidas auferidas pelos contribuintes.

A propósito deste assunto, pensamos que para que a progressividade no imposto sobre a renda se cumpra é mister, ademais, que a legislação autorize às pessoas que auferem rendimentos certas deduções que lhes garantam a subsistência e a de seus dependentes (deduções com estudos, alimentação, vestuário, mantença da saúde etc.).

Pensamos já ter deixado claro que o imposto sobre a renda não pode ser transformado num mero imposto *sobre receitas*, o que ocorre quando a lei não permite abatimentos de *despesas necessárias* do contribuinte. Ao contrário, a lei deve — em atenção ao princípio da capacidade contributiva — garantir que a *renda tributável* seja obtida subtraindo-se da renda global os gastos necessários do contribuinte, máxime os representados por seus encargos familiares.

Travejadas estas premissas, podemos finalmente voltar nossas atenções para o assunto central deste artigo.

7. Reequacionamento da questão inicialmente proposta

Conforme vimos, as Leis 8.531/92 e 8.981/95 assujeitam os ganhos líquidos auferidos por pessoas físicas em operações realizadas em Bolsas de valores, de mercadorias, de futuros e assemelhadas a tributação em separado pelo imposto sobre a renda e, ainda por cima, à alíquota única de 10%.

Isto vulnera, às abertas e publicadas, os princípios da capacidade contributiva e da progressividade, conforme agora melhor passamos a expor e a fundamentar.

8. A inconstitucionalidade, no caso em estudo, da tributação exclusivamente na fonte

Tornamos a repetir que a Constituição Federal, quando trata do imposto sobre a renda, determina, de modo expresso, que ele deve ser informado pelos critérios da "generalidade, da universalidade e da progressividade" (art. 153, § 2º, I). Sobremais, condiciona-o à obediência aos princípios da igualdade (art. 150, II) e da capacidade contributiva, exteriorizada, entre outras manifestações, pelo caráter pessoal do tributo (art. 145, § 1º).

Em decorrência disso tudo, o imposto sobre a renda não comporta tributação em operações isoladas que possam ser praticadas pelo contribuinte. Dito de outro modo, não pode levar em conta senão *a totalidade dos resultados econômicos de suas atividades*, quer se traduzam em aplicações financeiras, quer decorram de outros desempenhos, profissionais ou não, que venha a realizar.

Tal o ensinamento de Ricardo Mariz de Oliveira: "Entenda-se *generalidade* como a submissão de todos os gêneros e espécies de rendas e proventos à incidência do imposto, preceito este que se espraia por outros dispositivos constitucionais, assim como o da universalidade, que significa a abrangência do universo das pessoas adquirentes de rendas e proventos no campo da tributação".[25]

Ora, tendo-se como assente que a renda, para fins de tributação específica, deve ser considerada em sua generalidade e universalidade, emerge cristalina a conclusão de que os possíveis resultados decorrentes de uma única operação jurídica, isoladamente considerada, praticada pelo contribuinte não podem representar, em si mesmos, a *renda líquida* apta a ser alcançada pelo imposto em tela.

Melhor explicitando, a técnica consistente em tributar *a uma alíquota fixa* os rendimentos auferidos numa única operação jurídica atropela o comando constitucional de que a base de cálculo do imposto sobre a renda deve levar em conta *a totalidade* dos resultados econômicos alcança-

25. In *Cadernos de Pesquisas Tributárias* 14/177, São Paulo, CEEU/Resenha Tributária, 1989.

dos pelo contribuinte em cada período de apuração.

No caso da pessoa física determina-se a renda tributável (renda líquida) ao cabo do exercício financeiro. Se, por hipótese, no fim de um exercício financeiro não se apurar renda líquida,[26] não há imposto sobre a renda a pagar, ainda que em dados momentos deste mesmo exercício financeiro tenha havido disponibilidades de riqueza nova.

Queremos com isto deixar evidenciado que, tratando-se de pessoas físicas, os resultados relevantes para a determinação da base de cálculo do imposto sobre a renda não podem ser compartimentados em razão da origem das operações que lhes tenham dado causa, mas devem ser considerados como componentes de um universo que se consolida apenas ao término de cada exercício financeiro.

Sujeitar à tributação a uma alíquota fixa (isto é, sem possibilidade de compensação) o produto de uma ou de algumas operações isoladas ocorridas ao longo deste período, com total desconsideração dos demais eventos relevantes que, no seu transcorrer, venham a verificar-se, significa, em última análise, admitir a absurda hipótese de o contribuinte ser obrigado a pagar imposto (que, tornamos a repetir, incide sobre a renda) ainda que se encontre, ao termo do período de apuração, sem qualquer *renda líquida*, ou, se quisermos, em situação de manifesto prejuízo.

E isto — como tantas vezes assinalamos ao longo deste artigo — a Constituição não admite em razão dos efeitos que irradiam não só do já lembrado princípio da capacidade contributiva como, também, do seu art. 150, IV, que veda a utilização de tributo com efeito de confisco.

26. Renda líquida, em apertada síntese, é o resultado da subtração que tem por minuendo, os rendimentos (salários, honorários, alugueres, lucros obtidos em operações financeiras, lucros experimentados na venda de imóveis etc.) e por subtraendo as despesas dedutíveis, nos termos da lei (despesas médico-hospitalares, despesas com educação dos filhos, despesas com dependentes etc.).

Em outro contexto, mas que guarda pertinência com o assunto em análise, assim se manifestou Wagner Balera:

"A nós parece que a incidência exclusiva na fonte, mediante alíquota fixa, por não levar em consideração toda uma série de dados que determinam o significado do valor auferido a título de renda para o indivíduo que deve o tributo, não é compatível com o caráter pessoal previsto no § 1º do art. 145 da CF.

"Entendemos, mais, que essa metodologia de arrecadação constitui manifesta afronta ao princípio da isonomia, pois redunda em distribuição desigual da carga fiscal entre os contribuintes.

"As recentes alterações efetuadas na legislação do imposto de renda, em nosso País, ao reduzirem a quase nada a consideração sobre o caráter pessoal do tributo em questão, quando tais dados já poderiam ser apreciados segundo técnica fiscal conhecida, podem ser acoimadas de inconstitucionais."[27]

Podemos concluir, pois, que a tributação de operações isoladas que propiciaram receitas às pessoas físicas a uma alíquota fixa e ao largo do sistema de deduções é inconstitucional porque: *a)* desatende aos critérios da generalidade, da progressividade e da universalidade, que devem informar este tributo (art. 153, § 2º, I, da CF); *b)* contraria o *princípio da igualdade tributária* (art. 150, II), além de atentar contra o caráter pessoal de que o tributo em tela deve revestir-se, por imperativa determinação do *princípio da capacidade contributiva* (art. 145, § 1º, da CF); e *c)* incide sobre resultados que podem não refletir o conceito geral e universal de *renda tributável*, levando, deste modo, ao confisco, vedado pelo art. 150, IV, da CF.

Em suma, o que estamos aqui combatendo é a tributação dos rendimentos auferidos em operações isoladas a uma alíquota fixa e sem a possibilidade de entra-

27. Wagner Balera, in *Cadernos* ..., cit., p. 262.

rem no sistema normal de deduções, por ocasião do ajuste anual.

Ressalvamos, por oportuno, que absolutamente não estamos nos opondo ao mecanismo da tributação isolada (que nos parece possível, por exemplo, se a pessoa física for inalcançável pelo imposto[28]), mas sim à maneira pela qual este mecanismo acabou sendo utilizado nas susocitadas Leis 8.531/92 e 8.981/95.

Para que a idéia fique bem clara, consignamos que não estamos verberando contra o sistema da tributação isolada, mas sim contra as normas que, no caso em análise, determinam que ela se faça em caráter exclusivo (a uma alíquota fixa) e separada das demais receitas obtidas pelo contribuinte ao longo do período de apuração.

De fato, a lei não pode segregar determinadas rendas para serem tributadas isoladamente. Deve, pelo contrário, levar em conta todas elas, até para possibilitar a adequada aplicação do *princípio da progressividade*. Relembramos que só pode haver progressividade quando se leva em conta a tributação geral e conjunta de *todas* as rendas e proventos auferidos ao final do período de apuração previsto em lei.

Sobremais, as exigências do *princípio da capacidade contributiva* só poderão ser corretamente atendidas com a consideração de *todos* os rendimentos obtidos pelo contribuinte ao longo do período de apuração, e não apenas de alguns deles.

9. Conclusão

É inconstitucional a cobrança de imposto sobre a renda a uma alíquota fixa dos ganhos líquidos auferidos por pessoas físicas em operações realizadas em Bolsas de valores, de mercadorias, de futuros e assemelhadas.

Noutras palavras, os rendimentos obtidos por pessoa física em operações em Bolsa de valores e similares não podem ser submetidos a tributação com alíquota única de 10%, independentemente de seu montante, nem muito menos ser postos ao largo do sistema de deduções por ocasião do ajuste anual, que a isto obstam os princípios da *progressividade* e da *capacidade contributiva*.

Desdobrando as idéias:

9.1 O imposto sobre a renda, por expressa determinação da Lei Maior, deve não só obedecer ao *princípio da capacidade contributiva* (art. 145, § 1º) como ser "informado pelos critérios da generalidade, da universalidade e da progressividade, na forma da lei" (art. 153, § 2º, I).

9.2 Esta assertiva cresce de ponto tratando-se, como no caso em estudo, do IR-Pessoa Física, cuja *regra-matriz constitucional* exige a adoção de um sistema de deduções que o personalize, isto é, acabe por ajustá-lo, quando do lançamento anual, às reais condições econômicas de cada contribuinte, individualmente considerado.

9.3 A Constituição Federal implicitamente aponta a *base de cálculo possível* do *IR-Pessoa Física*: a renda líquida auferida durante o exercício financeiro (ou período de apuração menor, desde que previsto em lei).

9.4 Por força de uma série de princípios constitucionais, a base de cálculo deste tributo é o valor dos rendimentos líquidos obtidos ao longo do período de apuração, previsto em lei, e estes se definem no momento em que é feito o ajuste (declaração de rendimentos).

9.5 Portanto, os ganhos obtidos numa única operação financeira não podem ser tributados isoladamente; antes, deverão integrar a *base tributável* (base de cálculo *in concreto*) do imposto, por ocasião da declaração, submetendo-se também eles às deduções legais de praxe. Dito de outro modo, o *IR-Pessoa Física* não pode levar em conta senão *a totalidade dos resultados econômicos das atividades do contribuinte*, quer se traduzam em aplicações financeiras, quer decorram de outros desempenhos, profissionais ou não, que venha a ter.

28. É o caso dos residentes no exterior e foi o caso dos títulos ao portador.

9.6 Tributar o contribuinte sob uma alíquota única e, ainda por cima, sem a possibilidade de compensação, como determinam as Leis 8.541/92 e 8.981/95, equivale a transformar o tributo num imposto sobre receitas brutas, incompatível com aquele que o Texto Supremo, em seu art. 153, IV, autorizou a União a instituir.

9.7 Em suma, a tributação a uma alíquota fixa de operações isoladas que propiciaram receitas às pessoas físicas é inconstitucional porque *(a)* desatende aos critérios da generalidade, da progressividade e da universalidade, que devem informar este tributo (art. 153, § 2º, I, da CF); *(b)* contraria o *princípio da igualdade tributária* (art. 150, II), além de atentar contra o caráter pessoal de que o tributo em tela deve revestir-se, por imperativa determinação do *princípio da capacidade contributiva* (art. 145, § 1º, da CF), e *(c)* incide sobre resultados que podem não refletir o conceito geral e universal de *renda tributável*, levando, deste modo, ao confisco, vedado pelo art. 150, IV, da CF.

CADERNOS DE DIREITO TRIBUTÁRIO

A COMPENSAÇÃO FINANCEIRA DEVIDA NA EXPLORAÇÃO DE PETRÓLEO E RECURSOS MINERAIS E NA GERAÇÃO DE ENERGIA ELÉTRICA

Regime jurídico e aspectos tributários

HELENO TAVEIRA TÔRRES

Professor em cursos de graduação e de pós-graduação, conferencista e consultor tributário em São Paulo — Doutorando em Direito Tributário (PUC/SP) — Mestre em Direito Tributário (UFPE, 1995) — Especializado em Direito Tributário Internacional pela I Universidade de Roma "La Sapienza"

1. Considerações iniciais. 2. A compensação financeira na Constituição Federal e na legislação. 3. Reminiscências históricas da compensação financeira e da incidência tributária sobre minerais, petróleo e seus derivados e energia elétrica. 4. Teoria da classificação. Uma breve abordagem: 4.1 A escolha do "critério" inerente à classificação — 4.2 A importância das classificações para a identificação das normas jurídicas — 4.3 Da falsa idéia de "utilidade" e da aplicação dos valores "verdade" e "falsidade" às classificações na Ciência do Direito — 4.4 Da importância indutiva da classificação. 5. A classificação da compensação financeira no âmbito das receitas públicas: 5.1 A compensação financeira como elemento do mecanismo de discriminação constitucional de rendas — 5.2 A retroatividade do direito dos Estados, Distrito Federal e Municípios aos créditos da compensação financeira e o exercício de competência legislativa pela União — 5.3 A natureza jurídica da compensação financeira e da participação nos resultados. 6. As hipóteses de incidência da compensação financeira: 6.1 Compensação pela utilização de recursos hídricos — 6.2 Compensação financeira devida pelos detentores de direitos minerais a qualquer título (CFEM) — 6.3 Compensação financeira em face da exploração do petróleo, xisto betuminoso e gás natural. 7. Participações especiais aplicáveis às atividades de exploração, desenvolvimento e produção de petróleo e gás natural: 7.1 A contribuição financeira e a "participação especial" do petróleo. Inconstitucionalidade da cobrança cumulativa. 8. Participação nos resultados da lavra. 9. Vinculação da aplicação da receita por Estados e Municípios. Resquícios de regime ditatorial. Ferimento ao princípio federativo e à autonomia municipal. 10. Considerações finais.

1. Considerações iniciais

Os contratos de concessão, permissão e autorização e as operações com a exploração de recursos minerais, utilização de recursos hídricos para fins de geração de energia elétrica e exploração de petróleo, xisto betuminoso e gás natural, segundo a fase e espécie, constituem obrigações pecuniárias de diferentes tipos para os concessionários, permissionários ou autorizados. Como exemplos:

— bônus de assinatura para o contrato de concessão licitado;

— participações governamentais e de terceiros (compensações financeiras ou *royalties*), como previsto no art. 20, § 1º, da CF.

— a mal-denominada "compensação extraordinária", a título de "participação especial", para as explorações ou produções de petróleo, xisto betuminoso e gás natural;

— ICMS, imposto de importação e imposto de exportação nas operações relativas a energia elétrica, derivados de petróleo e minerais do País;

— taxa de fiscalização de serviços de energia elétrica (TFSEE), apenas devida à ANEEL por concessionárias, autoprodutores e produtores independentes que exploram recursos hídricos para fins de geração de energia elétrica, proporcional ao porte do serviço concedido, permitido ou autorizado, aí incluídas a produção independente de energia elétrica e a autoprodução de energia;[1]

— além dos tributos acima indicados, na duração do contrato de concessão o concessionário estará sujeito ao regime tributário em vigor nos âmbitos federal, estadual e municipal;

— participação do proprietário do solo nos resultados da lavra (50% dos *royalties* devidos pelos concessionários);

— cobrança pelo uso de recursos hídricos, em face da *outorga de uso de recursos hídricos* (Lei 9.433/97, art. 19);

Cabe-nos tratar da natureza jurídica da referida compensação financeira, ou *royalty*, a título de *participações governamentais e de terceiros*, que ainda está por merecer uma melhor abordagem por parte da doutrina, ora dividida entre os que tentam enquadrar essa espécie de receita pública dentro do conceito de *tributo*, seja como imposto ou como contribuição de intervenção no domínio econômico, aqueles que a vêem como *indenização* e os que a tomam como espécie de *preços públicos*.

2. *A compensação financeira na Constituição Federal e na legislação*

A Constituição Federal, além de indicar quais são os bens da União Federal (art. 20), paralelamente, atribuiu competência privativa para esta pessoa política legislar sobre as matérias correlacionadas com a respectiva utilização (art. 22, IV e XII). Além disso, ao cuidar dos princípios gerais da atividade econômica, no art. 176, assim dispôs sobre o assunto:

"As jazidas, em lavra ou não, e demais recursos minerais e os potenciais de ener-

1. Esta *taxa de fiscalização de serviços de energia elétrica* foi criada pelo art. 12 da Lei 9.427/96, que instituiu a Agência Nacional de Energia Elétrica — ANEEL, tendo sido regulamentada pelo Decreto 2.410, de 28.11.97. Sua exigibilidade é definida por uma alíquota proporcional a 0,5% sobre o benefício econômico anual auferido pelo concessionário, permissionário ou autorizado, verificado pela potência instalada para o serviço de geração, transmissão e/ou distribuição. Por isso, sua inconstitucionalidade é evidente: (i) por ser uma taxa de polícia "anual" (sendo a "fiscalização" ato de poder de polícia, ela somente poderia ser cobrada pelo "exercício efetivo" — art. 145, II); (ii) porque a *base de cálculo* adotada (valor do benefício econômico anual auferido pelo concessionário) *infirma* a *materialidade* (fiscalização de serviços de energia elétrica) da hipótese de incidência da norma, o que a transforma em imposto (vedado pelo art. 145, § 2º, da CF); (iii) sendo *imposto*, deveria ter sido instituído sob a égide do art. 154, I, da CF, isto é, mediante lei complementar. E, (iv) por ferir o art. 155, § 3º, da CF (segundo o qual, à exceção de ICMS, imposto de importação e de exportação, nenhum outro *tributo* poderá incidir sobre operações relativas a energia elétrica do País), sua cobrança manter-se-ia impossível e inadmissível, seja como taxa ou imposto. Para maiores considerações: Heleno Taveira Torres, "A compensação financeira devida pela utilização de recursos hídricos, exploração de recursos minerais ou produção de petróleo, xisto betuminoso e gás natural (art. 20, § 1º, da CF) — Sua natureza jurídica", in *Grandes Questões Atuais do Direito Tributário*, São Paulo, Dialética, setembro/98, pp. 123 e 124.

gia hidráulica constituem propriedade distinta da do solo, para efeito de exploração ou aproveitamento, e pertencem à União, garantida ao concessionário a propriedade do produto da lavra.

"§ 1º. A pesquisa e a lavra de recursos minerais e o aproveitamento dos potenciais a que se refere o *caput* deste artigo somente poderão ser efetuados mediante autorização ou concessão da União, no interesse nacional, por brasileiros ou empresa constituída sob as leis brasileiras e que tenha sua sede e administração no País, na forma da lei, que estabelecerá as condições específicas quando essas atividades se desenvolverem em faixa de fronteira ou terras indígenas.

"§ 2º. É assegurada participação ao proprietário do solo nos resultados da lavra, na forma e no valor que dispuser a lei."

Do cotejo desses enunciados fica fácil identificar a separação da titularidade da propriedade (solo) da titularidade dos recursos minerais, quer estejam na superfície ou no subsolo, e dos produtos oriundos da atividade explorativa. Destarte, a União Federal detém o domínio dos recursos minerais, da lavra e do aproveitamento dos potenciais de energia hidráulica, para fim de exploração ou aproveitamento. Entretanto, se essa atividade de exploração econômica for executada por terceiros fica assegurada a propriedade do produto da lavra aos concessionários, da mesma forma que ao proprietário do solo é reservada a participação nos resultados da lavra, tudo como dispuser a lei.

Quer dizer, sobre esses bens verifica-se uma "concorrência de direitos reais", como diz Alberto Xavier[2] na seguinte ordem de interesses patrimoniais:

— o *superficiário*, titular da propriedade do solo (art. 526 do CC);

— a *União*, titular do domínio público sobre os recursos minerais, quer se localizem na superfície ou no subsolo, domínio, este, que é uma propriedade distinta da do solo;

— o *concessionário* da lavra, que passa a ser proprietário do *produto da lavra*, uma vez efetuada a extração.

Contudo, porque a lavra encontra-se situada no imóvel do superficiário e por ser a mesma considerada bem dominical da União, a Constituição Federal determinou que o concessionário ficaria, perante ambos, submetido a obrigações patrimoniais próprias, devendo:

— em face do *superficiário*, uma participação nos resultados da lavra (art. 176, § 2º, da CF, regulamentado pela Lei 8.901, de 30.6.94), além do aluguel pela ocupação da área, em alguns casos;

— em face da *União*, os direitos relativos às participações governamentais e de terceiros, sob a forma de compensação financeira ou participação nos resultados da exploração, alternativamente (art. 20, § 1º, da CF), cujo produto da arrecadação é partilhado com as demais pessoas políticas em cujos territórios se localizem os bens.

Desse modo, já de início ressaltamos a importância de distinguir claramente as relações jurídicas que se estabelecem entre os partícipes dos vínculos contratuais. Mas neste trabalho nos ocuparemos apenas das participações governamentais e de terceiros.

A respeito dessas participações o constituinte, através do art. 20, § 1º, garantiu que ficaria "(...) assegurada, nos termos da lei, aos Estados, ao Distrito Federal e aos Municípios, bem como a órgãos da Administração direta da União, ***participação no resultado da exploração*** de petróleo, gás natural, de recursos hídricos para fins de geração de energia elétrica e de outros recursos minerais no respectivo território, plataforma continental, mar territorial ou zona econômica exclusiva, ***ou compensação por essa exploração***" (grifos nossos).

Toda exploração e aproveitamento de petróleo, gás natural, utilização de recursos hídricos e exploração ou produção de

2. "Natureza jurídica e âmbito de incidência da compensação financeira por exploração de recursos minerais", *Revista Dialética de Direito Tributário* 29/10 e 11, São Paulo, Dialética, fevereiro/98.

recursos minerais passaram a ensejar o pagamento de um montante devido aos *Estados, Municípios, Distrito Federal e aos órgãos da Administração direta da União interessados*, em virtude da exploração de bem público de domínio da União, a título de *participação no resultado da exploração* **ou** *uma compensação financeira por essa exploração*, paga pelos concessionários, permissionários ou autorizados, no modo previsto pela legislação, como parcela da atribuição de obrigações que a respectiva qualificação contratual lhes outorga.

A contratação da concessão, permissão (arts. 175 e 176 da CF) ou autorização, por si mesma, não configura a hipótese de incidência dessa exação; tampouco a cria *in abstracto*. O contrato, pela vinculação da parte interessada às suas cláusulas, apenas constitui para os concessionários, permissionários ou autorizados uma forma de sujeição passiva, pela qual passam a dever, em face dos atos de exploração comercial dos resultados das lavras, potenciais de energia elétrica e jazidas, uma remuneração à União Federal, que a percebe a título de "receita originária patrimonial", mesmo se destinada constitucionalmente para órgãos da Administração direta; bem como entregam aos Estados, Distrito Federal e Municípios interessados, na proporção dos percentuais cabíveis a cada um, como estipulado na legislação federal, as respectivas cotas de participações, que as percebem como "receita transferida".

Esquematicamente:

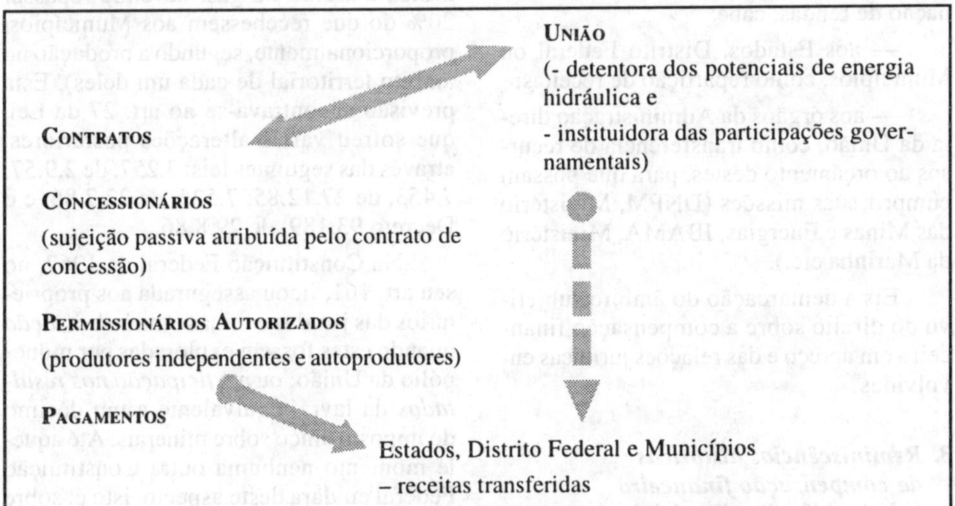

Os sujeitos passivos, portanto, pagam os *royalties*, a título de participações governamentais e de terceiros, diretamente às pessoas políticas, Estados e Municípios, ou órgãos da Administração direta, substituindo a União no procedimento de transferência de receitas. Por isso, nenhuma confusão pode ser feita quanto à distinção entre "sujeito ativo" dessa exação, que é a União, e os beneficiários (destinatários) dessas receitas. Estados e Municípios nem arrecadam e nem fiscalizam as referidas participações governamentais. Não são, estas pessoas, sujeitos ativos. Muito menos há nesse mecanismo qualquer forma de parafiscalidade. Os contratantes "pagam" a estes, entregam, apenas, segundo os percentuais que a lei prevê, o *quantum debeatur*, em nome da União — como forma de economia do procedimento de transferências correntes. Sujeito ativo na obrigação patrimonial, portanto, será sempre a União.[3]

Como se pode observar, no mesmo ato a receita recebe tripla qualificação: "compensação financeira" ou "participação no resultado", para os pagamentos feitos pelos concessionários, permissionários ou autorizados; "receita originária patrimonial", para a União (órgão da Administração direta); e "receita transferida", para a contabilidade da pessoa de direito público beneficiária (Estados, Municípios e Distrito Federal). Assim, em termos de discriminação de rendas, cabe:

— aos Estados, Distrito Federal ou Municípios, como repartição de receitas;

— aos órgãos da Administração direta da União, como transferência de recursos ao orçamento destes, para que possam cumprir suas missões (DNPM, Ministério das Minas e Energias, IBAMA, Ministério da Marinha etc.).

Eis a demarcação do âmbito subjetivo do direito sobre a compensação financeira em apreço e das relações jurídicas envolvidas.

3. Reminiscências históricas da compensação financeira e da incidência tributária sobre minerais, petróleo e seus derivados e energia elétrica

Para que se possa ter uma melhor visão do assunto, cabe, ainda que de modo perfunctório, uma apreciação sobre a evolução[4] da compensação financeira e da incidência tributária sobre estes minerais, petróleo e seus derivados e energia elétrica.

Sobre a *compensação financeira*: tudo começou com a Lei Constitucional 4, de 20.9.40, que criou o *imposto único* sobre combustíveis e lubrificantes, destinando uma cota-parte, proporcional ao consumo, aos Estados e Municípios. A transferência desta receita tinha por finalidade ser aplicada na conservação e no desenvolvimento das respectivas redes rodoviárias dos beneficiários.

Em seguida, a Lei 2.004/53, que criou a PETROBRÁS, instituiu uma indenização (*royalties*), devida por esta sociedade e suas subsidiárias, destinada aos Estados e Municípios onde fosse realizada a extração do petróleo (os Estados receberiam 5% sobre o óleo extraído ou gás, devendo repassar 20% do que recebessem aos Municípios, proporcionalmente, segundo a produção no âmbito territorial de cada um deles). Esta previsão encontrava-se no art. 27 da Lei, que sofreu várias alterações posteriores, através das seguintes leis: 3.257, de 2.9.57; 7.453, de 27.12.85; 7.525, de 22.7.86; e o Decreto 93.189, de 29.8.86.

Na Constituição Federal de 1967, no seu art. 161, ficou assegurada aos proprietários das jazidas e minas uma *indenização* quando estas fossem exploradas por monopólio da União; ou *participação nos resultados* da lavra, equivalente a um décimo do imposto único sobre minerais. Até aquele momento nenhuma outra Constituição Federal cuidara deste aspecto, isto é, sobre a percepção desta "indenização" como espécie de receita.

A essa "indenização"[5] a Constituição Federal de 1988 resolveu atribuir outros contornos e passou a nominá-la de *compensação financeira*, a qual foi implementada

3. Mas ao mesmo tempo, em face dos Estados e Municípios, a União apresenta-se como sujeito passivo quanto à entrega dos valores sob a forma de "receita transferida".

4. Uma mais completa abordagem histórica encontra-se em: Fernando César de Souza Aragão, *Compensação Financeira*, dissertação de Mestrado, Rio, Universidade Gama Filho, 1994, pp. 1-22.

5. *A contrario sensu* Kyoshi Harada (*Direito Financeiro e Tributário*, São Paulo, Atlas, 1995, p. 47): "Pela vez primeira a chamada compensação financeira veio prevista na Constituição Federal de 1988".

pelos seguintes atos legislativos e de regulamentação: Lei 7.990, de 10.12.89, que instituiu a compensação financeira (a União optou por esta, no lugar de uma participação no resultado da exploração); Lei 8.001, de 13.3.90, que definiu os critérios de distribuição da arrecadação entre Estados e Municípios. O Decreto 1, de 11.1.91, regulamentou a compensação financeira em tela. Além destes, quanto ao petróleo e derivados, a Lei 9.478, de 6.8.97, dispôs, também, sobre a cobrança de participações governamentais aplicáveis às atividades de exploração, desenvolvimento e produção de petróleo e gás natural, o que foi regulamentado pelo Decreto 2.705, de 3.8.98.

Sobre a *incidência tributária*: em paralelo, tracemos também uma linha da evolução da tributação incidente sobre minerais, derivados de petróleo e energia elétrica.

A Constituição Federal de 1934 foi a primeira Constituição a cuidar dessa matéria, atribuindo competência aos Estados para decretar o imposto sobre o "consumo de combustíveis de motor de explosão" (art. 8º, I, "d").

Em seguida, a Constituição Federal de 1937 alterou essa competência, passando-a para a União, na medida que atribuía a esta poderes para criar o imposto de "consumo de quaisquer mercadorias", o que abrangia o consumo de combustíveis.

A Lei Constitucional 4/40 separou novamente as figuras, mas mantendo esta tributação sobre a "produção, o comércio, a distribuição, o consumo, inclusive a importação e exportação de carvão mineral nacional e dos combustíveis e lubrificantes líquidos de qualquer origem" com a União. A partir daí, ganhou o *status* de "imposto único".

Com a Constituição Federal de 1946 foi mantida a competência da União para criar este imposto único sobre combustíveis e lubrificantes, mas estendendo-se esse regime aos minerais e à energia elétrica. Em função deste dispositivo, a Lei 2.308, de 31.8.54, criou o imposto único sobre a energia elétrica.

Posteriormente, a EC 18/65 à Constituição Federal de 1946 manteve o imposto único sobre combustíveis e lubrificantes, criou o imposto único sobre minerais e constitucionalizou o imposto único sobre energia elétrica. Com isto, a Lei 5.172, de 25.10.66 — o Código Tributário Nacional —, unificou os citados tributos no *imposto sobre operações relativas a combustíveis, lubrificantes, energia elétrica e minerais do País* (art. 74), de competência da União.

A Constituição Federal de 1967, mantendo a competência da União, tripartiu novamente o tributo acima nos seguintes impostos únicos:

— sobre produção, importação, circulação, distribuição ou consumo de *lubrificantes e combustíveis líquidos ou gasosos*;

— sobre produção, importação, distribuição ou consumo de *energia elétrica*;

— sobre extração, circulação, distribuição ou consumo de *minerais* do País (art. 22, VIII, IX e X, da CF/67).

Mas isso não durou muito, pois a EC 1/69 reuniu estes impostos únicos em um só, salvo o de minerais (art. 21, VIII e IX).

Concluindo esse trajeto, a Constituição Federal de 1988 alterou a fisionomia destas cobranças, estabelecendo uma competência exclusiva dos Estados para tributar com o ICMS, e para a União, pelos impostos de importação e de exportação, o petróleo, a energia elétrica e os minerais, ficando para a União a aplicação do IOF sobre o ouro, enquanto ativo financeiro (art. 153, § 5º), mas sendo o produto da arrecadação transferido para os respectivos Estados (30%) e Municípios (70%). E, em paralelo, a compensação financeira (art. 20, § 1º), como receita transferida.

Vê-se, assim, que a receita pública sob análise surgiu como uma cota-parte do imposto único sobre combustíveis, passou a chamar-se de indenização, ficou conhecida como *royalties* e a partir da Constituição Federal de 1988 consolidando-se como espécie de receita transferida, em face do novo arquétipo jurídico que esta lhe conferiu, passando, inclusive, a denominar-se "compensação financeira" ou "participação no resultado da exploração".

Em breves considerações, este é o quadro evolutivo da "compensação financeira", que bem demonstra seu gradual afastamento dos seus vínculos com o gênero *tributo* e lhe atesta a plena autonomia que conquistou com a Constituição Federal vigente.

4. Teoria da classificação. Uma breve abordagem

O maior paradoxo do Direito Financeiro está, para surpresa dos menos avisados, na própria descrição teórica de uma das faces do seu objeto de estudo: a receita pública. Não há consenso dos seus estudiosos sobre as categorias que perfazem a natureza das suas espécies. Ademais, existe ainda profunda incerteza terminológica imperante, corroborada, ainda, por uma extrema variedade de critérios postos para definir a forma classificatória das mesmas.

É clarividente que muito disso poderia ser resolvido com um trabalho de classificação rigoroso, mas há na nossa doutrina, atualmente, a carência de um adequado sistema de classificação para as espécies do gênero "receita pública",[6] que se põe sempre com uma dificuldade inicial: pouca compreensão do (i) *objeto classificado* e de uma precisa noção do que seja a (ii) *atividade intelectual de classificar objetos*.

Colocar as bases para uma atividade classificatória[7], agora, é o nosso intento.

Ab initio, digamos: só é possível classificar se se pode, de antemão, ver o todo conceitual que se deseja ver classificado, em modo dedutivo.

6. E isto ocorre porque — como diz, acertadamente, Remo F. Entelman — "as classificações feitas numa dada época podem ser superadas. O conteúdo do repertório não se apresenta alheio ao resultado de sucessivos labores científicos, nem, muito menos, às constantes integrações do sistema de normas, que podem modificar à sua vez as características das situações agrupadas pela classificação" ("El problema de la clasificación en la Ciencia del Derecho", in Eugenio Bulygin, Martin D. Farrel e Eduardo A. Rabossi (coords.), *El Lenguaje del Derecho: Homenaje a Genaro Carrió*, Buenos Aires, Abeledo-Perrot, s/d, p. 123).

7. Carlos Alchourron e Eugenio Bulygin, *Normative Systems*, Nova York, Springer-Verlag, 1971, 208 pp.; *Introducción a la Metodología de las Ciencias Jurídicas y Sociales*, Buenos Aires, Astrea, 1993, 277 pp.; e *Analisis Lógico y Derecho*, Madri, CEC, 1991, pp. 485-498; Carlos Alchourron, "Conflicts of norms and the revision of normative systems", *Law and Philosophy*, v. 10, Netherland, Kluwer, novembro/91, n. 4, pp. 413-425; Enrique R. Aftalión e José Vilanova, *Introduccion al Derecho*, Buenos Aires, Abeledo-Perrot, 1988; J. de Oliveira Ascensão, *O Direito: Introdução e Teoria Geral — Uma Perspectiva Luso-Brasileira*, Lisboa, Fundação Calouste Gulbenkian, 1978, 540 pp.; Christian Atias, *Teoria contro Arbitrio*, Milão, Giuffrè, 1990, 246 pp.; Rafael Bielsa, *Los Conceptos Jurídicos y su Terminología*, 3ª ed., Buenos Aires, Depalma, 1987, 309 pp.; Norberto Bobbio, *Teoria della Norma Giuridica*, Turim, Giappichelli, 1960, 245 pp.; e *Teoria do Ordenamento Jurídico*, 5ª ed., Brasília, UnB, 1994, 184 pp.; Claus-Wilhelm Canaris, *Pensamento Sistemático e Conceito de Sistema na Ciência do Direito*, Lisboa, Fundação Calouste Gulbenkian, 1989, 309 pp.; Francesco Carnelutti, *Metodología del Derecho*, México, 1940, 103 pp.; Amedeo G. Conte, *Saggio sulla Completezza degli Ordinamenti Giuridici*, Turim, Giappichelli, s/d, 230 pp.; Sergio Cotta, *Il Diritto nell'Esistenza: Linee di Ontofenomenologia Giuridica*, 2ª ed., Milão, Giuffrè, 1991, 312 pp.; Floriano D'Alessandro, *Persone Giuridiche e Analisi del Linguaggio*, Pádua, CEDAM, 1989, 175 pp.; Karl Engish, *Introdução ao Pensamento Jurídico*, 6ª ed., Lisboa, Fundação Calouste Gulbenkian, 1988, 393 pp.; Remo F. Entelman, "El problema de la clasificación en la Ciencia del Derecho", in Eugenio Bulygin e Josef Esser, *Principio y Norma en la Elaboración Jurisprudencial del Derecho Privado*, Barcelona, Bosch, 1961, 498 pp.; e *Precomprensione e Scelta del Metodo nel Processo di Individuazione del Diritto: Fondamenti di Razionalità nella Prassi Decisionale del Giudice*, Roma, Edizione Scientifiche Italiane, 1983, 380 pp.; Martín D. Farrel e Eduardo A. Rabossi (coords.), *El Lenguaje del Derecho: Homenaje a Genaro Carrió*, Buenos Aires, Abeledo-Perrot, s/d, pp. 109-129; Tércio Sampaio Ferraz Júnior, *Introdução ao Estudo do Direito: Técnica, Decisão, Dominação*, São Paulo, Atlas, 1988, 335 pp.; Sérgio Ferraz (coord.), *A Norma Jurídica*, Rio, Freitas Bastos, 1980, 270 pp.; Eduardo García de Enterría, *Reflexiones sobre la Ley y los Principios Generales del Derecho*, Madri, Civitas, 1986, 182 pp.; Antonio Hernández Gil, *Problemas Epistemológicos de la Ciencia Jurídica*, Madri, Civitas, 1981, 159 pp.; e *Metología del Derecho*, Madri, Editorial Revista de Derecho Privado, s/d, 377 pp.; Eros Roberto Grau, *Direito, Conceitos e Normas Jurídicas*, São Paulo, Ed. RT, 1988, 204 pp.; Riccardo

Classificamos utilizando uma linguagem científica, e classificar não é mais que a descrição de determinados processos ou situações, segundo um preciso critério, para efeito de colocar numa certa ordem os objetos em classificação, para que os mesmos possam mostrar os respectivos valores e importância jurídica.

Estamos trabalhando aqui com o tipo de classificação que aparece como um método auxiliar da tarefa indutiva das ciências, que responde precisamente à tendência do conhecimento humano de agrupar os objetos pelas semelhanças que apresentam, diferente das classificações que apenas implicam o fato de dar nomes genéricos a objetos.

Por esses motivos cabe ressaltar que qualquer classificação corresponderá a um *método*, que é um modo de ordenar, numa pretensão reducionista da complexidade jurídica do fenômeno, e que terá sempre como objetivo a sistematização dos elementos normativos ou uma aplicação didática, na busca de um tipo "ideal" como modelo.[8]

4.1 A escolha do "critério" inerente à classificação

A classificação resolve-se, pois, na descoberta dos caracteres comuns nos diversos objetos — a descoberta, portanto, da *unidade* na *multiplicidade*.

A escolha do *critério* para compor a classificação de elementos do ordenamento jurídico é feita para descobrir, dentro do referido universo,[9] setores e segmentos, gêneros, classes e subclasses, ou tipos e subtipos de elementos que sejam importantes para a descrição dos conceitos aglutinadores. Entenda-se por "critério" a base sobre a qual se determinará a homogeneidade ou a heterogeneidade dos objetos postos sob observação.

Em termos metodológicos a primeira etapa da identificação é a *observação* dos elementos sistêmicos (as normas) e a segunda é a *comparação* (observação comparada). Da *comparação* é que se vai verificar se entre os elementos postos em *observação* existe ou não qualquer semelhança (qualitativa ou quantitativa),[10] em função do critério eleito. E servem à comparação não apenas os objetos, como também o "resultado da classificação": a classe que se alcança ao final do procedimento.

Guastini, *Dalle Fonti alle Norme*, 2ª ed., Turim, Giappichelli, 1992, 325 pp.; e *Le Fonti del Diritto e l'Interpretazione*, Milão, Giuffrè, 1993; Ricardo A. Guibourg, Alejandro M. Ghigliani e Ricardo V. Guarinoni, *Introdución al Conocimiento Científico*, Buenos Aires, EUDEBA, 1994, 212 pp.; Herbert L. A. Hart, *O Conceito de Direito*, Lisboa, Fundação Calouste Gulbenkian, 1986, 306 pp.; Wesley Newcomb Hohfeld, *Concetti Giuridici Fondamentali*, Turim, Einaudi, 1969, 235 pp.; Ulrich Klug, *Logica Jurídica*, v. XXV, Caracas, Universidad Central, 1961, 223 pp.; Hans Kelsen, *Normas jurídicas e Análise Lógica*, Rio, Forense, 1984, 106 pp.; e *Teoria Pura do Direito*, 6ª ed., Coimbra, Arménio Amado Editor, 1984, 484 pp.; Karl Larenz, *Metologia da Ciência do Direito*, 2ª ed., Lisboa, Fundação Calouste Gulbenkian, 1989, 620 pp.; Alessandro Levi, *Teoria Generale del Diritto*, 2ª ed., Pádua, CEDAM, 1953, 497 pp.; Franco Modugno, *Appunti per una Teoria Generale del Diritto: la Teoria del Diritto Oggettivo*, Turim, Giappichelli, 1989, 283 pp.; Pablo Eugenio Navarro, *La Eficacia del Derecho*, Madri, CEC, 1990, 100 pp.; Ricardo Orestano, "Metodologia e Diritto", in *'Diritto' Incontri e Scontri*, Bolonha, Il Mulino, 1981, pp. 145-157; Hans Martin Pawlowski, *Introduzione alla Metodologia Giuridica*, Milão, Giuffrè, 1993, 288 pp.; Jaime M. Mans Puigarnau, *Lógica para Juristas*, Barcelona, Bosch, 1969, 242 pp.; Alf Ross, *Lógica de las Normas*, Madri, Tecnos, 1971, 173 pp.; *Sobre el Derecho y la Justicia*, 4ª ed., Buenos Aires, Editorial Universitaria, 1977, 371 pp.; e *El Concepto de Validez y Otros Ensayos*, Buenos Aires, Centro Editor de América Latina, 1969, 128 pp.; Nélson Saldanha, *Ordem e Hermenêutica*, Rio, Renovar, 1992, 311 pp.; William Twining e David Miers, *Come Far Cose con Regole*, Milão, Giuffrè, 1988, 471 pp.; Lourival Vilanova, *Estruturas Lógicas e o Sistema de Direito Positivo*, São Paulo, EDUC, 1977, 230 pp.; e *Causalidade e Relação no Direito*, Recife, OAB, 1982, 218 pp.; Luís Alberto Warat e Antonio Anselmo Martino, *Lenguage y Definición Jurídica*. Buenos Aires, Cooperadora de Derecho, 1973, 90 pp.

8. Para uma crítica do metodologismo: Nélson Saldanha, *Da Teologia à Metodologia*, Belo Horizonte, Del Rey, 1993, pp. 93-114.

9. Como diz Entelman (s/d, p. 123), "o universo a classificar se constitui pela existência de um ordenamento normativo que dá lugar ao aparecimento de um todo de condutas normadas".

10. Michel Troper, "Les classifications en Droit Constitutionnel", *Revue du Droit Public* julho-outubro/89, Paris, LGDJ, pp. 945-956.

Cada um dos objetos sob nossa observação diferencia-se dos demais por sua realidade e concreção próprias, suas semelhanças e diversidades, fundadas em caracteres específicos. Assim, não serão os objetos em si mesmos considerados, ontologicamente, que vão servir de base para a classificação, mas sim os respectivos caracteres inerentes ao conceito dos mesmos.

Classificar é separar por classes, segundo a homogeneidade das qualidades (caracteres) dos objetos, para, em seguida, efetuar-se a comparação dos conceitos resultantes, cuja variação dependerá diretamente do critério eleito, porque, na proporção de um caractere, dois ou mais objetos podem ser semelhantes, enquanto na proporção de outro podem ser diversos.

O estabelecimento, observando os objetos, das *qualidades* análogas e diversas não serviria para nada se com as qualidades comuns não se fizesse um "modelo" que passasse a prestar-se como termo de comparação para alocar em um certo grupo os objetos com semelhantes qualidades, separando-os dos demais, em função da subsunção dos respectivos conceitos.

Assim, a lista de objetos classificáveis não é formada a toda sorte, mas produto de um *critério*, que se compõe das razões porque incluímos um objeto em uma classe ou o excluímos,[11] alocando-o em outra. Tudo dependerá do fim a que se propõem (as razões), conforme seja o critério de pertinência à classe adotado, como, a título de exemplo, no caso do Direito Tributário: competência para instituir, motivo da instituição, sujeito passivo apto para a cobrança, critério material da hipótese de incidência etc.

4.2 A importância das classificações para a identificação das normas jurídicas

Os processos ou situações objetivas de que se ocupa a Ciência Jurídica são sempre normativos, porque servem para a descrição do *sistema positivo do Direito*. Então, as classificações que se façam de conceitos, categorias ou situações jurídicas não é mais, em última instância, que uma *classificação de normas*, com intento descritivo.

Classificar ajuda a reduzir a complexidade estrutural do sistema de normas, para efeito de análise, sistematização e identificação destas, visando a compreender melhor o Direito Positivo e a manejá-lo na prática.[12]

Todos os que laboram com a Ciência do Direito parecem estar de acordo com a idéia de que a mais importante das tarefas da Ciência Jurídica está na descrição do Direito Positivo e sua apresentação em forma ordenada ou sistemática, com o fim de facilitar o conhecimento do Direito e seu manejo prático.

A Ciência Jurídica é uma atividade complexa, que se perfaz de três funções distintas: 1) ***identificação** das normas do sistema positivo de Direito* (das fontes[13] para a criação das normas); 2) ***sistematização** de tais normas* (correlacionando tipos de situações com conseqüências jurídicas); e 3) ***descrição*** do sistema, bem como da *modificação ou transformação do próprio sistema* (pelo dinamismo do sistema, os aspectos de sua mudança, por expansão, contração ou combinação destes — sucessivas expansões e combinações); motivo pelo qual *não é possível isolar um método científico único e característico da Ciência Jurídica*,[14] posto que estas tarefas, na

11. Guibourg, Ghigliani e Guarinoni, 1994, pp. 41 e 42.

12. Como nos diz Carnelutti (1940, p. 72): "Conviene que los teóricos del Derecho se den cuenta de la función y de la importancia de la clasificación e igualmente comprendan cómo y por qué si la observación non va seguida de la clasificación, non sirve para nada. La clasificación debe hacerse según reglas que ellos mismos deben tratar de descubrir".

13. Ricardo Guibourg, "Propuesta de peregrinación a las fuentes del Derecho", *Annali della Facoltà di Giurisprudenza di Genova*, Milão, Giuffrè, 1993/1994, a. XXV, v. 1-2, pp. 464-483.

14. Eugenio Bulygin, "Dogmatica jurídica y sistematización del Derecho", in Carlos Alchourron e Eugenio Bulygin, *Análisis Lógico y Derecho*, Madri, CEC, 1991, pp. 465-484.

prática, são realizadas ao mesmo tempo. Problemas diferentes exigem métodos diferentes, é a regra.

No caso das *expansões* normativas, isto é, de adição de uma nova norma ou um conjunto de normas, geradas pelas fontes do Direito, que pode acompanhar uma correlata *contração*, caso seja(m) derrogadora(s) de outra(s) já contida(s) no sistema, impõe-se ao cientista do Direito um imediato exercício de identificação das normas introduzidas. E a classificação parece ser um método muito útil para tanto, com o objetivo de se aplicar o regime jurídico adequado à espécie.[15] Trata-se, pois, de um problema empírico o da identificação prévia das normas.

E, seja como for, a *sistematização das normas*, de relação das mesmas com os diferentes tipos de casos genéricos, só é factível quando já se tenha solucionado o problema da *identificação das normas* jurídicas *per se*.[16] Por isso, a identificação das normas jurídicas é uma etapa prévia e necessária sem a qual nenhuma sistematização é possível, e esta é uma das pretensões dos modelos classificatórios, quiçá a principal.

4.3 Da falsa idéia de "utilidade" e da aplicação dos valores "verdade" e "falsidade" às classificações na Ciência do Direito

Diz, em modo enfático e corriqueiro, a doutrina[17] que a formulação de qualquer classificação visa a uma dada "utilidade" e ainda, que não há classificação "verdadeira" ou "falsa", mas "útil" ou "inútil". Mas isso é girar em círculo quando se trata do tipo de linguagem descritiva que tem como linguagem-objeto outra linguagem (prescritiva), como é o caso da Ciência Jurídica.[18]

Toda classificação serve à noção de *modelo*, que é sempre uma descrição (um "mapa") da realidade, cujas notas relevantes são destacadas sempre em função de uma dada *utilidade*, sempre. Por este motivo, como qualquer outra atividade descritiva, jamais pode auspiciar ser uma plena *descrição* de tal realidade, posto ser uma "imagem empobrecida" da mesma, que se põe para servir a uma utilidade, a um controle da coerência discursiva sobre o objeto. E por isso os valores que se referem à classificação são os mesmos que informam a linguagem descritiva.

Sendo uma linguagem "descritiva" a da Ciência do Direito, e como se trata de uma linguagem cujos valores aplicáveis são os apofânticos, de "verdade" ou "falsidade", qualquer classificação que se faça de conceitos ou normas jurídicas será, também, verdadeira ou falsa conforme corresponda ou não à realidade do sistema. Se *verdadeira* é "útil"; se *falsa*, como poderia ser óbvio, "inútil".

4.4 Da importância indutiva da classificação

A chave da classificação está nos critérios postos para fins de identificação da relação existente entre o *gênero* e a *espécie*, que nada tem que ver com a distinção entre "conceito" e "objeto".

O "gênero" é uma produção mental[19] e sua realidade, diversamente da espécie,

15. Como bem demonstra Luciano Amaro a respeito da classificação dos tributos, dizendo que: "O interesse dessas questões não está só na discussão acadêmica , pois da capitulação de tais figuras como espécies tributárias depende sua sujeição aos princípios tributários, cuja aplicação pode modificar ou mesmo, em dadas situações, inviabilizar a exigência" (*Direito Tributário Brasileiro*, São Paulo, Saraiva, 1997, p. 27).

16. Como dizem Alchourron/Bulygin (1971, p. 69): "(...) we cannot speak about a system or systematization unless a set of legal sentences has been delimited and identified".

17. Gordillo, 1985, pp. I-10 - I-13; Guibourg/Ghigliani/Guarinoni, 1994, p. 40.

18. Seguindo opinião semelhante, o importante estudo de Eurico Marcos Diniz de Santi, "As classificações no sistema tributário brasileiro", in IBET, *Justiça Tributária — 1º Congresso Internacional de Direito Tributário*, São Paulo, Max Limonad, pp. 125-147.

19. "La mente del hombre, como el útero materno, recibe (concibe) el gérmen exterior y lo elabo-

não é fenomênica, porque interiorizada. Ou seja, somente a "espécie" é um fenômeno, enquanto o "gênero" é um *conceito* elaborado, fruto da "recomposição" dos caracteres e qualidades (arbitrariamente selecionados) ínsitos aos objetos subclassificados.[20]

Na formulação do conceito extrai-se mentalmente do objeto sua aparência singular ou individual; daí ser sempre abstrato, em oposição à imagem ou à representação concreta, ou gráfica.[21]

A cada conceito corresponde um termo,[22] que é o signo lingüístico do conceito. "O conceito, expressado no seu termo, é coisa (signo) que representa outra coisa (seu objeto). Logo, o conceito, na concepção aristotélica, está referido, pela mediação do termo (signo do conceito), a um objeto."

Toda informação sobre um dado *conceito* deve ser acompanhada da devida referência às correspondentes imagens dos fenômenos sobre as quais os conceitos são construídos, e vice-versa. Assim também para o Direito, que, por se expressar em linguagem, traz sempre nas suas imagens (idéias) um conceito embutido, que se pode alcançar por indução. Daí a importância da *classificação* no Direito, que serve para, mediante a eleição de critérios apropriados, se apreender os fenômenos em suas particularidades,[23] que, por abstração, devem ser reconduzíveis ao conceito (homogêneo).

A formação dos conceitos exige a presença de *requisitos*. E os caracteres são requisitos enquanto forem requeridos para que se determine que o fenômeno pertença a uma categoria e, por conseguinte, a um *genus*, e não a outro diverso. Os requisitos se prestarão à comparação, à classificação e à construção do conceito.

Não podemos descurar que na elaboração de teorias não pode haver arbítrio.[24] Na mesma proporção em que o legislador não pode agir em plena liberdade, assim também o teórico do Direito, coartado que se encontra pelos ditames da metodologia. O conceito, como as leis, não é mais que um instrumento. Assim, como a formação de "leis" requer normas de estrutura, a construção de conceitos exige regras de formação, também.

5. *A classificação da compensação financeira no âmbito das receitas públicas*

Após estas considerações propedêuticas sobre a teoria das classificações, e considerando que a simples referência à sua evolução histórica não satisfaz a pretensão de determinar a natureza jurídica da "com-

ra en sí, donde aquella que ha recibido (...) forma la vida nueva" (Carnelutti, 1940, pp. 74 e 75).

20. É por esse motivo que se diz que o conceito é sempre uma imagem empobrecida da realidade, uma caricatura do fenômeno, que será tanto mais eficaz quanto menos se distancie deste.

21. Tanto um como o outro são imprescindíveis na conformação do nosso pensamento sobre o respectivo objeto de estudo. Pela abstração, partindo das *imagens* que temos dos fenômenos, alcançamos os *conceitos*; numa circularidade que nos permite, em procedimento inverso, partindo dos conceitos, redescobrir as imagens dos fenômenos conformadores do conceito apreciado.

22. "Algo de mais complexo, contudo, ocorre em relação aos conceitos jurídicos, visto que esses não têm como objeto uma coisa, porém significações.

"É que os conceitos jurídicos não são referidos a objetos, mas sim a significações. Não são conceitos essencialistas.

"Apenas e tão-somente na medida que 'o objeto' — a significação — do conceito jurídico possa ser reconhecido uniformemente por um grupo social poderá prestar-se ao cumprimento de sua função, que é a de permitir a aplicação de normas jurídicas, com um mínimo de segurança e certeza" (Grau, 1995, pp. 312-315).

23. E tenhamos presente que estas "particularidades" são, no Direito, também conceitos ("imposto", "taxa" etc.). Assim, a Ciência do Direito constrói *conceitos* sobre conceitos, porque toda lei, sentença ou contrato veicula conceitos (idéias abstratas sobre uma certa situação). O "conceito-gênero" (tributo), o metaconceito, ao qual se chegue pela comparação ou pela classificação, no Direito, nada mais é que uma abstração de conceitos prévios que se refiram à realidade normada.

24. Para uma compreensão dos métodos de elaboração das teorias jurídicas: Atias, 1990, pp. 105-149.

pensação financeira", passa-se a tentar localizar a compensação financeira no âmbito da noção de receita pública.

A *receita pública* pode ser concebida como a soma de dinheiro percebida pelo Estado em caráter *permanente* e que represente um *aumento no patrimônio* deste, destinada ao atendimento das necessidades públicas.[25]

No que diz respeito à classificação, as receitas públicas não devem ser, de imediato, repartidas em "tributárias" e "não-tributárias", como procedem muitos autores. Esse é um erro metodológico gravíssimo, que só se justifica por questionável desconhecimento da doutrina do Direito Financeiro por parte de quem o comete.

As receitas públicas devem ser, preliminarmente, separadas, quanto à origem, em receitas *originárias*, receitas *derivadas* e receitas *transferidas* (discriminação de rendas pelo produto).

As *receitas derivadas* são formadas pelos recursos provenientes da economia privada, representadas pelo tributo, indenizações, ingressos parafiscais e pelas multas, recolhidos sob compulsoriedade e cujos fatos jurídicos identificam atos inerentes à esfera própria do particular. Nada obstante a compensação financeira se apresentar como uma prestação pecuniária compulsória (instituída em lei), não se constituir como sanção de ato ilícito e ser cobrada mediante atividade vinculada, configura-se a mesma como receita que se origina pela utilização do patrimônio público da União, o que a inviabiliza como espécie de receita derivada.

Trata-se a *compensação financeira* ou a *participação nos resultados* de obrigação de Direito Financeiro assumida pelos contratantes, como estabelecido *ex lege*, sem revestir a natureza de obrigação tributária ou forma de indenização.

As *receitas originárias* são as que o Estado arrecada através da *exploração do seu patrimônio*, mediante atividades várias, inclusive econômicas; compreendendo os preços, as compensações financeiras, os ingressos comerciais etc. Estas receitas originárias subdividem-se em (i) ingressos comerciais e (ii) ingressos patrimoniais.[26]

Os ingressos comerciais são aqueles obtidos através das formas de intervencionismo do Estado na economia, por meio de empresas públicas ou sociedades de economia mista (art. 173 da CF); por exercício das atividades de monopólio, como correios e telégrafos, energia nuclear (art. 177); ou com a prestação de serviço público, podendo este ser executado por concessionários ou permissionários (art. 175 da CF). Neste universo das receitas comerciais encontram-se os preços públicos.

Os ingressos patrimoniais, por sua vez, são espécies de receitas originárias que provêm diretamente da utilização do patrimônio público, geralmente obtidos através da exploração dos bens do Estado, como florestas, ilhas, estradas, imóveis residenciais ou comerciais, recursos minerais etc.

Como é sabido, pode a União dispor do seu patrimônio imobiliário e explorá-lo, por concessão de uso (caráter contratual) ou de direito real de uso (como é o caso dos terrenos de marinha) ou permissão (interesse coletivo), para a obtenção de rendas. Essa receita será sempre originária, pouco importando se se trata de ato unilateral ou bilateral, quando a vontade do particular conta apenas para a formação do vínculo.

Por esta razão é que a Lei 9.478, de 6.8.97, estabeleceu que as *receitas provenientes das participações governamentais* decorrentes da exploração de petróleo, alocadas para *órgãos da Administração Pública Federal*, serão mantidas na *Conta*

25. Para Baleeiro: "receita pública é a entrada que, integrando-se no patrimônio público sem quaisquer reservas, condições ou correspondência no passivo, vem acrescer o seu vulto, como elemento novo e positivo" (*Uma Introdução à Ciência das Finanças*, Rio, Forense, 1992, p. 116).

26. Cf. Ricardo Lobo Torres, *Curso de Direito Tributário*, 5ª ed., Rio, Renovar, 1998, pp. 160-164.

Única do Governo Federal enquanto não forem destinadas para as respectivas programações e que eventual superávit financeiro dos órgãos da Administração Pública Federal interessados, apurado em balanço de cada exercício financeiro, será transferido ao Tesouro Nacional.

Em certa medida, já firmamos em páginas anteriores a qualificação desta receita, a qual, para a União (órgãos da Administração direta), tem natureza de "receita originária patrimonial", enquanto que para Estados e Municípios sua natureza jurídica é a de uma "receita transferida", pois o produto da arrecadação não pertence à União, que as instituiu, mas sim às pessoas indicadas pelo art. 20, § 1º, CF, por força do critério de discriminação de rendas contido neste dispositivo. Desse modo, afastam-se as formas de classificação apressadas e com pretensões generalizadoras.

Para Estados e Municípios estas receitas não poderiam nunca ser recebidas como forma de receita derivada, por lhes faltarem as notas típicas de sujeição ativa, ou receita originária (patrimonial ou comercial), como sendo preço público, porquanto não se verifique nenhuma contraprestação que as justifique. E descabe qualificá-las como "preço público", porque o quantitativo devido pela utilização do bem de domínio público objeto do contrato, simplesmente, não pertence a essas pessoas políticas. O que se tem é uma "receita transferida", por expressa disposição constitucional. Não é ingresso patrimonial porque os bens explorados não pertencem aos beneficiários; e não se trata de preço público porque não se perfaz qualquer relação jurídica consensual que permita a contraprestação qualificável como tal.

A conclusão sobre este procedimento não deve impressionar a ninguém, porque no âmbito do regime tributário ele se repete. É o caso do art. 153, § 3º, da CF, ao estabelecer que quando o *ouro* for definido em lei como ativo financeiro ou instrumento cambial sujeita-se exclusivamente à incidência do imposto sobre operações financeiras (IOF), devido na operação de origem, mediante uma alíquota mínima de 1%. Ou seja, esta regra comete à União o dever de exigir o tributo, como se fosse uma receita sua, por meio de tributo da sua competência. Porém, ato contínuo, atribui todo o produto da arrecadação aos Estados, Distrito Federal e Municípios, criando para a União uma necessária despesa com receitas transferidas para aquelas pessoas, ao prever que fica assegurada a transferência do montante da arrecadação nos seguintes termos: 30% para o Estado, o Distrito Federal ou o Território, conforme a origem, e 70% para o Município de origem.

Atentos a esses aspectos, conclui-se que a compensação financeira tem contornos próprios, apresentando-se no cenário das receitas públicas com originalidade, enquanto forma de prestação compulsória devida pelos concessionários, sem qualificar-se como espécie de tributo, que constitui "receita originária patrimonial" para a União (órgãos da Administração direta) e "receita transferida" para os Estados, Distrito Federal e Municípios.

5.1 A compensação financeira como elemento do mecanismo de discriminação constitucional de rendas

O pressuposto basilar para o entendimento deste tópico é o necessário reclamo ao princípio federativo, sob a égide do cooperativismo, que faz distinguir, de modo inequívoco, a pessoa competente, a sujeição ativa e a pessoa beneficiária da receita.

Para evitar concurso de pretensões no exercício legislativo, o constituinte repartiu as matérias e os bens de cada um dos entes políticos em competências, de tal modo coordenado que União, Estados, Municípios e o Distrito Federal somente possam exercer suas respectivas "autonomias" nos estritos limites materiais a eles reservados.

É que o federalismo implica a repartição de obrigações, de deveres de prestar serviços públicos e realizar obras públicas, o que exige, necessariamente, também, um adequado financiamento mediante repartição de receitas públicas. E várias são as técnicas de distribuição e atribuição de receitas, a qualificar-se pela fonte ou pelo produto destas.

Quanto aos mecanismos de repartição de receitas estabelecidos na Constituição Federal, encontramos os seguintes: (i) a participação direta, por meio de *arrecadação de tributo de alheia competência* (arrecadação direta, sem que a pessoa competente o faça antes) — é o caso da compensação financeira; (ii) participação direta no *produto da arrecadação feita pelo ente estatal competente* (do produto da arrecadação praticada pela pessoa que instituiu o tributo); e (iii) *participação em fundos* (com fundamento no equilíbrio sócio-econômico).[27]

No caso, temos que a União é a pessoa competente para instituir as respectivas participações governamentais e de terceiros, as quais, por lei sua (art. 20, § 1º), são entregues às demais pessoas políticas, como participação direta.

A relação jurídica patrimonial formada entre a União e o concessionário impõe a este o dever de praticar vários pagamentos e, dentre estes, o de entregar, em seu lugar, às demais pessoas políticas interessadas o percentual devido a título de compensação financeira, como previsto pela Constituição Federal (art. 20, § 1º). Caso esses pagamentos fossem feitos diretamente à União e esta, em seguida, os distribuísse aos Estados e Municípios, o que mudaria? Nada. De fato, a União interpõe os concessionários para cumprir, perante aquelas pessoas políticas, obrigação financeira tipicamente sua, como obrigação inerente ao contrato de concessão — quanto à transferência de receita.

Destarte, Estados, Distrito Federal e Municípios interessados não se apresentam na relação jurídica como sujeitos ativos em face dos concessionários, mas como beneficiários. Somente apresentam-se como sujeitos ativos quanto à entrega da receita transferida,[28] segundo os critérios indicados pela legislação federal.

Tanto é assim que o descumprimento gera sanções e responsabilidades não em face dos destinatários das receitas, mas em face da União, como previsto no contrato de concessão, pelo qual o serviço continua sendo prestado pelo Estado, em regime de direito público[29] (arts. 175 e 176 da CF), com todas as suas garantias, mesmo se realizados por sujeitos de direito privado.

Como bem acentua Régis Fernandes de Oliveira sobre a natureza jurídica da contribuição financeira sob exame, reconhecendo seu caráter de receita transferida, ao comentar o art. 20, § 1º, da CF: "Observe-se, aí, um tipo de receita transferida não tributária. A pesquisa e lavra de recursos minerais dependem de autorização ou concessão da União (§ 1º do art. 176), uma vez que a ela pertencem (art. 176), como propriedade distinta da do solo. Há duas situações distintas: (a) participação ou (b) compensação, na forma que dispuser a lei. Da mesma forma, há o monopólio da ex-

27. Para maiores considerações: Misabel de Abreu Machado Derzi, "Repartição das receitas tributárias — Finanças públicas — Normas gerais e orçamentos", *Revista da UFMG* pp. 351-402; Antônio Roberto Sampaio Dória, *Direito Constitucional Tributário e "Due Process of Law"*, Rio, Forense, 1986, pp. 37-92; Amílcar de Araújo Falcão, *Sistema Tributário Brasileiro: Discriminação de Rendas*, Rio, Forense, s/d, 156 pp.

28. Arnoldo Wald; Ana Maria Scartezzini, "O regime jurídico da compensação financeira pela exploração de recursos minerais", *Cadernos de Direito Tributário e Finanças Públicas* 26/168, a. 7, São Paulo, Ed. RT, 1999: "Mas quem explora os recursos minerais fica obrigado a dar aos Estados, aos Municípios, ao Distrito Federal e aos órgãos da Administração direta da União participação no resultado dessa exploração ou compensação financeira por essa mesma exploração".

29. Para maiores considerações sobre a natureza jurídica do contrato de concessões v. o importante estudo de Marçal Justen Filho, *Comentários à Lei de Licitações e Contratos Administrativos*, 5ª ed., São Paulo, Dialética, 1998, 671 pp.

ploração do petróleo e do gás natural (inciso I do art. 177). Observa-se que não há serviço público aqui, uma vez que se fala em monopólio. Este ocorre em relação a atividades dos particulares, no campo econômico. Sendo assim, do produto de tal arrecadação há participação dos Estados, Distrito Federal e Municípios, nos exatos termos do § 1º do art. 20. Vê-se que não se cuida de tributos, mas exploração de atividade econômica".[30]

Neste sentido também a jurisprudência:[31]

"Direito Financeiro — Compensação pela exploração de recursos minerais — Constituição Federal, art. 20, § 1º — Leis ns. 7.990/89 e 8.001/90 — Receita patrimonial e não tributária.

"1. Os recursos minerais constituem patrimônio da União Federal (CF, art. 20, inciso IX) e sua exploração por terceiros depende de autorização ou concessão estatal (art. 176, § 1º).

"2. A compensação financeira assegurada pelo § 1º do art. 20 da CF pela exploração dos recursos minerais constitui receita patrimonial transferida, e não tributária, a ela não se aplicando, pois, os princípios constitucionais pertinentes aos tributos.

"3. Assim, impertinentes as alegações de ofensa ao princípio da não-cumulatividade tributária e à exigência de lei complementar para sua instituição, do mesmo modo que válidos os critérios adotados pelo legislador — Leis ns. 7.990/89 e 8.001/90 — para cálculo e distribuição de receita, ainda que merecedores de críticas."

E vale uma incursão ao corpo deste acórdão:

"Não cabe aqui nenhuma consideração de ordem tributária, pois a CFEM não é tributo. Pode a sua cobrança perfeitamente conviver com os três impostos pagos em razão da exploração dos minerais — o ICMS, o imposto de importação e o imposto de exportação (art. 155, § 3º, da CF).

"Ao objeto dessa obrigação, criada pela Constituição, nominou o constituinte de compensação financeira, se recebida em lugar da participação no resultado da exploração, mas, em verdade, não passa de um ressarcimento mais conhecido como *royalty*, pela exploração de recursos minerais, como bem situa a contestação.

"Se a cobrança se dá no local da extração do minério, ou do seu beneficiamento, isso não é questão que interesse às empresas devedoras, e sim às entidades credoras. Já a diferenciação de alíquota, em razão da classe de minerais, também não torna ilegal a exigência. Trata-se de questão de conveniência política.

"Diante do exposto, nego provimento à apelação, para manter a sentença recorrida, que bem aplicou o Direito ao caso concreto, na linha, aliás, de precedente desta Turma na Ap cível n. 93.22293-0-DF, relatada pelo Juiz Tourinho Neto (cf. *DJU* 25.10.93)."

Por tudo isso, a compensação financeira sob análise, para a contabilidade dos Estados, Municípios, Distrito Federal, deve ser tratada como receita transferida não tributária, devida em face da utilização de recursos hídricos, exploração de recursos minerais ou produção de petróleo, xisto betuminoso e gás natural.

5.2 A retroatividade do direito dos Estados, Distrito Federal e Municípios aos créditos da compensação financeira e o exercício de competência legislativa pela União

Como foi salientado, o federalismo fiscal brasileiro encontra-se pautado por rígidos critérios de discriminação de rendas, que se perfaz tanto pela *fonte* (distribuição de competências) quanto pelo *produto* (transferência de receita arrecadada), para a qual concorre também a *compensa-*

30. *Receita Públicas Originárias*, São Paulo, Malheiros Editores, 1994, p. 73 e 74.

31. TRF-1ª R., 3ª T., AC 94.01.29850-5-DF, pres. Juiz Tourinho Neto, rel. Juiz Osmar Tognolo, j. 29.4.96, *DJU*-Seção 2, sexta-feira, 17.5.96.

ção financeira, pela destinação do produto da sua arrecadação para as demais pessoas de direito público interno.

Apreciando o art. 20, § 1º, da CF, evidencia-se que, quanto à *discriminação pela fonte* (repartição de competência), somente a União é a pessoa indicada pela Constituição como sendo a pessoa "competente" para instituir tal exação, mediante lei votada e aprovada pelo seu próprio Legislativo; e pelo *produto* (transferências correntes), cabe a percepção da respectiva receita aos Estados, Distrito Federal e Municípios, como parte do financiamento federativo de suas atividades.

Contudo, enquanto a União não exercitasse sua competência, instituindo a referida receita, ficariam os Estados, Distrito Federal e Municípios impossibilitados de exigir a aludida participação governamental, impedidos que estavam de exercitar competência própria ou supletiva, sob pena de invalidade do ato institutivo, por vício de inconstitucionalidade.

Resta saber se o exercício de competência pela União seria mesmo facultativo, ou não.

Este assunto, por força do vínculo com a discriminação de rendas, pode ser tratado com as mesmas categorias usadas para definir e caracterizar a "competência tributária",[32] que consiste na atribuição constitucional de poder inovar o sistema normativo, editando normas jurídicas em matéria tributária, vale dizer, criando obrigações tributárias, pela demarcação do núcleo da regra-matriz, deveres formais ou instrumentais, e dispondo sobre arrecadação, fiscalização e administração dos tributos criados.

Dentre as características da competência tributária enunciadas pela doutrina há uma que, talvez, não deva ser aceitável como tal, qual seja, a facultatividade do seu exercício. Segundo os que defendem a existência desta suposta "facultatividade", nada impede que a pessoa política deixe de exercitar, no todo ou em parte, sua competência tributária, porquanto seja esta uma *faculdade*, uma permissão constitucional. Baseia-se esta construção no aforisma segundo o qual ninguém pode obrigar a pessoa política a legislar.

Nestes termos a lição de José Artur Lima Gonçalves: "A Constituição toma o espectro total das possibilidades de criação de tributos e o reparte em três compartimentos estanques e inconfundíveis, segundo critérios material e territorial, outorgando-os à União, Estados, Distrito Federal e Municípios. Assim, cada uma dessas pessoas políticas recebe competência impositiva, podendo dela utilizar-se ou não, sem interferência das demais pessoas políticas".[33]

Toda essa construção está influenciada pelo inaceitável preconceito segundo o qual a discriminação constitucional de rendas tributárias (pelo produto) não interfere no exercício da tributação pelas pessoas políticas, na medida em que este tema não é tributário, mas tão-só financeiro.

Mutatis mutandis, a discriminação de rendas pode perfeitamente tomar em conta outras receitas de natureza não tributária, como fez com a compensação financeira, mas nada impede que, pela vicinalidade do tema, tomemos a noção de "competência tributária" para traçar os contornos da "competência financeira" que a União exerce na criação da referida entrada pública. Isto porque, em uma ou em outra, o problema da "facultatividade" se mantém à espera de uma melhor resposta.

32. Como diz Victor Uckmar, "o problema da distribuição dos poderes em matéria tributária é particularmente delicado, porque não subsiste efetiva autonomia se não existe a potestade de proceder às exigências necessárias para enfrentar as necessidades financeiras do ente; a limitação ao poder de impor tributos comporta inelutavelmente uma limitação à autonomia da entidade" (*Princípios Comuns de Direito Constitucional Tributário*, trad. de Marco Aurélio Greco, Ed. RT/EDUC, 1976, p. 95).

33. *Isonomia na Norma Tributária*, São Paulo, Malheiros Editores, 1993, p. 23. Assim, também: Roque Antônio Carrazza, *Curso de Direito Constitucional Tributário*, 10ª ed., São Paulo, Malheiros Editores, 1997, pp. 374-379.

Nestes termos, a discriminação constitucional de rendas pela fonte, caracterizada pela distribuição de competências, que consiste na atribuição direta de receita, não pode ser interpretada adequadamente se dissociada da sua contraparte, que é a discriminação de rendas pelo produto da arrecadação, que representa o financiamento indireto das pessoas políticas titulares das transferências constitucionais de receitas públicas.

De fato, o direito às receitas oriundas da discriminação pelo produto somente nasce depois de as mesmas serem criadas, por força da privatividade da competência e da impossibilidade de delegação de tais poderes. Mas cumpre indagar: são mesmo facultativas tais competências (discriminação pela fonte) quando o respectivo produto da arrecadação pertença, no todo ou em parte, às demais pessoas políticas, ou estaria obrigada a pessoa competente a legislar, no mais breve espaço de tempo possível, criando a receita *in abstracto*, sob pena de indiscutível inconstitucionalidade, pela afetação ao princípio do pacto federativo, provocada pela redução das rendas dos destinatários constitucionais do produto?

Não o são, mas com ressalvas. Caso a pessoa política receba da Constituição Federal uma competência para criar determinada receita cujo produto da arrecadação seja exclusivamente seu (imposto sobre grandes fortunas, ISS, IPTU), assim, a incaducabilidade e a facultatividade da competência persistem e devem ser respeitadas. Todavia, se o produto da arrecadação encontra-se constitucionalmente afetado a uma despesa específica (v. art. 167, IV), isto é, a transferência corrente para outras pessoas de direito público interno, então a discriminação pela fonte (competência) perde a facultatividade, devendo ser exercida de imediato, sendo passível de controle de *inconstitucionalidade por omissão*.[34]

Seguindo este raciocínio, poderiam os Estados e Municípios ter provocado a jurisdição, pelo STF, para que, mediante controle de inconstitucionalidade por omissão, fosse o Legislativo Federal notificado para que procedesse, com a devida diligência, à elaboração das leis que instituiriam a compensação financeira. Esta atitude poderia até mesmo justificar uma responsabilidade objetiva da União pelos danos causados pela demora na ação de legislar causados aos titulares das respectivas receitas, em face da decisão judicial controladora da omissão legislativa.

Como isso não ocorreu, descabe a pretensão de após a edição da legislação própria, *de lege lata*, exigir um eventual perecimento da retroatividade da incidência das normas impositivas, porquanto tacitamente tenham aceito a "facultatividade" do exercício da competência da União.

5.2.1 *Do direito à participação governamental antes da regulamentação da lei* — Questão distinta da que acima se comenta é saber se poderiam os titulares ter pleiteado o pagamento da participação governamental a partir da data da respectiva instituição, isto é, desde o início da vigência da Lei 7.990, de 28.12.89, nos termos do seu art. 11, que previa a entrada em vigor a partir da data da publicação.

Esse é outro tema, que envolve não somente um problema de vigência, mas também de eficácia sintática, por faltar àquele diploma legal seu respectivo regulamento, que lhe permitiria condições para os atos subseqüentes de aplicação. Como

34. "(...). A omissão legislativa ou administrativa reveste o caráter de uma agressão à Constituição, conferindo ao autor um direito público subjetivo à ação de inconstitucionalidade por omissão" (Sacha Calmon Navarro Coêlho, *O Controle da Constitucionalidade das Leis e do Poder de Tributar na Constituição de 1988*, Belo Horizonte, Del Rey, 1992, 472 pp.). Contudo, não é pacífica a sua utilização nesses casos. Enquanto o STF identifica o controle de inconstitucionalidade por omissão com o mandado de injunção, pela similitude na causa de pedir, há quem defenda o contrário. Assim, Ivo Dantas, que, com propriedade, separa ambas, entendendo que a legitimidade para a propositura da ação do controle de inconstitucionalidade por omissão seria a mesma do art. 103 da CF (*O Valor da Constituição*, Rio, Renovar, 1996, p. 124).

diz Paulo de Barros Carvalho,[35] acompanhando Tércio Sampaio Ferraz Júnior, "pode acontecer que u'a norma válida assuma o inteiro teor de sua vigência, mas por falta de outras regras regulamentadoras, de igual ou inferior hierarquia, não possa juridicizar o fato, inibindo-se a propagação de seus efeitos". É o caso.

Com isso, os destinatários das condutas prescritas (sujeitos passivos), mesmo se vigente a lei instituidora das compensações, ainda não podiam adimplir os atos de cumprimento, pela inexistência do respectivo regulamento, cuja necessária edição estava prevista dentro do prazo de 90 dias (art. 10 da Lei 7.990/89). Esta ineficácia impedia a constituição das relações jurídicas típicas, atribuidoras dos deveres jurídicos de realização das prestações a título das participações governamentais.

Sob pena de afetação ao princípio federativo, não poderia o Executivo da União ter agido como agiu, procrastinando a referida regulamentação, pela edição do competente decreto, por parte do Presidente da República.

A executoriedade da lei ficou prejudicada pela falta do decreto regulamentar, por isso nenhuma relação jurídica vinculante para os concessionários poderia se formar, por falta de eficácia, isto é, produção de efeitos típicos e vinculantes a partir da incidência da norma sobre o suporte fático previsto na hipótese de incidência da norma. Impossíveis a constituição e atribuição de deveres jurídicos para os concessionários, portanto.

Neste sentido encaminha-se a jurisprudência do STF: "É pacífico na doutrina e na jurisprudência que a ausência de regulamentação impede a aplicação da norma que dependa de complementação para se tornar aplicável" (1ª T., RE 100.702-PR, rel. Min. Sidney Sanches).

Com o advento do Decreto 1, de 11.1.91, nada obstante a Portaria 50, de 26.3.91, passaram, desse modo, a ser exigíveis os pagamentos das participações governamentais mesmo se estes somente tenham sido efetuadas a partir da edição da portaria.

Decerto, independentemente da existência do regulamento assistia direito aos Estados e Municípios à percepção da receita transferida, podendo estes exigir o respectivo cumprimento da lei retroativamente, até o limite dos 90 dias após a publicação da referida lei. Mas não contra os concessionários, que ainda não estavam obrigados (ineficácia sintática), pela falta de edição do regulamento, mas sim contra a própria União, como espécie de responsabilidade objetiva, pela omissão na edição do ato administrativo normativo[36] em descumprimento à regra do art. 10 da Lei 7.990/89.

Contudo, nenhum prejuízo, nestes termos, foi reclamado à União, o que gerou a prescrição de tal possibilidade, haja vista o prazo qüinqüenal (Decreto 20.910/32) haver sido superado.

5.3 A natureza jurídica da compensação financeira e da participação nos resultados

Prosseguindo no nosso itinerário temático, cabe-nos separar a compensação financeira e a participação nos resultados dos conceitos de "tributo", de "indenização" e de "preço público", situando a natureza das participações governamentais devidas pelos concessionários de atividades de exploração e produção de petróleo e de gás natural aos Estados, Municípios, Distrito Federal ou órgãos da Administração direta da própria União Federal, como acima descrito, na classe que lhe deve ser rigorosamente atribuível pelo Direito Financeiro.

35. *Direito Tributário: Fundamentos Jurídicos da Incidência*, São Paulo, Saraiva, 1998, p. 54.

36. Ao invés disso, alguns Estados preferiram argüir a inconstitucionalidade por omissão do Presidente da Republica quanto à regulamentação da lei em epígrafe, através da ADIn 361-5, rel. Min. Marco Aurélio, a qual foi julgada prejudicada por falta de objeto.

5.3.1 *A compensação financeira como tributo. Crítica* — Parte da doutrina especializada, ao abordar este mesmo objeto de estudo (a compensação financeira prevista no art. 20, § 1º, da CF) quanto à sua natureza jurídica, procura qualificá-lo como sendo uma espécie do gênero "tributo",[37] aplicando-se-lhe, por conseguinte, o regime tributário, com suas limitações, princípios, condições e pressupostos. Em que pese à autoridade dos argumentadores, ousamos divergir.

Se formos seguir a lógica pela qual toda espécie de receita pública, prevista em lei, que não constitua sanção de ato ilícito, possua "fato gerador", "base de cálculo" e "alíquota" e seja exigida como uma prestação pecuniária compulsória, invariavelmente, tenha a fisionomia de tributo, nos termos do art. 3º do CTN,[38] portanto, toda e qualquer receita pública (foros, laudêmios, preços públicos etc.) será, doravante, espécie de "tributo".

Para efeito da qualificação atribuível a uma dada espécie de receita, a enucleação do conceito de "tributo" deve ser buscada de modo a permitir, pela necessária distinção entre esta e as demais formas de receitas públicas, a respectiva demarcação material aplicável (impostos, taxas, contribuições etc.) e a sua inserção no campo normativo inerente ao "regime jurídico-tributário".

A extrema variedade das definições propostas pela doutrina bem exprime a incerteza dogmática que, às vezes induzida por acrítica transposição, ainda reina em torno deste conceito, até o ponto de se chegar a contestar a possibilidade de se assumir, com base no Direito Positivo, uma noção unitária de tributo.

De qualquer sorte, seja qual for construção lingüística acolhida para a enunciação da definição do "tributo",[39] algumas

37. Neste sentido, concebendo a compensação financeira como uma contribuição de intervenção no domínio econômico, sob a forma de imposto, e considerando sua criação inconstitucional, por ser não-cumulativo, ter sido criado por lei ordinária e possuir base de cálculo semelhante à do ICMS, o importante estudo de Roque Antônio Carrazza, "Natureza jurídica da compensação financeira pela exploração de recursos minerais. Sua manifesta inconstitucionalidade", *Revista do Programa de Pós-Graduação em Direito — PUC/SP* 2/300-344, São Paulo, Max Limonad. Nas palavras deste jurista, "trata-se de um imposto sobre o resultado da comercialização dos recursos minerais (ele nasce no momento da venda da substância mineral). Imposto que, não estando arrolado no art. 153 da CF, só pode buscar seu fundamento de validade no art. 154, I, do mesmo Diploma Magno. (...). Portanto, a *compensação financeira pela exploração de recursos minerais* foi criada dentro da chamada *competência residual* da União. É um imposto que, por sua finalidade (compensar os Estados, os Municípios, o Distrito Federal e o Departamento Nacional de Produção Mineral — DNPM), pode ser havido por contribuição de intervenção no domínio econômico. (...). Um imposto, acrescentamos, que, infelizmente, não passa pelo teste da constitucionalidade, já que cumulativo e criado por meio de lei ordinária (e não de lei complementar)" (p. 329). No mesmo sentido Alberto Xavier: "Ora, se a compensação financeira é um tributo — como largamente se demonstrou —, impõe-se concluir pela inconstitucionalidade da Lei n. 7.990/89, pelo fato de ter criado um verdadeiro imposto, para além da enumeração taxativa dos únicos tributos que podem incidir sobre as atividades de mineração" (ob. cit., p. 19). Wald; Scartezzini (1999, p. 170): "Cotejando-se a compensação financeira com a definição de tributo dada pelo art. 3º do CTN, conclui-se que, indubitavelmente, trata-se de um tributo". Também Káren Alvarenga de Oliveira ("Compensação financeira ou um novo tributo?", Instituto Brasileiro de Mineração, *VI Congresso Brasileiro de Mineração*, Salvador, 15-18.8.95, inédito, pp. 160 e 161): "A 'compensação financeira' instituída pela Lei n. 7.990/89, apesar do nome que lhe foi dado e a menção do art. 20, § 1º, da CF/88, é um tributo, pois preenche todos os requisitos do art. 3º do CTN. Não pode o legislador ordinário se servir de um nome — 'compensação financeira' — para maquiar um conteúdo identificado como tributo". Esta mesma autora, embasada na doutrina de Geraldo Ataliba, conclui que a respectiva espécie tributária seria um tributo não vinculado, e, portanto, um imposto.

38. A esta conclusão chega o inexcedível professor Alberto Xavier (ob. cit., p. 10), de quem, com o devido respeito, ousamos declinar a opinião, quando diz que: "(...) pode desde já concluir-se pela natureza tributária das prestações em causa, pois os seus traços essenciais se subsumem por inteiro no conceito de tributo dado pelo art. 3º do CTN".

39. Acompanhamos o professor José Juan Ferreiro Lapatza quando diz: "No pretendo, desde luego, dar una 'nueva' definición de tributo que dé por 'superadas' las que antes he transcrito. Tal pretensión de 'superación', palabra tan frecuente como frívola y acientíficamente empleada en nuestra literatura

características que lhe são peculiares devem constar da formulação que se adote, quais sejam: natureza pecuniária; regime jurídico de direito público; que não se constitua em penalidade aplicável a ilícito; prestação compulsória — mas todas essas somente serão válidas para a devida distinção se tal prestação for previamente qualificada como *receita derivada*, proveniente do patrimônio privado para o Estado sem qualquer vinculação, direta ou indireta, com o uso do patrimônio público ou transferência de receitas.

Transplantando essas ponderações para a seara da participação governamental em comento, vimos de ver que, não obstante as várias identidades verificáveis entre ela e a noção corrente de tributo, com esta não se confunde, por se qualificar preliminarmente como uma *receita pública* típica, autônoma, independente da noção de tributo,[40] assim como da noção de preço público e de indenização.

É que esquecem os tributaristas que a especialidade deles encontra-se encastelada numa plataforma mais ampla, a "atividade financeira do Estado", objeto de estudo do "Direito Financeiro", onde a contabilidade pública tem seu relevo e importância, mesmo se insistam em desconhecer ou, quando menos, negar sua importância.

Ademais, seria de todo inconstitucional a qualificação desta receita como um tributo, classificado na espécie de "imposto", porquanto o mesmo teria destinação afetada, o que a própria CF, no art. 167, IV, veda, peremptoriamente: a vinculação de receita de *imposto* a órgão, fundo ou *despesa*;[41] no caso, à despesa com a transferência corrente para os órgãos da Administração direta e com a transferência de receita para as pessoas políticas beneficiárias.

5.3.1.1 A compensação financeira como contribuição de intervenção no domínio econômico: ainda no âmbito das propostas de qualificação da referida compensação financeira como tributo, destaca-se a proposta do eminente Roque Carrazza, no sentido de considerá-la como uma *contribuição de intervenção no domínio econômico*.

Após enquadrar a referida compensação financeira no conceito de *tributo*[42] e individualizá-la como sendo um tributo *não vinculado*, ou, melhor, um *imposto*,[43] que

jurídico-tributaria para referirse a teorías ya antes elaboradas, no está en mi propósito". (...) también la Ciencia del Derecho es un saber acumulativo. Sólo de modo infrecuente se 'supera' una teoría ya consolidada, forzando su abandono cuando se demuestra que no es coherente con la organización jurídica de una sociedad que el Derecho trata de explicar y mejorar" ("La definición de tributo", *Revista Latinoamericana de Derecho Tributario* 3/158 e 159, Madri, Marcial Pons/ILADT, 1997).

40. Para Aurélio Seixas Filho: "O que descaracteriza totalmente a compensação financeira de ser um tributo (ou contribuição para intervenção no domínio econômico) é que a causa de seu pagamento é a exploração (lavra, extração, industrialização e venda) de um bem público, de um bem pertencente à União Federal, e não a venda ou circulação econômica de uma mercadoria ou produto de propriedade do explorador do bem público" ("A natureza jurídica da compensação financeira por exploração de recursos minerais", *Grandes Questões atuais do Direito Tributário*, São Paulo, Dialética, setembro/98, p. 33). Essa afirmação somente é aceitável porque para este autor seria a compensação financeira um "preço público", a ser exigido proporcionalmente ao resultado dessa exploração, conforme determinação legal (p. 37).

41. "Art. 167. São vedados: (...); IV — a vinculação de receita de *imposto* a órgão, fundo ou despesa, ressalvadas a repartição do produto da arrecadação dos *impostos* a que se referem os *arts. 158 (IR, ITR, IPVA e ICMS)* e *159 (IR E IPI)*, a destinação de recursos para manutenção e desenvolvimento do ensino, como determinado pelo art. 212, e a prestação de garantias às operações de crédito por antecipação de receita, previstas no art. 165, § 8º, bem assim o disposto no § 4º deste artigo" (grifado e anotado).

42. Carraza, 1992, pp. 321 e 322.

43. Ibidem, p. 327. Nada obstante o renomado professor, segundo nos parece, incorrer numa contradição mais adiante, ao dizer que: "Imposto, sem dúvida, nada obstante tenha sido denominado *compensação financeira*, porque vinculado *ex rigore iuris* ao ressarcimento (*sic*) aos Estados, ao Distrito Federal e aos Municípios, bem como a órgão da Administração direta da União (o Departamento Nacional de Produção Mineral — DNPM), pela exploração de recursos minerais". Não aceitamos a possibilidade de haver tributo com fim de indenização. E mais adiante: "Um imposto — remarcamos — com destinação específica: compensar financeiramente os

teria como *hipótese de incidência* a venda, pela empresa, de produto mineral e como *base de cálculo* o "faturamento líquido das empresas", cuja receita teria como finalidade *ressarcir* (*sic*) financeiramente os Estados, os Municípios, o Distrito Federal e órgãos públicos, o ilustre professor conclui entendendo que a compensação financeira preencheria os requisitos de uma autêntica *contribuição social de intervenção no domínio econômico*.

Este esforço teórico da tese proposta é justificado pelo seu autor como forma de argumentação em favor da inconstitucionalidade da referida compensação financeira, como de fato conclui pela sua inexigibilidade, entendendo que sua instituição desobedecera ao regime tributário, particularmente por se tratar de um tributo cumulativo, possuir hipótese de incidência e base de cálculo idênticas à de tributo já existente — *in casu*, o ICMS —, pela falta de lei complementar para sua instituição, porquanto fosse exercício de competência extraordinária (art. 154, I, da CF) e porque o art. 155, § 3º, da CF afastaria sua criação, em face da imunidade que contempla.

Mesmo reconhecendo a elevada suposição dos argumentos aduzidos pelo professor Roque Carrazza, divergimos da sua opinião, tanto pelas razões do quanto já foi exposto *supra*, ao cuidarmos da compensação financeira como *receita originária patrimonial* (para a União — órgãos da Administração direta) e como *receita transferida* (para as pessoas políticas beneficiárias), porquanto resistamos em admitir a idéia pela qual possam Estados e Municípios, que recebem esta compensação financeira como receita transferida, perceber a mesma como conseqüência de uma suposta "intervenção no domínio econômico".

Estados, os Municípios, o Distrito Federal e o Departamento Nacional de Produção Mineral (DNPM), pela exploração de recursos minerais". Definitivamente, não vemos como compatibilizar esta afirmação com as críticas que o ilustre doutrinador tece à concepção da compensação financeira como "indenização" e com o princípio da não afetação da receita de impostos, presente no art. 167, IV, da CF.

5.3.1.2 Instituição da compensação financeira por lei ordinária. Constitucionalidade: indagam alguns doutrinadores se a lei ordinária seria o veículo normativo competente para instituir a cobrança da compensação financeira em análise, visto que, em face do princípio federativo, por caber aos Estados, ao Distrito Federal e aos Municípios a participação nesta receita, poderia surgir algum conflito de interesse quanto à constituição e distribuição dessas receitas.

Como afastamos a natureza tributária desta receita pública e porque a Constituição Federal, previamente, já estipulara as *materialidades* sobre as quais incidiriam as participações governamentais e de terceiros e seriam devidas suas prestações em favor das pessoas políticas interessadas é que entendemos ter o legislador da União cumprido seu papel por meio do veículo introdutor de normas adequado, qual seja, mediante lei ordinária (Leis 7.790/89, 8.001/89, 9.478/97 etc.).[44]

E mesmo para aqueles que a tomam como espécie de tributo não vejo como fosse possível justificar sua criação por exercício de *competência extraordinária*, exatamente porque a Constituição Federal já definira as materialidades possíveis: operações com a exploração de recursos minerais, utilização de recursos hídricos para fins de geração de energia elétrica e exploração de petróleo, xisto betuminoso e gás natural. A base de cálculo possível: o faturamento com estas operações de comercialização. O sujeito ativo: a União[45] e os beneficiários.

44. Neste mesmo sentido são várias as decisões jurisprudenciais: TRF-1ª R., 3ª T., AC 1.222.293-DF, Juiz Tourinho Neto, *DJU* 25.10.93; AC 127.238-DF, Juiz Tourinho Neto, *DJU* 23.11.95; AMS 134.468-BA, Juiz Fernando Gonçalves, *DJU* 1.7.94; AC 128.881-DF, Juiz Olindo Menezes, *DJU* 9.5.96; 4ª T., AMS 133.936-DF, Juiz Eustáquio Nunes da Silveira, *DJU* 8.5.97; TRF-5ª R., 1ª T., AMS 50.298-SE, proc. 95.05.21840-0, Juiz Castro Meira, *DJU* 20.9.96; AMS 51.268-AL, proc. 95.05.26628-6, Juiz Francisco Falcão, *DJU* 20.12.96.

45. Neste caso não se aplicaria a imunidade recíproca (art. 150, VI, "a", da CF), por ser previsão constitucional expressa (art. 20, § 1º) e porque não se caracteriza como "patrimônio", "renda" ou "serviço".

É que no sistema constitucional brasileiro o uso de lei complementar só tem sentido, afora os casos previamente indicados pela Constituição como sendo de "matéria" própria desta, quando houver qualquer possibilidade de conflito de competência ou para determinar a válida construção de outras normas, como "leis sobre leis". *In casu*, não existe qualquer conflito de competência, porquanto a única competência disponível é a da União, privativamente (art. 22, XII, da CF), para tratar da criação da compensação a ser paga pela própria União Federal, conferida pela Constituição às demais pessoas políticas (transferência de receita), bem como os parâmetros mínimos a serem obedecidos para a distribuição das correspondentes participações.

5.3.1.3 A compensação financeira e a imunidade do art. 155, § 3º, CF: tecidas estas considerações históricas, voltemos ao seio da CF/88 para apreciar a relação entre o art. 20, § 1º, e o art. 155, § 3º, que assim dispõe: "Art. 155. (...). § 3º. À exceção dos *impostos* de que tratam o inciso I, 'b',[46] do *caput* deste artigo e os arts. 153, I[47] e II,[48] *nenhum outro tributo incidirá* sobre operações relativas a energia elétrica, combustíveis líquidos e gasosos, lubrificantes e minerais no País" (destacamos).

Argumentar que o legislador constitucional, ao não incluir a compensação financeira aludida no âmbito do artigo acima, não admitiria sua cobrança sobre as operações ali referidas é, de fato, um contra-senso. Não há, e nem pode haver, regras contraditórias em nossa Carta Maior, pois o sistema jurídico brasileiro não admite a inconstitucionalidade de normas constitucionais, relativamente ao conteúdo da Constituição Federal originária. E afirmar que a regra acima reproduzida estaria sendo ferida por outra regra, tão constitucional quanto aquela, equivaleria a afirmar que uma das duas regras não poderia restar no Ordenamento Supremo.

Em verdade, como já foi demonstrado *supra*, este assunto não é novo e o próprio art. 20, § 1º, da CF tem sua gênese derivada das relevantes celeumas que se firmaram em torno do antigo imposto único sobre minerais,[49] art. 21, VIII, da CF/67: "Compete à União instituir imposto sobre: (...); VIII — produção, importação, circulação, distribuição ou consumo de lubrificantes e combustíveis líquidos ou gasosos e de energia elétrica, imposto que incidirá uma só vez sobre qualquer dessas operações, excluída a incidência de outros tributos sobre elas".

Como se vê, a construção deste dispositivo não deixava claro se o imposto incidiria uma única vez, em qualquer uma das operações, de modo a não incidir nas demais, realizando uma não-cumulatividade;[50] ou se, pelo contrário, incidiria uma única vez, mas em cada uma das operações referidas, autonomamente consideradas.[51] É dizer, noutro giro: cada uma delas poderia suportar apenas uma incidência, mas todas seriam cumulativamente tributáveis.[52]

46. Imposto sobre operações relativas à circulação de mercadorias e sobre prestações de serviços de transporte interestadual e intermunicipal e de comunicação, ainda que as operações e as prestações se iniciem no exterior — ICMS.

47. Imposto sobre importação de produtos estrangeiros.

48. Imposto sobre exportação, para o exterior, de produtos nacionais ou nacionalizados.

49. Miguel Reale, "Direito dos Estados à participação no produto da arrecadação do imposto único sobre lubrificantes e combustíveis", *RDP* 72/54-59, a. XVII, São Paulo, Ed. RT, outubro-dezembro/84; José Souto Maior Borges, "Participação dos Estados no produto da arrecadação do imposto único sobre lubrificantes e combustíveis", *RDP* 69/86-100, a. XVII, São Paulo, Ed. RT, janeiro-março/84; Luciano Benévolo Andrade, "Direito dos Estados e Municípios no produto da arrecadação do imposto único sobre energia elétrica", *RDP* 70/100-115, a. XVII, São Paulo, Ed. RT, abril-junho/84; Hely Lopes Meirelles, "Direito dos Estados à participação no imposto único sobre energia elétrica", *RDP* 69/73-78, a. XVII, São Paulo, Ed. RT, janeiro-março/84.

50. Assim entendia Rubens Gomes de Sousa, *Aspectos do Imposto Único sobre Minerais*, Salvador, 1971, pp. 56 e 57.

51. Opinião de Aliomar Baleeiro, *Direito Tributário Brasileiro*, 10ª ed., Rio, Forense, 1981, pp. 316 e 317.

52. Cf. José Souto Maior Borges, ob. cit., p. 87.

Na atual Constituição de 1988 o constituinte procurou resolver este problema aplicando uma incidência fiscal cumulativa nas fases de *importação* ou de *exportação* e de *circulação, distribuição ou consumo,* adotando, para efeito de repartição do produto da receita, o seguinte critério: para a União, o imposto de importação e o de exportação; para os Estados, o ICMS, no qual os Municípios participam do produto (art. 158, IV, da CF).

Quanto à fase de *produção*, uma vez que a União já se beneficia com o domínio dos bens e ganhos típicos a estes vinculados, como bônus de assinatura para o contrato de concessão licitado etc., para compor o quadro da discriminação de rendas, estabeleceu o constituinte a obrigação à União de pagar, alternativamente, uma compensação financeira ou uma participação no resultado da exploração aos Estados, Distrito Federal, Municípios ou órgãos da Administração direta Federal, sob a forma de receita transferida.

Desse modo, a disposição constitucional do art. 155, § 3º, da CF, no que possui de imunidade,[53] não conflita com o art. 20, § 1º, da CF, na medida em que a participação governamental não tem natureza tributária — haja vista tratar-se de uma *receita transferida* inerente à discriminação constitucional de rendas, e não de uma receita derivada. Ou seja, em vedar a incidência de *outros tributos* no art. 155, § 3º, não está a Constituição Federal afastando a aplicação daquela participação, justo porque de tributo não se trata, mas sim de espécie de receita própria. E, *ad argumentandum*, mesmo que fosse tributo, como a Constituição Federal já prevê, cumulativamente, a cobrança da mencionada compensação, de modo algum caberia argüir a existência de um eventual conflito de normas para este caso.

5.3.1.4 Princípio da segurança jurídica. Não aplicação do regime tributário. A manutenção da equação econômico-financeira do contrato de concessão: como já adiantamos, não está a cobrança da compensação financeira sujeita às limitações ao poder de tributar, como imunidades, princípio da anterioridade, princípio da capacidade contributiva, não-cumulatividade e outros. Mas isso não pode servir de pretexto para que a União, ao seu alvedrio, crie novas obrigações ou aumente demasiadamente as já existentes, em face da necessária manutenção da equação econômico-financeira do contrato de concessão firmado, que deve preservar, como garantia da segurança jurídica que deve propiciar aos concessionários.

A concessão de uso de bem público, diferentemente da permissão e da autorização, é ato bilateral, "é o contrato administrativo pelo qual, como o nome já o indica, a Administração trespassa a alguém o uso de um bem público para uma finalidade específica".[54]

Como é sabido, a Administração tem o poder de alterar os termos pactuados no contrato administrativo, e até mesmo de extinguir o contrato, unilateralmente. Tais prerrogativas denotam a supremacia da Administração Pública, e são necessárias na medida em que o contrato administrativo, em última análise, visa à satisfação de interesses da coletividade, e não de um ou poucos particulares.

No entanto, estas reservas não podem chegar ao ponto de afetar a proteção do contratado, cuja máxima expressão está no *equilíbrio econômico-financeiro*, que deve

53. Entende o professor Roque Carrazza que, neste caso, não foi criada qualquer *imunidade tributária* ("Natureza jurídica da compensação financeira pela exploração de recursos minerais. Sua manifesta inconstitucionalidade", *Revista do Programa de Pós-Graduação em Direito — PUC/SP* 2/333, São Paulo, Max Limonad. E, mais adiante: "(...) a União, usando o ***nomen iuris compensação financeira***, criou, na verdade, um novo imposto sobre operações relativas a minerais. Malferiu, igualmente, o § 3º do art. 155 da CF".

54. Celso Antônio Bandeira de Mello, *Curso de Direito Administrativo*, 10ª ed., São Paulo, Malheiros Editores, 1998, p. 580. Também: Maria Sylvia Zanella Di Pietro, *Uso Privativo de Bem Público por Particular*, São Paulo, Ed. RT, 1983, p. 88.

ser respeitado. A esse propósito, diz Celso Antônio Bandeira de Mello:

"Aliás, a garantia do contratado ao equilíbrio econômico-financeiro do contrato administrativo não poderia ser afetada nem mesmo por lei. É o que resulta de dispositivo constitucional, o art. 37, XXI, pois serão contratados com cláusulas que estabeleçam obrigações de pagamento, mantidas as condições efetivas da proposta. (...).

"De outra parte, o equilíbrio econômico-financeiro está abrigado, ainda, por outro dispositivo constitucional: o art. 5º, XXXVI, segundo o qual 'a lei não prejudicará o direito adquirido, o ato jurídico perfeito e a coisa julgada'. A equação econômico-financeira contratual é um direito adquirido do contratado, de tal sorte que normas a ele sucessivas não poderiam afetá-lo."[55]

O equilíbrio econômico-financeiro é o princípio que protege o contratado de eventuais tentativas de arbitrariedades da Administração Pública no tocante ao aumento dos encargos.[56] E mesmo que estes sejam perpetrados por lei não poderão ser admitidos.[57] Desse modo, vedada está a possibilidade de o Estado criar adicionais às participações governamentais e de terceiros, bem como ampliar os custos dos concessionários ao arrepio do quanto disponha o contrato de concessão em vigor, sob pena de praticar ato de todo ilegítimo e inconstitucional, por ferir a equação econômico-financeira do contrato, o que deve ser imediatamente corrigido, administrativa ou judicialmente.[58]

5.3.2 *A compensação financeira como indenização. Crítica* — Segundo Ricardo Lobo Torres[59] as *compensações financeiras* teriam a natureza de *indenização* pela perda de recursos naturais situados nos respectivos territórios ou de *contraprestação* pelas despesas que as empresas exploradoras de recursos naturais causam aos respectivos Poderes Públicos estaduais e/ou municipais — dispêndios com a infra-estrutura necessária de bens, serviços e assistência à população envolvida na mesma.

No mesmo sentido, ao comentar o § 1º do art. 20 do texto constitucional, Regina Helena Costa diz: "A compensação financeira constitucionalmente prevista possui natureza indenizatória. Ainda que a propriedade dos recursos minerais, inclusive os do subsolo, pertença à União (art. 20,

55. Ob. cit., p. 405.

56. Para resolver este problema o Legislativo do Peru, mediante o art. 63 da Lei 26.221 —*Ley Orgánica de Hidrocarburos* —, mesmo se de um modo que julgamos inadequado, estabeleceu que o Estado deve garantir ao contratante que o "regime tributário" vigente à data de celebração do contrato será mantido inalterado durante a vigência do mesmo, para efeito de cada contrato. Segundo a doutrina peruana "regime tributário" equivale ao conjunto de tributos vigentes em um país em determinada época (distinto, pois, do conceito de "sistema tributário", que corresponde às normas sobre o fenômeno tributário). Conforme Jorge Bravo Cucci, importante tributarista de Lima: "En relación a las cláusulas de estabilidad tributaria, su fundamento constitucional se encuentra dado por el segundo párrafo del art. 62º de la Constitución Política del Perú, que señala: 'Mediante contratos-ley, el Estado puede establecer garantías y otorgar seguridades. No pueden ser modificados legislativamente (...)'. Una vez celebrado un contrato de estabilidad tributaria al amparo de la Ley n. 26.221, el régimen tributario del beneficiario queda 'congelado' excepto en el caso del IVA en el cual sólo se garantiza su naturaleza trasladable" (informação transmitida por *e-mail*). Para outras considerações a este respeito: Rosanna Brigneti Barbis, "Estabilidad tributaria en los contratos petroleros: incluye tasas y contribuciones?", *Revista Estudios Privados* 3/29-31, a. 3, Lima, Universidad de San Martín de Porres, 1998.

57. Neste sentido, também: Eros Roberto Grau, "Princípio da equivalência e o equilíbrio econômico e financeiro dos contratos", *RDP* 96/61-68, a. 24, São Paulo, Ed. RT, outubro-dezembro/90; Celso Antônio Bandeira de Mello, "Contrato administrativo. Direito ao equilíbrio econômico e financeiro. Reajustes contratuais e os planos Cruzado e Bresser", *RDP* 90/98-114, a. 22, São Paulo, Ed. RT, abril-junho/89.

58. Fazendo ver que o princípio do equilíbrio econômico-financeiro está vinculado tanto à teoria da imprevisão quanto à teoria do *fait du prince*, sobre este diz Jean Rivero: "Quando o Poder Público (o príncipe) agrava pela sua acção as condições do cumprimento do contrato, pode ser obrigado a indemnizar o contraente. A indemnização é então integral, quer dizer, igual ao prejuízo sofrido" (*Direito Administrativo*, Coimbra, Almedina, 1981, p. 149).

59. *Curso de Direito Financeiro e Tributário*, 4ª ed., Rio, Renovar, 1997, p. 163. Também Harada, 1995, p. 47.

IX), pressupõe a Lei Maior um prejuízo para aquela pessoa em cujo território se dê a respectiva exploração". Este raciocínio é justificado pela autora porquanto, no seu entender, "a *ratio* do mesmo foi a de garantir, às pessoas mencionadas, ressarcimento pela exploração de petróleo ou gás natural, de recursos hídricos para fins de geração de energia elétrica e de outros recursos minerais nos respectivos territórios, sob a forma de participação no resultado dessa exploração ou compensação financeira".[60]

Também há decisões judiciais[61] que atribuem à compensação financeira tal natureza indenizatória, negando-lhe o caráter tributário, como esta:[62]

"Tributário — Exploração de recursos minerais — Compensação financeira pela exploração — Natureza jurídica. legalidade e constitucionalidade.

"1. A compensação financeira paga pela exploração de recursos minerais, prevista na Lei n. 7.990, de 28.12.89, não é ilegal nem inconstitucional. Sua cobrança representa apenas o cumprimento de um mandamento constitucional (art. 20, § 1º).

"2. Não se trata de receita tributária, senão de uma receita patrimonial originária do Estado, como ressarcimento pela exploração mineral no seu território."

Indiscutivelmente, o termo "compensação financeira" induz a compreensão do intérprete a relacionar a significação que se pretende indicar com alguma espécie de indenização ou forma de ressarcimento financeiro. Nada obstante essa possibilidade, não se pode descurar que o legislador utiliza-se sempre de uma linguagem técnica assentada em discurso natural. É a linguagem dos que representam o povo falando para este, e por isso imprecisa, cabendo ao operador do Direito a correta manipulação da terminologia usada, identificando os conteúdos normativos para efeito de determinar o regime jurídico aplicável em cada caso. Como assinala Paulo de Barros Carvalho: "Mas, enquanto é lícito afirmar-se que o legislador se exprime numa linguagem livre, natural, pontilhada, aqui e ali, de símbolos científicos, o mesmo já não se passa com o discurso do cientista do Direito. Sua linguagem, sobre ser técnica, é científica".[63]

Ora, o regime jurídico atribuível ao uso de bens públicos inibe aquele tipo de conclusão. Os bens são todos da União, não cabendo, pois, qualquer espécie de indenização aos Estados, Distrito Federal ou Municípios.[64] Se alguém possui qualquer legitimidade para pretender alguma indenização em face de inundações, lavras, prospecção etc., este será o proprietário do imóvel afe-

60. "A natureza jurídica da compensação financeira pela exploração de recursos minerais", *RTDP* 13/128, São Paulo, Malheiros Editores, 1996.

61. Assim decidiu a 1ª T. do TRF –5ª Região, AC 599.310, *DJU* 20.12.96.

62. TRF-1ª R., 3ª T., AC 93.01.28881-8/Direito Financeiro, rel. Juiz Olindo Menezes.

63. *Curso de Direito Tributário*, 10ª ed., São Paulo, Saraiva, 1998, p. 5.

64. Exemplo dessas confusões, o Município de Itabira/MG, às vésperas da privatização da Cia. Vale do Rio Doce, ajuizou demanda pleiteando a declaração de pretenso direito a uma indenização da mineradora, embasado em estudo elaborado por empresa de consultoria, no entendimento de que as atividades de mineração levadas a efeito pela Cia. Vale do Rio Doce foram lesivas aos "recursos minerais de Itabira" e que, sob o manto do "desenvolvimento sustentável", se imporia à empresa o ônus decorrente de supostas perdas econômicas sofridas pela Municipalidade. Como se vê, um Município recorre ao Judiciário pretendendo ser indenizado pelo fato de as reservas minerárias localizarem-se no seu subsolo, como se a atividade estatal fosse ilícita e danosa aos interesses nacionais. A Cia. Vale do Rio Doce, na contestação, argüiu a impossibilidade jurídica do pedido (a legislação prevê o pagamento pela mineradora do *royalty*, esquecendo-se o Município de que o fenômeno tributário como atividade estatal se traduz no princípio da reserva de lei, não havendo embasamento jurídico ao pedido de indenização, que, em última análise significa inconformismo com a legislação tributária que foi imposta aos mineradores). Se o solo e o subsolo são considerados bens da União, não autoriza o ordenamento jurídico vigente hipótese de indenização ao Município onde geograficamente encontra-se o jazimento mineral, alegando uma suposta exaustão das reservas minerárias. Este assunto encontra-se assim relatado e discutido por: Geraldo C. Braga, Fernando Serva Café Carvalhaes e Denes Martins da Costa Lott (advogados da CVRD) no artigo "Atividade minerária e indenização ao Município", disponibilizado na Internet.

tado, pessoa física ou jurídica. Não outro, como antecipa a própria legislação.

Neste sentido Alberto Xavier é bem esclarecedor, ao dizer: "(...) o domínio dos recursos minerais pertence exclusivamente à União, pelo quê não teria qualquer fundamento a atribuição de um direito a indenização a outros entes políticos não titulares dos bens em causa".

Também Adriano Daleffe: "Já que não se reconhece direito de propriedade ao Estado, ao Município e ao Distrito Federal sobre o solo alcançado pela sua delimitação territorial, não há lugar para garantir-lhe indenização por eventuais danos decorrentes da exploração mineral. Essa indenização é paga ao proprietário do imóvel atingido e, na fase de exploração, traduz-se em participação 'nos resultados da lavra'".

Ademais, indenizações são espécies de receitas derivadas e tudo o que já foi dito e virá na seqüência como razões para desconfirmar a relação entre esta compensação financeira, que tem natureza própria, segundo o nosso entendimento, e o conceito de tributo, outra espécie de receita derivada, serve, por analogia, para justificar a inadequação da qualificação destas participações governamentais como forma de indenização.

5.3.3 *A compensação financeira como preço público. Crítica* — Como já foi dito em linhas anteriores, a participação governamental, para os Estados e Municípios, não é *ingresso patrimonial* porque os bens explorados não pertencem a estes; e não se trata de *preço público*, porque não se perfaz qualquer relação jurídica consensual que permita à contraprestação ser qualificável como tal. Falta objeto à relação jurídica, por serem os bens da União e ser o produto da exploração comercializado entre o concessionário e os respectivos consumidores, sem qualquer interferência das partes titulares do direito de crédito à participação governamental aludida.

Definitivamente, de preço público não se trata.

Se é que se pode falar em "preço público", nas atuais condições, estes seriam aqueles praticados nas relações entre o concessionário e o consumidor da sua produção, isto é, um *preço público* proporcional ao valor do benefício, estipulado segundo as leis de mercado e consensualmente entre as partes, porque assim seriam qualificados os ingressos na contabilidade da União, no caso de ausência do contrato de concessão, quando esta comercializasse sua produção. Como o regime da concessão não altera a natureza dos pagamentos, estes até poderiam continuar sendo classificados como preços públicos, quanto ao regime jurídico aplicável àquelas relações, mas sem maiores repercussões práticas, salvo aquela de não se imputar o regime das taxas às relações jurídicas formadas.

O preço público sempre refere-se às coisas, e, às vezes, a serviços de caráter comercial ou industrial (transportes, comunicações etc.). Por isso, o Estado quando cobra preços o faz porque efetua a *venda de coisas*, entrega unidade de seu patrimônio ou os frutos ou produtos desse patrimônio.[65] Quando *presta serviços, mediante preços*, o Estado fornece transportes, transmite comunicações, distribui água etc.

O conceito de preço público, embora muito complexo, pode ser definido como sendo uma contraprestação pecuniária, exigida segundo os princípios da proporcionalidade e da consensualidade, com base no dispositivo constitucional que autoriza a intervenção no domínio econômico, o monopólio ou a concessão ou permissão de serviço público que não seja remunerável por taxa.

Dois princípios, pois, aplicam-se à sua construção conceitual: o da proporcionalidade e o da consensualidade.

Pelo princípio da *consensualidade* só poderíamos admitir ser a compensação financeira uma espécie de *preço público*[66] se

65. Baleeiro, 1992, p. 122.

66. Segundo A. Theodoro Nascimento preço público é a "quantia que representa pagamento pela utilização e consumo de serviço ou produto, de natureza comercial ou industrial, que o Estado fornece, ou que representa pagamento pela aquisição do direito de propriedade ou de uso e gozo de bem pú-

a contraprestação proporcional pelo uso de patrimônio público, com base nos resultados da exploração, fosse devida *ex voluntate* pelos concessionários,[67] por força do contrato de concessão, à União, a quem os bens pertencem. Mas não é isso o que ocorre.

O outro princípio fundamental que rege o preço público é o da *proporcionalidade* ou do *benefício*, pelo qual cada cidadão deve despender recursos idênticos ao benefício total recebido com a entrega de serviços públicos. Com a cobrança de preços públicos ou tarifas devem as empresas e os órgãos estatais garantir a justa remuneração do capital investido através do igual tratamento dos utentes do serviço, o que é conseguido pela adequada *proporção* entre serviço consumido e preço pago.

De fato, como argumentam alguns, existe cláusula própria do contrato de concessão que prevê o pagamento dos *royalties* pelo concessionário aos Estados, Distrito Federal, Municípios e órgãos da Administração direta da União. Contudo, a fonte que determina a respectiva exigibilidade não é o contrato *per se*, mas a lei (federal) que os instituiu, pelo quê não se pode falar em livre acordo de vontades suficiente para desencadear a formação de um regime jurídico típico de preços públicos, porquanto o contrato que persiste é o de concessão e se estabelece entre a União e os concessionários, e não entre estes e os entes governamentais titulares da participação.

Melhor dizendo, a obrigação de pagar o correspectivo não tem como fonte o próprio "contrato de concessão",[68] na medida que a correspondente prestação deriva de expressa disposição legal (federal), segundo a competência definida no texto constitucional, cuja regra-matriz toma como sujeito passivo todo e qualquer sujeito que mantenha contrato de exploração comercial sobre algum daqueles bens que componham a respectiva materialidade: petróleo, minério ou recursos hídricos, para produção de energia elétrica.

6. *As hipóteses de incidência da compensação financeira*

Como se vê, a Constituição estabeleceu para a União a possibilidade de criação de uma participação, de cunho patrimonial, destinada aos demais entes políticos, em face da exploração de recursos minerais, utilização de recursos hídricos para fins de geração de energia elétrica, exploração de petróleo, xisto betuminoso e gás natural, devendo o Congresso Nacional, enquanto órgão legislador daquela pessoa política, prever qual das duas modalidades de participação deveria ser adotada em cada caso, alternativamente, se compensação financeira ou participação nos resultados.

No exercício desta permissão constitucional, o Congresso Nacional preferiu instituir as respectivas *compensações financeiras*, variando a sua regra-matriz de incidência segundo a materialidade das formas de exploração de recursos, através da Lei 7.990, de 28.12.89, complementada e modificada pela Lei 8.001, de 13.3.90, e regulamentada pelo Decreto 1, de 11.1.91.

Esses diplomas normativos criaram *in abstracto*, portanto, obrigações patrimoniais originárias, típicas de Direito Financeiro, dirigidas aos respectivos concessionários.

6.1 *Compensação pela utilização de recursos hídricos*

A primeira espécie de compensação financeira de que cuidaremos é a devida

blico dominial" ("Preços, taxas e parafiscalidade", in Aliomar Baleeiro (coord.), *Tratado de Direito Tributário Brasileiro*, v. VII, Rio, Forense, 1977, p. 8.

67. Neste sentido Carrazza (1992, p. 320): "Não se cogita, aqui, de nenhum contrato (ato de vontade), do qual deriva — para quem explora, mediante concessão ou autorização, recursos minerais — o dever de efetuar o pagamento da predita *compensação financeira*". Também Wald; Scartezzini (1999, p. 168): "Evidentemente, inexiste qualquer imposição contratual no tocante à compensação financeira, pois não há tratativa entre as partes interessadas, uma vez que a determinação vem do texto constitucional, que acrescenta ser a compensação assegurada nos termos da lei".

68. Este é fato jurígeno necessário para desencadear o dever de pagar o *bônus pela assinatura do contrato*, que é bem outra coisa.

pela utilização de recursos hídricos, para fins de geração de energia elétrica.

O valor devido a título desta compensação pela utilização de recursos hídricos, para fins de geração de energia elétrica, varia, a depender se a energia é produzida por concessionárias ou se é de uso privativo do produtor, e as frações a que os beneficiários da compensação financeira de uma determinada usina terão direito serão calculadas de acordo com fórmulas específicas, segundo o titular do benefício, nos termos do art. 8º do Decreto 1/91.

No primeiro caso será de 6% sobre o valor da energia produzida, a ser paga pelos concessionários de serviço de energia elétrica aos Estados, ao Distrito Federal e aos Municípios em cujos territórios se localizarem instalações destinadas à produção de energia elétrica, ou que tenham áreas invadidas por águas dos respectivos reservatórios (Lei 7.990/89, art. 2º). A compensação financeira neste caso somente é devida com o aproveitamento externo da energia produzida, isto é, quando esta energia é vendida para o público.

Sendo para uso privativo de produtor (autoconsumo), a energia elétrica de origem hídrica será gravada, também, com a aplicação de um fator de 6%, nas mesmas condições e preços do concessionário do serviço público local, quando (i) houver excedentes de energia e esta for aproveitada para uso externo de serviço público e (ii) a instalação consumidora estiver em outro Estado da Federação, hipótese na qual a compensação será devida aos Estados e aos Municípios em que se localizarem as instalações de geração de energia elétrica (Lei 7.990/89, art. 3º, e Decreto 1/91, art. 3º).

Quanto ao art. 2º, acima citado, a compensação financeira será paga, mensalmente, pelas concessionárias distribuidoras de energia elétrica, aos Estados, ao Distrito Federal e aos Municípios, em cujos territórios se localizarem instalações destinadas à produção de energia elétrica ou que tenham áreas invadidas por águas dos respectivos reservatórios, bem assim aos órgãos da Administração direta vinculados com esta exploração, como é o caso da Secretaria de Ciência e Tecnologia, ANEEL etc.

Em face da menor complexidade, pode-se assim representar, didaticamente, a estrutura da norma impositiva dessa compensação financeira:

CRITÉRIOS	ELEMENTOS
HIPÓTESE DE INCIDÊNCIA — FATO JURÍDICO TRIBUTÁRIO (FATO GERADOR)	
Critério material	Utilização de recursos hídricos, para fins de geração de energia elétrica por concessionárias * Somente é devida com o aproveitamento externo da energia produzida, isto é, quando esta energia é vendida para o público
Critério espacial	Território nacional
Critério temporal	Mensalmente
CONSEQÜENTE — RELAÇÃO JURÍDICA TRIBUTÁRIA	
Sujeito ativo	União * Beneficiários — Estados (45%) e Municípios (45%) em cujos territórios se localizarem instalações destinadas à produção de energia elétrica, ou que tenham áreas invadidas por águas dos respectivos reservatórios (Lei 7.990/89, art. 2º), Distrito Federal (90%), Ministério das Minas e Energias (8%) e SCT (2%)

continua ⇒

CONSEQÜENTE — RELAÇÃO JURÍDICA TRIBUTÁRIA	
Sujeito passivo	Concessionárias distribuidoras de energia elétrica e autoprodutor (dentro de certas condições)
Prestação — base de cálculo	Valor da energia produzida (produto da energia de origem hídrica efetivamente verificada, medida em *megawatt*-hora, multiplicado pela Tarifa Atualizada de Referência fixada pela ANEEL, sobre toda a hidreletricidade produzida no País, com base nas tarifas de suprimento dos sistemas interligados, referidos ao barramento da usina — art. 7º do Decreto 1, de 11.1.91)
Prestação — alíquota	6% (seis por cento)

6.1.1 *A compensação financeira e a "cobrança pelo uso de recursos hídricos" prevista pela Lei 9.433/97. Compatibilidade* — Com o advento da Lei 9.433, de 8.1.97, que instituiu a Política Nacional de Recursos Hídricos, foi criada mais uma espécie de receita patrimonial devida pelo aproveitamento de potenciais hidrelétricos, no âmbito da "outorga de direitos de uso de recursos hídricos". Trata-se da "cobrança pelo uso de recursos hídricos", prevista no art. 19 da referida lei.

Importa-nos identificar se há compatibilidade entre esta receita e a compensação financeira sob análise. Ambas são receitas originárias, da classe das patrimoniais, e com fundamentos de incidência semelhantes: o aproveitamento de potenciais hidrelétricos.

As diferenças entre essa "cobrança pelo uso de recursos hídricos" e a compensação financeira ficam por conta dos sujeitos ativos (União ou Estados), da base de cálculo a ser definida, mas a respectiva hipótese normativa é a mesma.

De imediato, não constatamos qualquer inconstitucionalidade na manutenção cumulativa das duas cobranças. Mas, seja como for, a definição de toda a estrutura dessa exação deverá ser estabelecida por lei, e não apenas a sua simples criação e destino do produto arrecadado, como está posto nos arts. 19 a 22 da Lei 9.433/97.

6.2 *Compensação financeira devida pelos detentores de direitos minerais a qualquer título (CFEM)*

A CF/88, no seu art. 177, V, elevou ao nível constitucional o monopólio da União sobre a pesquisa e a lavra das jazidas de minérios, bem como o seu enriquecimento, o reprocessamento, a industrialização e o comércio, além de recepcionar o Código de Mineração, salvo naqueles dispositivos com ela incompatíveis, ficando o aproveitamento dos recursos minerais no País sujeito ao regime de concessão, e estabelecendo os princípios de separação jurídica entre a propriedade do solo e a propriedade mineral (subsolo); e o domínio da União Federal sobre os recursos minerais.

Cumprindo competência constitucional, o legislador federal criou a compensação financeira em apreço através da Lei 7.990, de 28.12.89, que foi regulamentada pelo Decreto 1, de 11.1.91, e complementada e modificada pela Lei 8.001, de 13.3.90.

Quanto aos recursos minerais a compensação financeira devida pelos detentores de direitos minerais a qualquer título — CFEM, em decorrência da exploração de recursos minerais, para fins de aproveitamento econômico, será de até 3%[69] so-

69. "O percentual da compensação, de acordo com as classes de substâncias minerais, será de: I — minério de alumínio, manganês, sal-gema e potás-

bre o valor do *faturamento líquido* resultante da venda do produto mineral, obtido após a última etapa do *processo de beneficiamento*[70] adotado e antes de sua transformação industrial (art. 6º da Lei 7.990/89 e art. 13 do Decreto 1/91).

O *critério temporal* da incidência verifica-se, pois, na saída por venda do produto mineral das áreas da jazida, mina, salina ou de outros depósitos minerais de onde provêm, ou de quaisquer estabelecimentos, sempre após a última etapa do processo de beneficiamento adotado e antes de sua transformação industrial.

Atividade de exploração de recursos minerais significa a retirada de substâncias minerais da jazida, mina, salina ou outro depósito mineral para fins de aproveitamento econômico.

Para efeito do cálculo da compensação financeira, entende-se por *faturamento líquido* o total das receitas de vendas, excluídos os tributos incidentes sobre a comercialização do produto mineral, as despesas de transporte e as de seguros.

Como estatui esse enunciado legal, a compensação é devida por quem venha a explorar os recursos minerais — detentores dos direitos minerais (*sujeição passiva*). Se essa atividade for executada diretamente pela titular desses recursos, a União, será ela a responsável pela transferência pecuniária aos demais entes estatais; em contrapartida, sendo exercida a exploração pelos concessionários, eles adquirem a propriedade da lavra conforme determinação constitucional; logo, serão obrigados a arcar com os gravames econômicos da compensação financeira.

A distribuição da compensação financeira de que trata este artigo, devida mensalmente, será feita da seguinte forma: I — 23% para os Estados e o Distrito Federal; II — 65% para os Municípios; III — 12% para o Departamento Nacional da Produção Mineral (DNPM[71]), que destinará 2% à proteção ambiental nas regiões mineradoras, por intermédio do Instituto Brasileiro do Meio Ambiente e dos Recursos Naturais Renováveis (IBAMA) ou de outro órgão federal competente, que o substituir.

CRITÉRIOS	ELEMENTOS
HIPÓTESE DE INCIDÊNCIA — FATO JURÍDICO TRIBUTÁRIO (FATO GERADOR)	
Critério material	Exploração de recursos minerais para fins de aproveitamento econômico
Critério espacial	Território nacional
Critério temporal	Mensalmente

continua ⇒

sio: 3% (três por cento); II — ferro, fertilizante, carvão e demais substâncias minerais: 2% (dois por cento), ressalvado o disposto no inciso IV deste artigo; III — pedras preciosas, pedras coradas lapidáveis, carbonados e metais nobres: 0,2% (dois décimos por cento); IV — ouro: 1% (um por cento), quando extraído por empresas mineradoras, isentos os garimpeiros" (Decreto 1/91, art. 13, § 1º).

70. Processo de beneficiamento significa aquele realizado por fragmentação, pulverização, classificação, concentração, separação magnética, flotação, homogeneização, aglomeração ou aglutinação, briquetagem, nodulação, sinterização, pelotização, ativação, coqueificação, calcinação, desaguamento, inclusive secagem, desidratação, filtragem, levigação, bem como qualquer outro processo de beneficiamento, ainda que exija adição ou retirada de outras substâncias, desde que não resulte na descaracterização mineralógica das substâncias minerais processadas ou que não implique sua inclusão no campo de incidência do IPI.

71. O Departamento Nacional de Produção Mineral — DNPM foi criado através do Decreto 23.979, de 8.3.34. Em seguida, em 10.7.34, através do Decreto 24.642, foi promulgado o Código de Minas, com o qual se modificou substancialmente o regime jurídico das minas instituído pela Constituição de 1891, já que estabeleceu como postulado básico a distinção entre a propriedade das jazidas e demais riquezas do subsolo para efeito de explora-

CONSEQÜENTE — RELAÇÃO JURÍDICA TRIBUTÁRIA	
Sujeito ativo	União
	* Beneficiários — 23% para os Estados e o Distrito Federal; 65% para os Municípios; 12% para o Ministério das Minas e Energias, que destinará 2% à proteção ambiental nas regiões mineradoras, por intermédio do Instituto Brasileiro do Meio Ambiente e dos Recursos Naturais Renováveis (IBAMA) ou de outro órgão federal competente, que o substituir
Sujeito passivo	Detentores de direitos minerários a qualquer título
Prestação — base de cálculo	Valor do faturamento líquido resultante da venda do produto mineral, obtido após a última etapa do processo de beneficiamento adotado e antes de sua transformação industrial
Prestação — alíquota	O percentual da compensação, de acordo com as classes de substâncias minerais, será de: I — minério de alumínio, manganês, sal-gema e potássio: 3%; II— ferro, fertilizante, carvão e demais substâncias minerais: 2%, ressalvado o disposto no inciso IV deste artigo; III— pedras preciosas, pedras coradas lapidáveis, carbonados e metais nobres: 0,2%; IV— ouro: 1%, quando extraído por empresas mineradoras, isentos os garimpeiros.

6.2.1 *Água mineral, cimento, sal, fertilizantes e congêneres. Um exemplo de ilegalidade e inconstitucionalidade na exigência da compensação* — Quando há industrialização pelo próprio sujeito que explora a lavra alguns problemas podem ser verificados quanto à determinação da base de cálculo aplicável para efeito da exigibilidade da referida compensação financeira.

Uma distorção na fase de exigibilidade desta compensação pode ser vista quando a incidência ocorre sobre água mineral porquanto a União entenda que o "faturamento" a que se refere a lei envolve o acréscimo de valores que nada têm que ver com o produto ou mesmo com o seu beneficiamento para venda e consumo, como é o caso dos preços de rótulos, tampas e garrafas. E o mesmo se diga para as empresas que lidam com cimento, sal, fertilizantes etc., por exemplo, com a agregação do custo dos sacos de empacotamento.

A Lei 7.990/89, art. 6º, estabelece que o *critério temporal* da incidência verifica-

ção ou aproveitamento industrial. O Código de Minas guardava perfeita compatibilidade com os princípios da nova Carta, caracterizando as jazidas como bens imóveis, distintos e não integrantes das terras em que se encontravam, e atrelava seu aproveitamento à autorização ou à concessão do Governo Federal. Em 1940, por intermédio do Decreto-lei 1.985, de 29 de janeiro, foi promulgado o novo Código de Minas, que, além de manter as principais diretrizes do Código de 1934, incorporou os princípios da Constituição de 1937, de tal forma que somente brasileiros, pessoas naturais ou jurídicas, constituídas estas últimas de sócios ou acionistas brasileiros, poderiam ter o direito de pesquisar ou lavrar. O funcionamento de sociedades de mineração ficava dependente de autorização federal.

se na saída por venda do produto mineral de quaisquer estabelecimentos, *sempre após a última etapa do processo de beneficiamento adotado e antes de sua transformação industrial*.

O faturamento a que a lei se refere, portanto, não é o faturamento de bens para o consumidor, mas o faturamento para a industrialização.

Ocorre que vem sendo exigido para o cálculo do *faturamento líquido*, que envolve o total das receitas de vendas, excluídos os tributos incidentes sobre a comercialização do produto mineral, as despesas de transporte e as de seguros, o acréscimo daqueles itens acima referidos, que são agregados ao produto na respectiva transformação industrial, para efeito de venda ao consumidor.

Esta atitude não tem a menor razão de ser, na medida em que essa artificiosa manipulação da base de cálculo da compensação financeira em comento não encontra amparo legal e tampouco os agentes administrativos detêm poder suficiente para desqualificar o que a lei originariamente determinou, sob o pálio da Constituição, para servir como percentual e montante adequado à compensação. São reclamos à segurança jurídica, pela exigência de certeza do direito e cumprimento à fiel repartição de competências, que impedem tais tentativas de interferências.

6.2.2 *Aproveitamento da substância mineral pelo próprio minerador* — Uma outra questão que atormenta os sujeitos obrigados à CFEM é saber se quando o próprio titular dos direitos minerários não comercializa o produto da exploração, mas o trata como insumo do seu processo produtivo, aproveitando a substância mineral para consumo, transformação ou para ser remetido a outro estabelecimento do mesmo titular, mesmo assim, esse montante faria parte da base de cálculo da CFEM — faturamento líquido resultante da venda do produto mineral.

O Decreto 1/91, no seu art. 15, parágrafo único, equipara à saída por venda o consumo ou a utilização da substância mineral em processo de industrialização realizado dentro das áreas da jazida, mina, salina ou outros depósitos minerais, suas áreas limítrofes ou, ainda, em qualquer estabelecimento. Não há nada de mais com esta equiparação, porquanto o Direito Positivo, no seu imanente processo de juridicização, vai criando suas próprias realidades.

O espírito da CFEM não é o de ser um "tributo sobre o consumo", como vimos de ver, mas uma compensação sobre a "exploração mineral". Se foram explorados 10, dos quais 8 foram vendidos e 2 gastos em consumo próprio, a incidência deve se dar sobre os 10, e não limitadamente aos 8, relativos ao faturamento líquido resultante da venda do produto mineral.

Contudo, concordamos em que esta equiparação não poderia ser feita em via de regulamentação, por decreto, a prescindir de lei, sendo, portanto, ilegal a cobrança equiparada,[72] e inconstitucional, por conseguinte, pela inconteste agressão à legalidade (art. 5º, II, da CF).

6.3 Compensação financeira em face da exploração do petróleo, xisto betuminoso e gás natural

Pertencem à União os depósitos de petróleo, gás natural e outros hidrocarbonetos fluidos existentes no território nacional, nele compreendidos a parte terrestre, o mar territorial, a plataforma continental e a zona econômica exclusiva.

Nos termos do art. 177 da CF, constituem monopólio da União as seguintes atividades: I — a pesquisa e lavra das jazidas de petróleo e gás natural e outros hidrocarbonetos fluidos; II — a refinação de petróleo nacional ou estrangeiro; III — a importação e exportação dos produtos e derivados básicos resultantes das atividades previstas nos incisos anteriores; IV — o trans-

72. Para maiores considerações sobre este argumento: Alberto Xavier, ob. cit., pp. 24 e 25; Adriano Daleffe, ob. cit., pp. 12-15.

porte marítimo do petróleo bruto de origem nacional ou de derivados básicos de petróleo produzidos no País, bem como o transporte, por meio de conduto, de petróleo bruto, seus derivados e de gás natural.

Estas atividades econômicas serão reguladas e fiscalizadas pela União e poderão ser exercidas, mediante concessão ou autorização, por empresas constituídas sob as leis brasileiras, com sede e administração no País.

A incidência da cobrança da compensação financeira em face da exploração do petróleo, xisto betuminoso e gás natural, devida pela Petróleo Brasileiro S/A (PETROBRÁS) e suas subsidiárias (sujeitos passivos) aos Estados, Distrito Federal e Municípios, mensalmente, em moeda nacional, a partir da data de início da produção comercial de cada campo, acarretará pagamento, até o último dia útil do mês subseqüente, em montante correspondente a 10% da produção de petróleo ou gás natural (art. 47 da Lei 9.478/96).

Ou seja, o valor dos *royalties*, devidos a cada mês em relação a cada campo, será determinado multiplicando-se o equivalente a 10% do volume total da produção de petróleo e gás natural do campo durante esse mês pelos seus respectivos *preços de referência*.[73]

Os destinatários dos recursos da compensação financeira são os seguintes: Estados, Municípios, o Distrito Federal, o Ministério da Marinha e a União. Esta última pessoa política percebe recursos da compensação financeira, devida em função da extração dos citados recursos da plataforma continental, para compor um fundo especial,[74] administrado pela Secretaria de Planejamento da Presidência da República, a ser distribuído a todos os Estados e Municípios. Mas neste caso a União está cumprindo um papel de mera gestão do fundo de participação.

CRITÉRIOS	ELEMENTOS
HIPÓTESE DE INCIDÊNCIA — FATO JURÍDICO TRIBUTÁRIO (FATO GERADOR)	
Critério material	Exploração do petróleo, xisto betuminoso ou gás natural
Critério espacial	Território nacional
Critério temporal	Mensalmente
CONSEQÜENTE — RELAÇÃO JURÍDICA TRIBUTÁRIA	
Sujeito ativo	União
	* Beneficiários — 70% aos Estados produtores; 20% aos Municípios produtores; 10% aos Municípios onde se localizarem instalações marítimas ou terrestres de embarque ou desembarque de óleo bruto ou gás natural
Sujeito passivo	PETROBRÁS e suas subsidiárias e concessionárias
Prestação — base de cálculo	Valor do óleo bruto, do xisto betuminoso e do gás natural extraídos
Prestação — alíquota	5%

73. *Preço de referência*: preço por unidade de volume, expresso em moeda nacional, para o petróleo (preços livres dos tributos incidentes sobre a venda e, no caso de petróleo embarcado, livre a bordo), o gás natural ou o condensado produzido em cada campo (cf. arts. 7º e 8º do Decreto 2.705, de 3.8.98).

74. V. Lei 2.004/53, art. 27, § 4º, com redação alterada pela Lei 7.990/89 e regulamentada pelo Decreto 1/91, art. 18, V.

6.3.1 *A inclusão das perdas de petróleo no volume total da produção* — Prevê a Lei 9.478/97, no seu art. 47, § 3º, que a queima de gás em flares, em prejuízo de sua comercialização, e a perda de produto ocorrida sob a responsabilidade do concessionário serão incluídas no volume total da produção a ser computada para cálculo dos *royalties* devidos.

Essa previsão encontra-se na cláusula 11.9 do "contrato de concessão para exploração, desenvolvimento e produção de petróleo e gás natural", sem prejuízo da aplicação das sanções administrativas e pecuniárias cabíveis e até mesmo a própria rescisão contratual, com a possibilidade de ainda responder o concessionário pelas perdas e danos decorrentes de seu inadimplemento e da rescisão, arcando com todas as indenizações e compensações estipuladas.

Se não há como argüir a inconstitucionalidade desta previsão, pelo menos sua legitimidade é questionável. Aparece no ordenamento mais como uma sanção, sobre algo de todo inevitável (perda ou queima), do que como uma conveniência adequada à própria exploração.

7. *Participações especiais aplicáveis às atividades de exploração, desenvolvimento e produção de petróleo e gás natural*

Paralelamente à compensação financeira (*royalties*) devida em face da exploração das materialidades acima aduzidas, a Lei 9.478/97 criou uma *participação especial* (art. 45, III), devida pelos concessionários de exploração e produção de petróleo ou gás natural, quando o edital e o contrato estabelecerem, nos casos de grande volume de produção, ou de grande rentabilidade, conforme os critérios definidos no Decreto 2.705/98, a ser paga, com relação a cada campo de uma dada área de concessão, a partir do trimestre em que ocorrer a data de início da respectiva produção.

Esta participação especial será aplicada sobre a receita bruta da produção, deduzidos os *royalties*, os investimentos na exploração, os custos operacionais, a depreciação e os tributos devidos.[75]

Para efeito de apuração da participação especial sobre a produção de petróleo e de gás natural serão aplicadas alíquotas progressivas sobre a receita líquida da produção trimestral de cada campo, consideradas as deduções previstas no § 1º do art. 50 da Lei 9.478/97, de acordo com a localização da lavra, o número de anos de produção e o respectivo volume de produção trimestral fiscalizado.

O valor da *participação especial* será apurado trimestralmente por cada concessionário e pago até o último dia útil do mês subseqüente a cada trimestre do ano civil, cabendo ao concessionário comprovar o pagamento, até o quinto dia útil após a data de pagamento.

Os recursos da participação especial serão distribuídos na seguinte proporção: I — 45% ao Ministério de Minas e Energia; II — 10% ao Ministério do Meio Ambiente, dos Recursos Hídricos e da Amazônia Legal; III — 40% para o Estado onde ocorrer a produção em terra, ou confrontante com a plataforma continental onde se realizar a produção; IV — 10% para o Município onde ocorrer a produção em terra, ou confrontante com a plataforma continental onde se realizar a produção.

7.1 A contribuição financeira e a "participação especial" do petróleo. Inconstitucionalidade da cobrança cumulativa

Note-se, todavia, que esta parcela pecuniária devida tem a mesma natureza jurí-

75. Portaria 10, de 13.1.99, do Ministério de Minas e Energia/ANP — "Estabelece procedimentos para apuração, pelos concessionários das atividades de produção de petróleo, gás natural ou ambos, da participação especial prevista no art. 50 da Lei n. 9.478, de 6 de agosto de 1997, que constitui a compensação financeira extraordinária devida trimestralmente com relação a cada campo, nos casos de grande volume de produção ou de grande renta-

dica da compensação financeira supradescrita, o que nos leva a indagar: Estados, Municípios e órgãos da Administração direta da União podem ser compensados simultaneamente por ambas, ou apenas segundo uma das duas formas previstas pela Constituição Federal (*participação nos resultados da exploração* "ou" *compensação financeira por essa exploração*)?

Veja-se como o enunciado constante do art. 21 do Decreto 2.705/98 está expresso: "A participação especial prevista no inciso III do art. 45 da Lei n. 9.478, de 1997, constitui *compensação financeira extraordinária* devida pelos concessionários de exploração e produção de petróleo ou gás natural, nos casos de grande volume de produção ou de grande rentabilidade, conforme os critérios definidos neste Decreto, e será paga, com relação a cada campo de uma dada área de concessão, a partir do trimestre em que ocorrer a data de início da respectiva produção".

Mister se faz, neste ponto, a análise da estrutura lógica do texto constitucional:

"Art. 20. (...).

"§ 1º. *É* assegurada, nos termos da lei, aos Estados, ao Distrito Federal e aos Municípios, bem como a órgãos da Administração direta da União, participação no resultado da exploração de petróleo ou gás natural, de recursos hídricos para fins de geração de energia elétrica e de outros recursos minerais no respectivo território, plataforma continental, mar territorial ou zona econômica exclusiva, *ou* compensação financeira por essa exploração" (destacamos).

Segundo Paulo de Barros Carvalho[76] o "ou" é um dos operadores lógicos, que pode ter duas funções: (i) *alternativa excludente*, na qual, verificando-se uma alternativa, a outra fica automaticamente excluída; (ii) *alternativa includente*, podendo significar "tanto faz um ou outro", podendo as duas alternativas coexistir.

Se admitirmos a utilização do "ou" em sua função "alternativa excludente", sintaticamente, o verbo que se refere às possíveis alternativas deve estar conjugado *no singular*, uma vez que *apenas uma das alternativas subsistirá*. Por outro lado, tratando-se de "ou" na função "alternativa includente" as regras de semântica requerem o verbo conjugado *no plural*.

No texto constitucional sob análise temos: "É assegurada (...)" è alguma coisa (e não "algumas coisas") "é" assegurada. Prosseguindo no texto: "(...) participação no resultado da exploração (...) 'ou' compensação financeira por essa exploração". Note-se que há dois substantivos femininos, (i) participação e (ii) compensação, separados pela partícula "ou". E, como vimos anteriormente, temos um verbo conjugado no singular. Incorreto seria entender: "É assegurada (...) a participação no resultado da exploração 'e' a compensação financeira por essa exploração", como bem observou Ana Cláudia Akie Utumi, com propriedade.

A composição semântica do dispositivo constitucional indica-nos que não são asseguradas conjuntamente a participação nos resultados e a compensação financeira, mas, sim, que é assegurada ou a participação nos resultados ou a compensação financeira, *sendo uma excludente da outra*.

Neste sentido também Alberto Xavier: "Como vimos, a Constituição Federal previu, assim, *dois mecanismos alternativos* destinados a criar uma contraprestação com fundamento na vantagem econômica decorrente da utilização de certos bens do domínio público pelos particulares, na modalidade de *uso especial*: ou uma participação direta nos resultados da exploração, ou uma compensação financeira".[77]

Ademais, o Decreto 2.705/98, em seus arts. 21 e 22, dispõe que a participação es-

bilidade, e dá outras providências" (republicada por ter saído com incorreções do original no *DOU-1* 14.1.99, *DOU-1* 27.1.99, p. 9).

76. Apontamentos do curso de *Lógica Jurídica* ministrado no pós-graduação da PPUC/SP, 1998.

77. Ob. cit., p. 16.

pecial constitui *compensação financeira extraordinária*; no entanto, a lei ordinária não estabelece esta natureza para a participação especial, razão pela qual dessume-se cuidar de uma participação na receita bruta de produção de petróleo ou gás natural. E a receita bruta de produção nada mais é do que o resultado da exploração. A participação especial, desse modo, é uma "participação nos resultados da exploração", cumulativa com a cobrança da CFEM.

Sobre este aspecto assim se pronunciou o Exmo. Sr. Juiz Olindo Menezes (relator):

"A Constituição Federal assegura aos Estados, ao Distrito Federal e aos Municípios, bem como aos órgãos da Administração direta da União, nos termos da lei, uma participação no resultado da exploração dos recursos minerais no respectivo território, ou uma compensação financeira por essa exploração (art. 20, § 1º).

"Na linha dessa permissão alternativa do constituinte, a Lei n. 7.990, de 28.12.89, optou pela cobrança da compensação financeira, nada mais fazendo que cumprir o mandamento constitucional. Podendo optar pela participação no resultado da exploração, a lei preferiu a outra alternativa."[78]

E, em outra oportunidade, também o Exmo. Sr. Juiz Osmar Tognolo (relator):[79] "(...). Criou, pois, a Constituição duas formas de indenizar os entes políticos pela exploração de recursos minerais: ou participação nos resultados da atividade ou compensação financeira, deixando à lei, ordinária, e não complementar, a disciplina da matéria.

"De sua parte, o legislador desprezou a participação no resultado da atividade, optando pela compensação financeira, conforme arts. 1º e 6º da Lei n. 7.990/89, *verbis*: (...)."

78. TRF-1ª R., 3ª T., AC 94.01.29850-5-DF, pres. Juiz Tourinho Neto, rel. Juiz Olindo Menezes, j. 1.4.96, *DJU-2* 9.5.96, p. 29.483.

79. TRF-1ª R., 3ª T., AC 94.01.29850-5-DF, pres. Juiz Tourinho Neto, rel. Juiz Osmar Tognolo, j. 29.4.96, *DJU-2*, sexta-feira, 17.5.96.

Ademais, para efeito dos contratos já firmados, o acréscimo de encargo patrimonial que este suposto "adicional" provoca, mesmo se instituído por lei, macula a equação econômico-financeira do contrato de concessão, o que é vedado constitucionalmente.

Portanto, havendo cobrança de participação nos resultados não pode haver, de acordo com o texto constitucional, a cobrança da compensação financeira. Por outro lado, havendo a cobrança da compensação financeira excluída está a possibilidade de haver participação nos resultados das explorações. E muito menos adicionais, a título de suposta "compensação extraordinária", o que faz ver um *bis in idem* totalmente incompatível com o espírito constitucional. Pelo contrário, a Constituição assegura uma forma de ressarcimento pela exploração da propriedade da União por terceiros, e não admite mais do que uma.

8. Participação nos resultados da lavra

Estabelece a CF, no art. 176, § 2º: "É assegurada *participação* ao proprietário do solo *nos resultados* da lavra, na forma e no valor que dispuser a lei". Esta previsão foi regulamentada pela Lei 8.901, de 30.6.94, que alterou vários dos dispositivos do Decreto-lei 227, de 28.2.67 — Código de Mineração, adaptando-o às normas constitucionais vigentes.

O regime jurídico instituído por esses diplomas normativos definiu o direito à participação do proprietário do solo nos resultados da lavra, à base de 50% do valor total devido aos Estados, Distrito Federal, Municípios e órgãos da Administração direta da União, a título de compensação financeira pela exploração de recursos minerais, conforme previsto no *caput* do art. 6º da Lei 7.990, de 29.12.89, e no art. 2º da Lei 8.001, de 13.3.90.

O pagamento da participação do proprietário do solo nos resultados da lavra de recursos minerais será efetuado mensalmente, até o último dia útil do mês subseqüente ao do fato gerador, devidamente corrigido pela taxa de juros de referência, ou outro parâmetro que venha a substituí-la.

Com este correspectivo aperfeiçoa-se o equilíbrio nas relações formadas em função da exploração de recursos minerais, nos termos da "concorrência de direitos reais", de que fala Alberto Xavier,[80] na medida em que, além da União e dos concessionários, estão presentes na situação jurídica os superficiários, titulares da propriedade do solo (art. 526 do CC), quando a lavra encontra-se situada em imóvel destes.

9. Vinculação da aplicação da receita para Estados e Municípios. Resquícios de regime ditatorial. Ferimento ao princípio federativo e à autonomia municipal

Inusitadamente, encontram-se nas leis que tratam das transferências do produto da receita originária em comento disposições expressas cujo conteúdo consiste na pretensão de vincular a aplicação da receita arrecadada com certas despesas específicas (conservação de rodovias, asfaltamento de vias, iluminação pública etc.).

Estas previsões não são mais do que resquício das idéias centralizadoras que predominavam à época da Lei Constitucional 4/40 e da Lei 2.004/53, quando a União determinava o que as demais pessoas políticas deveriam ou não cumprir, em particular, estipulando que os recursos desta compensação seriam empregados na construção e conservação de rodovias.

Cabe-nos indagar sobre a legitimidade destes enunciados normativos em vista do atual Estado Democrático e Social de Direito vigente.

Não deve haver dúvidas sobre a respectiva inconstitucionalidade destes dispositivos, pois somente poderia haver afetação expressa do produto da arrecadação das compensações financeiras a despesas específicas se assim fosse previsto pela própria Constituição Federal, o que não ocorre.

Veja-se, por exemplo, o conteúdo do art. 24 do Decreto 1/91: "Os Estados e os Municípios deverão aplicar os recursos previstos neste Capítulo *(compensação pela exploração do petróleo, do xisto betuminoso e do gás natural)* exclusivamente em energia, pavimentação de rodovias, abastecimento e tratamento de água, irrigação, proteção ao meio ambiente e em saneamento básico".

Tal limitação, no nosso entendimento, não tem o menor valor jurídico, ainda mais por ter sido perpetrada por meio de "decreto", ato puramente administrativo com função regulamentadora, que deve se adstringir ao quanto a lei estabeleça, coartado que está para criar obrigações novas, e muito menos para outras pessoas políticas. Mas mesmo que fosse por intermédio de lei, ainda assim estaria ferindo o pacto federativo, estabelecido principalmente nos arts. 1º e 18 da CF, onde se vê declarado que a organização política e administrativa da República é formada pelas quatro pessoas políticas, União, Estados, Distrito Federal e Municípios, todos autônomos, nos termos da Constituição. Da *Constituição Federal*, ressalta a própria Magna Carta, não de lei, de uma ou outra das pessoas que formam a organização federativa nacional, muito menos decreto!

E o mesmo vale para vedações, como é o caso do Decreto 1/91, que no seu art. 26, parágrafo único (regulamentação do art. 8º da Lei 7.990/89), estabelece que "é vedada, aos beneficiários das compensações financeiras devidas pela utilização de recursos minerais, a aplicação das mesmas em pagamento de dívidas e no quadro permanente de pessoal".

Pode, sim, a União dizer o que suas pessoas autárquicas e demais órgãos da Administração direta interessados farão com os respectivos recursos a eles destinados, como o fez no art. 18, IV, do Decreto 1/91, ao cuidar da aplicação da receita: "1,0% (um por cento) ao Ministério da

80. Ob. cit., pp. 10 e 11.

Marinha, para atender aos encargos de fiscalização e proteção das atividades econômicas das referidas áreas". Ou, como assim procedeu na Lei 8.001/90, art. 2º, III: "12% (doze por cento) para o Departamento Nacional de Produção Mineral (DNPM), que destinará 2% (dois por cento) à proteção ambiental nas regiões mineradoras, por intermédio do Instituto Brasileiro do Meio Ambiente e dos Recursos Naturais Renováveis (IBAMA) ou de outro órgão federal competente, que o substituir". Nestes casos, sim, e que o faça por meio de lei ou de decreto, isso não importa; o que não pode é a União querer impor tais obrigações para Estados, Distrito Federal ou Municípios, também.

Eis aí mais uma vitanda inconstitucionalidade, com a qual o ordenamento jurídico nacional não pode conviver.

10. Considerações finais

Como visto, os contratos de concessão e as operações com a exploração de recursos minerais, utilização de recursos hídricos para fins de geração de energia elétrica e exploração de petróleo, xisto betuminoso e gás natural dão ensejo à exigibilidade da compensação financeira ou participação nos resultados (art. 20, § 1º, da CF), cuja receita é entregue diretamente aos destinatários da receita transferida, isto é, aos Estados, Distrito Federal, Municípios, salvo a proporção devida aos órgãos da Administração direta Federal, que é paga à União.

Decerto que suas vicissitudes são em muito reduzidas por não se lhes aplicar o regime tributário, porquanto não tenham natureza jurídica de tributo. Todavia, as implicações que a respectiva exigibilidade, toda ela definida pela União, pode acarretar para a relação contratual, bem como para os titulares da renda, exigem desta pessoa política respeito aos direitos de ambos: aos *concessionários*, sujeitos passivos da relação jurídica obrigacional, e aos *beneficiários* das transferências, mantendo para aqueles uma segurança jurídica plena e certeza do direito aplicável, além da manutenção da equação econômico-financeira do contrato de concessão; e para os destinatários das receitas a garantia de irredutibilidade das rendas, em obediência ao princípio federativo.

CADERNOS DE DIREITO TRIBUTÁRIO

O IMPOSTO DE RENDA DAS PESSOAS JURÍDICAS E A CORREÇÃO MONETÁRIA DE SUAS DEMONSTRAÇÕES FINANCEIRAS

HUGO DE BRITO MACHADO
Professor Titular de Direito Tributário da UFC
— Presidente do Instituto Cearense de Estudos Tributários — Juiz aposentado do TRF-5ª Região

1. Introdução 2. A jurisprudência: 2.1 No Superior Tribunal de Justiça — 2.2 No Conselho de Contribuintes. 3. A correção monetária das demonstrações financeiras: 3.1 Relevância tributária do lucro — 3.2 Escrituração contábil e inflação — 3.3 Correção monetária das demonstrações financeiras — 3.4 Os saldos da correção monetária e os efeitos tributários desta. 4. Manipulações de índices: 4.1 O índice deve representar a inflação do período — 4.2 Índice menor do que o da inflação no período — 4.3 Índice maior do que o da inflação do período — 4.4 As manipulações em 1990. 5. A supremacia constitucional e os conceitos "renda" e "lucro": 5.1 O âmbito constitucional dos tributos — 5.2 Os conceitos "renda" e "lucro" — 5.3 Acréscimo por ficção legal?. 6. A Lei 8.200 e seu regulamento: 6.1 Natureza do dispositivo da lei — 6.2 Dispositivos do Decreto 332/91 — 6.3 O alcance do regulamento. 7. Os acertos da jurisprudência: 7.1 Do Judiciário — 7.2 Dos órgãos julgadores administrativos. 8. Os equívocos da jurisprudência: 8.1 Os acórdãos selecionados — 8.2 Equívocos do REsp 91.869-PR: 8.2.1 Ausência de lógica jurídica — 8.2.2 Critérios para a superação das antinomias do sistema jurídica — 8.2.3 O princípio da legalidade e a supremacia constitucional — 8.2.4 Índice da correção monetária e inflação — 8.2.5 Direito adquirido e relação tributária — 8.2.6 O objeto da correção monetária — 8.3 Equívocos do REsp 102.734-PR: 8.3.1 A lei e seu regulamento — 8.3.2 Manipulação de índices e majoração de tributos — 8.3.3 A estrutura societária e os saldos da correção monetária — 8.3.4 Critério de correção monetária e aumento de tributo. 9. Algumas conclusões.

1. Introdução

No estudo das questões jurídicas em geral não se pode perder de vista que o Direito é um sistema de normas organizado hierarquicamente e que a Constituição é a norma de postura mais elevada, sendo certo, portanto, que a validade de todas as demais normas depende da harmonia com a Constituição.

Em matéria de tributos, então, esse aspecto dos estudos jurídicos cresce de importância, posto que na Constituição residem as garantias fundamentais do contribuinte, e nela estão descritos os campos dentro dos quais pode operar o legislador ordinário na definição das hipóteses de incidência das leis tributárias.

No presente estudo temos que considerar como de fundamental importância o conceito jurídico de renda, posto que o imposto de que se cuida incide sobre renda e provento de qualquer natureza, sendo vedado ao legislador, em face da supremacia constitucional, fazê-lo incidir sobre qualquer coisa que renda não seja.

Embora o título deste estudo o sugira, não vamos examinar, aqui, a validade da norma que extinguiu a correção monetária das demonstrações financeiras das pessoas jurídicas. Nosso estudo fica restrito à questão de saber se, sendo a correção monetária institucionalizada para neutralizar os efeitos da inflação sobre o valor da moeda, os índices dessa correção monetária podem ser livremente fixados pelo legislador tributário para fins de apuração da base de cálculo do imposto de renda das pessoas jurídicas.

Em outras palavras, e mais objetivamente, vamos aqui examinar a questão criada com a adoção de índices de correção monetária que na verdade ficaram aquém da realidade, posto que não indicavam a inflação efetiva do período a que diziam respeito. A manipulação mais acentuada dos índices de correção monetária deu-se em 1990. Por isto mesmo a jurisprudência se formou em torno das questões suscitadas relativamente àquele período, no qual foram tão sérias as distorções nos resultados das pessoas jurídicas que o próprio Governo cuidou de obter o reconhecimento legislativo do direito dos contribuintes. Nossas conclusões, porém, fundadas na supremacia constitucional e no conceito de renda e de lucro, como elementos do âmbito constitucional do imposto de renda, e da contribuição social sobre o lucro das pessoas jurídicas, são válidas para quaisquer outros períodos.

Começaremos nos reportando à jurisprudência do STJ, e que se formou em decorrência das questões suscitadas com a manipulação dos índices de correção em 1990, complicadas com a edição da Lei 8.200, de 26.6.91, e de seu regulamento e ao entendimento firmado pelo Conselho de Contribuintes do Ministério da Fazenda. Depois examinaremos a correção monetária das demonstrações financeiras das pessoas jurídicas e, a título de exemplo, as manipulações dos índices de correção monetária ocorridas em 1990, bem como os efeitos da edição da Lei 8.200 e das restrições constantes de seu regulamento. Finalmente, analisaremos os acertos e equívocos da citada jurisprudência, buscando formular conclusões fundadas na supremacia constitucional e nos conceitos de renda e de lucro.

2. A jurisprudência

2.1 No Superior Tribunal de Justiça

Cuidando da questão da manipulação dos índices de correção monetária, a jurisprudência do STJ dividiu-se em três correntes. Uma, liderada pelos Mins. Demócrito Reinaldo e José Delgado, sustentando que, ao regulamentar a Lei 8.200/90, o Decreto 332/91 não exorbitou dos termos daquela e que "a variação monetária decorrente da diferença entre os índices — IPC e BTNF — não se erige em indevida majoração de tributo, mas constitui mera conseqüência da adoção de distintos parâmetros, mesmo porque a questionada diferença, tendo em vista a estrutura societária, poderá, no caso de saldo credor da conta de atualização monetária, redundar em prejuízo ou não".[1] Outra, liderada pelos Mins.

1. Neste sentido podem ser referidos, entre outros, os seguintes julgados:

"Tributário — Correção monetária das disponibilidades financeiras das empresas — Lei n. 8.200/91 e Decreto n. 332/91. Tornou-se pacífico na jurisprudência do STJ que, ao regulamentar a Lei n. 8.200/90, o Decreto n. 332/91 não exorbitou dos termos da legislação regulamentada. A variação monetária decorrente da diferença entre os índices — IPC e BTNF — não se erige em indevida majoração de tributo, mas constitui mera conseqüência da adoção de distintos parâmetros, mesmo porque a questionada di-

Garcia Vieira e César Rocha, admitindo existir o conflito entre o dispositivo de lei que adota para a correção monetária das demonstrações financeiras índice diverso

ferença, tendo em vista a estrutura societária, poderá, no caso de saldo credor da conta de atualização monetária, redundar em prejuízo ou não. Em face de texto expresso de lei, carece, a empresa, de utilizar-se da diferença (IPC/BTNF), desde logo, sem observância do diferimento determinado na legislação de regência e respectivo regulamento (Lei n. 8.200/90). Recurso improvido. Decisão por maioria de votos" (STJ, 1ª T., REsp 102.734-PR, rel. Min. Demócrito Reinaldo, m.v., recda.: Fazenda Nacional, *DJU-1* 2.2.98, p. 66, e *Repertório IOB de Jurisprudência* 7/98, c. 1, p. 144).

"Processual civil — Recurso especial — Tributação — Correção monetária das demonstrações de empresas (Leis ns. 7.730/89, 7.779/89 e 8.200/91) — Atualização dos balanços pelo BTNF. O prequestionamento, para viabilizar o conhecimento do especial, exige que o órgão julgador de segundo grau haja adotado entendimento explícito sobre o preceito legal que constitui o fundamento do recurso nobre. Inexiste prequestionamento quando o acórdão recorrido faz simples menção ao preceito legal indicado como violado (no especial), sem que, sobre ele, se tenha manifestado de forma precisa, esclarecendo-lhe o sentido à compreensão. O art. 43 do CTN se limita a definir o fato gerador do imposto de renda, entendendo-o como o acréscimo patrimonial oriundo do capital ou do trabalho, sem qualquer menção à indexação de renda ou correção monetária das demonstrações financeiras de empresas. Em face do sistema jurídico-constitucional vigente, não se pode sobrepor princípios estatuídos em lei ordinária a preceito de lei ordinária promulgada subseqüentemente, sabendo-se que é regra assente no Direito Positivo que a lei posterior revoga a anterior, naquilo que disciplinar de forma diferente. A correção monetária está sujeita ao princípio da legalidade estrita e somente a lei formal expressa é que poderá determinar o seu cabimento. Ao contribuinte não é dado arvorar-se no direito de utilizar índice de correção monetária que lhe pareça mais favorável do que o preconizado em lei. Inexiste direito adquirido a índice de correção, e, por isso mesmo, o fator de atualização de débito tributário pode através de lei ser substituído por outro, sem ofensa a qualquer garantia constitucional. *In casu*, a lei estipulou o fator de correção (dos balanços) e quantificou o percentual para a atualização, no período considerado; daí ser injurídico pretender-se a utilização de outro índice, por mais apropriado (ou real) que seja, por ausência de base legal. O legislador não está impedido de instituir índices de atualização diferenciados para atender à diversidade de situações e condições reais que caracterizam, em dado momento, a conjuntura

daquele representativo da inflação do período correspondente e que "é inadmissível a

financeira do País. A correção monetária das disponibilidades financeiras das empresas há de obedecer ao que preconizam as Leis ns. 7.730/89 e 7.799/89. Recurso improvido. Votos vencidos" (STJ, 1ª T., REsp 91.869-PR (96.0019933-7), rel. Min. José Delgado, m.v., rectes: Irmãos Tha S/A Construções Indústria e Comércio e outras; recda.: Fazenda Nacional, *DJU-1* 3.3.97, pp. 4.581 4.582, e *Revista Dialética de Direito Tributário* 20/115).

"Tributário — Correção monetária das demonstrações financeiras de empresas (Leis ns. 7.730/89, 7.799/89 e 8.200/91) — Atualização dos balanços pelo BTNF. O art. 43 do CTN se limita a definir o fato gerador do imposto de renda, entendendo-o como acréscimo patrimonial oriundo do capital ou do trabalho, sem qualquer menção à indexação de renda ou correção monetária das demonstrações financeiras de empresas. Em face do sistema jurídico-constitucional vigente, não se pode sobrepor princípios estatuídos em lei ordinária a preceito de lei ordinária promulgada subseqüentemente, sabendo-se que é regra assente no Direito Positivo que a lei posterior revoga a anterior, naquilo que disciplinar de forma diferente. A correção monetária está sujeita ao princípio da legalidade estrita e somente a lei formal expressa é que poderá determinar o seu cabimento. Ao contribuinte não é dado arvorar-se no direito de utilizar índice de correção que lhe pareça mais favorável do que o preconizado na lei. Inexiste direito adquirido a índice de correção monetária, e, por isso mesmo, o fator de atualização do débito tributário pode, através de lei, ser substituído por outro, sem ofensa a qualquer garantia constitucional. *In casu*, a lei estipulou o fator de correção (dos balanços) e quantificou o percentual para a atualização, no período considerado; daí ser injurídico pretender-se a utilização de outro índice, por mais apropriado (ou real) que seja, por ausência de base legal. O legislador não está impedido de instituir índices de atualização diferenciados para atender à diversidade de situações e de condições reais que caracterizam, em dado momento, a conjuntura financeira do País. A correção monetária das disponibilidades financeiras das empresas há de obedecer ao que preconizam as Leis ns. 7.730/89 e 7.799/89. Recurso improvido. Votos vencidos" (STJ, 1ª T., REsp 108.848-RS, rel. design. para o acórdão Min. Demócrito Reinaldo, m.v., rectes.: Tecidos G. Maltu Sada S/A e outras, recda.: Fazenda Nacional, *DJU-1* 2.6.97, pp. 23.763 e 23.764, ementa oficial, e *Repertório IOB de Jurisprudência* 15/97, c. 1, p. 347).

"O art. 43 do CTN se limita a definir o fato gerador do imposto de renda, entendendo-o como acréscimo patrimonial oriundo do capital ou do trabalho, sem qualquer menção à indexação de renda ou correção monetária das demonstrações financeiras de empresas. Em face do sistema jurídico-constributação, como renda, daquilo que na verdade é apenas produto da inflação".[2] E ainda uma terceira, liderada pelo Min. Ari Pargendler, sustentando que se trata de questão constitucional, cujo deslinde cabe ao STF.[3]

2.2 No Conselho de Contribuintes

No Conselho de Contribuintes do Ministério da Fazenda, porém, firmou-se entendimento considerando correto o comportamento dos contribuintes que fizeram a correção monetária de suas demonstrações financeiras em 1990 utilizando o IPC em vez do BTNF. Entendimento elogiável, que — registre-se, porque merece destaque — foi adotado inclusive pela Câmara Superior de Recursos Fiscais.[4]

titucional vigente, não podem ser sobrepostos princípios estatuídos em lei ordinária a preceito de lei ordinária promulgada subseqüentemente, sabendo-se que é regra assente no Direito Positivo que a lei posterior revoga a anterior naquilo que disciplina de forma diferente. A correção monetária está sujeita ao princípio da legalidade estrita e somente a lei formal expressa é que poderá determinar o seu cabimento. Ao contribuinte não é dado arvorar-se no direito de utilizar índice de correção, e, por isso mesmo, o fator de atualização do débito tributário pode, através da lei, ser substituído por outro, sem ofensa a qualquer garantia constitucional. *In casu*, a lei estipulou o fator de correção — dos balanços — e quantificou o percentual para atualização, no período considerado. Daí ser injurídico pretender-se a utilização de outro índice, por mais apropriado — ou real — que seja, por ausência de base legal. O legislador não está impedido de instituir índices de atualização diferenciados para atender à diversidade de situações e de condições reais que caracterizam, em dado momento, a conjuntura financeira do País. A correção monetária das disponibilidades financeiras das empresas há de obedecer ao que preconizam as Leis ns. 7.730 e 7.799, de 1989. Recurso improvido" (STJ, 1ª T., REsp 83.595-RS, rel. Min. José Delgado, *COAD/ADV — Informativo Semanal* 5/98, p. 66).

2. Neste sentido podem ser mencionados os seguintes julgados:

"Imposto de renda — Pessoa jurídica — Lucro real — IPC — BTN. O lucro real foi aumentado, artificialmente, porque inflação não é lucro, não é renda, nem acréscimo patrimonial, sobre ela não pode incidir o imposto de renda. O próprio legislador da Lei n. 8.200/91, reconhecendo o erro, estabeleceu no art. 3º que a parcela da correção monetária das demonstrações financeiras das empresas referente ao ano-base de 1990, correspondente à diferença entre o IPC e o BTN, poderia ser deduzida do lucro real. Recurso provido" (STJ, 1ª T., REsp 116.831-DF, rel. Min. Garcia Vieira, m.v., recda.: União Federal, *DJU-I* 24.11.97, p. 61.112, e *Repertório IOB de Jurisprudência* 2/98, c. 1, p. 34).

"Imposto de renda — Pessoa jurídica — Lucro real — IPC — BTN. O lucro real foi aumentado artificialmente porque inflação não é lucro, não é renda, nem acréscimo patrimonial, sobre ela não pode incidir o imposto de renda. O próprio legislador da Lei n. 8.200/91, reconhecendo o erro, estabeleceu no art. 3º que a parcela da correção monetária das demonstrações financeiras das empresas referente ao ano-base de 1990, correspondente à diferença entre o IPC e o BTN, poderia ser deduzida do lucro real. Recurso provido.

"Tributário — Correção monetária das demonstrações financeiras — Conceito de renda e de lucro. É inadmissível a tributação, como renda, daquilo que na verdade é apenas produto da inflação. A lei que o determina, impondo o uso de índices inferiores à inflação do respectivo período, é desvaliosa, porque contraria os arts. 43 e 44 do CTN. Recurso provido" (STJ, 1ª T., REsp 71.868-RS, rel. Min. César Asfor Rocha, recda.: Fazenda Nacional, *DJU-I* 24.11.97, p. 61.103, e *Revista Dialética de Direito Tributário* 29/195).

3. Neste sentido é o seguinte julgado:

"1. Constitucional — Conflito entre lei complementar e lei ordinária. A lei ordinária que dispõe a respeito de matéria reservada à lei complementar usurpa competência fixada na Constituição Federal, incidindo no vício de inconstitucionalidade; o Código Tributário Nacional, na parte em que dispõe sobre normas gerais, embora lei ordinária, cumpre função de lei complementar, conforme iterativos pronunciamentos do STF.

"2. Tributário — Demonstrações financeiras — Correção monetária — Lei n. 7.799, de 1989. Se o sujeito passivo da obrigação tributária ataca o índice estabelecido em lei para a correção monetária das demonstrações financeiras, ao fundamento de que, fixado em valores menores do que os da inflação, ele agravou artificialmente o fato gerador do imposto de renda descrito no art. 43 do CTN, a questão daí resultante é, evidentemente, de nível constitucional, não se expondo a recurso especial. Recurso especial não conhecido" (STJ, 2ª T., REsp 91.520-PR, rel. Min. Ari Pargendler, j. 28.4.98, recte.: Iguaçumec Eletromecânica Ltda., recda.: Fazenda Nacional, *DJU-I* 18.5.98, p. 64, ementa oficial, e *Repertório IOB de Jurisprudência* 13/98, c. 1, p. 298).

4. Da jurisprudência administrativa podem ser destacados os seguintes julgados:

"Correção monetária das demonstrações financeiras. Na correção monetária das demonstrações financeiras relativas ao período-base encerrado em 31

3. *A correção monetária das demonstrações financeiras*

3.1 Relevância tributária do lucro

A importância que se deve dar à correção monetária das demonstrações financeiras das pessoas jurídicas decorre da inegável relevância do conceito de "lucro" para fins tributários.

O imposto sobre renda e proventos de qualquer natureza, atribuído à União, tem como âmbito constitucional *a renda e os proventos de qualquer natureza*,[5] conceitos que adiante vamos examinar. Desde logo, porém, devemos fixar a idéia de que esse imposto não incide sobre qualquer fato, mas apenas sobre a aquisição de renda ou de proventos de qualquer natureza, como definidos em lei complementar, posto que a essa espécie normativa cabe definir, em relação aos impostos de nosso sistema tributário, os respectivos fatos geradores, bases de cálculo e contribuintes.[6]

A contribuição social sobre o lucro, por seu turno, obriga-nos a dedicar especial atenção para o conceito de "lucro", posto que essa espécie tributária tem como seu âmbito de incidência o lucro, conceito expressamente utilizado pela Constituição[7] para definir e para limitar a competência da União na instituição de contribuição para a Seguridade Social.

3.2 Escrituração contábil e inflação

O *lucro* é tomado como base de cálculo do imposto sobre renda e proventos de qualquer natureza e da contribuição social sobre o lucro. Em sua determinação — sabemos todos — tem notável valia a escrituração contábil, que é feita a partir da expressão monetária dos elementos patrimoniais.

Ocorre que a inflação, desgastando o valor da moeda, provoca inegável distorção nas demonstrações financeiras, exigindo sejam adotadas normas especiais na escrituração, para que se possa apurar o lucro condizente com a realidade patrimonial.

Essas normas especiais dizem respeito à aplicação de coeficientes, cuja finalidade é preservar, na medida do possível, a realidade das demonstrações contábeis, que a lei nos obrigou a denominar demonstrações financeiras. Coeficientes, ou índices, que permitam sejam tais demonstrações a expressão da realidade patrimonial das pessoas jurídicas.

A influência da inflação na escrituração contábil foi pela primeira vez admitida com a Lei 4.357, de 16.7.64, que determinou a correção monetária dos elementos do ativo fixo ou permanente. Notou-se, porém, que a medida era injusta, pois implicava igual conseqüência tributária para as empresas independentemente de se utilizarem estas de capitais próprios ou de terceiros. Por isto foi em seguida introduzida a sistemática de correção monetária do denominado capital de giro próprio, que de certa forma evitava aquele tratamento considerado injusto.

3.3 Correção monetária das demonstrações financeiras

Com a Lei 6.404, de 15.12.76, conhecida como Lei das Sociedades Anônimas,

de dezembro de 1990 deve ser considerada a variação do IPC ocorrida no ano de 1990, em consonância com a legislação vigente no exercício anterior, face o que dispõem os arts. 43, 44, 104, inciso I, e 144 do CTN e o art. 150, inciso III, 'a', da CF de 1988. Recurso provido" (Conselho de Contribuintes, Ac. 107-3.788, recda.: DRF em Novo Haburgo/RS, *DOU-1* 25.11.97, p. 27.502, e *Revista Dialética de Direito Tributário* 29/196).

"IRPJ — Correção monetária — Prejuízos fiscais. O art. 3º da Lei n. 8.200/91, ao admitir a dedutibilidade de diferença verificada no ano de 1990 entre a variação do IPC e a variação do BTNF, validou os procedimentos adotados pelos contribuintes que utilizaram os índices relativos ao IPC, que serviu para alimentar os índices oficiais, sendo aplicável a todas as contas sujeitas à sistemática de tal correção, inclusive os prejuízos fiscais compensáveis. Recurso negado" (Câmara Superior de Recursos Fiscais, Ac. CSRF/01-02.251, *DOU-1* 15.10.97, p. 23.295, e *Revista Dialética de Direito Tributário* 28/192).

5. CF/88, art. 153, III.

6. CF/88, art. 146, III, "a", parte final.

7. CF/88, art. 195, I.

foi instituída a correção monetárias das demonstrações financeiras para essa espécie de pessoa jurídica, providência que em seguida foi adotada para fins tributários e estendida para as demais pessoas jurídicas pelo Decreto-lei 1.598/77.

Foi extinta e reimplantada várias vezes, ensejando inúmeras questões, até que foi extinta e proibida, mesmo para fins societários, a partir de 1º de janeiro de 1996,[8] quando os burocratas do Governo, ao que parece, restaram convencidos de que a correção monetária, se não é causa da inflação, pelo menos atrapalha significativamente seu controle.

De todo modo, restam inúmeras questões relativas a fatos anteriores, além de não se poder excluir inteiramente a possibilidade de retorno da correção monetária; e, assim, o estudo desta em relação às demonstrações financeiras das pessoas jurídicas segue sendo relevante.

Para a compreensão das questões suscitadas, para uma adequada análise da jurisprudência, com a identificação de seus acertos e equívocos, é importante que se tenha uma noção do que é a correção monetária das demonstrações financeiras das pessoas jurídicas e dos efeitos que esta produz na determinação do lucro e, assim, na base de cálculo dos tributos.

A correção monetária das demonstrações financeiras das pessoas jurídicas é um ajustamento da expressão monetária de elementos patrimoniais, em face da inflação, para que as contas sejam, na medida do possível, expressão da realidade econômica daqueles elementos.

Como a correção monetária diz respeito a elementos ativos e passivos, que geralmente não são iguais, ordinariamente ocorre um saldo na conta em que se faz o registro das contrapartidas dessa correção monetária. O efeito tributário da correção dependerá da natureza daquele saldo, se credor ou devedor.

8. Lei 9.249/95, art. 4º.

3.4 Os saldos da correção monetária e os efeitos tributários desta

Para compreensão dos efeitos da correção monetária das demonstrações financeiras podemos dizer que o patrimônio da empresa divide-se em ativo, no qual estão registradas as aplicações, e passivo, no qual estão registradas as fontes de todos os seus recursos financeiros.

O ativo divide-se em *permanente* — compreendendo os bens que estão fora do giro comercial, tais como máquinas e equipamentos, móveis e utensílios, veículos, imóveis, instalações etc. — e *circulante* — compreendendo os bens do giro comercial, tais como matérias-primas, produtos industrializados, mercadorias etc.

O passivo é dividido em *não-exigível* — onde estão as contas do denominado *capital próprio*, ou seja, aquele com que os sócios entraram para a composição da empresa, mais os lucros porventura por esta acumulados — e *exigível* — onde estão as contas do *capital de terceiros*, ou seja, aquele representado pelas dívidas da empresa.

Dificuldades de ordem prática impedem a correção dos elementos do ativo *circulante*, de sorte que o dever de fazer a correção monetária diz respeito apenas às contas do ativo permanente. Por outro lado, no passivo não faz sentido a correção monetária das contas representativas do *capital de terceiros*, posto que a correção monetária das demonstrações financeiras de cada empresa visa a preservar o patrimônio desta dos efeitos da inflação, e além disto os capitais de terceiros geralmente já estão protegidos contra tais efeitos mediante formas especiais de remuneração dos mesmos. No passivo, portanto, a correção monetária das demonstrações financeiras alcança apenas as contas do *capital próprio*.

Em princípio o capital próprio equivale ao patrimônio líquido da empresa, vale dizer, tudo que esta possui menos o que deve. A depender da forma de escrituração adotada, tal equivalência pode não ocorrer na hipótese de prejuízo cuja conta ainda esteja no ativo porque não suportado por reservas anteriores nem por redução do capital da empresa; mas preferimos dizer, para fins didáticos, que o *capital próprio* equivale ao *patrimônio líquido* da empresa.

Quando os valores do ativo *permanente* são inferiores ao patrimônio líquido da empresa o saldo da conta de correção monetária é *devedor*. Isto quer dizer que a empresa teve seu *patrimônio líquido* desgastado pela inflação, na medida em que este é maior do que o seu *ativo permanente*. O saldo *devedor* da conta de correção monetária representa um valor negativo na formação do resultado do período.

Quando os valores do ativo *permanente* são superiores ao *patrimônio líquido* o saldo da conta de correção monetária é *credor*. Isto quer dizer que a empresa imobilizou todo seu patrimônio líquido, que está, portanto, protegido dos efeitos da inflação pela correção monetária das contas daquela parte do ativo, isto é, do ativo permanente, que cobrem e até superam o patrimônio líquido. O saldo *credor* da conta de correção monetária representa um valor positivo na formação do resultado do período.

O saldo credor pode implicar a formação do denominado lucro inflacionário, que é tributável, embora de forma especial, favorecida com o diferimento do tributo. A questão da tributação do lucro inflacionário, todavia, não é objeto deste nosso estudo. Examinaremos apenas os efeitos que a manipulação de índices de correção monetária pode produzir na base de cálculo dos tributos.

4. Manipulações de índices

4.1 O índice deve representar a inflação do período

Como a finalidade da correção monetária das demonstrações financeiras das pessoas jurídicas é evitar as distorções que a inflação pode produzir na determinação da base de cálculo dos tributos, é indubitável que o índice a ser utilizado deve representar, o mais fielmente possível, a inflação do período correspondente.

Qualquer manipulação do índice significará distorção nas contas e, conseqüentemente, fará com que estas não expressem a realidade do resultado alcançado pela empresa no período.

Não se pode, porém, afirmar que a utilização de um índice inferior à inflação do período seja sempre prejudicial para o contribuinte. Como se viu acima, o saldo da conta de correção monetária das demonstrações financeiras pode ser *devedor* ou *credor*.

Para a empresa na qual o saldo da conta de correção monetária seja *devedor* a distorção provocada a prejudica do ponto de vista tributário. Essa empresa deixará de considerar na apuração do resultado do período a inflação efetivamente ocorrida. Seu ativo permanente, corrigido por um índice menor do que o da inflação efetivamente ocorrida no período, é menor do que o patrimônio líquido, também corrigido por um índice menor do que o da inflação efetivamente ocorrida no período. A diferença, isto é, o saldo devedor da conta de correção monetária, a ser levado como elemento negativo na apuração do resultado, será menor do que resultaria da utilização do índice correspondente à inflação efetivamente ocorrida. Em outras palavras, essas empresas apresentarão em suas demonstrações financeiras um lucro maior do que o real.[9]

Para a empresa na qual o saldo da conta de correção monetária seja *credor* a distorção provocada a favorece do ponto de vista tributário. Essa empresa deixará de considerar na apuração do resultado do período a inflação efetivamente ocorrida. Seu ativo permanente, corrigido por um índice menor do que o da inflação efetivamente ocorrida no período, é maior do que o patrimônio líquido, também corrigido por um índice menor do que o da inflação efetivamente ocorrida no período. A diferença, isto

9. Ou, se tiverem prejuízo, este será menor do que o efetivamente sofrido.

é, o saldo credor da conta de correção monetária, a ser levado como elemento positivo na apuração do resultado, será menor do que resultaria da utilização do índice correspondente à inflação efetivamente ocorrida. Em outras palavras, essa empresa apresentará em suas demonstrações financeiras um lucro menor do que o real.[10]

4.2 Índice menor do que o da inflação do período

Como se vê, a utilização de um índice menor do que o da inflação do período para a correção monetária das demonstrações financeiras, do ponto de vista tributário, prejudica as empresas que tenham ativo permanente menor do que o patrimônio líquido e favorece as empresas que tenham ativo permanente maior do que o patrimônio líquido.

Tem-se, portanto, neste caso, para as primeiras majoração indevido dos tributos cuja base de cálculo é o lucro, e para as últimas redução daqueles tributos. Em qualquer caso o tratamento discriminatório será juridicamente injustificável, mas evidentemente, por razão óbvia, só as empresas prejudicadas se insurgirão contra ele.

4.3 Índice maior do que o da inflação do período

Embora se trate de hipótese que nunca ocorreu, e portanto sem efeito prático, tem-se de afirmar que neste caso a diferença do índice implica conseqüência inversa. Prejudica as empresas com ativo permanente menor que o patrimônio líquido e favorece as empresas com ativo permanente maior que o patrimônio líquido.

4.4 As manipulações em 1990

As manipulações ocorridas relativamente ao ano de 1990 foram no sentido de impor a utilização de índice menor do que o da inflação do período. Assim, tem-se que ocorreu aumento indevido de imposto para as empresas com ativo permanente menor do que o patrimônio líquido, como acontece geralmente com os bancos, nos quais o ativo permanente é menor. Tais empresas, se obedeceram à legislação emergencial da época, pagaram os tributos calculados sobre um lucro absolutamente irreal. Pagaram, portanto, tributos indevidos.

10. Ou, se tiver prejuízo, este será maior do que o efetivamente sofrido.

5. A supremacia constitucional e os conceitos "renda" e de "lucro"

5.1 O âmbito constitucional dos tributos

Em nosso sistema jurídico todos os tributos estão previstos na Constituição Federal, que estabelece o âmbito dentro do qual o legislador ordinária está autorizado a estabelecer a respectiva hipótese de incidência.

Em face da supremacia constitucional, e tendo-se em vista que a Constituição, atribuindo competências tributárias, limita tais competências, tem-se como inegável o direito das empresas que tiveram em 1990 saldo devedor na conta de correção monetária, porque tinham ativo permanente menor do que o patrimônio líquido, de pedir a restituição dos valores pagos a maior.

Com efeito, ao utilizar os conceitos de renda e de lucro na definição do âmbito constitucional dos tributos a Constituição limitou a liberdade do legislador ordinário na definição dessas bases de cálculo de tributos. A manipulação dos índices de correção monetária das demonstrações financeiras representou uma forma oblíqua de elevação dos tributos para as empresas em tais condições.

5.2 Os conceitos "renda" e "lucro"

Com fundamento no art. 146, III, "a", da CF pode-se afirmar que a definição de renda estabelecida pelo art. 43 do CTN está recepcionada pela ordem constitucional vigente, sendo certo, portanto, que renda é o acréscimo patrimonial decorrente do capital, do trabalho ou da combinação de ambos, e proventos são os acréscimos patrimoniais não compreendidos no conceito de renda.

Seja como for, o âmbito do imposto sobre renda e proventos de qualquer natureza está delimitado pelos conceitos de patrimônio e de acréscimo. Sem acréscimo patrimonial não há renda, nem proventos.

5.3 Acréscimo por ficção legal?

Não se pode admitir a existência de acréscimo patrimonial por ficção legal. Por isto mesmo não se pode falar de renda, ou de lucro, por ficção legal.

Pudesse o legislador estabelecer um conceito de acréscimo patrimonial por ficção legal, poderia ele fazer tributável tudo o que quisesse. Tudo poderia ser renda por ficção legal. Tudo poderia ser lucro por ficção legal. E, sendo assim, de nada, absolutamente nada, valeria a limitação constitucional residente na atribuição de competência feita pelos dispositivos da Constituição Federal.

6. A Lei 8.200 e seu regulamento

6.1 Natureza do dispositivo da lei

A Lei 8.200, de 28.6.91, facultou às empresas a feitura de correção monetária especial de seus ativos permanentes, utilizando o IPC, que refletiu com mais adequação os efeitos da inflação naquele período. Não estabeleceu obrigação de assim proceder. Apenas facultou. E com isto apenas reconheceu o direito das pessoas jurídicas de não serem tributadas sobre um lucro meramente escritural, maior do que o realmente obtido no período.

Por outro lado, não se reportou à correção monetária das contas do patrimônio líquido. Em relação a estas, portanto, não se fez necessário o ajustamento da correção monetária para o IPC, o que significa dizer que o dispositivo legal em referência favoreceu, também sob este aspecto, as empresas às quais facultou o ajustamento da correção monetária, fazendo com que este pudesse ser feito apenas em relação ao ativo permanente, produzindo-se desta forma uma diferença maior do que aquela que seria alcançada se também ajustada fosse a correção monetária das contas do patrimônio líquido.

Quanto às empresas que se haviam favorecido com o uso de índice menor, é fora de dúvida que estas não ficaram na obrigação de fazer o ajuste correspondente.

Não há dúvida, portanto, de que o dispositivo da Lei 8.200/91 que facultou às pessoas jurídicas a realização de correção monetária complementar é meramente explicitante de uma faculdade que com ou sem ele existiria. Tem efeito meramente didático. E sua maior importância, ao lado desse efeito didático, está exatamente na discriminação que fez entre as contas do ativo permanente e as contas do patrimônio líquido, permitindo que o exercício da faculdade de fazer a correção monetária complementar se desse em relação às primeiras sem que ficasse a pessoa jurídica, com isto, obrigada à correção complementar também das últimas.

6.2 Dispositivos do Decreto 332/91

O Decreto 332, de 4.11.91, em diversos de seus dispositivos estabeleceu normas sem qualquer apoio em lei. Assim, por exemplo, em seu art. 32 extrapolou visivelmente a lei, primeiramente porque pretendeu estabelecer o *dever* de fazer a correção complementar, enquanto a lei apenas explicitou uma faculdade, e ainda porque abrangeu toda a correção monetária, enquanto a lei referiu-se apenas às contas do ativo permanente.

Outro exemplo de dispositivo do mesmo decreto sem fundamento na lei é seu art. 41, que pretendeu excluir dos efeitos da correção monetária complementar a base de cálculo da contribuição social sobre o lucro. Não podia fazê-lo, porque o lucro real não pode ser diferente, sendo um para compor a base de cálculo do imposto de renda e outro para compor a base de cálculo da contribuição social sobre o lucro.

6.3 O alcance do regulamento

Sabemos todos que o alcance do decreto regulamentar não excede ao da lei respectiva. "Por estar adstrito ao âmbito de lei determinada, o decreto regulamentar não poderá ampliá-la ou reduzi-la, modificando de qualquer forma o conteúdo dos comandos que regulamenta. Não lhe é dado, por conseguinte, inovar a ordem jurídica, fazendo surgir novos direitos e obrigações. Daí sua condição de instrumento secundário de introdução de regras tributárias."[11]

A este respeito merece transcrita a lição de Carrazza:

"Em suma, os regulamentos, no Brasil, devem, apenas, *executar* a lei.

"Também em matéria tributária, o único regulamento aceito por nossa Constituição é o *executivo*, que, subordinando-se inteiramente à lei (*lato sensu*), limita-se a prover sua fiel execução, isto é, a dar-lhe condições de plena eficácia, sem, porém, criar ou modificar tributos.

"O regulamento (veiculado por decreto ou instrução) deve estar, em nosso sistema jurídico, sempre subordinado à lei à qual se refere. Não pode ser nem *contra legem*, nem *praeter legem*, nem *ultra legem*, nem, é claro, *extra legem*, mas, exclusivamente, *intra legem* e *secundum legem* (cf. Michel Stassinopoulos). Em suma, não pode, nem direta, nem indiretamente, alterar os mandamentos legais.

"É o que também ensinam Eduardo García de Enterría e Tomás-Ramón Fernández: 'Sua submissão (a submissão do regulamento) à lei é absoluta, em vários sentidos: não produz mais do que a lei deixa, não pode tentar deixar sem efeito os preceitos legais ou contradizê-los, não pode suprir a lei ali onde esta é necessária para produzir um determinado efeito ou regular um certo conteúdo'.

"Em nosso ordenamento jurídico, o Executivo, no exercício de sua faculdade regulamentar, não pode, em nenhum caso, invadir a esfera de atribuições do Legislativo.

"Para arredar em definitivo qualquer dúvida sobre esta vedação absoluta, a Constituição, em seu art. 37, vincula a Administração Pública ao 'princípio da legalidade', além de, como vimos, exigir, em seu art. 84, IV, que os decretos regulamentares sejam expedidos apenas para prover a 'fiel execução' da lei."[12]

Como lembra Baleeiro: "Em matéria fiscal, o próprio CTN enuncia expressamente o campo reservado à lei (art. 97) e, no art. 99, frisa a função ancilar do regulamento. Por outras palavras, o regulamento está para a lei, como esta se situa quanto à Constituição. Nem a lei pode contrariar expressa ou implicitamente a Constituição, nem o mesmo pode o regulamento em relação à lei".[13]

Essa compreensão, aliás, é antiga. Gomes de Sousa, em seu excelente *Compêndio*, já nos anos 60 nos ensinava: "Em matéria de regulamentos há dois princípios importantes. (1º) Devem ficar rigorosamente adstritos aos termos da lei que se destinem a regulamentar, não podendo criar direito novo; naquilo que o fizerem, serão inconstitucionais por invasão da competência do Poder Legislativo(STF, *Ver. For.* 130/105; TJSP, *RT* 182/681). (2º) A lei cuja aplicação depender de regulamentação somente entra em vigor depois de expedido o respectivo regulamento".[14]

11. Paulo de Barros Carvalho, *Curso de Direito Tributário*, 7ª ed., São Paulo, Saraiva, 1895, p. 58.

12. Roque Antônio Carrazza, *Curso de Direito Constitucional Tributário*, 11ª ed., São Paulo, Malheiros Editores, 1998, pp. 238 e 239.

13. Aliomar Baleeiro, *Direito Tributário Brasileiro*, 11ª ed., Rio, Forense, 1999, p. 645.

14. Rubens Gomes de Sousa, Compêndio de Legislação Tributária, 4ª ed., Edições Financeiras, Rio de Janeiro, 1964, p. 47/48.

Com o advento da Constituição Federal de 1988, então, ficou fora de qualquer dúvida razoável a invalidade das normas expedidas por órgãos do Poder Executivo extrapolantes do alcance das leis, porque, como assevera Carrazza: "O princípio da legalidade foi robustecido, na nova Constituição, por seu art. 49, V, que atribuiu ao Congresso Nacional (e, por extensão, à Assembléia Legislativa, à Câmara Municipal e à Câmara Legislativa) competência para '*sustar os atos normativos do Poder Executivo que exorbitem do poder regulamentar* ou dos limites de delegação legislativa'" (grifamos).[15]

Ressalte-se, finalmente, que essa limitação do alcance do regulamento é uma conseqüência inevitável do princípio da separação dos Poderes. Se o regulamento pudesse introduzir normas no sistema jurídico estaria destruído aquele importante princípio.

Agora já nos é possível examinar a jurisprudência a respeito do assunto, destacando os seus acertos e também os seus equívocos. Vejamos.

7. *Os acertos da jurisprudência*

7.1 *Do Judiciário*

Indiscutível o acerto das seguintes decisões judiciais:

"Imposto de renda — Pessoa jurídica — Lucro real — IPC — BTN. O lucro real foi aumentado artificialmente, porque inflação não é lucro, não é renda, nem acréscimo patrimonial; sobre ela não pode incidir o imposto de renda. O próprio legislador da Lei n. 8.200/91, reconhecendo o erro, estabeleceu no art. 3º que a parcela da correção monetária das demonstrações financeiras das empresas referente ao ano-base de 1990, correspondente à diferença entre o IPC e o BTN, poderia ser deduzida do lucro real. Recurso provido" (STJ, 1ª T., REsp 116.831-DF, rel. design. Min. Garcia Vieira, m.v., recda.: União Federal, *DJU-1* 24.11.97, p. 61.112, e *Repertório IOB de Jurisprudência* 2/98, c. 1, p. 34).

"Tributário — Correção monetária das demonstrações financeiras — Conceito de renda e de lucro. É inadmissível a tributação, como renda, daquilo que na verdade é apenas produto da inflação. A lei que o determina, impondo o uso de índices inferiores à inflação do respectivo período, é desvaliosa, porque contraria os arts. 43 e 44 do CTN. Recurso provido" (STJ, 1ª T., REsp 71.868-RS, rel. Min. César Asfor Rocha, recda.: Fazenda Nacional, *DJU-1* 24.11.97, p. 61.103, e *Revista Dialética de Direito Tributário* 29/195).

Esses julgados estão em inteira consonância com o ponto de vista a final adotado no âmbito da própria Administração Tributária, consubstanciado em elogiáveis decisões administrativas do Conselho de Contribuintes, a saber:

7.2 *Dos órgãos julgadores administrativos*

Merecem destaque os julgamentos proferidos pelos órgãos de julgamento administrativo, que induvidosamente estão melhor habilitados para a compreensão de certas questões que dependem de conhecimento especializado dos fatos e do regramento jurídico específico.

As duas ementas abaixo transcritas bem expressam o acerto dos julgamentos administrativos da questão, enfrentando inclusive o aspecto relacionado ao Direito Intertemporal. Vejamos:

"Correção monetária das demonstrações financeiras. Na correção monetária das demonstrações financeiras relativas ao período-base encerrado em 31 de dezembro de 1990 deve ser considerada a variação do IPC ocorrida no ano de 1990, em consonância com a legislação vigente no exercício anterior, face ao que dispõem os arts. 43, 44, 104, inciso I, e 144 do CTN e o art. 150, inciso III, 'a', da CF de 1988. Recurso provido" (Conselho de Contribuintes,

15. Roque Antônio Carrazza, *Curso de Direito Constitucional Tributário*, 11ª ed., São Paulo, Malheiros Editores, 1998, pp. 238 e 239.

Ac. 107-3.788, recda.: DRF em Novo Hamburgo/RS, *DOU-1* 25.11.97, p. 27.502, e *Revista Dialética de Direito Tributário* 29/196).

"IRPJ — Correção monetária — Prejuízos fiscais. O art. 3º da Lei n. 8.200/91, ao admitir a dedutibilidade de diferença verificada no ano de 1990 entre a variação do IPC e a variação do BTNF, validou os procedimentos adotados pelos contribuintes que utilizaram os índices relativos ao IPC, que serviu para alimentar os índices oficiais, sendo aplicável a todas as contas sujeitas à sistemática de tal correção, inclusive os prejuízos fiscais compensáveis. Recurso negado" (Câmara Superior de Recursos Fiscais, Ac. CSRF/01-02.251, *DOU-1* 15.10.97, p. 23.295, e *Revista Dialética de Direito Tributário* nº 28/192).

Essas decisões são acertadas porque, além de equacionarem adequadamente a questão de Direito Intertemporal envolvida, afirmam (a) ser inadmissível o aumento artificial do lucro mediante a manipulação de índices de correção monetária; (b) o conceito de renda como acréscimo patrimonial, e asseveram que sem este não pode haver imposto de renda; (c) ser a Lei 8.200 mero reconhecimento de erro anterior.

A solução dada aos casos apreciados está, portanto, em absoluta consonância com a Constituição Federal e com o Código Tributário Nacional.

Infelizmente, porém, a jurisprudência do STJ alberga também, *data maxima venia*, lamentáveis equívocos que, não obstante o respeito que temos pela Corte Superior, somos obrigados a apontar.

8. Os equívocos da jurisprudência

8.1 Os acórdãos selecionados

Entre os julgados que, a nosso ver, *data venia*, albergaram equívocos podem ser citados os seguintes:

"Processual civil — Recurso especial — Tributação — Correção monetária das demonstrações de empresas (Leis ns. 7.730/89, 7.779/89 e 8.200/91) — Atualização dos balanços pelo BNTF. O prequestionamento, para viabilizar o conhecimento do especial, exige que o órgão julgador de segundo grau haja adotado entendimento explícito sobre o preceito legal que constitui o fundamento do recurso nobre. Inexiste prequestionamento quando o acórdão recorrido faz simples menção ao preceito legal indicado como violado (no especial), sem que, sobre ele, se tenha manifestado de forma precisa, esclarecendo-lhe o sentido à compreensão. O art. 43 do CTN se limita a definir o fato gerador do imposto de renda, entendendo-o como o acréscimo patrimonial oriundo do capital ou do trabalho, sem qualquer menção à indexação de renda ou correção monetária das demonstrações financeiras de empresas. Em face do sistema jurídico-constitucional vigente, não se pode sobrepor princípios estatuídos em lei ordinária a preceito de lei ordinária promulgada subseqüentemente, sabendo-se que é regra assente no Direito Positivo que a lei posterior revoga a anterior, naquilo que disciplinar de forma diferente. A correção monetária está sujeita ao princípio da legalidade estrita e somente a lei formal expressa é que poderá determinar o seu cabimento. Ao contribuinte não é dado arvorar-se no direito de utilizar índice de correção monetária que lhe pareça mais favorável do que o preconizado em lei. Inexiste direito adquirido a índice de correção, e, por isso mesmo, o fator de atualização de débito tributário pode através de lei ser substituído por outro, sem ofensa a qualquer garantia constitucional. *In casu*, a lei estipulou o fator de correção (dos balanços) e quantificou o percentual para a atualização, no período considerado, daí ser injurídico pretender-se a utilização de outro índice, por mais apropriado (ou real) que seja, por ausência de base legal. O legislador não está impedido de instituir índices de atualização diferenciados para atender à diversidade de situações e condições reais que caracterizam, em dado momento, a conjuntura financeira do País. A correção monetária das disponibilidades financeiras das empresas há de obedecer ao que preconizam as Leis ns. 7.730/89 e 7.799/89. Recurso improvido. Votos vencidos" (STJ, 1ª T., REsp 91.869-PR (96.0019933-7), rel. Min. José Delgado, m.v., recte.: Irmãos Tha S/A Construções Indústria e Comércio e outros, recda.: Fazenda Nacional, *DJU-1* 3.3.97, pp. 4.581 e 4.582, e *Revista Dialética de Direito Tributário* 20/115).

"Tributário — Correção monetária das disponibilidades financeiras das empresas — Lei n. 8.200/91 e Decreto n. 332/91. Tornou-se pacífico na jurisprudência do STJ que, ao regulamentar a Lei n. 8.200/90, o Decreto n. 332/91 não exorbitou dos termos da legislação regulamentada. A variação monetária decorrente da diferença entre os índices — IPC e BTNF — não se erige em indevida majoração de tributo, mas constitui mera conseqüência da adoção de distintos parâmetros, mesmo porque a questionada diferença, tendo em vista a estrutura societária, poderá, no caso de saldo credor da conta de atualização monetária, redundar em prejuízo ou não. Em face de texto expresso de lei, carece a empresa de utilizar-se da diferença (IPC/BTNF), desde logo, sem observância do diferimento determinado na legislação de regência e respectivo regulamento (Lei n. 8.200/90). Recurso improvido. Decisão por maioria de votos" (STJ, 1ª T., REsp 102.734-PR, rel. Min. Demócrito Reinaldo, m.v., recda.: Fazenda Nacional, *DJU-1* 2.2.98, p. 66, e *Repertório IOB de Jurisprudência* 7/98, c. 1, p. 144).

Os equívocos albergados por esses acórdãos, *data venia*, são da maior evidência.

O acórdão prolatado no REsp 91.869-PR, com ementa acima transcrita, alberga pelo menos seis graves equívocos. O primeiro deles consiste em ausência flagrante de lógica em raciocínio que parte de premissa correta e chega a conclusão inversa daquela a que a lógica jurídica conduz. O segundo consiste em aplicar, na superação de uma antinomia do sistema jurídico, o critério cronológico, com absoluto desprezo pelo critério hierárquico. O terceiro, estreitamente ligado ao anterior, consiste em privilegiar o princípio da legalidade, em detrimento da supremacia constitucional. O quarto, decorrente dos anteriores, consiste em negar ao contribuinte o direito de utilizar na correção monetária de suas demonstrações financeiras o critério objetivamente fixado ou admitido por órgãos oficiais, que se revela mais adequado a dimensionar a inflação do período. O quinto consiste em negar a existência de direito adquirido aos critérios de determinação da base de cálculo do tributo, com absoluto desprezo dessa importante garantia constitucional. O sexto consiste em referir-se a correção monetária de disponibilidades financeiras em vez de demonstrações financeiras, sabido que são estas, e não aquelas, o objeto da correção monetária.

Já o acórdão proferido no REsp 102.734-PR, também com ementa acima transcrita, chega à mesma conclusão do anterior abordando a questão sob enfoque diferente, e alberga quatro equívocos. O primeiro consiste em afirmar que o Decreto 332/91 não extrapolou a lei por ele regulamentada. O segundo, em afirmar que a variação decorrente da diferença entre os índices — IPC e BTNF — não se erige em indevida majoração de tributo, mas constitui mera conseqüência da adoção de distintos parâmetros, como se uma coisa não implicasse a outra. O terceiro, em referir-se à estrutura societária como se esta tivesse alguma relação com os elementos dos quais decorre saldo credor ou devedor da conta de correção monetária e afirmar que a possibilidade da ocorrência de um ou do outro elide a afirmação de indevido aumento do tributo. O quarto consiste em negar à empresa o direito de utilizar-se da diferença de correção monetária sem obediência ao diferimento previsto na lei, como se este não implicasse indevido empréstimo compulsório introduzido por via oblíqua e fora dos casos que a Constituição o admite. Vejamos.

8.2 Equívocos do REsp 91.869-PR

8.2.1 *Ausência de lógica jurídica* — O primeiro dos equívocos albergados pelo primeiro dos acórdãos com ementas acima transcritas consiste em colocar uma premissa correta e extrair uma conclusão que, em absoluto, dela, logicamente, não decorre, mas, pelo contrário, a afronta flagrantemente. Diz o acórdão que o art. 43 do CTN definiu o fato gerador do imposto de renda como acréscimo patrimonial decorrente do capital ou do trabalho, mas não fez qualquer referência à correção monetária das demonstrações financeiras. Isto é verdade. A premissa é correta. Dela, porém, não decorre logicamente que o legislador esteja livre para estabelecer critérios de correção monetária das demonstrações financeiras. Pelo contrário, decorre, em rigorosa lógica jurídica, que o legislador não pode adotar critério de correção monetária das demonstrações financeiras capaz de alterar, de deformar, de distorcer, no essencial, aquele fato gerador, vale dizer, o acréscimo patrimonial. Admitir que o legislador pode estabelecer livremente um índice de correção monetária equivale a admitir que o legislador, mediante a fixação de índice diverso do correspondente à inflação do período, altere o conceito de acréscimo patrimonial naquilo que esse conceito tem de essencial.

Como o legislador ordinário na verdade não pode, sem afronta à Constituição Federal e ao Código Tributário Nacional, estabelecer critérios de correção monetária diversos daqueles que correspondam à inflação do período respectivo, tem-se que a lei ordinária que o faz é incompatível com as normas superiores, instaurando-se, pois, uma antinomia ou conflito a ser superado.

8.2.2 *Critérios para a superação das antinomias do sistema jurídico* — No acórdão em análise está dito que: "Em face do sistema jurídico-constitucional vigente, não se pode sobrepor princípios estatuídos em lei ordinária a preceito de lei ordinária promulgada subseqüentemente, sabendo-se que é regra assente no Direito Positivo que a lei posterior revoga a anterior, naquilo que disciplinar de forma diferente".

Ocorre que, além do conflito entre a lei anterior e a posterior, existe também o conflito entre as normas da lei superior, vale dizer, as normas da Constituição e do Código Tributário Nacional, com as quais a lei ordinária anterior estava em plena sintonia, e a norma da lei ordinária posterior. Tem-se, portanto, uma situação na qual não funciona a solução simplória da simples aplicação do critério cronológico. Tem-se, na verdade, um conflito entre os dois critérios, o cronológico e o hierárquico, posto que se aplicado o critério cronológico, como fez o julgado, a solução é uma, e se aplicado o critério hierárquico a solução é outra.

A propósito do conflito entre o critério *hierárquico* e o *cronológico*, Norberto Bobbio ensina que "esse conflito tem lugar quando uma norma anterior-superior é antinômica em relação a uma norma posterior-inferior. O conflito consiste no fato de que, se se aplicar o critério hierárquico, prevalece a primeira, se se aplicar o critério cronológico, prevalece a segunda. O problema é: qual dos dois critérios tem preponderância sobre sobre o outro? Aqui a resposta não é dúbia. O critério hierárquico prevalece sobre o cronológico, o que tem por efeito fazer eliminar a norma inferior, mesmo que posterior. Em outras palavras, pode-se dizer que o princípio *lex posterior derogat priori* não vale quando a *lex posterior* é hierarquicamente inferior à *lex prior*. Essa solução é bastante óbvia: se o critério cronológico devesse prevalecer sobre o hierárquico, o princípio mesmo da ordem hierárquica das normas seria tornado vão, porque a norma superior perderia o poder, que lhe é próprio, de não ser ab-rogada pelas normas inferiores. O critério cronológico vale como critério de escolha entre duas normas colocadas no mesmo plano. Quando duas normas são colocadas sobre dois planos diferentes, o critério natural de escolha é aquele que nasce da própria diferença de planos".[16]

Há, pois, equívoco no acórdão em exame, consistente na aplicação do critério cro-

16. Norberto Bobbio, *Teoria do Ordenamento Jurídico*, trad. de Maria Celeste Cordeiro Leite dos Santos, Brasília/DF, Ed. UnB, 1994, pp. 107 e 108.

nológico quando cabível no caso é o critério hierárquico.

8.2.3 *O princípio da legalidade e a supremacia constitucional* — O terceiro dos equívocos em que incorre o acórdão em análise, estreitamente ligado ao anterior, consiste em privilegiar o princípio da legalidade em detrimento da supremacia constitucional. Com efeito, afirma que: "A correção monetária está sujeita ao princípio da legalidade estrita e somente a lei formal expressa é que poderá determinar o seu cabimento. Ao contribuinte não é dado arvorar-se no direito de utilizar índice de correção monetária que lhe pareça mais favorável do que o preconizado em lei".

Na verdade, porém, não se pode admitir um índice de correção monetária, ainda que estabelecido em lei, que implique distorção do resultado econômico do período. A razão é simples. Da mesma forma que a lei não pode, diretamente, dizer que o imposto incidirá sobre algo que não é renda, ou lucro, não pode ela por via oblíqua fazer com que isto aconteça.

Volta-se, aqui, à questão de saber se o legislador ordinário é livre para estabelecer o conceito de renda e de lucro. E essa questão, obviamente, há de ser resolvida com a resposta negativa, pois se o legislador pudesse livremente estabelecer o conceito de renda e de lucro de nada valeriam os limites constitucionais traçados pelos arts. 153, III, e 195, I, da CF para o imposto sobre renda e proventos de qualquer natureza e para a contribuição social sobre o lucro.

Por outro lado, ao utilizar-se do IPC como índice de correção monetária para a atualização de suas demonstrações financeiras o contribuinte não se está arvorando do direito de utilizar índice que lhe parece mais favorável. Está — isto, sim — utilizando um índice oficialmente estabelecido pela lei para o fim de medir a inflação monetária ou a variação dos preços ao consumidor, nacionalmente consagrado.

Não se pode desconhecer que o IPC sempre foi tido, desde sua instituição, como aquele que mais aproximadamente mede a inflação, e não se pode desconhecer que se trata do índice que vinha sendo utilizado oficialmente para a correção monetária das demonstrações financeiras das pessoas jurídicas, e que foi arbitrariamente afastado — sabemos todos —, apenas com o propósito de mascarar os efeitos da inflação em determinado período.

A correção monetária das demonstrações financeiras das pessoas jurídicas — repita-se, porque da maior relevância — é um ajustamento da expressão monetária de elementos patrimoniais em face da inflação, para que as contas sejam, na medida do possível, expressão da realidade econômica daqueles elementos. Assim, para que atinja sua finalidade o índice aplicado deve ser o que mais aproximadamente reflita a inflação monetária do período correspondente.

8.2.4 *Índice da correção monetária e inflação* — O quarto dos equívocos nos quais incorreu o acórdão em exame, decorrente dos anteriores, consiste em negar ao contribuinte o direito de utilizar na correção monetária de suas demonstrações financeiras o critério objetivamente fixado ou admitido por órgãos oficiais, que se revela mais adequado a dimensionar a inflação do período.

Direito, aliás, reconhecido ao contribuinte pelos próprios órgãos de julgamento da Administração Tributária, o que demonstra que neste como em alguns outros casos o Poder Judiciário se portou *mais realista do que o próprio rei.*

8.2.5 *Direito adquirido e relação tributária* — O quinto dos equívocos nos quais incorreu o acórdão em exame consiste em negar a existência de direito adquirido aos critérios de determinação da base de cálculo do tributo, com absoluto desprezo dessa importante garantia constitucional.

Em estudo que fizemos a propósito do art. 18 do Decreto-lei 2.323/87 já demonstramos que o direito adquirido está presente nas relações de tributação, sendo "inadmissível a aplicação de critérios desfavoráveis ao contribuinte, introduzidos por lei posterior ao fato gerador da obrigação tributária",[17] e isto evidentemente se aplica ao estabelecimento de novos critérios, ainda que válidos, de correção monetária das demonstrações financeiras das pessoas jurídicas.

O referido dispositivo legal, editado em 1987, recorde-se, mandava aplicar correção monetária não prevista na lei vigente no encerramento do ano-base do imposto, vale dizer, 1986. E o colendo STF terminou declarando sua inconstitucionalidade.

Na verdade, o respeito ao princípio constitucional de irretroatividade das leis impõe que se não aplique à relação de tributação qualquer dispositivo de lei superveniente à sua formação.

8.2.6 *O objeto da correção monetária* — Finalmente, o acórdão em análise refere-se a disponibilidades financeiras como objeto da correção monetária. O equívoco é da maior evidência. As disponibilidades financeiras constituem parcela do patrimônio expressas em contas não sujeitas a correção monetária. O que se corrige monetariamente são as demonstrações, e não as disponibilidades financeiras. Esse equívoco é tão evidente que mais parece um erro de digitação, que o eminente julgador, envolto na enorme quantidade de casos para decidir, na verdade não viu.

8.3 Equívocos do REsp 102.734-PR

8.3.1 *A lei e seu regulamento* — O primeiro dos equívocos albergados pelo acórdão proferido no REsp 102.734-PR, cuja ementa é a segunda das acima transcritas, consiste em afirmar que o Decreto 332/91 não extrapolou a lei por ele regulamentada.

Na verdade, porém, algumas extrapolações são evidentes. Entre estas, por exemplo, estão as normas dos arts. 32 e 41, conforme já acima demonstramos.

O art. 32 extrapolou a lei porque pretendeu estabelecer o *dever* de fazer a correção complementar, enquanto a lei apenas explicitou uma faculdade, e ainda porque abrangeu toda a correção monetária, enquanto a lei referiu-se apenas às contas do ativo permanente.

Já o art. 41 pretendeu excluir dos efeitos da correção monetária complementar a base de cálculo da contribuição social sobre o lucro, e não podia fazê-lo porque o lucro real não pode ser diferente, sendo um para compor a base de cálculo do imposto de renda e outro para compor a base de cálculo da contribuição social sobre o lucro.

Desnecessário é repetir aqui a tese já desenvolvida no item 6.3 deste estudo, relativa ao limitado alcance do regulamento em nosso sistema jurídico.

8.3.2 *Manipulação de índices e majoração de tributos* — O segundo dos equívocos consistiu em afirmar que a variação decorrente da diferença entre os índices — IPC e BTNF — não se erige em indevida majoração de tributo, mas constitui mera conseqüência da adoção de distintos parâmetros, como se uma coisa não implicasse a outra.

Trata-se, na verdade, de indevida majoração de tributo, decorrente da adoção de distintos — e indevidos — parâmetros, que distorceram a representação gráfica, contábil, do resultado econômico do período, terminando por implicar cobrança indevida de tributos.

Dir-se-á que, nos termos do art. 97, § 2º, do CTN, não constitui majoração do tributo a atualização monetária da respectiva base de cálculo. No caso, porém, não se trata de atualização da base de cálculo de tributo, mas de distorção na própria apuração dessa base de cálculo.

8.3.3 *A estrutura societária e os saldos da correção monetária* — O terceiro desses equívocos consistiu em referir-se o acórdão em exame à estrutura societária como se esta tivesse alguma relação com

17. Cf. *Obrigação Tributária e Direito Adquirido*, Fortaleza, ACC, 1987. O mesmo estudo está publicado em meu livro *Temas de Direito Tributário*, São Paulo, Ed. RT, 1993, pp. 123-138.

os elementos dos quais decorre saldo credor ou devedor da conta de correção monetária, e afirmar que a possibilidade da ocorrência de um ou do outro elide a afirmação de indevido aumento do tributo.

Na verdade, a determinação do lucro das pessoas jurídicas independe da estrutura societária destas.

8.3.4 *Critério de correção monetária e aumento de tributo* — O quarto equívoco consistiu em negar à empresa contribuinte o direito de utilizar-se da diferença de correção monetária sem obediência ao diferimento previsto na lei, como se este não implicasse indevido empréstimo compulsório introduzido por via oblíqua e fora dos casos em que a Constituição o admite.

Com efeito, reconhecido o direito de fazer a correção monetária complementar, para que o resultado do ano de 1990 não restasse distorcido, restou reconhecido o pagamento indevido do tributo. O direito à restituição do que foi pago indevidamente é simples conseqüência, da qual não se pode fugir.

A compensação dos valores da diferença de correção monetária significava, nas circunstâncias, uma forma de compensação do tributo pago indevidamente. Impor que essa compensação se fizesse em parcelas é impor ao contribuinte que mantenha em poder do Tesouro, por empréstimo compulsório, o valor do tributo correspondente. É uma via oblíqua de exigência de empréstimo compulsório, que a Constituição não autoriza.

9. Algumas conclusões

Finalmente, em face de tudo o que foi exposto, podemos chegar a algumas conclusões, tanto no plano da doutrina do Direito Tributário como em face do assunto especificamente aqui examinado.

9.1 *No plano da doutrina do Direito Tributário, podemos concluir que:*

9.1.1 É de inegável importância no estudo das questões tributárias, como no estudo das questões jurídicas em geral, a consideração que se há de ter pelo Direito como sistema, a envolver as idéias de inteireza e de harmonia, bem como do conhecimento dos critérios a serem utilizados para a superação das antinomias que constituem inevitável conseqüência da multiplicidade de fontes normativas.

9.1.2 A maioria dos equívocos da jurisprudência decorre precisamente da desconsideração do Direito como sistema, do apego ao literalismo e da falta da consciência de que os princípios jurídicos existem para a defesa do cidadão contra o Poder Público.

9.1.3 A idéia de supremacia constitucional ainda não tem produzido as conseqüências que evidentemente deve ter, permanecendo como simples peça de ornamento na literatura jurídica, tantas são as formas pelas quais tem sido violada, com a complacência, muita vez, do Poder Judiciário.

9.2 *Em face do assunto aqui especificamente examinado, podemos concluir que:*

9.2.1 Adotada pelo sistema jurídico a correção monetária das demonstrações financeiras das pessoas jurídicas, esta há de fazer-se com a utilização de índices que representem, tanto quanto possível, a inflação do período correspondente.

9.2.2 A Lei 8.200/91 não criou direito, mas simplesmente reconheceu o direito do contribuinte, pessoa jurídica, à utilização de índice adequado, de acordo com a inflação do período.

9.2.3 Algumas decisões do Poder Judiciário equacionaram as questões com absoluto acerto, reconhecendo o direito do contribuinte de utilizar índices adequados de correção monetária de suas demonstrações financeiras.

9.2.4 As decisões que não reconheceram esse direito revelaram-se mais realistas do que o rei, posto que a própria Administração Tributária, por seus órgãos de julgamento, terminou por reconhecer o acerto do procedimento das empresas que utilizaram o IPC na correção monetária de suas demonstrações financeiras do período em questão.

CADERNOS DE DIREITO TRIBUTÁRIO

LA REFORMA DEL IRPF: FAMILIA Y CARGAS FAMILIARES*

EUGENIO SIMÓN ACOSTA
Catedrático de Derecho Financiero y Tributario, Universidad de Navarra

1. Introducción. 2. Discriminación de las familias con un solo perceptor de rentas. 3. Las cargas familiares: 3.1 Delimitación del problema — 3.2 Las cargas familiares en la ley vigente — 3.3 El fundamento de las deducciones por cargas familiares — 3.4 El tratamiento que debe darse a las cargas familiares — 3.5 Una experiencia en el ordenamiento navarro.

1. Introducción

Ha pasado más de un lustro desde la aprobación de la vigente Ley del IRPF** que, en su momento, reconstruyó el sistema de imposición directa que el Tribunal Constitucional hubo de desmantelar para contener la discriminación injusta a que estaban sometidas las familias. El sistema de tributación conjunta forzosa no sólo vulneraba el derecho a la intimidad de los cónyuges que deseaban mantener su independencia económica, sino que estaba concebido de tal forma que el hecho de contraer matrimonio era una circunstancia que por sí sola producía la elevación de la carga tributaria soportada por los cónyuges. Este sistema pudo ser favorable para el matrimonio en un tipo de familia en el que la acumulación no elevaba las cuotas porque la mujer no aportaba rentas; una familia en la que la esposa perdía su individualidad, ensombrecida por la dependencia personal y económica del marido.[1] El cambio de las costumbres (convivencia de hecho y trabajo de

El autor ha sido miembro de la Comisión instituida en España por el Exmo. Sr. Secretario de Estado de Hacienda con el encargo de elaborar el *Informe* que ha servido de inspiración a la reciente reforma del IRPF en España (Ley 40/1998, de 9 de diciembre), una de cuyas novedades más importantes ha sido la incorporación del principio del mínimo vital familiar y personal en la definición de la capacidad contributiva gravable. El presente trabajo, que apareció en una obra editada en 1998 por la Asociación Española de Asesores Fiscales, con el título "Presente y futuro de la imposición directa en España", fue elaborado por el autor como instrumento para la discusión de la reforma del IRPF en materia de tributación familiar.

** En el momento en que se elaboró este trabajo, la vigente Ley del IRPF era la Ley 18/1991, de 6 de junio. En la actualidad, tras la reforma en cuyo estudio participó el autor de este trabajo, rige la Ley 40/1998, de 9 de diciembre, que ha entrado en vigor el día 1 de enero de 1999.

1. Evelyne Sullerot, "Évolution sociologique de la famille et inadaptation du système fiscal", *Revue Française de Finances Publiques* 3/9, 1983. Cfr. también Michel Debré, "L'inegalité des ménages face a l'impôt sur le revenue", *Revue Française de Finances Publiques* 3/15 y ss., 1983.

la mujer fuera del hogar) convirtió aquél sistema en una clara discriminación contra los casados, lo que provocó el giro hacia sistemas de tributación separada en los que se prescinde del matrimonio y de las relaciones familiares como elemento del tributo.

Hoy son varios los aspectos concretos del IRPF que demandan una pronta reforma, y entre ellos tienen especial relevancia los que se refieren a la tributación familiar, que afectan a la propia concepción y diseño global del impuesto. Conviene seguir reflexionando sobre ello para solventar algunos defectos de la reforma de 1991,[2] que postergó y descuidó excesivamente la situación familiar del sujeto pasivo.[3] En particular, es necesario replantear dos grandes temas que suscita la relación entre familia e impuesto: a) la eliminación de discriminaciones entre familias (o, si se quiere, entre individuos integrados en unidades familiares diferentes), mediante un sistema de tributación que tenga en cuenta la situación global familiar,[4] dejando a salvo siempre, por imperativo constitucional, la posibilidad de optar entre este sistema y la tributación absolutamente separada;[5] b) la racionalización del tratamiento fiscal de las cargas familiares.

Este trabajo no tiene más ambiciones que poner de manifiesto dos deficiencias serias de la regulación vigente. Estaríamos satisfechos con reavivar el debate sobre estos aspectos controvertibles. Instrumentar las técnicas para resolverlos no es tarea insuperable, a pesar de que no existe un sistema ideal o arquetípico, dado que deben

2. Nuestra legislación no ha sido un modelo imitable en materia de tributación familiar. Soluciones que otros países habían superado muchos años atrás se seguían aplicando en España en 1989. El legislador español siempre hizo oídos sordos a las voces que clamaban por la reforma del sistema, denunciando su inconstitucionalidad con el apoyo de las experiencias foráneas. En este sentido son especialmente destacables las aportaciones del profesor Gonzalez García (cfr. "La tributación de las rentas familiares en los Derechos alemán e italiano", *HPE* 94/363 y ss., 1985). Probablemente nuestras autoridades se preocupaban más de los efectos recaudatorios de las medidas necesarias para eliminar la injusticia que de la injusticia misma. Así lo afirmó el Director del Gabinete del Secretario de Estado de Hacienda en 1985, quien, tras reconocer que la deducción gradual que por aquel entonces se estableció no compensaba el exceso de gravamen producido por la acumulación de rentas, decía: "Aun y a pesar del reconocimiento del exceso de gravamen, la concesión de deducciones adicionales potencialmente cuantiosas en un momento de rigor presupuestario se estimó improcedente. Evidentemente, una revisión de los límites ahora establecidos es una posibilidad futura que siempre está abierta" (A. Zabalza, "Tratamiento fiscal de la unidad familiar y de las variaciones patrimoniales en la Ley de Reforma Parcial del IRPF", *HPE* 99/256, 1986).

3. Según el profesor Gonzalez García, en la adecuación del ordenamiento a la STC 20.2.89 "*sólo se ha visto y todo el esfuerzo se ha puesto* en evitar los efectos indeseables de la acumulación de rentas de marido y mujer trabajadores. Esto está bien, pero es harto insuficiente (...) ésta es la parte meramente negativa del problema" (Gonzalez García, *Tributación Individual Frente a Tributación Conjunta en el IRPF*, Madrid, Tecnos, 1991, p. 33).

4. Un sistema de tributación familiar es posible tanto en la imposición conjunta como en la separada. Si se elige la tributación conjunta o unitaria y la tarifa es progresiva, deberán establecerse mecanismos que corrijan o eliminen el efecto de la acumulación en relación con la totalidad o con algún tipo de renta. En la tributación separada se puede establecer un sistema de imputación de rentas que tenga en cuenta las relaciones económicas realmente existentes entre los miembros de la familia.

5. Conviene matizar esta afirmación. La profesora Soler Roch, en un trabajo muy ecuánime, afirma que la tributación familiar conjunta es contraria a la STC 20.2.89 que vetó la configuración del IRPF como impuesto de grupo ("Subjetividad tributaria y capacidad económica de las personas integradas en unidades familiares", *Civitas REDF* 66/195 y 207, 1970). Entiendo que lo que está constitucionalmente prohibido, de acuerdo con el TC, es la tributación conjunta como única alternativa. Desde el momento en que existe posibilidad de optar por la tributación individual o conjunta, el impuesto deja de ser un impuesto de grupo, pues todos tienen la posibilidad de tributar separadamente. Quien elige la tributación conjunta se supone que lo hará porque ofrezca alguna ventaja que él aprecia como individuo. La ventaja sería inconstitucional si fuese una discriminación injusta contra los solteros, pero no puede calificarse como tal puesto que estaría en todo caso amparada por el principio de protección a la familia (art. 39 CE). Otra cuestión distinta es si el régimen de tributación conjunta se debe extender o no a otras unidades de convivencia distintas del matrimonio y los hijos.

coordinarse exigencias y valores contrapuestos.[6]

2. *Discriminación de las familias con un solo perceptor de rentas*

La ley de 1991 ha optado por un impuesto que, amparándose en la idea de que el IRPF no puede ser un impuesto de grupo, prescinde casi por completo de la búsqueda de un equilibrio o un acercamiento de las cuotas que en conjunto han de pagar los miembros de una familia y los de otra familia con niveles de renta similares. La ley se ha preocupado sólamente de la igualdad entre los individuos y ha prescindido casi totalmente de que el individuo, en la mayoría de los casos, gana y/o gasta la renta en familia. Las decisiones sobre la renta no son decisiones individuales y aisladas, sino de grupo.[7]

La ley actual admite y estimula la opción por la tributación conjunta. Esta opción tiene el inconveniente de agravar las responsabilidades, en la medida en que todos los miembros de la unidad familiar que tributan conjuntamente quedan solidariamente obligados al pago de la deuda tributaria (art. 89.4 LIRPF). No obstante la ley promueve la tributación conjunta mediante el establecimiento de una tarifa especial más blanda, especialmente en niveles de renta no superiores a tres millones de pesetas.

En la tabla inserta en la nota siguiente se puede apreciar que para los matrimonios con un solo perceptor de renta la diferencia entre la cuota conjunta y separada excede del 20% de esta última en las rentas comprendidas entre cero y tres millones de pesetas. Para los matrimonios en que la renta se percibe por ambos cónyuges en partes iguales el ahorro fiscal supera el 20% de la cuota de tributación separada en tramos de base desde cero a 6.500.000 pesetas.[8]

Las diferencias de cuotas son mucho más notables entre familias, tanto en tributación conjunta como en tributación separada, en función del modo en que se distribuyan las rentas entre los miembros de la unidad familiar (en la mayoría de los casos, entre el matrimonio). El hecho de que la renta familiar sometida al impuesto sea obtenida por un solo cónyuge o, por el con-

6. "Existen diversos criterios diferentes con referencia al tratamiento fiscal del matrimonio, cada uno teniendo sus defensores entusiastas, pero muchos de los cuales no son compatibles entre sí. Como resultado de esto, el tratamiento de la unidad fiscal debe inevitablemente constituir un compromiso entre varias consideraciones en conflicto" (Comisión Meade, *Estructura y Reforma de la Imposición Directa*, Madrid, Instituto de Estudios Fiscales, 1980, p. 553). Un estudio muy documentado sobre los sistemas de tributación familiar, sus ventajas e inconvenientes, debe ser agradecido al profesor Palao Taboada, "El tratamiento de la familia en la imposición sobre la renta", *Civitas REDF* 29/5 y ss., 1981.

7. Esta es una afirmación tan obvia que no necesita ser demostrada. De ella no pretendemos hacer derivar la conclusión de que el IRPF haya de ser un impuesto de grupo, opción rechazada con acierto por el TC. Sin embargo el IRPF se puede configurar de forma que grave a las personas físicas (no a las familias que ni son ni pueden ser sujetos pasivos) teniendo en cuenta su integración en una familia (con la reserva, en todo caso, de permitir la tributación separada a quienes prefieran ser gravados como individuos aislados).

Hace ya años afirmaban Antón Perez, Díaz Malledo y García Martin que la realidad sociológica de la familia "se traduce, de modo inmediato, en acciones económicas del grupo familiar que, habitualmente, proyecta y decide sus actos de consumo y ahorro en función del total de sus componentes y en base a sus totales disponibilidades, lo que limita la capacidad de disfrute de sus miembros individuales, haciéndola función de la capacidad de disfrute del conjunto" ("La unidad contribuyente", *HPE* 30/162, 1974).

"Las normas de Derecho de Familia que regulan las relaciones económicas entre los cónyuges y entre padres e hijos menores de edad inciden de modo significativo en la capacidad económica de dichos individuos" (Soler Roch, "Subjetividad tributaria y capacidad económica de las personas integradas en unidades familiares", cit., p. 196).

8. La tarifa aprobada por RDLey 12/95, de 28 de diciembre, aplicable a las rentas obtenidas en 1996, produce las siguientes diferencias de cuota íntegra entre la tributación separada y la tributación conjunta (el porcentaje que se consigna en la columna "Diferencia" es el valor relativo que representa el ahorro fiscal producido por la tributación conjunta sobre el importe de la cuota correspondiente a la tributación separada):

trario, se perciba por los dos produce diferencias de gran importancia relativa en las cuotas del impuesto.[9]

Con la tarifa aplicable a la renta percibida en 1996, en todos los niveles de renta, el ahorro fiscal derivado de que las rentas se perciban por ambos cónyuges igualitariamente, frente a las cuotas soportadas por las familias con un solo perceptor de rentas, supera en todo caso el 25% de estas últimas cuotas si se opta por tributación separada; y siempre excede del 30% en la tributación conjunta.[10]

Ciertamente no puede afirmarse con seguridad que estas diferencias sean inconstitucionales, pues, como dijo el TC, la igualdad tributaria "se predica, como no podía ser de otro modo, de la situación ante la ley reguladora del IRPF de todos los sujetos del mismo y que carece de sentido referirla a la situación de las unidades tributarias que, como tales, no son titulares de derechos u obligaciones de clase alguna" (STC 20.2.89, *RTC* Aranzadi 1989\45, FJ 4). En el FJ 7 de la misma sentencia podemos leer también que el principio constitucional de igualdad no permite la comparación entre familias, en la que parece estar latente "la idea de que el sujeto pasivo del impuesto no es el individuo, sino la familia, o, dicho de otro modo, que se trata de un 'impuesto de grupo'; sólo a partir de tal idea puede aceptarse como pertinente la comparación entre distintas familias para apreciar la existencia de desigualdades".

Base conjunta o total	Matrimonio con un soloperceptor de renta				Matrimonio con dos perceptores de rentas iguales			
	Tributac . separada	Tributac. conjunta	Diferencia (%)		Tributac. separada	Tributac. conjunta	Diferencia (%)	
500.000	14.000	0	14.000	100,00		0	0	
1.000.000	114.000	28.600	85.400	74,91	28.000	0	28.000	100,00
1.500.000	222.560	128.600	93.960	42,22	128.000	0	128.000	100,00
2.000.000	340.510	228.600	111.910	32,87	228.000	57.200	170.800	74,91
2.500.000	468.210	344.710	123.500	26,38	335.120	157.200	177.920	53,09
3.000.000	606.150	471.910	134.240	22,15	445.120	257.200	187.920	42,22
3.500.000	756.150	607.450	148.700	19,67	558.520	357.200	201.320	36,05
4.000.000	915.910	757.450	158.460	17,30	681.020	457.200	223.820	32,87
4.500.000	1.083.470	914.410	169.060	15,60	803.520	566.920	236.600	29,45
5.000.000	1.258.830	1.077.970	180.860	14,37	936.420	689.420	247.000	26,38
5.500.000	1.441.990	1.248.130	193.860	13,44	1.071.420	811.920	259.500	24,22
6.000.000	1.632.950	1.428.130	204.820	12,54	1.212.300	943.820	268.480	22,15
6.500.000	1.832.950	1.614.890	218.060	11,90	1.362.300	1.078.820	283.480	20,81
7.000.000	2.043.900	1.808.250	235.650	11,53	1.512.300	1.214.900	297.400	19,67
7.500.000	2.264.600	2.008.250	256.350	11,32	1.671.820	1.364.900	306.920	18,36
8.000.000	2.493.960	2.220.700	273.260	10,96	1.831.820	1.514.900	316.920	17,30
8.500.000	2.731.120	2.441.400	289.720	10,61	1.996.940	1.668.820	328.120	16,43
9.000.000	2.976.120	2.669.560	306.560	10,30	2.166.940	1.828.820	338.120	15,60
9.500.000	3.231.080	2.904.560	326.520	10,11	2.337.670	1.988.820	348.840	14,92
10.000.000	3.495.780	3.149.320	346.460	9,91	2.517.660	2.155.940	361.720	14,37
10.500.000	3.770.230	3.400.680	369.550	9,80	2.697.660	2.325.940	371.720	13,78
11.000.000	4.050.230	3.659.380	390.850	9,65	2.883.980	2.496.260	387.720	13,44
11.500.000	4.330.230	3.926.880	403.350	9,31	3.073.980	2.676.260	397.720	12,94
12.000.000	4.610.230	4.199.630	410.600	8,91	3.265.900	2.856.260	409.640	12,54

9. Este es uno de los inconvenientes de la tributación separada a ultranza: v. Palao Taboada, "El tratamiento de la familia en la imposición sobre la renta", cit., p. 13.

10. En el siguiente cuadro se aprecian tales diferencias, tomándose como instrumento de cálculo la misma tarifa aprobada por RDLey 12/95, de 28 de diciembre, aplicable a las rentas obtenidas en 1996:

La postura del TC español tiene una cierta dosis de ambigüedad. Como dice Soler Roch, "da la impresión de que la jurisprudencia constitucional (...) quiere cortar de raíz toda forma de tributación conjunta centrándose para ello en la negación de una capacidad económica supraindividual". Sin embargo, coincido con la autora citada en que "el planteamiento correcto de la cuestión no se reduce a este término, sino a que cada sujeto tribute de acuerdo con *su* capacidad económica, su propia capacidad, como reconoce el Tribunal, pero teniendo en cuenta que ese calificativo viene necesariamente influido por la pertenencia a un grupo familiar"[11]

Pero, aún en el caso de que las diferencias interfamiliares no sean inconstitucionales por opuestas al principio de igualdad, ello no significa que no sean rechazables por otros motivos. No todo lo constitucionalmente legítimo es igualmente justo. Existen argumentos que, aunque no se consideren determinantes desde la perspectiva constitucional, militan contra un sistema de tributación que dé lugar a diferencias importantes de cuotas en función de la distribución de la renta entre los cónyuges:

1. Un sistema así obliga al legislador a establecer minuciosamente los criterios en virtud de los cuales la renta se imputará a uno u otro cónyuge y, en su caso, a los hijos. Esta tarea no es sencilla,[12] pues si se opta por los criterios jurídico-privados de apropiación de la renta (régimen económico matrimonial), el sistema impositivo produ-

Base conjunta total	TRIBUTACIÓN SEPARADA				TRIBUTACÓN CONJUNTA			
	1 perceptor	2 perceptores	Diferencia (%)		1 perceptor	2 perceptores	Diferencia (%)	
500.000	14.000	14.000	100	0	0	0		
1.000.000	114.000	28.000	86.000	75,44	28.600	0	28.600	100
1.500.000	222.560	128.000	94.560	42,49	128.600	0	128.600	100
2.000.000	340.510	228.000	112.510	33,04	228.600	57.200	171.400	74,98
2.500.000	468.210	324.120	144.090	30,17	344.710	157.200	187.510	54,40
3.000.000	606.150	445.120	161.030	26,57	471.910	257.200	214.710	45,50
3.500.000	756.150	558.520	197.630	26,14	607.450	357.200	250.250	41,20
4.000.000	915.910	681.020	234.890	25,65	757.450	457.200	300.250	39,64
4.500.000	1.083.470	803.520	279.950	25,84	914.410	566.920	347.490	38,00
5.000.000	1.258.830	936.420	322.410	25,61	1.077.970	689.420	388.550	36,04
5.500.000	1.441.990	1.071.420	370.570	25,70	1.248.130	811.920	436.210	34,95
6.000.000	1.632.950	1.212.300	420.650	25,76	1.428.130	943.820	484.310	33,91
6.500.000	1.832.950	1.362.300	470.650	25,68	1.614.890	1.078.820	536.070	33,20
7.000.000	2.043.900	1.512.300	531.600	26,01	1.808.250	1.214.900	593.350	32,81
7.500.000	2.264.600	1.671.820	592.780	26,18	2.008.250	1.364.900	643.350	32,04
8.000.000	2.493.960	1.831.820	662.140	26,55	2.220.700	1.514.900	705.800	31,78
8.500.000	2.731.120	1.996.940	734.180	26,88	2.441.400	1.668.820	772.580	31,64
9.000.000	2.976.120	2.166.940	809.180	27,19	2.669.560	1.828.820	840.740	31,49
9.500.000	3.231.080	2.337.670	893.420	27,65	2.904.560	1.988.820	915.740	31,53
10.000.000	3.495.780	2.517.660	978.120	27,98	3.149.320	2.155.940	993.380	31,54
10.500.000	3.770.230	2.697.660	1.072.570	28,45	3.400.680	2.325.940	1.074.740	31,60
11.000.000	4.050.230	2.883.980	1.166.250	28,79	3.659.380	2.496.260	1.163.120	31,78
11.500.000	4.330.230	3.073.980	1.256.250	29,01	3.926.880	2.676.260	1.250.620	31,85
12.000.000	4.610.230	3.265.900	1.344.330	29,16	4.199.630	2.856.260	1.343.370	31,99

11. "Subjetividad tributaria y capacidad económica de las personas integradas en unidades familiares", cit., p. 195.

12. Gonzalez García, "Individualización de los rendimientos de trabajo", en *Comentarios a la Ley del IRPF del IP, Homenaje a Luís Mateo*, Pamplona,

cirá indiscutiblemente una importante interferencia en la libertad de elección de régimen económico. Si se utilizan otros criterios, se llegará, como ocurre en el presente, a atribuir la renta a quien no es realmente titular o dueño de la misma, tema que aún no ha sido suficientemente discutido desde la perspectiva del principio de capacidad económica.

2. Dichas diferencias son un claro estímulo a la defraudación mediante técnicas organizativas que permitan eludir los criterios legales de imputación de la renta. En la inmensa mayoría de los casos la familia actúa como una unidad de decisión económica,[13] a pesar de que no sea sujeto de derechos y obligaciones. Por lo general, los miembros de la unidad familiar harán todo lo que esté en su mano para reducir la carga tributaria global, y es muy probable que frente a este interés fiscal cedan o se pospongan los intereses económicos particulares que puedan tener (si es que los tienen) los miembros de la familia. Como es obvio, siempre habrá criterios más fáciles de burlar que otros y a la postre ocurrirá que de hecho el impuesto tratará de distinto modo a quienes puedan redistribuir la renta familiar de acuerdo con los criterios fiscales y a quienes no puedan hacerlo. A la vista de los criterios actualmente vigentes, quienes más posibilidades tienen de acomodarse son los perceptores de rentas de capital, de empresa y de incrementos de patrimonio. No tienen prácticamente ninguna capacidad de maniobra los perceptores de rentas de trabajo dependiente; y la tienen, pero en menor medida, los perceptores de rentas de trabajo independiente (profesionales). En definitiva, el impuesto discriminará en contra de las familias en las que hay un solo perceptor de rentas de trabajo o, en menor medida, profesionales.[14]

3. Hemos de abundar además en el hecho de que los criterios de imputación de rentas a los cónyuges actualmente vigentes no respetan la realidad económica que se deriva del régimen jurídico-privado de apropiación de la renta que, en la mayoría de los casos, se configura como régimen económico-matrimonial de gananciales. De acuerdo con lo previsto en el art. 1.344 del CC, "mediante la sociedad de gananciales se hacen comunes para el marido y la mujer las ganancias o beneficios obtenidos indistintamente por cualquiera de ellos, que le serán atribuidos por mitad al disolverse aquélla".

Como es sabido, la comunidad de gananciales es una comunidad germánica en la que no existen cuotas de participación "o, al menos, no se organiza por cuotas-parte transmisibles, no existe la acción de división y los partícipes están unidos por vínculos personales".[15] Desde el punto de vista jurídico-formal no puede decirse que cada cónyuge se haga dueño de la mitad de la renta obtenida por el otro, sino que hay una propiedad común en la que el único derecho no compartido es el de recibir la mitad del haber en caso de disolución de la sociedad. En este sentido jurídico-formal, un cónyuge no adquiere de forma inmediata el derecho individual a la mitad de la renta percibida por el otro cónyuge, sino simplemente el derecho a participar en 50% en la cuota de liquidación final. Pero estas precisiones jurídico-formales no son relevan-

Ed. Aranzadi, 1995, pp. 431 y ss.; Soler Roch, "Subjetividad tributaria y capacidad económica de las personas integradas en unidades familiares", cit., p. 215; "Individualización de los rendimientos de capital", "Individualización de los incrementos y disminuciones patrimoniales" y "Titularidad de los elementos patrimoniales", en *Comentarios a la Ley del IRPF del IP, Homenaje a Luís Mateo*, cit., pp. 489 y ss., 811 y ss. y 1.507 y ss.; Lopez Díaz, "Individualización de los rendimientos de las actividades empresariales o profesionales", en *Comentarios a la Ley del IRPF del IP, Homenaje a Luís Mateo*, cit., pp. 681 y ss.

13. Esta observación puede ser sólo parcialmente cierta en niveles de renta muy elevados, especialmente si las rentas proceden del patrimonio privativo (cfr. Palao, "El tratamiento ...", cit., p. 12).

14. Cfr. Palao Taboada, "El tratamiento de la familia en la imposición sobre la renta", cit.., p. 13.

15. Miquel González, "Comunidad de bienes", en *Enciclopedia Jurídica Básica*, t. I, Madrid, Civitas, 1995, p. 1.314.

tes desde la perspectiva del principio de capacidad económica. Con independencia de la forma jurídica, cuando alguien contrae matrimonio en régimen de gananciales deja de ser titular único de la renta que hasta ese momento venía obteniendo sin compartirla con nadie. La renta pasa a pertenecer a dos personas, aunque jurídicamente no exista una participación por cuotas sobre la propiedad común.[16]

No es jurídicamente defendible que en el régimen de gananciales la renta la gana un cónyuge y es él quien debe soportar el impuesto porque la aportación a la sociedad de gananciales se produce después de aplicada la ley fiscal, para la qué son irrelevantes los pactos privados. Lo que se aporta a la sociedad de gananciales no es el neto percibido tras el pago del impuesto. Esto sólo sería así en el medida en que la ley fiscal exceptuara la deuda tributaria de la previsión del art. 1.366 del CC, a cuyo tenor serán de la responsabilidad y cargo de la sociedad de gananciales las obligaciones extracontractuales de un cónyuge, consecuencia de su actuación en beneficio de la sociedad conyugal o en el ámbito de la administración de los bienes, salvo si fuesen debidas a dolo o culpa grave del cónyuge deudor. En lugar de ello, lo que hace la ley tributaria es asimilar las deudas del IRPF a las contraídas por uno de los cónyuges (art. 85 Ley IRPF), con lo qué se separa aún más de la tesis que pretende explicar el régimen vigente como una aportación neta de impuestos a la masa común.

A la misma conclusión se llega si se compara el régimen económico matrimonial con el régimen de atribución de bienes. En caso de entidades sin personalidad jurídica, la renta obtenida se atribuye a los comuneros o partícipes "según las normas o pactos aplicables en cada caso" (art. 10 Ley IRPF), solución vetada para la comunidad de gananciales en la que la renta no se atribuye según la norma aplicable (la norma jurídico-privada), sino de acuerdo con normas especialmente establecidas por la ley tributaria que imponen el deber de tributar a quien jurídicamente no es titular de la renta.

Así las cosas, si la ley fiscal no respeta el régimen económico matrimonial se pueden producir consecuencias difícilmente justificables desde la perspectiva de la estricta "individualidad" del impuesto y del principio de capacidad económica.[17] Pongamos una situación-límite: un matrimonio se disuelve poco después de ser contraído sin capitulaciones, habiendo ganado uno de los cónyuges una cantidad importante de renta que queda sometida a un tipo medio de gravamen elevado, y sin que hayan existido gastos comunes apreciables. La deuda tributaria corre a cargo de la sociedad conyugal.[18] Cada uno de los cónyuges recibirá una cuota de liquidación igual al 50% de la renta que queda después del pago del impuesto. Ello quiere decir que de hecho ambos cónyuges han quedado sometidos a un tipo medio de gravamen superior al que corresponde a la renta que realmente perciben. Otra persona no casada, con la misma renta, hubiera soportado un tributo menor.

Esta situación bordea la inconstitucionalidad. Frente a una afirmación como ésta, a veces se reacciona diciendo que el TC ha permitido al legislador tributario prescindir del régimen jurídico-privado del matrimonio. Pero esto no es del todo exacto. Lo que dijo el TC es que "la legislación tribu-

16. V. una certera crítica a la indiferencia de la Ley del IRPF con los efectos económicos del régimen matrimonial y de filiación en Soler Roch, "Subjetividad tributaria y capacidad económica de las personas integradas en unidades familiares", cit., pp. 197 y ss.

17. "Las normas de Derecho de Familia que regulan las relaciones económicas entre los cónyuges y entre padres e hijos menores de edad inciden de modo significativo en la capacidad económica de dichos individuos" (Soler Roch, "Subjetividad tributaria y capacidad económica de las personas integradas en unidades familiares", cit., p. 197).

18. "Las obligaciones extracontractuales de un cónyuge, consecuencia de su actuación en beneficio de la sociedad conyugal o en el ámbito de la administración de los bienes, serán de la responsabilidad y cargo de aquélla, salvo si fuesen debidas a dolo o culpa grave del cónyuge deudor" (art. 1.366 CC).

taria, en atención a su propia finalidad, no está obligada a acomodarse *estrechamente* a la legislación civil (*que sin embargo tampoco puede ignorar*) y que, en consecuencia, es *en principio* constitucionalmente lícito que el régimen fiscal del matrimonio sea establecido de modo uniforme, sin atender a la variedad posible en la práctica" (STC, 20.2.89, *RTC* Aranzadi 1989/45, FJ 6). Como fácilmente se colige, las reservas que se encierran en los términos subrayados permiten plantear, porque aún está abierto, el problema de la constitucionalidad del gravamen que soporta una persona casada en régimen de gananciales cuando hay un único perceptor de renta en la familia.

En todo caso hay que subrayar que la sentencia no impone la igualdad de régimen fiscal cualquiera que sea el régimen económico matrimonial. Simplemente afirma que el sistema de IRPF uniforme es una opción del legislador (también puede serlo la otra) que "en principio" es constitucionalmente lícita. La diversidad suele criticarse por la supuesta complejidad que introduciría en la liquidación del impuesto, habida cuenta de la variedad de regímenes matrimoniales que pueden existir. A mi juicio esta observación tiene un valor relativo: probablemente es más complejo determinar, con la ley actual en la mano, a qué cónyuge deben imputarse en algunos casos los rendimientos empresariales.[19]

4. En fin, las diferencias de tributación en función de la distribución de la renta en el matrimonio son un elemento distorsionante de la libertad de decisión sobre la oferta de trabajo. Aunque una decisión de este tipo está condicionada por otros muchos factores, no parece dudoso que el considerable ahorro fiscal derivado de la distribución de la renta gravable en el matrimonio es un estímulo exógeno que induce a organizarse de modo que ambos cónyuges aporten una renta monetaria equivalente a la familia. Se trata de un claro estímulo a que ambos cónyuges trabajen fuera de casa. La valoración de esta medida será distinta en función de las concepciones sociopolíticas de cada cual. A mi modo de ver, no se debería interferir en este tipo de decisiones pues, en todo caso, la injerencia estatal provoca una disminución del bienestar de quienes libremente prefieren un modelo de vida distinto del oficialmente promocionado. Hoy día no son necesarios estímulos de ningún tipo para vencer la resistencia irracional que en tiempos no muy lejanos existió, pero que ha sido afortunadamente superada, contra el trabajo de la mujer fuera del hogar (y ello a pesar de que subsistan injustas discriminaciones en las condiciones de trabajo para cuya corrección el IRPF no es instrumento eficiente). Debería también valorarse la incongruencia de forzar ofertas de trabajo no deseadas en la situación actual de insultante nivel de desempleo.

Las soluciones al problema de la discriminación de las familias con un solo titular de renta son múltiples y no es mi intención desarrollarlas en este trabajo. Puede decirse que todas ellas pasan por reforzar la influencia de la situación familiar en la determinación de la cuota, cosa que es posible incluso en un régimen de estricta tributación separada, aunque obviamente es más adecuado a estos fines un impuesto que favorezca la tributación de los individuos en el contexto de su unidad familiar. En otras palabras, una opción razonable es que las normas del impuesto (que no podrá ser nunca un impuesto de grupo y permitirá en todo caso la opción por la tributación separada) configuren un régimen de tributación conjunta en el que se permita la distribución total o parcial de las rentas entre los cónyuges. Las ventajas que en ese caso deriven de la tributación conjunta, al margen de estar fundadas en el principio de capacidad económica cuando el régimen económico sea el de gananciales, se encuentran constitucionalmente amparadas por el prin-

19. A favor de una mayor vinculación de la ley fiscal a los esquemas civiles que regulan las relaciones económicas familiares, Ramallo Massanet, "La unidad familiar como sujeto en el ordenamiento tributario español", *Civitas REDF* 29/47, 1981.

cipio de protección a la familia (art. 39 CE).[20]

Aunque habitualmente se contraponen dos sistemas de tributación de la renta personal (conjunta y separada), me parece más acertado hablar de cuatro tipos, dos en los extremos y dos intermedios: a) tributación separada, que es aquélla en que cada persona es gravada con absoluta independencia de los demás miembros de su familia (sin perjuicio de la deducción por cargas familiares, que es un problema diferente); b) tributación acumulada o conjunta, que es la identificable como "impuesto de grupo", en la que se acumulan las rentas familiares sin ningún tipo de correctivo; c) tributación acumulada corregida: se acumulan las rentas familiares y se corrige el efecto dañoso de la tarifa progresiva sobre la renta acumulada; d) tributación individual con promediación de rentas: cada individuo tributa aisladamente, pero las rentas se imputan teniendo en cuenta las relaciones familiares.

En nuestro ordenamiento la opción "b" está proscrita. La ley vigente se adapta al sistema "a" (sistema general de tributación) y "c" (opción por tributación conjunta). También podría introducirse un sistema de tributación separada con promediación total o parcial de rentas entre cónyuges.

Otra cuestión, que no vamos a abordar aquí, pero que, a la vista de las circunstancias sociales, debiera ser estudiada de cara a una reforma legislativa, es la de la posible inclusión de otras formas de convivencia no-matrimoniales o paternofiliales en el seno de la unidad contribuyente.[21]

3. *Las cargas familiares*

3.1 Delimitación del problema

Un problema sustancialmente distinto, que conviene no confundir con el de la definición de la unidad contribuyente, es el del tratamiento de las cargas familiares en el IRPF.[22] Una cosa es que el impuesto tenga en cuenta las relaciones familiares a efectos de distribuir la renta entre los miembros de la familia, permitir la compensación de las ganancias de unos con las pérdidas de otros, acumular o no la base (con mecanismos que corrijan en todo caso el efecto de la progresividad sobre la base acumulada), o establecer una responsabilidad solidaria frente a la Hacienda Pública; y otro problema muy distinto, que se

20. "Dada la existencia de una cuota única que la sujeción conjunta comporta, esta limitación constitucional puede concretarse en la afirmación de que tal cuota única no puede exceder en su cuantía de la que resultaría de adicionar las cuotas separadas que corresponderían a cada uno de los sujetos pasivos, aunque, como es obvio, *sí puede ser menor si el legislador emplea también este instrumento de la sujeción conjunta, como es casi inexcusable*, para cumplir la obligación de proteger la familia que le impone el art. 39.1 de la Constitución" (STC 20.2.89, *RTC* Aranzadi 1989/45, FJ 5).

"Las consecuencias jurídicas que el legislador extraiga de tal diferencia, la diferencia de trato de los sujetos integrados en la unidad familiar en relación con quienes no lo están, sólo serán aceptables, en consecuencia, en la medida en la que sean también adecuadas y congruentes con tal diferencia, salvo en la medida en que, en cumplimiento del mandato contenido en el art. 39.1 CE ésta sea tomada también en consideración por el legislador para dispensar a los integrantes de la unidad familiar un trato fiscal más favorable que el que reciben los sujetos no integrados en unidad alguna" (STC 20.2.89, *RTC* Aranzadi 1989/45, FJ 6).

21. Las dificultades son principalmente de orden práctico. En sentido favorable al sometimiento de las unidades de hecho a tributación conjunta: Soler Roch, "Subjetividad tributaria y capacidad económica de las personas integradas en unidades familiares", cit., p. 205.

22. El hecho de que a veces se haya presentado el *income splitting* o el *quotient familial* como fórmula para reducir la carga fiscal de los matrimonios y familias con hijos es la causa de que se confunda más de una vez el problema del sistema de tributación individual o familiar con el de la deducción de las cargas familiares. Palao Taboada presenta estas técnicas como métodos alternativos para resolver el tema de las cargas familiares ("El tratamiento de la familia en la imposición sobre la renta", cit., p. 17). No obstante las reflexiones de este autor van encaminadas fundamentalmente al sistema de imposición y pasan de soslayo sobre el problema de las cargas de sostenimiento personal y de la familia.

plantea tanto si la tributación es separada como si es conjunta, es si la obligación legal (o incluso libremente asumida, aunque no entraremos en este tema) de soportar las necesidades vitales del individuo y de las personas de su entorno familiar influye en su capacidad de contribuir.

La primera cuestión afecta a la determinación del centro subjetivo de imputación de las normas del impuesto (nótese bien que no hablamos de "sujetos pasivos", que en este impuesto no deben serlo más que las personas físicas). El segundo es un problema de definición y delimitación de la capacidad económica gravable y la base imponible del tributo. A veces se confunden ambas cosas y con ello se contribuye a hacer más difícil la comprensión de ambos fenómenos y las respuestas que debe darles el ordenamiento.

3.2 Las cargas familiares en la ley vigente

La ley actual tiene parcialmente en cuenta las cargas familiares, pero no las considera un elemento relevante para determinar la capacidad contributiva del individuo.[23] Por decirlo de una forma gráfica, la actual Ley del IRPF prescinde de las cargas familiares en la estructura del impuesto y se limita a reconocer "subvenciones" o "beneficios fiscales" a favor de las personas que soportan dichas cargas. Las deducciones en la cuota por hijos, por ascendientes etc. son equivalentes a una auténtica subvención, un "gasto fiscal" ajeno a la estructura básica del impuesto.

Estas deducciones en cuota tienen, desde mi punto de vista, tres flancos débiles, tres graves inconvenientes:

a) Uno, que al ser equivalentes a una subvención deberían otorgarse también a quienes no están obligados a pagar el IRPF. Actualmente las cargas familiares no se conciben por la ley fiscal como un elemento que influye en la capacidad económica y, por ello, la cuota íntegra no refleja ni tiene en cuenta la existencia de estas cargas. Después de determinar la cuota íntegra se otorga un beneficio fiscal, se "perdona" una parte de la cuota por el hecho de haber descendientes a cargo del sujeto pasivo. El efecto es el mismo que exigir en su totalidad la cuota íntegra (que es el nivel en el que teóricamente debe situarse la contribución el sujeto pasivo) y otorgar a continuación una subvención por hijos o descendientes. No es fácil de comprender por qué el Estado no subvenciona igualmente a quien no tiene cuota íntegra en el IRPF (normalmente personas más necesitadas de la ayuda o subvención). Se manifiesta aquí una vez más una de las paradojas del actual sistema de protección social: que quedan fuera los más indigentes.

b) Dos, que crea la sensación de que se "protege" a la familia, porque se subvencionan los hijos. Lo malo de esta sensación es que esta protección (escasa y sólo para quienes disponen de renta) está ocultando o disfrazando la penalización o castigo que en el IRPF sufren, *cæteris paribus*, quienes tienen familia a su cargo en relación con las personas que no tienen o tienen menos cargas familiares.

c) Tres, salvo en los tramos de renta más bajos, no establece la necesaria discriminación entre personas que, teniendo los mismos ingresos, poseen diferente capacidad económica por tener distintas cargas familiares.

3.3 El fundamento de las deducciones por cargas familiares

El fundamento y el tratamiento que debe darse a las cargas familiares en el IRPF son dos cosas íntimamente vinculadas. Si se actúa racionalmente, no se debe hablar

23. Quizá por influencia de la STC 20.2.89 en la que, según Soler Roch, "el Tribunal plantea la cuestión en términos simplistas y objetivos (la cuantía de la renta), pero no reflexiona sobre el aspecto subjetivo de la capacidad contributiva, medido en términos de aptitud para contribuir en función de las circunstancias personales y familiares" ("Subjetividad tributaria y capacidad económica de las personas integradas en unidades familiares", cit., p. 205).

del tratamiento de las cargas familiares sin haber determinado antes cuál es la razón de ser, el fundamento o finalidad de su régimen jurídico-tributario.

Esta incógnita tiene dos respuestas posibles: o se pretende "ayudar" a las familias con una especie de subvención; o se pretende "determinar" cuál es la cuota que en estricta justicia debe pagar quien tiene cargas familiares. Ambas finalidades son legítimas y posibles, y hasta pueden coexistir. Pero las técnicas que se deben utilizar en uno y otro caso son radicalmente diferentes.

Antes de entrar en el problema hemos de destacar algunas ideas o afirmaciones que deben ser convenientemente diferenciadas para evitar los errores en que incurren quienes arbitrariamente las mezclan:

a) El impuesto sobre la renta es y debe ser un impuesto progresivo.

b) Para que el impuesto sea progresivo (progresividad real) no basta con establecer una tarifa progresiva (progresividad formal), sino que es necesario que la tarifa progresiva se aplique sobre una base adecuada. Si la base no es adecuada, cuanto más progresiva sea la tarifa (progresividad formal), más injusto será el impuesto (regresividad real).

c) La progresividad de la tarifa (supuesta una base correcta) es el instrumento para tratar desigualmente de quienes tienen distinto nivel de capacidad económica. A más capacidad económica la contribución debe ser proporcionalmente mayor. Este es un problema que llamaremos de *justicia vertical*: trato diferencial entre quienes tienen más y quienes tienen menos capacidad.

d) La determinación correcta de la base (supuesta una tarifa progresiva) es imprescindible para que los iguales reciban un tratamiento igual: es un problema de *justicia horizontal*, tan apremiante y perentorio como el de justicia vertical.

A la vista de lo anterior es obligado preguntarse si las cargas familiares son un elemento que influye en la capacidad económica del individuo, en el sentido de reducir sus posibilidades de pagar impuestos en función de la renta obtenida. En otras palabras, hay que reflexionar si la parte de la renta (entendida en sentido económico) que se destina a atender las necesidades vitales de las personas a cargo del contribuyente debe ser o no deducida de dicha renta económica para determinar la renta fiscalmente gravable (renta en sentido jurídico-tributario).

La respuesta a este dilema no está exenta (como no lo están en general los problemas de justicia) de componentes ideológicos.[24] Si extremamos las posturas podemos decir que quienes consideren que tener hijos o atender a unos padres ancianos o a otros familiares necesitados es algo parecido a un lujo o un capricho (en el primer caso, porque se puede no tenerlos; y, en el segundo, porque se puede dejar que la sociedad o el Estado se haga cargo de ellos), es evidente que responderán que las cargas familiares no son elementos que modulen la capacidad de contribuir en el IRPF. Hay, sin embargo, otros puntos de vista muy diferentes, que personalmente comparto: los hijos son ciudadanos de la misma categoría que los demás, que encuentran en la familia el mejor ambiente para el desarrollo integral de su personalidad; por otro lado, la atención de otras personas necesitadas de apoyo, distintas de los hijos menores, no tiene mejor marco que el de la familia que voluntariamente asume esa función.

Por tanto, quienes asumen cargas familiares desarrollan, en la opinión de muchos ciudadanos y, desde luego, en la mía

24. Igual que ocurre con otros aspectos de la tributación de las rentas familiares, como acertadamente destaca Palao Taboada ("El tratamiento de la familia en la imposición sobre la renta", cit., p. 11). No obstante, la función del jurista no puede ser reducida a la mera técnica instrumental y neutral con los postulados de justicia. Antes al contrario, llegados a este punto es necesario explicitar los valores y analizar racionalmente si las soluciones adoptadas o propuestas son coherentes con ellos (me remito a lo que más ampliamente desarrollé en *El Derecho Financiero y la Ciencia Jurídica*, Bolonia, Publicaciones del Real Colegio de España, 1985, pp. 301 y ss.).

propia, una función social indiscutible[25] y no es justo que el Estado, a la hora de determinar el deber de contribuir, trate igual a personas con la misma renta económica y distintas cargas familiares. Dicho de otro modo, los gastos indispensables (evaluados a la vista de las circunstancias socioeconómicas generales) para atender las cargas familiares son un elemento que limita la capacidad de contribuir[26] y que debe descontarse de la que hemos denominado renta económica para definir la renta fiscal o renta gravable por el impuesto.[27]

25. La jurisprudencia alemana afirma — en *BVerfGE* 82, 60 (66) — que "la insuficiente compensación de las cargas familiares contribuye a adulterar el contrato entre generaciones ya que matrimonios sin hijos casi no aportan de forma financiera al fomento de las próximas generaciones que más tarde van a tener que soportar las prestaciones para los jubilados, pero al mismo tiempo, estos matrimonios sin hijos tienen o disponen de un nivel de vida mucho más alto que matrimonios con hijos, y también tienen la posibilidad de elaborar por propia cuenta prestaciones para la jubilación más altas que matrimonios con hijos" (opinión de la sala de lo social del Tribunal Superior de Justicia de Trier para fundamentar la cuestión de inconstitucionalidad que dió lugar a la sentencia del *BVerfG* de 29.5.90). El *BVerfG* admitió la idea de la vulneración del contrato entre generaciones "ya que, tras unos años, las personas que cesan en su trabajo para cuidado de los hijos perciben cantidades inferiores en lo que se refiere a su pensión de jubilación mientras que es precisamente su trabajo, o, mejor dicho, el tiempo invertido en el cuidado de los hijos, lo que en un futuro asegura las pensiones de jubilación" (Sentencia de 29.5.90, *BVerfGE* 82, 60 (80 f)).

El contrato de solidaridad entre generaciones es una idea préviamente elaborada por la doctrina. Al respecto, dice Klaus Vogel que "se habla, de forma sugestiva, de un 'contrato de solidaridad entre generaciones' (Ruland, *Familiärer Unterhalt und Leistungen der sozialen Sicherheit*, 1973). El que este contrato se pueda cumplir en un futuro está garantizado por las prestaciones familiares. La carga principal la tienen las familias de tres o más hijos, constituyendo éstas, aproximadamente, un tercio del total número de familias, y en las cuales crecen un 60 por 100 de los niños. Naturalmente, ningún padre o madre amará, cuidará y mantendrá a sus hijos pensando en que así garantiza el seguro de vejez de su generación. En este punto, no se debe pensar en procrear en vez de soldados futuros para la nación, como se sostuvo en el pasado, en procrear los futuros contribuyentes de un seguro de vejez, planteamiento que resultaría tan abominable como el anterior. Pero ello no cambia el hecho de que la educación y la manutención de los hijos tiene hoy una fundamental importancia para toda la sociedad. Y ésta es tanto mayor si se tiene en cuenta que desde 1972 el número de nacimiento es, en la RFA, inferior y de modo creciente al número de defunciones" ("Consideraciones sobre la obligación de manutención en el impuesto sobre la renta (análisis de la sentencia del *BVerfG* de 23.11.1976 y el futuro de la imposición familiar)", cit., p. 395).

26. Y ello con independencia de que en algunos casos los gastos por cuidado de hijos podrían incluso considerarse como gastos necesarios para obtener las rentas de trabajo o profesionales. "En el supuesto de que existan niños pequeños es preciso, para que los dos cónyuges puedan trabajar, que se puedan dejar en algún lugar, durante el tiempo de trabajo de los mismos, bien en un jardín de infancia, bien al cuidado de una empleada de hogar. Hasta el momento, la jurisprudencia se ha negado a reconocer estos gastos como exigidos por el trabajo, pues se entiende que los mismos no se encuentran en una relación inmediata con la actividad misma. Tal argumento no resulta convincente, pues no se alcanza a ver la razón por la cual el necesario cuidado de los niños tiene una relación menos directa con la actividad que, por ejemplo, el hecho de ser socio de un colegio profesional" (Vogel, "Consideraciones ...", cit., p. 399). De esta opinión participa también C. Eugene Steuerle, que propugna la deducibilidad de los gastos escolares y de guardería ("Fiscalidad de la familia: la experiencia de EE.UU.", *HPE*, monografía 2/91, pp. 48 y 49).

27. En sentido similar Soler Roch, "Subjetividad tributaria y capacidad económica de las personas integradas en unidades familiares", cit., p. 203. Según relata Vogel:

"En su informe de 1967, para la reforma de los impuestos directos, el Consejo Científico del Ministerio Federal de Hacienda ha indicado que las necesidades de consumo de un matrimonio son 1,8 veces superiores a lo que necesita un soltero con el mismo nivel de vida; asimismo, las necesidades de un niño oscilan entre un 0,3 y un 0,9. Partiendo de estas cifras (que representan, para los hijos, un promedio de 0,6), resulta que, con el mismo nivel de vida, un matrimonio con dos hijos necesita tres veces más que un soltero; un matrimonio con cuatro hijos, 4,2 veces más; con seis hijos, 5,4 veces más.

"Pero supuesto que los padres no pueden acrecentar a su voluntad su nivel de ingresos, la carga de manutención de los hijos significa de hecho que la familia con un ingreso neto igual tiene que bajar su nivel de vida. Si se parte del hecho de que la totalidad de los ingresos se consume y, por tanto, no se puede ahorrar (hecho totalmente realista en familias numerosas, incluso con ingresos medianos), entonces la familia, en comparación con solteros, sólo dispone para la manutención de cada miembro de los siguientes porcentajes:

Esta es una idea que se encuentra ya recogida en estudios prestigiosos, que algunos ignoran o silencian. Al margen de los que hemos citado en las páginas anteriores, el *Rapport de la Commission Royale d'Enquête sur la Fiscalité* (habitualmente designado como *Informe Carter*), que data de 1966, sostenía que la renta gravable no debe ser el beneficio neto, sino la renta disponible o discrecional, la renta restante tras atender un nivel de vida suficiente habida cuenta de las circunstancias sociales.[28]

Sin embargo las aportaciones más significativas en este sentido se deben a la doctrina, y a la jurisprudencia, alemana, que poco a poco ha ido perfilando el concepto de cargas familiares, la obligatoriedad constitucional de su respeto en el IRPF y hasta se ha aventurado a fijar la cuantía de las cargas familiares(cosa que hoy por hoy no es presumible que haga el TC español).

Desde la perspectiva científica, la doctrina alemana distingue entre renta neta en sentido objetivo y en sentido subjetivo. Con palabras de Lang, "el primer elemento de la base de cálculo del impuesto sobre la renta, la suma de los ingresos, comprende los ingresos sin considerar los gastos propios de la vida privada; por eso 'la suma de los ingresos' mide la capacidad fiscal sin diferenciar en qué circunstancias personales vive el contribuyente. Pero determinadas circunstancias personales, como, *v.g.*, deberes de alimentos para con la familia o costos por enfermedad, perjudican la capacidad de pago de impuestos. Conforme a eso, se sabe desde hace tiempo y se puso de relieve en el Derecho Fiscal alemán, especialmente por J. V. Bredt, que los criterios de capacidad fiscal se dividen en dos aspectos básicos, el de capacidad *objetiva* y el de la *subjetiva*. El criterio de capacidad objetiva se refiere a los ingresos en el sentido económico, por decirlo así, al *objeto* patrimonial apto para la tributación. En cambio el criterio de capacidad subjetiva toma en cuenta los gastos de mantenimiento necesarios del contribuyente para sí y para su familia, que hay que cubrir inevitablemente mediante los ingresos en el sentido económico, y por eso no son disponibles

"Matrimonios sin hijos: 55,6%;
"Matrimonio con dos hijos: 33,3%;
"Matrimonio con cuatro hijos: 23,8%;
"Matrimonio con seis hijos: 18,5%" (Klaus Vogel, "Consideraciones sobre la obligación de manutención en el impuesto sobre la renta (análisis de la sentencia del *BVerfG* de 23.11.1976 y el futuro de la imposición familiar)", *HPE* 94/392 y 393, 1985).

Son también muy interesantes las conclusiones de Juan A. Gimeno, extraídas del análisis de la encuesta de presupuestos familiares del INE. Los datos parece que demuestran las economías de escala, pero hay otros factores interesantes como el que en las familias con más miembros aumenta el número de perceptores de renta (de donde se deduce que las necesidades empujan a más miembros a aportar recursos); o que la media de consumo disminuye en familias a partir del segundo hijo. A partir de estos datos, el autor sienta su postura personal sobre el problema, en ocho puntos, de recomendable lectura, que extractamos: 1. Es más coherente un sistema de tributación conjunta. 2. A más personas en la familia, menor la capacidad de pago. 3. Las economías de escala sólo afectan a un 30% de los gastos familiares. 4. La unión de hecho se beneficia igualmente de las economías de escala y recibe un trato de favor sobre los individuos separados. 5. Lo mismo ocurre con el matrimonio. 6. El tratamiento de la renta acumulada debería diferenciar entre rentas de trabajo y de capital y según niveles de ingreso. 7. No el lícito olvidar la equidad horizontal en los niveles más elevados de rentas, pues también entre ellos existe diferente capacidad de pago según las circunstancias familiares. 8. En la solución que se arbitre se debe buscar la mayor sencillez posible (Juan A. Gimeno, "Rentas familiares y equidad", *HPE* 99/289 y ss., 1986).

28. "Los impuestos *deben repartirse entre las unidades de imposición proporcionalmente a la capacidad tributaria.* Creemos que ello se producirá cuando tal reparto se opere en proporción al *potencial económico discrecional* de las unidades de imposición. Este enunciado no puede mantenerse si no definimos el término 'potencial económico discrecional'. Con tal finalidad, estimamos útil considerar el potencial económico discrecional como el producto potencial económico total de la unidad de imposición y de aquella fracción del potencial económico global que la unidad de imposición puede afectar a los gastos comprensibles. Por la 'unidad de imposición' entendemos tanto las familias como los contribuyentes que no tienen otras personas a su cargo. Por 'potencial económico global' debemos entender el que permite a la unidad de imposición procurarse bienes y servicios para su uso personal, se ejerza o no esta potencia. *Por 'fracción del potencial económico que se puede afectar a los gastos comprensibles' enten-*

para el pago de los impuestos. Por tanto el criterio de capacidad subjetiva elimina de los ingresos en sentido económico la parte no disponible, los llamados ingresos indisponibles. Los ingresos indisponibles se miden por el segundo elemento fundamental de la base de cálculo del impuesto sobre la renta, esto es: el conjunto de *deducciones personales* en el sentido del § 2, IV y V, de la Ley del Impuesto sobre la Renta (*EStG*). Sirve de base a estas deducciones personales el denominado *principio de la renta neta en sentido subjetivo*, según el cual el contribuyente puede deducir los gastos 'inevitables' de la subsistencia".[29]

Como es sabido, el TC alemán (*BVerfG*) declaró inconstitucional la acumulación forzosa con progresividad en 1957, por ser contraria al principio de capacidad contributiva individual.[30] Aunque durante muchos años dejó al legislador una amplia libertad de configuración y fue reacio a extraer conclusiones del principio de capacidad económica,[31] desde 1976 se fueron concretando algunas exigencias de gran interés para nosotros, como la de que es fundamental que la imposición se establezca según la capacidad económica y que la carga por obligación de manutención que afecta a los contribuyentes individuales es una circunstancia especial que perjudica la capacidad de los padres y "no se puede descuidar esta carga especial imperiosa sin menoscabo de la justicia fiscal",[32] si bien el legislador puede atender esta exigencia con las normas fiscales o mediante ayudas o prestaciones sociales de otro tipo.[33]

Joaquim Lang descubre en otra sentencia de 3.11.82 un "progreso orientador" consistente en que "revoca la remisión global a la compensación familiar de cargas extrafiscales y *obliga* análogamente *al legislador al principio de capacidad* (...). En cuanto el derecho social no compensa la disminución de la capacidad económica, el principio de capacidad exige, según la opinión purificada del *BVerfG*, tomar en cuenta las prestaciones alimenticias no cubiertas por retribuciones sociales como 'disminución de los ingresos', desde el punto de vista fiscal".[34]

En una sentencia de 22.2.84 el *BVerfG* concretó el importe de las cargas familiares deducibles al pronunciarse sobre la insuficiencia de la deducción concedida a una persona que convivía con su madre laboralmente incapaz, invocando como argumento el principio del Estado social. Con independencia de las ayudas sociales el legislador "no puede establecer límites extraños a la realidad con respecto a la consideración impositiva de los compromisos de manutención obligatorios".[35]

La jurisprudencia posterior del *BVerfG* ha seguido profundizando en esta línea. Son particularmente importantes las sentencias de 29.5.90 (*BVerfGE* 82, 60) y la de 12.6.90 (*BVerfGE* 82,198). La primera analizaba la

demos aquella parte de la capacidad económica global de la unidad de imposición de la que no se precisa para el sostenimiento de los miembros de la unidad. 'Sostener' no es aquí sinónimo de proveer a la mera subsistencia física. El término más bien quiere decir: suministrar los servicios necesarios para conservar en la familia o en el contribuyente que no tiene a nadie a su cargo un nivel de vida conveniente por relación al de las otras unidades" (*Informe Carter*, v. II, Madrid, Instituto de Estudios Fiscales, 1975, p. 5).

29. Joaquim Lang, "Tributación familiar", *HPE* 94/411, 1985.

30. Sentencia del *BVerfG* de 17.1.57, publicada en *HPE* 94/377 y ss., en particular p. 387, 1985.

31. Esto nos recuerda las ambiguas formulaciones de nuestro TC cuando dice, por ejemplo, que la capacidad económica "no es un axioma del que puedan extraerse, por simple deducción lógica, consecuencias positivas, precisas y concretas" (STC 11.12.92, *RTC* Aranzadi 1992/221); o que "basta que dicha capacidad económica exista, como riqueza o renta real o potencial en la generalidad de los supuestos contemplados por el legislador al crear el impuesto, para que aquel principio constitucional quede a salvo" (STC 26.3.87, *RJC* Aranzadi 1987/37).

32. Klaus Vogel, "Los gastos ineludibles en la tributación de la unidad familiar", *HPE* 99/305, 1986.

33. Klaus Vogel, "Consideraciones sobre la obligación de manutención en el impuesto sobre la renta (análisis de la sentencia del *BVerfG* de 23.11.1976 y el futuro de la imposición familiar)", cit., p. 391.

34. "Tributación familiar", *HPE* 94/409, 1985.

35. Klaus Vogel, "Los gastos ineludibles en la tributación de la unidad familiar", cit., p. 3.707.

constitucionalidad de una ley de 1983 que redujo las prestaciones sociales por hijo, fijadas a partir de 1982 en 40, 100, 220, 240 marcos (para el primero, segundo, tercero y cada uno de los demás respectivamente), a 40, 70 y 140 marcos (primero, segundo y restantes hijos respectivamente), cuando la renta anual que percibían los padres superaba ciertos límites; a propósito de ello se discutía también el modo de calcular la renta de los padres. Esta sentencia establecía en su segunda máxima que "en la tributación del IRPF la cantidad necesaria para el mínimo de existencia de una familia debe estar libre de cualquier tributación. Solamente las rentas que sobrepasen este mínimo deben estar sometidas a la tributación. Esta opinión — decía el propio *BVerfG* — es contraria a la sentencia del *BVerfG* 43.108. Si el legislador compensa la disminución de la capacidad tributaria por vía de prestaciones sociales, éstas deben estar calculadas teniendo en cuenta una deducción similar".[36]

La sentencia del *BVerfG* de 12.6.90 admitió y declaró haber lugar a la cuestión de inconstitucionalidad formulada por el Tribunal de Hacienda de Baden Württemberg contra el art. 32.8 de la Ley del Impuesto sobre la Renta, que otorgaba una deducción por hijo de 432 marcos, por incompatibilidad con el art. 3.1 (igualdad ante la ley) en relación con el art. 6.1 (protección de la familia) de la Constitución. El demandante, que tenía dos hijos, dedujo cantidades superiores que la Administración rechazó, aplicando la cifra de 864 marcos. El Tribunal de Baden Württemberg entendía — en función de la tasa reglamentaria de ayuda social — que para atender las necesidades mínimas de los hijos hacían falta 4.200 marcos y por ello opinaba que "el art. 32.8 de la Ley del IR iría contra el art. 3.1 de la Constitución, el cual exige una tributación justa. El principio de capacidad económica constituye además el criterio aplicable que integraría como componente esencial, que el mínimo de existencia de los sujetos pasivos debería quedar libre de impuestos. El legislador no podría suavizar, o en modo alguno suprimir este principio elemental, a través de otros criterios establecidos para una distribución justa de las cargas fiscales. No sólo tendrían que quedar libres de impuestos los gastos para el mínimo de existencia propio de los sujetos pasivos, sino también las necesidades de aquellas personas de cuya subsistencia responde el mismo sujeto pasivo" (apartado A.II.2.a de la sentencia[37]). "La deducibilidad limitada de los gastos de manutención por hijo — continúa el Tribunal proponente de la cuestión —, en el año del litigio, atentaría también contra el art. 6.1 de la Constitución. Según éste, el Estado no podría dificultar a los padres el cuidado y educación de los hijos. Esto, sin embargo, ocurriría cuando éste dejara libre de impuestos el mínimo de existencia y los gastos necesarios del sujeto pasivo y su cónyuge, pero sólamente dejara libre de imposición una parte del importe que ellos necesitaran para asegurar la subsistencia de sus hijos, una vez deducida la prestación social por descendientes" (apartado A.II.2.b de la sentencia[38]).

El *BVerfG* admitió la demanda y declaró que "el punto de partida de la valoración constitucional es el principio que el Estado tiene que dejar la renta del sujeto pasivo libre de impuestos, en tanto sea necesaria para llegar a los requisitos mínimos de una existencia digna, o sea, para asegurar el mínimo de existencia. Del art. 6.1 de la Constitución resulta que en la imposición de una familia el mínimo de existencia de todos los miembros de la misma tiene que quedar libre de impuestos" (apartado C.I.2 de la sentencia[39]).

La jurisprudencia del *BVerfG* ha sido detalladamente estudiada y expuesta por

36. *BVerfGE* 82, 60 (60).

37. *BVerfGE* 82, 198 (200)
38. *BVerfGE* 82, 198 (201 f).
39. *BVerfGE* 82, 198 (206 f).

Angeles García Frías,[40] a cuyo trabajo me remito. La autora, tras explicar la estructura de las deducciones previstas en la ley alemana del IRPF, efectúa una lúcida recapitulación de la jurisprudencia constitucional sobre el mínimo vital de subsistencia familiar, que está vinculado a los principios constitucionales de capacidad económica, igualdad, protección a la familia y de Estado Social:

"Se ha considerado contrario al *principio de igualdad* — afirma García Frías[41] — gravar del mismo modo a los individuos que con su renta hacen frente únicamente a sus propias necesidades y a los que además tienen cargas familiares. Este aspecto desemboca en la necesidad de dar cumplimiento a la justicia horizontal, ya que si estos individuos no se encuentran en igual nivel horizontal, no pueden ser tratados de idéntica forma"

"El *principio de protección a la familia* tiene dos vertientes: la prohibición de perjudicar y la obligación de protegerla. La exención del mínimo de existencia pertenece a las normas derivadas de la prohibición de perjudicar, ya que se discrimina a la familia frente a los contribuyentes sin hijos cuando el mínimo vital familiar no se halla libre de gravamen. Una vez cumplida la prohibición de perjudicarla, está en manos del legislador la realización de la obligación de protegerla, para lo cual es admisible tanto la utilización de beneficios fiscales como extrafiscales (...).

"El *principio de Estado Social* comporta que si el ciudadano obtiene rentas entra en juego la prohibición de perjudicar, impidiéndose, en virtud de esta prohibición, la intromisión del impuesto en los ingresos necesarios para asegurar el mínimo vital familiar; si, por el contrario, el ciudadano no obtiene rentas, entonces el legislador se verá compelido por la obligación de proteger a cubrir las deficiencias económicas de la familia a través de la ayuda social."[42]

El principio de la capacidad económica subjetiva se encuentra implícitamente reconocido por el TC español.[43] Los gastos de subsistencia influyen en la capacidad contributiva en que se fundamenta el IRPF. Cuando el abogado del Estado defendió la constitucionalidad de la acumulación de rentas de acuerdo con la Ley 44/78, lo hizo basándose en que la mayor cuota derivada de la tarifa progresiva sobre la base acumulada se justificaba en el ahorro de las economías de escala de la vida en común. En definitiva, el abogado del Estado sostenía que las diferencias de gasto en necesidades vitales justifican una diferencia de cuotas tributarias. El TC aceptó lo esencial del argumento,[44] aunque, por otras razones, estimó que no estaba bien aplicado al caso (básicamente porque sólo se acumulaba la renta de la unidad familiar definida en la Ley del IRPF y no la de otras unidades de convivencia): "Este incremento de la carga tributaria sería constitucionalmente aceptable, desde la perspectiva de los arts. 14 y 31 de nuestra Constitución, en la conexión ya antes comentada, si efectivamente fuese la convivencia la razón de la diferenciación, si de la convivencia se siguiera también un incremento en alguna medida cuantificable de la capacidad económica de cada uno de los cónyuges y de cada uno de los hijos y si, por último, la mayor cuantía de la cuota

40. "El mínimo de existencia en el impuesto sobre la renta alemán", *Información Fiscal* 3/17 y ss., mayo-junio/94.

41. "El mínimo de existencia en el impuesto sobre la renta alemán", cit., p. 31.

42. García Frías, "El mínimo de existencia en el impuesto sobre la renta alemán", cit., p. 32.

43. A pesar de que, como subraya María Teresa Soler, el TC no se preocupó de reflexionar sobre el aspecto subjetivo de la capacidad contributiva (Soler Roch, "Subjetividad tributaria y capacidad económica de las personas integradas en unidades familiares", cit., p. 205).

44. El TC español, a diferencia del alemán, no niega el aumento de capacidad económica por el ahorro doméstico, sino que se limita a rechazar que las economías de escala sean una justificación suficiente de la tributación conjunta del matrimonio sin corrección de la progresividad. V. una apreciación crítica de la exclusión legal de las economías de escala en Soler Roch, "Subjetividad tributaria y capacidad económica de las personas integradas en unidades familiares", cit., pp. 203 y ss.

a pagar estuviese en relación con este incremento de la capacidad económica" (STC 20.2.89, *RTC* Aranzadi 1989/45, FJ 7).

3.4 El tratamiento que debe darse a las cargas familiares

Demostrada la relación entre los gastos de subsistencia familiar con la capacidad económica o capacidad de contribuir del sujeto pasivo, resta por determinar qué técnica ha de utilizarse para incorporar este elemento a la normativa del IRPF. La respuesta sólo puede ser una: la modulación de la base imponible o base liquidable del impuesto. La disminución de capacidad económica provocada por la obligación de atender gastos de subsistencia de las personas a cargo del contribuyente se debe traducir en una disminución equivalente de la base imponible.[45]

45. Según González García, tras la STC 20.2.89 "debería haberse emprendido una política realista, tendente a la efectiva consideración de las cargas familiares. Esto es, una política neutral con relación a la familia, que valore los gastos reales — también jurídicamente exigibles — que tienen que efectuar los responsables de una familia para alimentar al otro cónyuge e hijos y educar a estos últimos" (*Tributación Individual Frente a Tributación Conjunta en el IRPF*, cit., p. 34).

La deducción de este tipo de gastos en la base imponible está avalada por la experiencia y la práctica de casi todos los países de nuestro entorno. Del *Inventaire des Impôts Perçus dans les États-Membres*, que publica la Comisión de la UE (edición 16ª y suplemento) se desprende lo siguiente:

Alemania: la Ley del Impuesto sobre la Renta alemana de 27.2.87, modificada por otra de 21.12.93, establece que la base es el conjunto de las rentas obtenidas y sobre la misma se aplican, entre otras deducciones por gastos personales, deducciones por personas jubiladas proporcionales a la pensión, deducciones por hijos a cargo del contribuyente y deducciones por personas que viven solas y tienen por lo menos un hijo a su cargo, aparte de una deducción para compensar los gastos de sostenimiento propio.

Austria: la ley del IRPF de 1988, modificada en 1995, prevé deducciones en la base por gastos especiales (cargas permanentes, gastos de seguros, gasto de construcción de vivienda con ciertos límites etc.) y gastos exgtraordinarios (gastos de enfermedad, reparación de siniestros, gastos de funeral, formación profesional).

Esta solución es la única coherente con el fundamento de la deducción de las cargas familiares, la única que realiza el principio de justicia horizontal y la única que transforma en progresividad real la progresividad formal de la tarifa:

Bélgica: existen diversas deducciones en base, entre las que se encuentran la del 80% de ciertas pensiones alimenticias, el 80% de los gastos de guardería o cuidado de uno o varios niños de menos de tres años, y las remuneraciones pagadas a un empleado del hogar. Además se aplica una minoración en la base de 186.000 BRF (contribuyente individual) y de 146.000 BRF (matrimonio) incrementada en función de los hijos: a) un hijo: 39.000 BRF; b) dos hijos: 101.000 BRF; c) tres hijos: 228.000 BRF; d) cuatro hijos: 369.000 BRF; e) por cada hijo más: 141.000 BRF.

Dinamarca: la Ley 700, de 1.9.93, establece como base del impuesto la renta ordinaria, en la que se practica una deducción personal de carácter general de alrededor de 29.300 DKR (año 1994).

Francia: no hay deducciones en la base imponible por cargas familiares, pero el sistema de tributación conjunta con el mecanismo conocido como cociente familiar se funda en el reconocimiento de la disminución de capacidad económica por razón de cargas familiares.

Gran Bretaña: la Ley de los Impuestos sobre la Renta y sobre las Sociedades de 1988 y las Leyes de Presupuestos posteriores consideran base la renta total menos ciertos gastos de inversión, y en la base se practican deducciones personales para todas las personas físicas, para matrimonios, deducciones más elevadas para personas de más de 65 años, para familias monoparentales, para personas ciegas etc.

Grecia: Grecia permite la deducción en la base de una parte de ciertos gastos de subsistencia (alquiler de vivienda, alojamientos de hijos que estudian fuera del hogar, primas de seguro de vida, gastos de estudios, gastos médicos y jurídicos) y 500.000 dracmas por cada persona ínvalida a cargo del contribuyente. Además aplica deducciones en cuota en función del número de hijos.

Irlanda: según la Ley del Impuesto sobre la Renta de 1967 y las Leyes de Presupuestos de años sucesivos, se reconoce una exención de 300 IRL por cada hijo a cargo del contribuyente, más una exoneración de 500 IRL a partir del tercero. Hay deduciones por hijos discapacitados, por personas que atienden solas a sus hijos, por padres a cargo del contribuyente, para ciegos etc.

Portugal: según el Decreto-Ley de 30.12.88, sucesivamente modificado hasta el de 20.12.93, de la base imponible se deducen los gastos de enfermedad sin límite y los gastos de educación, además de ciertos intereses, primas de seguro de vida, seguro de enfermedad o seguro de accidentes.

a) Por un lado, es coherente con el fundamento de la deducción porque la base imponible debe reflejar la medida o cuantía de la capacidad económica gravable. Otras técnicas, como la deducción en cuota de una cantidad a tanto alzado por hijos o por ascendientes (fórmula que actualmente se utiliza), no adaptan el impuesto a la capacidad económica gravable, sino que cumplen la función, como ya hemos dicho, de una subvención o ayuda al sostenimiento de los hijos que sólo se aplica después de haber determinado una supuesta capacidad económica que prescinde de este dato, y una cuota íntegra en cuya determinación tampoco han influido las cargas familiares. Esta "subvención", que en caso de existir debería ser general, sólo la reciben, como ya hemos dicho, quienes tienen cuota íntegra en el IRPF.

b) En segundo lugar, realiza el principio de justicia horizontal porque es la única solución que sitúa en igualdad de condiciones a quienes tienen igual capacidad económica. A la vez, discrimina o diferencia horizontalmente a quienes, teniendo la misma renta económica u objetiva, tienen diferente capacidad subjetiva por razón de las distintas cargas familiares que se vén obligados a soportar.[46]

c) Y, en tercer lugar, transmite a la cuota como progresividad real la progresividad formal incorporada a la tarifa. Ya hemos dicho antes que el impuesto sólo es realmente progresivo cuando la progresividad formal de la tarifa se aplica sobre una base correcta que representa o refleja la verdadera capacidad económica subjetiva del contribuyente. Una tarifa progresiva aplicada sobre una base que no refleje la capacidad económica sólo contribuye a agravar la injusticia a medida que ascienden los tipos.

3.5 *Una experiencia en el ordenamiento navarro*

En el ordenamiento navarro se produjo ya un intento de modernizar la legislación foral del IRPF y reparar la injusticia que sufren los contribuyentes con cargas familiares. La fragmentación de las fuerzas políticas y la falta de apoyo parlamentario al Gobierno impidieron que la iniciativa prosperara. Me refiero al Proyecto de Ley Foral que presentó el Gobierno sustentado por la Unión del Pueblo Navarro, publicado en el *Boletín Oficial del Parlamento de Navarra* de 30.12.91.

El citado proyecto preveía una serie de reducciones en la base imponible regular que resumidamente exponemos a continuación:

1. Una reducción de 600.000 pesetas en calidad de mínimo vital de los contribuyentes que no forman parte de unidades familiares.

2. En caso de matrimonio la reducción individual no se dobla, sino que se fija en 800.000 pesetas en declaración conjunta y dos deducciones de 400.000 pesetas en la separada. De este modo se tienen en cuenta las economías de escala de la vida en común.[47]

Los demás países también admiten ciertas deducciones en la base imponible por gastos personales del contribuyente. *Holanda* permite deducir pagos para constituir pensiones de vejez, una deducción general y por matrimonio, cotizaciones de seguridad social, primas de seguros de invalidez, enfermedad o accidentes. *Luxemburgo* deduce de la base gastos personales cubiertos por un mínimo *a forfait*, cargas extraordinarias, deducción por jubilación y otras. *Italia* permite deducir en la base imponible ciertos gastos de escolaridad y, con límites, los gastos de enfermedad. *Finlandia* y *Suecia* no siguen el modelo de impuesto personal sobre la renta.

46. "El sistema de deducción fija en cuota presenta dos inconvenientes principales: en primer lugar: que al ser la reducción en la deuda la misma sea cual sea el nivel de renta, la consideración de las correspondientes circunstancias disminuye en términos relativos hasta hacerse inapreciable (...). Las deducciones fijas en base permiten obviar buena parte de las dificultades apuntadas sin perder las ventajas" (Juan A. Gimeno, "Rentas familiares y equidad", cit., pp. 293 y 295).

47. A la vista de la STC 20.2.89, la reducción de la deducción en la declaración separada podría ser objeto de algún reparo constitucional, dado que coloca en peor situación a la persona casada que opta

3. Por cada descendiente soltero menor de 30 años que conviva y no obtenga rentas: 200.000 pesetas (más 200.000 pesetas en caso de invalidez).

4. Por cada ascendiente que conviva y no tenga rentas: 200.000 pesetas.

5. Por cada sujeto pasivo de edad igual o superior a 70 años: 100.000 pesetas (más 200.000 pesetas en caso de invalidez).

El Proyecto de Ley Foral fue objeto de oposición frontal par parte de algunos parlamentarios que no llegaron a entender el significado de la propuesta o, en caso contrario, quisieron aprovechar la circunstancia para rentabilizar en provecho propio la crítica superficial y falaz de que la deducción en la base imponible de las cargas familiares beneficia a los ricos porque el efecto en cuota es más grande cuanto más elevada es la base. Esta afirmación simplifica las cosas hasta el extremo de desnaturalizarlas y presentarlas de forma engañosa. El entonces responsable del partido mayoritario de la oposición, Sr. Urralburu, tildaba la medida de reaccionaria e injusta: "El proyecto de UPN plantea que los hijos de las familias con mucho dinero pueden deducir en la renta de sus padres entre 80.000 y 90.000 pesetas, mientras que los hijos de las familias de menos poder adquisitivo no superarán en la deducción de la renta de sus padres las 20.000 ó 30.000 pesetas. En situaciones familiares iguales, reduce mucho más la carga impositiva a aquellas personas que tienen más renta. Nada progresista, pues, y sí, socialmente, regresiva".[48]

Estas afirmaciones no resisten un análisis serio. Si la tarifa es progresiva, toda deducción en la base provoca mayor efecto en cuota cuanto más alta es la base. Esto es obvio, pero no es argumento para rechazar las deducciones en la base. Si esto fuera un argumento habría que aplicarlo también, por ejemplo, a la deducción que el empre-

por la declaración separada que al soltero. No obstante hay razones para defender que un matrimonio tiene menos gastos de subsistencia que dos personas que viven separadas. El problema es que el ahorro doméstico no sólo lo tienen los matrimonios, sino que se da en todas las formas de vida en común. Sobre el asunto v. la ya citada opinión de Soler Roch, "Subjetividad tributaria y capacidad económica de las personas integradas en unidades familiares", cit., p. 203.

48. Declaraciones de Gabriel Urralburu al *Diario de Navarra*, publicadas en la p. 46 del ejemplar de 19.1.92. Aproximadamente lo mismo se decía en la enmienda a la totalidad que presentó el grupo parlamentario Herri Batasuna al Proyecto de Ley Foral: "La progresividad sufre un serio revés, al plantearse unas deducciones en la base que a quien benefician de modo progresivo es a los contribuyentes que se encuentran en los escalones más altos de la tarifa. Un padre que gane 2.000.000 pesetas desgrava por su hijo un 10% aproximadamente, y sin embargo quien gane 11.000.000 deduce aproximadamente un 25%. Está claro que el sacrificio igualitario ha desaparecido y con él la progresividad" (*Boletín Oficial del Parlamento de Navarra* de 10.2.92, p. 4).

A mi juicio es un craso error considerar la deducción por cargas familiares como una "desgravación".

También De La Hucha Celador dirigió severas críticas al Proyecto de Ley Foral:

"El mecanismo de reducciones en la base imponible — generales y familiares, como las establecidas en el Proyecto Foral — carece de sentido — decía el autor citado — en un modelo de imposición personal sobre la renta, con tipos progresivos, que, además, debe recoger, como principio general, la tributación individual de las personas físicas.

"Con tal mecanismo, lo único que se conseguiría es la limitación absoluta de la progresividad del tributo en función de elementos — la vinculación matrimonial o el número de hijos, fundamentalmente — heteróclitos y absolutamente exógenos al hecho imponible — la obtención de renta — que se pretende gravar" ("Algunas consideraciones sobre la Ley Foral del Impuesto sobre la Renta de las Personas Físicas", *Revista Jurídica de Navarra* 13/18, 1992).

En nota al texto transcrito, el autor citado sigue añadiendo: "Las circunstancias personales y familiares del sujeto pasivo tienen relevancia para determinar la renta disponible, no la renta obtenible (*sic*); y el modelo estatal y navarro de IRPF grava la obtención de la renta y no la aplicación de la misma. La capacidad económica — en términos de obtención de renta, que constituye el hecho imponible del IRPF — de una persona física será la misma, cualquiera que sea su situación matrimonial o el número de hijos que tenga; estos datos familiares serán relevantes, en su caso, para medir una capacidad económica — la disponibilidad de renta — distinta de la que pretende gravar el IRPF".

Como es obvio, la renta "que se pretende gravar" el IRPF (que se usa como argumento en el texto transcrito) no es un concepto objetivo que pueda ser sario practica en sus ingresos por el salario que paga a un trabajador o por la compra de materias-primas: esa deducción provoca siempre mayor "beneficio" en cuota para el empresario con más ingresos.[49] ¿Se ha de criticar, por tal motivo, la deducción en la base imponible del salario pagado a los trabajadores o la deducción de las amortizaciones del activo? Evidentemente no.

Lo fundamental en este razonamiento no es el efecto en cuota, sino las razones por las que la deducción debe practicarse en base o en cuota. Cuando se trata de cuantificar la capacidad económica, la justicia tributaria *exige* que la deducción se haga siempre en la base imponible. Si, por el contrario, se trata de otorgar un "beneficio fiscal", es decir, una especie de subvención o incentivo por razones ajenas al principio de capacidad económica, entonces la deducción debe practicarse en la cuota porque la subvención no tiene que ser mayor cuanto mayor es la renta del contribuyente.

Por tanto, podría ser comprensible que, partiendo de presupuestos ideológicos distintos de los que aquí se sostienen, se criticase la deducción en la base imponible porque quien soporta cargas familiares tiene la misma capacidad económica — *cæteris paribus* — que quien no soporta ninguna. Frente a esto no habría más que oponer la convicción contraria y admitir que en la ley deben prevalecer las convicciones de la mayoría. El otro planteamiento se nos antoja o bien engañoso o bien fruto de la ignorancia. La deducción en cuota es la que debe ser tachada de discriminatoria, en tanto en cuanto priva de la "subvención" por hijos a quienes no perciben renta y no tienen cuota íntegra en el IRPF.[50]

"Esta manera de ver las cosas — el texto es del Gérard Calot y se refiere a la afirmación de que la deducción en la base imponible beneficia a los ricos — es una verdadera estafa dirigida contra las familias. En efecto, dos unidades fiscales con la misma renta pero con número diferente de hijos tienen niveles de vida diferentes: en consecuencia, los impuestos que se les han de exigir no son comparables.

invocado como fundamento para oponerse científicamente a un proyecto de ley, sino que es la que en cada momento histórico determine el legislador en su libertad de configuración del impuesto. Por tanto no sirve como crítica contra un Proyecto de Ley Foral (salvo que se niegue la capacidad normativa del Parlamento Foral en este punto). El IRPF aprobado en 1991 (el de Navarra en 1992) no se adapta a la capacidad económica entendida como disponibilidad de renta una vez cubiertas las necesidades vitales, pero esto no quiere decir que no pueda regularse de otra forma, como reclaman todas las opiniones doctrinales y jurisprudenciales que más atrás hemos citado.

En cuanto a que la situación matrimonial y el número de hijos influyan o no en la capacidad de contribuir discrepamos íntegramente del autor citado. Es tan incontrovertible dicha influencia que no creemos preciso extendernos más en ello. Véanse las acertadas reflexiones de la profesora Soler Roch, "Subjetividad tributaria y capacidad económica de las personas integradas en unidades familiares", *Civitas REDF* 66/193 y ss., 1970.

La relevancia de las relaciones familiares en el impuesto ha sido expresamente admitida por el TC: "En la relación de los cónyuges entre sí y con sus hijos menores existen pues, por mandato legal, unos rasgos peculiares que no se dan en otras estructuras de convivencia y que en cuanto comportan rentas comunes y comunicación de renta entre los distintos integrantes de la unidad familiar pueden ser legítimamente tomados en cuenta por el legislador al configurar el impuesto sobre la renta de las personas físicas" (STC 20.2.89, *RTC* Aranzadi 1989/45, FJ 6).

49. "La idea de que la deducción por gastos escolares es regresiva es, sencillamente, falsa. Supóngase que se examinan las declaraciones de impuestos de las empresas y se aduce que las deducciones por gastos legales son regresivas debido a que en su mayor parte son utilizados por los individuos con mayores rentas. La afirmación sería discutida, evidentemente (...)" (Steuerle, "Fiscalidad de la familia: la experiencia de EE.UU.", cit., p. 48).

50. A propósito de este mismo tema de la deducción de las cargas familiares, el profesor Klaus Vogel escribe también, con su autoridad científica, duras frases contra el aprovechamiento partidista de la cuestión: "Cuando se deja que se degrade la legislación, cuando el Parlamento, en medio del choque de ideas e intereses, en medio del entramado de consideraciones de táctica electoral y del temor a la responsabilidad, no encuentra ya la fuerza para imponer la justicia ante la presión de exigencias de *lucimiento* incluso por parte de políticos de los *Länder*, entonces *forma parte* del deber del Tribunal Constitucional Federal el reconducir al legislador a su responsabilidad" ("Los gastos ineludibles en la tributación de la unidad familiar", cit., pp. 301 y 302).

"Compararlos y considerar la diferencia de gravamen como una reducción de impuestos equivale a considerar que sería legítimo reclamar a las familias con la misma renta el mismo impuesto, independientemente del número de sus hijos. Toda desviación de esta regla fiscal sería una reducción, es decir, una liberalidad del Estado con las familias (...).

"Esta óptica escandalosa es, por otra parte, la de la Contabilidad nacional: las familias se benefician de 'prestaciones fiscales' por el hecho de que a renta igual pagan un impuesto inferior al de las parejas sin hijos!"[51]

En este caso hay que decir, en honor de la Administración española, que las deducciones familiares no son oficialmente consideradas como "gastos fiscales". En la memoria de gastos fiscales que acompaña al Proyecto de Ley de Presupuestos para 1997 se dice que, "de acuerdo con las argumentaciones realizadas anteriormente, no tienen la consideración de gasto fiscal: (...) 6. Las deducciones familiares, ya que atienden a modular la capacidad económica del sujeto pasivo". Sin embargo esta afirmación no es coherente con su tratamiento legal como deducción en la cuota.

51. "Impôt direct et famille", *Revue Française de Finances Publiques* 3/44 y 45, 1983.

CADERNOS DE DIREITO TRIBUTÁRIO

LA PROTECCIÓN FISCAL DEL MEDIO AMBIENTE EN LA UNIÓN EUROPEA. EL IMPUESTO COMUNITARIO SOBRE PRODUCTOS ENERGÉTICOS

FERNANDO SERRANO ANTÓN

Profesor Titular de Derecho Financiero y Tributario de la Universidad Complutense de Madrid — Research Associate, International Bureau of Fiscal Documentation

1. Introducción. 2. Instrumentos económicos de la política comunitaria en materia de medio ambiente. 3. El impuesto como instrumento económico de la política medioambiental. 4. La propuesta de directiva del Consejo por la que se crea un impuesto sobre productos energéticos: 4.1 Planteamiento — 4.2 Condiciones de aplicación del impuesto comunitario sobre productos energéticos: 4.2.1 Subsidiariedad — 4.2.2 Neutralidad — 4.2.3 — ¿Qué ocurre con la competitividad? 4.2.4 Otras condiciones de aplicación — 4.3 Naturaleza del impuesto — 4.4 El hecho imponible: 4.4.1 Aspecto material — 4.4.2 Aspecto espacial — 4.4.3 Aspecto temporal — 4.5 Exenciones y devoluciones — 4.6 Obligados al pago — 4.7 Elementos de cuantificación: 4.7.1 Base imponible — 4.7.2 Tipo de gravamen. 5. Conclusiones.

1. Introducción

Durante los años 70 y 80 las directivas aprobadas iban dirigidas principalmente a la limitación de las emisiones de determinados contaminantes como los gases derivados de la combustión de carburantes en vehículos a motor o deshechos derivados de actividades agrícolas o de plantas industriales. A mediados de los años 80 se tomó en cuenta la necesidad de ampliar la estrategia ecológica principalmente en lo que respecta al consumo de recursos naturales. En los dos últimos decenios se han adoptado por parte de la Unión Europea cinco programas comunitarios de medio ambiente. Sin embargo, es el Quinto Programa de Acción Medioambiental, con la revisión que se le practicó en 1996 para el período 1992-2000, el que procede a configurar una estrategia más ambiciosa en cuanto a la protección del medio ambiente y la preservación de los recursos naturales.[1] Diversos factores han concurrido en el Quinto Programa para que el Consejo se pronunciase de manera mucho más directa y menos programática sobre la protección del ambiente.[2] Entre otros se puede citar el

1. Cfr. *DOCE* 138, de 17.5.93; v. asimismo el documento preparado por la Comisión, *La Fiscalidad en la Unión Europea*, y presentado el 20.3.96.

2. V. la Resolución del Consejo y de los representantes de los Gobiernos de los Estados-miembros, reunidos en el seno del Consejo, de 1.2.93, sobre un

hecho de que el medio ambiente comunitario se sigue degradando a pesar de las medidas tomadas en años anteriores. Estas causas han aumentando la responsabilidad de la Unión Europea para con sus ciudadanos respecto del estado del medio ambiente, y en definitiva en relación con la calidad de vida. Asimismo la propia Comunidad Europea ha ido incrementando su compromiso a nivel internacional por la firma de distintos acuerdos y por la posición moral que está adquiriendo en la esfera mundial.[3]

Es cierto que se han alcanzado en los últimos años algunos logros como el control de la contaminación industrial, de las emisiones de los vehículos a motor,[4] gestión del agua y de la basura, pero también es cierto que existen algunos fracasos como, por ejemplo, la deficiente calidad del aire de las ciudades europeas que resulta de la ineficaz política de transportes que ha resultado incapaz de controlar el crecimiento del tráfico viario, y que además ha neutralizado el beneficioso efecto que supone la reducción de las emisiones de los vehículos particulares.

Para tener una idea de la protección fiscal del ambiente en Europa es fundamental comenzar con la "constitucionalización" de la política que sobre medio ambiente ha venido desarrollando la Comunidad a través del Acta Única Europea.[5] La razón principal consiste en que se ha hecho desaparecer la inseguridad jurídica y la problemática que resultaba de acudir a los arts. 100 y 235 del Tratado de Roma, que ha sido durante tantos años la piedra angular de la protección del medio ambiente.[6]

El art. 2 del Tratado de la Unión Europea designa como objetivo principal de la Comunidad promover un crecimiento sostenible que respete el medio ambiente.[7] También el art. 130-R1 TUE enumera en términos muy generales cuáles son los objetivos de la política ambiental comunitaria:

— conservar, proteger y mejorar la calidad del medio ambiente;

— contribuir a la protección de la salud humana;

— garantizar una utilización racional y equitativa de los recursos naturales.

Entre las actividades de la Unión se incluye una política en el ámbito del medio ambiente (art. 3-K) y se especifica que tal política debe tender a alcanzar un grado de protección del medio ambiente elevado. Las exigencias de la protección del medio ambiente deben integrarse en la definición y en la realización de las demás políticas de la Comunidad (art. 130-R2). Los principios básicos de la acción comunitaria ambiental, según los establece el art. 130-R2 TUE, son:[8]

Programa Comunitario de Política y Actuación en Materia de Medio Ambiente y Desarrollo Sostenible —también denominado Quinto Programa (93/C 138/01, *DOCE* 17.5.93).

3. En la Declaración sobre el Medio Ambiente hecha en Dublín en junio/90 el Consejo Europeo insistió en que "la Comunidad debe utilizar más efizcamente su posición de autoridad moral, económica y política para impulsar los esfuerzos internacionales destinados a resolver problemas mundiales y para fomentar un desarrollo sostenible y el respeto del patrimonio común global" (v. "A taxing issue", *The Economist* 27.6.98, p. 36).

4. La Asociación Europea de Fabricantes de Automóviles acordó limitar a 140 gramos de dióxido de carbono por kilómetro las emisiones de los vehículos nuevos vendidos en la Unión Europea en el 2008, si bien la Comunidad Europea, siguiendo los acuerdos de Kioto (diciembre/97), tiene como objetivo limitar a 120 gramos por kilómetro las emisiones de dióxido en el 2010. En la actualidad, las emisiones en la UE se hallan en los 186 gramos por kilómetro.

5. El Acta Única Europea ha revisado el Tratado y ha incluido un nuevo capítulo dentro del Título VII del mismo dedicado al medio ambiente. Este título comprende tres artículos 130: *R*, *S* y *T*. Junto a estos artículos se deben mencionar las nuevas disposiciones del art. 100-A sobre aproximación de legislaciones en las que se contempla un procedimiento para la adopción de medidas sobre el medio ambiente en relación con el establecimiento y funcionamiento del mercado interior.

6. Consúltese N. Torres Ugena, "La protección del medio ambiente en el Acta Única Europea", *Noticias CEE* 51/89, p. 96. AA.VV, *Fiscalitè de l'Environment*, Bruselas, Bruylant, 1994, p. 35.

7. En el mismo sentido se pronuncia el art. 6 del Acta Única Europea o Tratado de Amsterdam.

8. También los recogen así S. Ball y S. Bell, *Environment Law*, London, Blackstone Press, 1991, p. 54.

— el principio de acción preventiva;

— el principio de corrección de los ataques al medio ambiente en la fuente misma;

— el principio "quien contamina paga";

— el principio de integración de las exigencias de protección del medio ambiente en otras políticas de la Comunidad.

Otra de las novedades que se introdujeron en el Tratado de Amsterdam fue el progreso realizado en la toma de decisiones en materia ambiental. Ya se había puesto de relieve la ineficacia y complejidad de dicho sistema en el Tratado de Maastricht. En la actualidad se ha simplificado el sistema y se ha establecido el sistema de toma de decisiones conjunto entre el Consejo y el Parlamento, si bien todavía persiste en algunos aspectos la necesidad de la unanimidad en la toma de decisiones ambientales, como, por ejemplo, las relacionadas con la energía, el uso de la tierra, recursos hídricos y tributación. En cualquier caso, la intervención del Parlamento debe suponer un aumento de la legislación protectora del ambiente.[9]

Los esfuerzos para conseguir el tan añorado desarrollo sostenible y la integración del medio ambiente en el resto de las políticas comunitarias llega hasta nuestros días. Las Cumbres de Luxemburgo (diciembre/97) y Cardiff (junio/98) insistieron en dicha necesidad a través de la integración de las consideraciones ambientales en las políticas y acciones comunitarias. La Comisión ha asumido el compromiso y ya está en su agenda de por si, o a través de la denominada Agenda 2000, incluyendo:

— agricultura, en la que hay necesidad de incrementar la importancia del componente ambiental, principalmente en el desarrollo rural y en el apoyo a las medidas agroambientales;

— fondos estructurales, en los que se debería tener en cuenta una forma de desarrollo en el que se logre no sólo los objetivos económicos sino también los ambientales; y

— ampliación de las condiciones mínimas ambientales en los Estados-miembros de tal manera que haya un mínimo comunitario en todos ellos.

El contexto legal de los tributos ecológicos es complejo, dado que es un instrumento relativamente nuevo que está en vías de desarrollo. Por si esto fuera poco, en el Tratado de la Unión no se encuentra una sóla referencia explícita a los mismos. No obstante, sí se puede determinar el sistema legal básico en torno al cual estos tributos se relacionan, es el siguiente:

— derechos aduaneros sobre el comercio intracomunitario o medidas de efecto equivalente (arts. 9-12);

— restricciones cuantitativas sobre importaciones y exportaciones de bienes entre Estados-miembros o medidas de efecto equivalente (arts. 30-36);

— disposiciones sobre la política de transportes (art. 76);[10]

— ayudas estatales que crean distorsiones en la competencia que afectan al comercio intracomunitario (arts. 92 y 93);[11]

9. Conferencia pronunciada por R. Bjerregaard, *Integrating Environmental Policy in Other Policies. New Possibilities — E.G. the Amsterdam Treaty*, Copenhague, 5.2.98.

10. Las Directivas 91/542/EEC, 93/59/EEC, 94/12/EEC, adoptadas todas ellas en relación con el art. 100-A y relativas a las emisiones contaminantes de vehículos a motor, contienen la estructura mínima de los incentivos fiscales destinados a la compra de nuevos vehículos. Dicho sistema permite a los Estados-miembros fomentar la compra de vehículos nuevos de tecnología más limpia. Estos incentivos están permitidos siempre que se cumplan los siguientes principios:

— se deben aplicar a todos los vehículos nuevos que cumplan con los límites de emisión previstos en las Directivas citadas;

— los incentivos se pueden conceder siempre y cuando sean acordes a los límites de emisión que estén vigentes;

— los incentivos deben ser más bajos que el coste necesitado para cumplir con los niveles de emisión requeridos; y

— tienen que ser notificados con tiempo suficiente por parte de los Estados-miembros a la Comisión.

11. De acuerdo con el art. 92 del TUE, cualquier ayuda concedida por un Estado-miembro que

— tributación interna discriminatoria de los productos de otros Estados-miembros o bien medidas proteccionistas de la producción nacional (art. 95) y legislación concerniente a los impuestos especiales de fabricación (accisas) y otras formas de tributación basadas en el art. 99;[12] y

— art. 130-R, que establece los objetivos de la Comunidad de su política ambiental.

Las funciones que en el ámbito de la Unión Europea realizan las instituciones en materia de medio ambiente son muy distintas.

— Consejo: las medidas ambientales son generalmente adoptadas por mayoría cualificada pero el Consejo puede elegir si se requiere unanimidad como en los casos de políticas fiscales, uso de la tierra o abastecimiento de energía.

— Parlamento Europeo: éste junto con el Consejo comparten el poder de decisión sobre los programas generales y sus prioridades. En los casos en que se exige unanimidad en el Consejo, el Parlamento es consultado pero sus informes no son vinculantes. En los supuestos en los que el Consejo tiene que decidir por mayoría cualificada, el PE puede proponer reformas.

— Comisión Europea: propone legislación (tanto en la forma de reglamentos como de directivas), controla el desarrollo de las directivas. La Dirección General XI es la responsable para los temas relativos al medio ambiente.

Las ecotasas representaban en 1993 sólo un 1,5% de todas las existentes en la Unión Europea, según un informe de la Agencia Europea de Medio Ambiente — creada por la Comisión Europea[13] — este informe fue difundido el 2.10.96.[14]

Muy pocos países han dado un impulso a estos tributos. Entre ellos, la Agencia, que ha analizado 16 tasas ambientales, destaca Holanda y Dinamarca, donde las tasas verdes representan un 5,1% y un 4% del total, respectivamente.

El informe ha llegado a dos conclusiones:

1. Los tributos ambientales parecen ser eficaces para lograr objetivos de protección ambiental.

2. Deberían ser más usadas.

La Agencia insta a los Gobiernos a emprender una reforma fiscal desde esta perspectiva ecológica y recuerda que las tendencias generales desde 1980 muestran un incremento de los gravámenes de la renta

distorsione o amenace con distorsionar la competencia será incompatible con el mercado común. Por tanto, tiene que asegurarse que un tributo ecológico no es contrario a estas normas. Si la recaudación obtenida de tributos ecológicos se destina a determinados gastos específicos a resulta de los cuales algunas empresas o producciones son favorecidas, seguramente se puede concluir que estas ayudas estatales son distorsionadoras del Mercado Único. Asimismo se estaría en la misma situación cuando las exenciones concedidas son necesarias para prevenir que las compañías domésticas se encuentren en posiciones desfavorables si se comparan con otras empresas que están situadas en países que no poseen este tipo de tributos.

12. La legislación adoptada bajo el art. 99 consiste en: normas armonizadoras sobre la estructura y tipos de gravamen mínimos para los impuestos especiales de fabricación o accisas sobre aceites minerales, tabaco y bebidas alcohólicas; y otras medidas adoptadas por la Directiva 92/12/EEC que permiten a los Estados-miembros establecer impuestos indirectos sobre productos teniendo en cuenta que no podrán incrementar las formalidades en las operaciones transfronterizas en el comercio entre Estados-miembros, aparte de otras restricciones como el debido cumplimiento a las normas de IVA y accisas. Los Estados-miembros pueden solicitar autorización al Consejo para aplicar tipos reducidos o exenciones, por ejemplo, por razones ambientales.

13. La Agencia Tributaria de Medio Ambiente, con sede en Copenhague, es operativa desde 1994, siendo sus funciones las siguientes: suministrar a la Unión, Estados-miembros y terceros países información fiable para diseñar y establecer políticas de protección ambiental; desarrollar técnicas de previsión que sean capaces de determinar qué medidas, cuándo y cómo deben adoptarse; asegurar que los datos y experiencias ambientales europeas son incorporados a los programas internacionales ambientales.

14. Cfr. *Environmental Taxes. Implementation and Environmental Effectiveness*, Informe de la Agencia Europea del Medio Ambiente, Copenhague, 1996.

derivada del trabajo y un descenso en las del capital, mientras que el porcentaje de las de energía y medio ambiente han permanecido relativamente estables, con un ligero incremento de las de energía.[15]

El trabajo de la Agencia Europea de Medio Ambiente realizado a petición del Parlamento Europeo destaca como ejemplos de eficacia a los impuestos a la emisión de los contaminantes dióxido de azufre y óxidos de nitrógeno en Suecia, al gasóleo con plomo en este mismo país, a la generación de deshechos tóxicos en el Estado alemán de Baden Württemberg y a la contaminación de las aguas en Holanda.[16] Esto es sólo una muestra del uso, de que los impuestos ecológicos están siendo utilizados por la mayoría de los países-miembros de la UE y además la experiencia demuestra que lo mismo está ocurriendo en la política medioambienteal de los países del centro y este de Europa que han solicitado ser miembros de la UE. Cuando ha sido necesario, la UE ha adoptado normas (*e.g.*, sobre la tributación de los aceites minerales), pero en la gran mayoría de los casos, y en línea con el principio de subsidariedad, son las iniciativas nacionales que en un número creciente tratan de solventar los problemas ambientales domésticos.

Son modélicos los impuestos suecos que van gravando el empleo de una serie de materiales contaminantes e incentivan así a las empresas a ir sustituyéndolos por otros más eco-eficientes e ir ganando competitividad.

La Agencia Europea de Medio Ambiente señala que los tributos ambientales son útiles en tres sentidos: 1) innovación y competitividad empresarial; 2) creación de empleo; 3) renovación del sistema fiscal.

La misma Agencia Europea recomienda vivamente su implantación gradual tras un diseño cuidadoso y consultando e informando a todas las partes afectadas, su armonización a nivel de la Unión Europea y el desarrollo de nuevas áreas donde puedan implantarse, desde los transportes al turismo pasando por el uso del suelo y de los recursos hídricos y minerales y fabricación de productos químicos peligrosos.

Tradicionalmente los recursos medioambientales han sido tratados como bienes libres, los cuales podían ser utilizados sin ninguna contrapartida. Incluso durante mucho tiempo los daños producidos en el medio ambiente no han sido considerados como objeto de ningún tipo de reproche social o legal.

En las últimas décadas se ha generalizado la idea de que determinados bienes de la naturaleza no son ilimitados, sino que debido en muchas ocasiones a una utilización poco racional de los mismos se han convertido en bienes escasos, haciéndose precisa una protección jurídica de los mismos, aunque ello lleva consigo, en ocasiones, un aumento de costes en la producción y, en algunos casos, un freno al crecimiento.

Frente a esta creciente necesidad de protección del medio ambiente, los tributos se nos presentan como un instrumento para graduar el sistema económico. A través de los denominados impuestos ecológicos se otorga al medio ambiente un valor económico, asignándose un precio a los bienes medioambientales.[17]

2. *Instrumentos económicos de la política comunitaria en materia de medio ambiente*

La utilización de instrumentos económicos en la política medioambiental ha sido

15. A través de la propuesta comunitaria del impuesto sobre productos energéticos se podría llevar a cabo ese cambio en el esfuerzo fiscal de determinadas rentas. A modo de ejemplo, en la Unión Europea el 42% del total de la carga tributaria recaía sobre las rentas del trabajo en 1995, ello debe compararse con el 29% en 1970. El porcentaje de carga tributaria sobre las fuentes naturales ha permanecido constante sobre el 10%.

16. Cfr. F. Picciaredda y P. Selicato, *I Tributi e l'Ambiente. Profili Ricostruttivi*, Milano, Giuffrè, 1996, p. 150.

17. Sobre lo problemático de valorar el medio ambiente consúltese "Price it right: energy pricing

largamente discutida durante algunos años en el seno de la Unión. En la mayoría de las ocasiones se ha preferido acudir a instrumentos reglamentarios en lugar de a los medios económicos a pesar de su mayor flexibilidad y eficiencia. Tradicionalmente se ha encontrado el escollo de la industria que se opone a la instauración de estos instrumentos al considerarlos como un coste suplementario. Sin embargo, la Unión ha mostrado su preocupación por el *status quo* del medio ambiente, lo que ha supuesto importantes avances en poco tiempo. Todos estamos de acuerdo en que el Mercado Único supone un crecimiento económico de la Comunidad, pero no es menos cierto que la política medioambiental demanda que este crecimiento sea viable desde el punto de vista del medio ambiente — también ha sido denominado "desarrollo sostenible o ecodesarrollo".[18]

La Comisión ha dado repetidas veces su apoyo al incremento del uso de instrumentos fiscales, y es así como algunos Estados-miembros han adoptado este tipo de tributos. Fue por ello precisamente que la Comisión emitió una comunicación no sólo de apoyo al establecimiento de estos instrumentos, sino también para que los tributos medioambientales sean usados de forma compatible con la legislación comunitaria.[19] En efecto, la competencia, el Mercado Único y las políticas fiscales resultan afectados dependiendo del uso determinado de los tributos ambientales y de los ingresos obtenidos a través de ellos. Es por ello que es fundamental que se evite cualquier tipo de discriminación contra bienes o servicios de cualquier otro Estado-miembro o no. Adviértase que el uso de tributos ecológicos puede afectar a obligaciones contraídas con terceros países, por ejemplo, en el contexto de la Organización Mundial de Comercio (en adelante, OMC).[20] Es por ello que los Estados-miembros tienen que tomar en cuenta esta serie de condiciones para asegurarse así de que los tributos ecológicos son establecidos de forma compatible con sus obligaciones ante la OMC y la propia EU.[21] En relación con las obligaciones contraídas dentro de la UE, la Comisión ha considerado en distintas ocasiones la necesidad de aclarar la estructura legal aplicable a los Estados-miembros y principalmente las que dimanan del Derecho originario (Tratado), del Derecho derivado (legislación de la UE), jurisprudencia del Tribunal de Justicia, así como de otras decisiones tomadas por la Comisión.

El Consejo de Ministros de Energía y Medio Ambiente de la Comunidad se comprometió a que la Comunidad estabilizase en el año 2000 sus emisiones de CO_2 al nivel de las de 1990.[22] La Presidencia — danesa en 1993 — del Consejo, una vez asumido este compromiso, señalaba que los instrumentos fiscales en este orden de cosas jugarían un papel importantísimo;[23] afirmación que viene corroborada por la opinión manifestada por algunos países del centro y norte de Europa que abogan por el establecimiento de un tributo a nivel comunitario.[24]

and fundamental tax reform", *Tax Notes*, marzo/98, pp. 1.295 y ss.

18. En este sentido v. la declaración ministerial de la Conferencia de Bergen sobre desarrollo sostenible, mayo/90.

19. Cfr. COM (97) 9 final, de 26 de marzo.

20. Cfr. R. A. Westin, *Environmental Tax Iniciatives and Multilateral Trade Agrements: Dangerous Collisions*, The Hague, Kluwer Law International, 1997, p. 236.

21. Cfr. COM (97) 9, par. 7.

22. En octubre/91 (SEC (91) 1.744 final) la Comisión presentaba una comunicación al Consejo sobre una 'estrategia comunitaria para limitar las emisiones de CO_2 y mejorar la eficiencia energética", a raíz del informe presentado por el *Intergovernmental Panel on Climate Change* sobre las consecuencias del calentamiento del Globo y el papel destacado por parte del CO_2.

23. V. M. Jelved, "Taxe sur le CO_2 et le energie: conclusions de la Presidence du Conseil", *Europe Documents* 1.843/93, p. 1.

24. El medio ambiente es un tema en el que se refleja de forma creciente la disparidad de criterios existentes entre los países comunitarios más ricos, del centro y del norte de Europa, y los más pobres, del sur de Europa. Es lo que se ha denominado "conflicto medioambiental o la dialéctica norte-sur".

Los instrumentos fiscales y económicos, por regla general, están concebidos para corregir los precios de mercado actuales, internalizando los costes ecológicos. Estos instrumentos constituyen una incitación permanente a reducir la polución de una forma más determinante que la regulación directa — vía reglamento. Ejercen una presión directa sobre el presupuesto del contaminador, estimulándole a reconsiderar la posibilidad de adoptar un comportamiento menos dañino para el medio ambiente.[25]

Los instrumentos que han sido y pueden ser utilizados son los siguientes:[26]

— *Impuestos y tasas medioambientales*: tanto los impuestos como las tasas incitan a los contaminadores a limitar sus emisiones. Constituyen un "precio" por la utilización del medio ambiente. Su objetivo es la disuasión del consumo de productos contaminantes, estimulando el uso de otros más ecológicos. La diferencia entre el impuesto y la tasa está determinada, entre otros factores, por el destino final de la recaudación.[27] Así, mientras los ingresos obtenidos por los impuestos van a parar al presupuesto público sin estar afectados, los ingresos que proceden de las tasas son utilizados para financiar medidas ecológicas. Los tributos no son un remedio milagroso para responder a los múltiples problemas del ambiente, pero pueden ser un instrumento útil de cambio para alcanzar un desarrollo sostenible. De hecho, los tributos ecológicos son probablemente el medio más apropiado para la implantación del principio "quien contamina paga", ya que incorporan el coste ecológico en el precio de un bien o de un servicio. De esta manera, dichos tributos orientan a los consumidores y productores hacia un comportamiento ecológicamente más acertado o eco-eficente. Es decir, que se pague más por las cosas que son ambientalmente dañinas y menos por las ecológicamente beneficiosas. Se trata de motivar a los ciudadanos — consumidores, industrias y empresarios — económicamente a través de los tributos. Los ingresos obtenidos por los Estados pueden ser utilizados como medio para la reducción de otros impuestos, principalmente para los que gravan las rentas del trabajo.

El uso de los tributos ambientales debe tener en cuenta cinco condiciones:[28] efica-

Los Estados del norte — Alemania, Bélgica, Dinamarca y Holanda — son los más firmes defensores de la implantación del tributo. Por el contrario, los Estados del sur no entienden la igualdad en la limitación de emisiones desde niveles de desarrollo desiguales (cfr. S. Aguilar Fernández, "Análisis comparado de las políticas medioambientales en España y Alemania. Reflexiones sobre el futuro de la protección del medio ambiente en la Comunidad Europea", *Working Paper* 40/1993, Centro de Estudios Avanzados en Ciencias Sociales, pp. 17-20). La posición española, aunque apoyando el objetivo comunitario de estabilización, bloquea la puesta en marcha del impuesto. Se mostraría partidaria del mismo si se respetasen cuotas per cápita, de tal forma que quienes las superen deben reducirlas mientras que los que no lleguen pueden tener un margen de aumento aunque no se utilice. V. *El Informe del Ministerio de Obras Públicas y Transportes sobre la Propuesta Comunitaria de Impuesto sobre la Energía y el CO_2 en el Marco de la Estrategia Comunitaria de Limitación del Efecto Invernadero*, pp. 18 y 19.

25. "Rapport du Groupe de Travail des Experts des États-Membres relatif a l'Utilisation d'Instruments Économiques et Fiscaux dans la Politique de l'Environnement de la CE", *Europe-Environnement, Document-Dossier* 350/90, p. 6.

26. La OCDE ha establecido una clasificación de los instrumentos económicos a utilizar distinguiendo impuestos o ingresos medioambientales, permisos negociables y sistemas de consignación (en *Politique de l'Environnement. Comment Appliquer les Instruments Économiques*, Paris 1991, p. 15).

27. El art. 27 LGT establece que "el rendimiento de los tributos del Estado se destinará a cubrir sus gastos generales, a menos que, a título excepcional y mediante una ley, se establezca una afectación concreta". La posibilidad de afectar el impuesto verde a financiar la política medioambiental pasa por la previsión que en este sentido haga una norma comunitaria o de un Estado-miembro. Por definición, lo recaudado en concepto de impuesto no puede verse afectado a una finalidad concreta. Por si fuera poco, la afectación de lo recaudado no podría llevarse a cabo precisamente por la neutralidad fiscal que se predica y que supone la reducción de otros impuestos de carácter general.

28. Cfr. S. Turner y J. O'Shea, *Taxes as Tools of EC Environmental Policy: the Case of the Carbon/ Energy Tax*, Ireland, Derry Magee College, University of Ulster, 1995, p. 35.

cia; eficiencia; el contexto internacional; transparencia;[29] y no debe entorpecer el normal desarrollo del mercado interno — es por eso que la Comisión ha adoptado una comunicación sobre el uso de tributos para la protección ambiental.[30]

Las principales razones que se dan para el uso de tributos ambientales son:

— se trata de instrumentos especialmente eficaces para la internalización de las externalidades, y sirve para la integración de las políticas económica y ambiental;

— pueden proporcionar incentivos para que tanto consumidores como productores cambien de comportamiento hacia uno más respetuoso con el medio ambiente; y

— pueden servir para disminuir la presión fiscal sobre las rentas derivadas del trabajo.

Para determinar en qué medida son efectivos los tributos medioambientales, se han clasificado en tres tipos principales, según sus principales objetivos programáticos,[31] si bien puede constatarse en la práctica una mezcla de las tres clases:[32]

1) tasas creadas para cubrir los costes de los servicios ambientales y de las medidas de control de la contaminación, como por ejemplo el tratamiento de aguas o la recogida de residuos, la recaudación así obtenida podría ser utilizada en parte para gastos ambientales conexos;

2) impuestos-incentivo, creados para orientar el comportamiento de los productores y/o consumidores;

3) impuestos ambientales de finalidad recaudatoria, establecidos principalmente para obtener una mayor recaudación.

— *Permisos de emisiones contaminantes negociables*: funcionan directamente con la reglamentación directa. Esta reglamentación prevé "permisos" para ciertos niveles de emisión. Los contaminadores pueden vender y comprar esos permisos en atención a los resultados finales obtenidos. La ventaja de este sistema es que el objetivo medioambiental está predeterminado y acompañado de mecanismos de control y sanción adecuados.[33] Así, si se ha contaminado menos de lo que se esperaba por la mejora de la eficacia energética o por la utilización de tecnología limpia o por cualquier otra causa, este contaminador puede vender su "permiso" o "licencia" a aquellos otros que hayan contaminado por encima de las emisiones permitidas en su "licencia".

— *Sistemas de fianza*: en este sistema se deposita la fianza por los productos potencialmente contaminantes. Si la polución se evita por la recuperación de los productos o de sus residuos se produce la devolución de lo pagado.[34]

— *Incitación al cumplimiento de las normas*: se trataría de medios penalizadores directamente ligados a la reglamentación directa del medio ambiente destinados a los contaminadores que no acomoden su comportamiento a las normas establecidas.

— *Ayudas financieras*: la mejora urgente del estado del medio ambiente está considerada como una prioridad de la Comunidad. Como resulta que las medidas necesarias para garantizar esta mejora pueden crear problemas económicos pa-

29. Cfr. *Newsletter from the European Commission on Environmental Approximation*, Dirección General XI, n. 7/97.

30. Cfr. COM (97) 9.

31. Cfr. A. Gago Rodriguez y X. Labandeira Guillot, "Instrumentos tributarios para las políticas de medio ambiente", *Palau 14* n. 23/96, p. 35.

32. Cfr. OECD, *Environmental Taxes and Green Tax Reform*, Paris, 1997.

33. En Estados Unidos parece que no han dado buen resultado; sin embargo, hay que destacar el papel potencial que tienen como instrumentos complementarios dentro de paquetes de medidas medioambientales, puesto que sus costes administrativos son reducidos y son más fácilmente aceptados que los impuestos y las tasas. Consúltese F. Higon Tamarit y J. M. Roig Cotanda, "Los impuestos verdes en la Comunidad Europea", *Empresa, Calidad de Vida y Medio Ambiente*, Valencia, 1992, p. 621.

34. Un ejemplo puede ser el sistema de recuperación de vidrio que recae sobre determinados objetos como botellas distribuídas en supermercados, que se convierten en los responsables de recibir dichos objetos y devolver el dinero cobrado anteriormente por el vidrio.

recen razonables subvenciones y exenciones en favor de quien contamina a pesar de la oposición que plantea el principio "quien contamina paga" — *polluter pays* —, siempre que cumpla con los requisitos del Mercado Único y las reglas de la competencia de la EU.[35] En general, se puede decir que los Estados-miembros de la UE tienen libertad, dentro de los límites citados, para utilizar los ingresos obtenidos por tributos ambientales para financiar inversiones también ambientales o para financiar la recogida de residuos tóxicos. La Comisión, además, como protectora del Mercado Único, tiene la obligación de buscar un equilibrio entre el mercado y el medio ambiente y, por supuesto, de evitar distorsiones del mercado mediante el uso de los tributos ecológicos. Quizá por ello los Estados-miembros antes de establecer una medida de este tipo tienen que informar a la Comisión, quien estudiará el impacto de la misma y si se cumple la legislación comunitaria. Este órgno puede pedir a un Estado-miembro suspender la aplicación o el establecimiento de una medida fiscal en tanto que no se produzcan determinados cambios.

— ***Responsabilidad de los contaminadores***: el mecanismo de la responsabilidad es un medio para asignar la carga económica por los gastos necesarios en la restauración del medio ambiente. Es una herramienta jurídica y económica que sirve para obligar al responsable de un daño a pagar una indemnización por los gastos de su reparación. Al exigir a los autores que paguen los gastos de los daños se consolidan determinadas normas de conducta y se impide que se causen más atentados contra el ambiente en el futuro. La medida más importante en este sentido es la inversión de la carga de la prueba. Así, en caso de daño, el presunto contaminante debe probar su inocencia. Subsiguientemente, las primas de seguro serán más elevadas a menos que el asegurado pueda reducir los riesgos ecológicos que conlleva su actividad.[36] Indudablemente, son las industrias el objetivo fundamental de la responsabilidad civil. Instituciones financieras (bancos, compañías aseguradoras etc.) están demostrando un interés creciente o preocupación, según el caso, como fue demostrado en la Conferencia del Clima en Berlín en abril/95.

3. El impuesto como instrumento económico de la política medioambiental

No existe una definición de impuestos ecológicos dentro de la legislación de la UE. En cualquier caso, es importante tener en cuenta las características y los efectos de un determinado impuesto en lugar de la simple denominación para determinar si se está en presencia de un verdadero impuesto de este tipo. Una de las condiciones para poder hablar de tributos medioambientales es que la base imponible de éstos tiene que tener un efecto negativo sobre el ambiente. Asimismo, un tributo puede así ser denominado cuando tiene un efecto menos claro, pero en cualquier caso un efecto medioambiental positivo, uno de estos ejemplos podría ser las diferencias de cualquier tributo en base a criterios ecológicos, es el caso de la gasolina con plomo y sin plomo.[37]

35. Sobre las premisas que deben cumplir las ayudas y exenciones estatales para que no vayan en contra del mercado interior consúltese el *DOCE*-C 72, de 10.3.94, p. 3. Consúltese asimismo P. M. Herrera Molina, "Desgravaciones tributarias y protección del medio ambiente. Análisis a la luz de los principios constitucionales y del Derecho europeo", *Impuestos* 15-16/96, pp. 70 y ss.

36. La reparación del daño ecológico mediante mecanismos de responsabilidad civil es objeto de estudio en el *Libro Verde sobre Reparación del Daño Ecológico*. Se trata de una comunicación de la Comisión al Consejo y al Parlamento Europeo y al Cómite Económico y Social (COM (93) 47 final, 14.5.93).

37. Como resultado de la diferenciación en los impuestos especiales de fabricación o accisas así como de la disponibilidad de gasolina sin plomo y los controles en la emisión de gases por vehículos, se ha contrastado en la UE un mayor consumo de la gasolina sin plomo si se compara con la que lo contiene. Desde su introducción en 1986 el mercado de la gasolina sin plomo evolucionó de un 1,7% en 1986, 40,7% en 1991, 56% en 1993, a un 62,5% en 1994.

Los impuestos ecológicos[38] son un mecanismo de corrección medioambiental que pretende influir en las motivaciones y en los comportamientos aumentando el precio de los productos contaminantes y/o disminuyendo el de los productos limpios.[39] De esta forma se orienta al contribuyente hacia un comportamiento deseable ecológicamente. Los impuestos del medio ambiente ante todo pretenden proteger el medio ambiente, y en un segundo plano son fuentes de financiación.[40] En los impuestos ambientales es importante, dado que poseen efectos en el mercado, que el tipo de gravamen sea el adecuado. Un tipo demasiado bajo no será capaz de corregir las distorsiones en el mercado, mientras que uno demasiado alto lo único que haría sería sustituir unas distorsiones por otras. En cualquier caso, es importante saber que la Comisión parece estar sobre aviso y en alerta en relación al uso de tributos ecológicos, ya que tiene en cuenta el impacto que estas medidas pueden tener en la política medioambiental, el Mercado Único, la competencia europea y en otras políticas como la energética. Además, hay que poner de relieve que cualquier medida distorsionadora, debida, por ejemplo, a la multiplicación de soluciones por los Estados-miembros o cuando los objetivos ecológicos puedan ser conseguidos de una manera más certera, la Comisión puede sugerir nuevas propuestas a nivel comunitario a pesar de las dificultades que se producen como consecuencia de la actual unanimidad necesaria para la adopción de medidas fiscales.

Las objeciones que suelen realizarse al uso de tributos en la política medioambiental proceden en la mayoría de los casos de los colectivos que están implicados en la aplicación práctica de dicha medida.[41] El objetivo no es castigar a nadie, como equívocadamente se ha entendido, sino dar incentivos a los agentes económicos para que reduzcan la demanda de actividades contaminantes sustituyendo bienes altamente nocivos por otros más ecológicos. De esta manera, en el caso de los tributos sobre las emisiones contaminantes, si el incremento del coste para evitar la contaminación es menor que el incremento del pago del tributo, esto debe incentivar una actividad más respetuosa con el medio ambiente.[42] Debe ponerse de relieve que los tributos ecológicos no consisten en una licencia para contaminar, entendiéndose con esto que el contaminador, una vez pagado el tributo, puede continuar dañando el medio ambiente.

Debe tenerse en cuenta que la finalidad de los tributos ecológicos es no tanto conseguir fondos para financiar la política de descontaminación sino desincentivar directamente el uso de los recursos naturales no-renovables así como la emisión de gases contaminantes. En este punto se pone de relieve la conveniencia del establecimiento de impuestos en lugar de tasas. En efecto, los impuestos del medio ambiente pueden cumplir mejor el papel disuasorio que las tasas y ello porque éstas suelen ser de

Las mayores cuotas de mercado se encuentran en Austria, Finlandia y Suecia con un 99%.

38. A pesar del enunciado del presente trabajo, debe tenerse en cuenta que se trata de un impuesto y no de una tasa. Sin embargo, como consecuencia de la traducción literal del término francés *écotaxe* o del inglés *ecological tax* se ha producido una extensión de manera notable del término "ecotasa". Esta terminología es aceptada, más por razones de estilo que por otra causa, pero teniendo en cuenta que es un impuesto y nunca una tasa.

39. Cfr. A. Autrand, "¿Cuál es la estrategia fiscal respecto al medio ambiente?", *Autonomies, Revista Catalana de Derecho Público* 15/92, p. 37.

40. Consúltese G. Casado Ollero, "Los fines no-fiscales de los tributos en el ordenamiento español", en la obra colectiva *Comentarios a la Ley General Tributaria y Líneas para su Reforma, Homenaje al Prof. Sainz de Bujanda*, v. I, Madri, Instituto de Estudios Fiscales, 1991, pp. 103 y 104. En el mismo sentido se expresa la sentencia del Tribunal Supremo de 14.10.91.

41. Los economistas se han dedicado especialmente a perfeccionar la original propuesta de Pigou (1924). Cfr. T. Schroer, "Current problems in introducing a community climate tax", *EC Tax Review* 2/94, p. 50. Documentos entregados en la Conferencia de la IFA, Florencia, 1993.

42. Consúltese I. Musu, *Tassazione e Sussidi nella Politica Ambiantale*, Camera di Commercio, Industria, Artigianato e Agricoltura di Pavia, Paviaform ed Università di Pavia, p. 3.

cuantía menor debido a que se dedican a ciertos objetivos, mientras que los impuestos pueden alcanzar cotas muy superiores al fijarse por criterios políticos.[43] De esta forma, al considerarse el impuesto sobre los productos energéticos, como tal categoría tributaria, se está reduciendo notablemente el margen de actuación tributaria de las corporaciones municipales; *a sensu contrario*, se ampliaría si se tratase de tasas, cánones o precios públicos. La razón subyace en que como la recaudación debe mantenerse fiscalmente neutral, le corresponde al Parlamento pronunciarse sobre la disminución de la cuantía en otros impuestos o bien afectar los ingresos obtenidos a actividades de protección medioambiental. En este punto conviene destacar el Libro Blanco de la Comisión *Crecimiento, Competencia y Empleo* que se presentó en el Consejo Europeo de Bruselas en 1993; en este documento precisamente se hacía hincapié en la necesidad de la rebaja de otros impuestos como los que gravan las rentas del trabajo. La misma opinión quedó reflejada en el informe de la Comisión *Tributación en la Unión Europea, Informe sobre el Desarrollo de los Sistemas Tributarios*, preparado para el Consejo Europeo de Dublín en 1996. Resulta curioso comprobar como la tributación ambiental ha venido de la mano de las distintas soluciones que se están buscando para la eliminación del paro y el fomento del empleo y para la reducción de la carga fiscal a la que se ve sometido el factor trabajo.

Otro problema que surge en la implantación de tributos ecológicos es el de la información. Efectivamente, los tributos representan un "precio", es decir, una valoración económica del daño ambiental. La información resulta de gran importancia para dicha valoración. Sin embargo, se trata de un problema de gran complejidad puesto que depende de elementos ciertamente arbitrarios. Existen algunos estudios que afrontan la valoración económica del daño ambiental proponiendo diversos métodos, pero a nivel aplicativo los costes son altísimos y los resultados, a decir verdad, no consiguen excluir del todo la arbitrariedad.[44]

Algunos críticos del establecimiento de medidas tributarias señalan la bondad de conceder ayudas financieras que facilitarían una reconversión de los comportamientos de las industrias y de los consumidores hacia la protección del medio ambiente de una forma más determinante que los tributos. Sin embargo, la concesión de ayudas se opone radicalmente al principio "quien contamina paga" (art. 92.2 y 3 TUE), aparte del problema añadido que consiste en cómo financiar esas ayudas o subvenciones. Asimismo deberían mencionarse las distorsiones que en la competitividad de las distintas economías nacionales se puedan producir por los países que pudieran establecer dichas ayudas o subvenciones.[45]

A la vista de las anteriores consideraciones parece lógico que el mecanismo económico más acertado para la protección del medio ambiente sea el impuesto como categoría de tributo.[46] En general, este tipo de tributo, aunque no influya directamente sobre la producción, cumpliría una eficaz función pública a través de la desincentivación del consumo de ciertos productos, o por encima de ciertos niveles de utilización de los mismos, en atención a las necesidades de la colectividad y de su disponibi-

43. Cfr. E. U. von Weizsacker, *Política de la Tierra: una Política Ecológica Realista en el Umbral del Siglo del Medio Ambiente*, 3ª ed., Madrid, Ed. Sistema, 1992, p. 168.

44. Consúltese OECD, *Economic Instruments for Environmental Protection*, Paris, 1989. También Ministerio dell'Ambiente Italiano, "L'introduzione di tasse ambientali e il suo significato", *Rivista di Diritto Finanziario e Scienza delle Finanze* 1989, p. 616.

45. Cfr. I. Musu, *Tassazione e Sussidi nella Politica Ambiantale*, cit., p. 10.

46. Así es afirmado por Grabitz y Zacker, "Scope for action by the EC Member States for the improvement of environmental protection under EEC Law: the example of environmental taxes and subsidies", en *Commom Market Law Review* 26/89, p. 441.

lidad. El presupuesto típico podría estar constituido por el ciclo productivo, dado que de esta manera se estimularía la tecnología menos contaminante.[47]

La experiencia indica que existe una gran número de tributos ecológicos y todos ellos de diferente naturaleza, no obstante se puede considerar que existen dos categorías principalmente:

— tributos sobre las emisiones: implican pagos directamente relacionados con la contaminación real o presuntamente causada emitida al aire, agua o tierra o cuando se trata de contaminación acústica; y

— tributos sobre determinados productos: resultan gravados productos intermedios (como fertilizantes, pesticidas, grava y agua), materias-primas y consumo final de productos como baterías, bolsas de plástico y neumáticos para vehículos. Algunos tributos que se han exigido desde hace mucho tiempo, principalmente en el campo de la energía, están siendo utilizados cada vez más como fórmula de integración entre las políticas ambientales y energéticas. Ejemplos típicos de lo anterior son los tributos sobre los combustibles y electricidad.

4. La propuesta de directiva del Consejo por la que se crea un impuesto sobre productos energéticos[48]

4.1 Planteamiento

Desde la adopción de la Convención sobre el Cambio Climático de Río, en 1992, la Comunidad se encuentra comprometida a estabilizar sus emisiones de CO_2 al nivel de 1990. El impuesto comunitario que se prevé sobre los productos energéticos parece ser un medio para lograr este objetivo, si bien el requisito de la unanimidad necesario para la adopción de medidas fiscales supone una traba difícil de superar.[49] Además de esta traba de carácter administrativo, dentro de la propia Unión Europea no se tiene claro el papel a desarrollar por parte de este impuesto en el futuro. Así, el Comité Consultivo de la Comunidad Económica del Carbón y del Acero — en adelante, CECA — ha planteado muchas dudas sobre la eficacia de este instrumento, si bien hay que tener en cuenta los intereses que defiende la CECA.[50] Indudablemente, si hay a alguien a quien afecta esta propuesta de directiva es a la minería del carbón y a la industria siderúrgica que son, por otro lado, las actividades a las que se dedica la CECA. Una de las razones que se esgrimen es la emigración de Europa de las industrias que consumen una gran cantidad de energía a otros países con menores condicionamientos ambientales. Estos terceros países menos exigentes recibirían un mayor número de industrias contaminantes que terminarían por empeorar globalmente todavía más el medio ambiente.

En los dictámenes de la Comisión, del Consejo y del Parlamento Europeo se expresa que la competitividad de la industria europea se ve muy amenazada. Por eso, se afirma que son necesarias medidas para reducir la presión fiscal en los países-miembros de la Unión. Es digno de tener en cuenta que en la última versión del impuesto sobre la energía ya no se toman en consideración aspectos como la neutralidad y la protección de la competitividad de las empresas europeas.[51]

47. Consúltese A. Amatucci, *L'Ordinamento Giuridico Finanziario*, 3ª ed., Napoli, Jovene, 1985, pp. 486-489.

48. Cfr. COM (97) 30 final, *DOCE* 139, de 6.5.97.

49. Cfr. "Carbon Taxes: their Macroeconomic Effects and Prospects for Global Adoption", *Workpaper* 73/98, Washington, International Monetary Fund. P. Goris y G. Michielse, "*Eurotax — Wintercourse 1997. Seminar Report*", *European Taxation* 6/97, p. 239.

50. Cfr. Resolución del Comité Consultivo CECA de 10.10.97, *DOCE*-C 356, de 22.11.97.

51. En este punto son muy gráficas las palabras del Comité Consultivo de la CECA de 10.10.97, así se señala que "las galopadas en solitario y los papeles de pionera protagonizados por la Europa occidental no tendrán ninguna utilidad para el medio ambiente y serán perjudiciales para la industria mientras no exista una esperanza fundada de que se imponga una

Como es sabido, el dióxido de carbono es el principal causante del efecto invernadero y se produce con la quema de combustibles fósiles. Es preciso tener en cuenta que estos combustibles aportan alrededor del 85% de la energía total consumida en la Unión Europea. Las soluciones que se barajan para la reducción de emisiones de dióxido de carbono pasan por el ahorro de energía, la mejora de la eficiencia con que se emplea y el uso de fuentes no-contaminantes.[52] En este orden de cosas la estrategia de la Unión Europea consiste en la adopción de una serie de medidas, todas ellas contenidas en el Quinto Programa comunitario en materia de medio ambiente, destacando el uso de las medidas fiscales.[53] En base al apoyo prestado por las propias instituciones comunitarias (Consejo, Comisión, Parlamento y Comité Económico y Social) y por otros organismos internacionales (OCDE) a la aplicación de medidas fiscales para hacer frente a las emisiones de CO_2, la Comisión ha presentado una iniciativa que ha tomado forma en tres propuestas de directiva por el Consejo: la primera, de 30.6.92 — COM (92) 226 final —, que desde entonces ha estado sometida a diferentes debates por los distintos Estados-miembros[54] y por las propias instituciones de la Comunidad Europea; la segunda, que era una reforma de la primera, de 10.5.95; y, finalmente, la tercera, que tal como van las cosas parece que no será la última, es de 17.3.97 — COM (97) 30 final. El Consejo confirmó el 16.12.94 en Bruselas que las medidas impositivas tributarias son necesarias en la lucha contra el efecto invernadero. No obstante, la unanimidad en las opiniones deja mucho que desear cuando se refiere al establecimiento de este tipo de medidas impositivas; obsérvese como el Comité Económico y Social, entre otras instituciones europeas, se ha pronunciado negativamente en la adopción de un impuesto que grave la energía.[55]

La propuesta de directiva de 1995 partía de la base de una reglamentación que permitiese a los Estados-miembros introducir libremente el impuesto sobre las emisiones de dióxido de carbono y sobre la energía. Prácticamente se puede decir que la propuesta de 1995 coincide con la de 1992 aunque existen algunas diferencias considerables como es, por ejemplo, el carácter facultativo a la hora de introducir individualmente el impuesto por los Estados-miembros. Se ha señalado, no obstante, que esta flexibilidad facilita la introducción del impuesto, ya que en principio no tendrá que haber oposición a un acuerdo de introducir el impuesto con carácter facultativo. En la actualidad, Dinamarca, Finlandia, Holanda y Suecia ya poseen un impuesto sobre la energía.

El art. 1.1 de la Propuesta de 1997 determina que los Estados-miembros aplicarán un impuesto armonizado para los productos registrados. Los tipos impositivos son además formalizados como tipos objetivos, a los cuales los Estados-miembros tratarán de hacer converger los suyos.

conducta coordinada al menos entre los Estados industriales más importantes". Consúltese asimismo R. Sommerhalder, "The energy tax: is it fake or genuine?", *European Taxation* 5/96, p. 175.

52. Los impuestos sobre la energía fomentan el uso más eficiente de los carburantes, crean incentivos para los consumidores y productores de los mismos y promocionan más eficaces tecnologías (cfr. *Libro Blanco sobre el Crecimiento, Competencia y Empleo* — COM (93) 700).

53. La Comisión demostró ante el Consejo el 22 y 23.3.93 una evaluación en donde se demostraba la ineficacia de los programas nacionales y la necesidad del impuesto comunitario sobre las emisiones de CO_2 y la energía, después dicha propuesta fue reconvertida en la propuesta de 1997 sobre productos energéticos.

54. En teoría las Directivas se caracterizan porque establecen una obligación de resultado. Sin embargo, en materia fiscal esta característica ha desaparecido puesto que el carácter de las Directivas es cada vez más detallado. Cfr. R. Falcón y Tella, *Introducción al Derecho Financiero y Tributario de las Comunidades Europeas*, Madrid, Civitas — Servicio de Publicaciones de la Facultad de Derecho de la UCM, 1988, p. 60.

55. Cfr. la opinión del Comité Económico y Social en la que se aconseja a la Comisión que retire la propuesta de directiva, *DOCE* 108, 19.4.93, y *Bulletin EU* 3/96, 28.3.96, *Environment* (1/10).

La finalidad de estos tipos objetivos es servir de referencia a los Estados-miembros durante el el período transitorio que va hasta el 31 de diciembre de 1999.

La propuesta de directiva para la introducción de un impuesto sobre los productos energéticos persigue dos finalidades para luchar contra el denominado efecto invernadero:[56] por una parte, la reducción de emisiones CO_2; y, por otro, el fomento de una efectiva utilización de la energía.

Algunas dudas asaltan para el final establecimiento de esta medida tributaria; entre ellas se pueden citar:

— la falta de un liderazgo que abandere la protección fiscal del medio ambiente;

— la incertidumbre en cuanto a los costes económicos;

— la dependencia energética de determinados productos de la Unión que sustituirían al carbón[57] ; y

— las presiones de los importantes *lobbies* industriales.[58]

No obstante, se puede afirmar que esta medida y otras como la incentivación del uso de biocarburantes, el control de la fabricación de vehículos con limitación de consumo, dan la sensación que la Unión Europea parece que se está moviendo, aunque con alguna duda, hacia una reforma fiscal ecológica.[59] Es lo que la Dirección General XI de la Comisión Europea ha denominado "Economic Tax Reform".[60]

Si la propuesta de directiva es adoptada finalmente, el impuesto sobre la energía sustituirá las accisas o impuestos especiales de fabricación sobre los carburantes, si bien el objeto de aquél es mucho más amplio ya que afectará a hidrocarburos, gas natural, electricidad, combustibles sólidos (carbón, madera ...), cuando sean usados como combustibles para motores o para calefacción. La idea es eliminar las distorsiones que se producen entre los diferentes tipos de carburantes, ya que en la práctica son sustitutos los unos de los otros, aparte, claro está, de proteger el ambiente.

La propuesta establece unos tipos de gravamen mínimos y unas exenciones para las industrias consumidoras intensivamente de energía. No obstante, en este caso, la Comisión mantiene que el "principio *quien contamina, paga*" o *polluter pays*, establece la necesidad de que el contaminador pague aunque sea poco; es así, como se está defendiendo que las industrias que podrían gozar de exenciones pagarían un mínimo, de acuerdo con el principio citado anteriormente. Es cierto, asimismo, que el uso de carburantes para determinados servicios como transporte público o uso en la agricultura estaría sujeto también al impuesto pero a unos tipos de gravamen reducidos. Lo mismo ocurriría para la energía obtenida de fuentes alternativas como el viento, el sol o las mareas.

4.2 Condiciones de aplicación del impuesto comunitario sobre productos energéticos

La implantación de este impuesto ecológico precisa de una serie de requisitos previos para poder llevarla a efecto. Tanto en el Quinto Programa comunitario en materia

56. Cfr. P. M. Herrera Molina y F. Serrano Antón, "Aspectos constitucionales y comunitarios de la tributación ambiental (especial referencia al impuesto sobre el dióxido de carbono y sobre la energía)", *REDF, Civitas* 83/94, p. 80.

57. La preferencia por el gas natural según el Comité Consultivo de la CECA es una falacia, dado que Europa carece de reservas de este carburante, aparte de que se dependería de regiones muy inestables. La dependencia energética de Europa en 1990 era de un 48% y los pronósticos indican que se pasará al 56% en el 2000.

58. U. Collier, "The European Union's climate change policy: limiting emissions or limiting powers", *Journal of European Public Policy* 1/96, pp. 122-138.

59. Cfr. I. Gispert, "Fiscal instruments in the EU: are we moving towards ecological tax reform?", *European Enviromental Law Review* 11/95, pp. 305-311.

60. Consúltese en este sentido Canadian Tax Foundation, *Taxation to 2000 and Geyond*, Toronto, ed. R. Bird y J. Mintz, 1992, p. 145.

de medio ambiente como en la propuesta de directiva del Consejo — presentada por la Comisión — se deduce la necesidad de que la aplicación se efectúe con las siguientes premisas:

4.2.1 *Subsidiariedad* — Este principio ha pasado a ocupar un papel preponderante en la aplicación del Tratado de la Unión Europea. Como señala el art. A, la toma de decisiones en la configuración que se hace de la Unión debe hacerse de la forma más próxima posible a los ciudadanos.[61] Ha sido caracterizado como criterio de distribución de competencias a nivel comunitario, estatal, regional y local. Así, resulta lógico que el art. 130-S TUE disponga que la Comunidad actúa en la medida en que los objetivos puedan conseguirse en mejores condiciones en el plano comunitario que en el de los Estados-miembros aisladamente.[62] Sin embargo, debe señalarse la necesidad de fijar quién es subsidiario de quién y en qué aspectos. En efecto, a pesar de que se afirme la necesidad de que las decisiones se tomen lo más cerca posible de los ciudadanos, la aplicación del impuesto precisa de unos cauces que tan sólo están presentes en los distintos Estados-miembros de la Unión. Por consiguiente, se están excluyendo otros niveles territoriales distintos del Estado para la ordenación del tributo.[63]

Ahora bien, dado que existen unas metas y unos objetivos más generales que tan sólo se pueden alcanzar mediante una acción concertada por parte de todos los "actores implicados", entonces sería preciso combinar el principio de subsidiariedad con el de responsabilidad compartida. Así, en cuanto a los objetivos generales, no se trata tanto del reparto de competencias como de una intervención adecuada de la Comunidad, los Estados-miembros, las autoridades regionales y las locales con los instrumentos que se posean para conseguir esos objetivos — evitar el efecto invernadero, la lluvia ácida, conseguir una cierta calidad de vida ...

Se concede a los Estados-miembros de la UE la flexibilidad necesaria para definir y establecer las medidas necesarias de acuerdo a las circunstancias nacionales, ya que la actual propuesta de impuesto es una legislación de mínimos. Es por ello que se permiten diferentes tipos de gravamen a nivel de cada Estado siempre que se cumplan con los tipos mínimos reflejados en la propuesta de directiva y se respeten las reglas del mercado interno y las de la competencia (art. 4.1 *Propuesta de Impuesto*).

4.2.2 *Neutralidad*[64] — La Comisión condiciona la creación a escala comunitaria

61. M. Herrero de Miñon define el principio de subsidariedad como la atribución de competencias a nivel local, autonómico, nacional o comunitario en función de donde pudieran ser más eficazmente ejercidas y siempre lo mas próximo posible a los ciudadanos ("España, Europa y la subsidariedad", *El País*, 30.9.93).

62. Debe ponerse un especial cuidado en la implantación de este principio puesto que puede producirse una reivindicación sistemática de las distintas políticas comunitarias por parte de los Estados-miembros, posteriormente por parte de las Comunidades Autónomas, y finalmente por parte de las Corporaciones Locales.

63. Nótese que la gestión del impuesto verde se realiza utilizando las estructuras existentes para los impuestos especiales, que al igual que el que grava la energía están armonizados para todos los Estados de la Unión. En cuanto a las competencias de los entes locales, no debe olvidarse que que los Municipios mayores de 50.000 habitantes tienen como servicio mínimo a prestar entre otros la protección del medio ambiente. Sin embargo, en lo que respecta al impuesto medioambiental que se trata debe afirmarse que estos entes tienen una relevancia poco significativa (cfr. *Modelo de Ordenanza Municipal de Protección Medioambiental*, Madrid, Ministerio de Obras Públicas, Transportes y Medio Ambiente, Dirección General de Política Medioambiental, 1994, p. 15).

64 Cualquier reforma fiscal, ecológica o no ecológica, debe mantener la estabilidad de los presupuestos públicos y prestar atención a la distribución entre la CE, el Estado, las autonomías y los municipios. Pero bien puede postularse y mantenerse una neutralidad distributiva, algo que supondría mucho trabajo pero que puede valer la pena. Por otro lado, a largo plazo supondría un alivio, especialmente para los municipios, el que de una vez se regulen, de acuerdo con criterios ecológicos, la producción de energía, el consumo del agua y la utilización de los suelos, con lo que podría arreglarse un sinfín de trabajos de descontaminación que hoy agobian a los Ayuntamientos. Cfr. E.U.Von Weizsacker, "*Política de la Tierra*", ob. cit., p. 178.

de un impuesto sobre los productos energéticos al respeto del principio de neutralidad fiscal. La causa puede buscarse en que no se quiere aumentar la presión fiscal en su conjunto. Si no estuviera prevista la neutralidad de la medida fiscal, el tributo tendría efectos negativos sobre la inflación y el crecimiento, aparte de la pérdida de competitividad de la industria europea con respecto a sus competidores.[65]

La efectividad práctica de este principio se deja a los Estados, que son quienes deben escoger entre la reducción de los impuestos directos, la de los impuestos indirectos o el uso de incentivos fiscales, si bien se insiste en la reducción de la carga fiscal del trabajo. En cualquier caso, algún autor ha adelantado que esta decisión podría ser el comienzo de una gran reforma de los sistemas tributarios en el que impuesto ecológico fuera el centro del sistema impositivo consiguiendo los mismos recursos dinerarios — por la compensación — pero con comportamientos más respetuosos con el ambiente.[66]

La Unión Europea se ha cuidado mucho de que se lleve a efecto este principio de neutralidad, y ello porque se ha previsto que los Estados-miembros comuniquen a la Comisión las disposiciones que hayan tomado con vistas a la neutralidad del impuesto siempre que respeten el Derecho Comunitario.[67] A pesar de los mecanismos de control previstos debe vigilarse bien la aplicación para que no degenere y se convierta en un método perverso para obtener recursos suplementarios para el Estado.[68]

4.2.3 *¿Qué ocurre con la competitividad?* — A diferencia de las otras propuestas de impuesto sobre el dióxido de carbono y sobre la energía, en la última no se condiciona su establecimiento a la merma de competitividad que puede producirse si no se introduce un tributo parecido en otros países de la OCDE. En términos generales, se puede afirmar que es una de las causas que han impedido la implantación del impuesto hasta este momento y es por ello que se debe hacer una cita obligada. En efecto, los grandes consumidores industriales se han mostrado siempre contrarios al impuesto, que — argumentaban — les haría perder competitividad con respecto a Japón y Estados Unidos. La UNICE, patronal europea de grandes empresas, llegó a amenazar con desplazar las industrias a países cercanos que no pusieran estas trabas.[69] Todo ello de alguna manera es lógico puesto que las emisiones de CO_2 no tienen fronteras como tampoco las tiene el efecto invernadero, así que la implantación de medidas fiscales produciría el traslado de los centros de producción a países donde no existen medidas de este tipo y, por consiguiente, los costes de producción también son menores. Conclusión: la aplicación de un impuesto ecológico exclusivamente en el ámbito de la Unión podría conllevar la pérdida de competitividad de las industrias europeas. Así ha sido puesto de manifiesto por la resolución del Comité Económico y Social de 10 de octubre de 1997.[70]

Como es puesto de relieve por el Comité Económico y Social, se deberían abrir negociaciones con los otros países de la OCDE y los de reciente industrialización

65. Cfr. la *Exposición de Motivos* de la propuesta de directiva del Consejo por la que se crea un impuesto sobre las emisiones de dióxido de carbono y la energía (COM (92) 226 final).

66. V. E. U. von Weisazcker y J. Jesinghaus, *Ecological Tax Reform*, London, New Jersey, Zed Books, 1992, p. 9.

67. Cfr. Art. 2 (neutralidad fiscal general) de la Propuesta de Directiva del Consejo COM (97) 30 final.

68. Así ha sido manifestado por la Comisión de Temas Fiscales de la Cámara de Comercio Internacional en su sesión de 12.5.92 (*Revista de Derecho Financiero y Hacienda Pública* 221/92, p. 1.127).

69. Cfr. Union of Industrial and Employers' Confederations of Europe (UNICE), *Opinion on the Proposal for a Council Directive Establishing a Tax on Carbon Dioxide Emissions and on Energy*, deciembre/92, p. 2. Resulta curioso comprobar como los países productores de petróleo han reaccionado con críticas muy severas sobre este tipo de medidas (J. W. Baddour, "Les pays de l'OPEP et le projet europeen d'ecotaxe", *Revue de l'Energie* 473/95, pp. 814-822).

70. Cfr. *DOCE* 356, 22.11.97.

para llegar a un acuerdo para el establecimiento del impuesto verde. En el marco de este convenio se tendría que hacer referencia a que una parte de este impuesto sea destinada a inversiones tendentes a reducir las emisiones de gases en los países en vías de desarrollo, Europa Oriental y las ex-Repúblicas soviéticas — países a los que no se les puede exigir el mismo esfuerzo que a los de la OCDE aunque sí se les debe instar a la reducción de sus emisiones de gases.[71] A otro nivel, es constatable la diferente forma de entender el impuesto sobre la energía dentro de los propios Estados de la UE. Los Estados del norte son los países más firmemente valedores de la propuesta de la Comisión. En sentido opuesto, los países del sur de Europa no entienden la igualdad en la limitación de emisiones desde niveles de desarrollo desiguales. Por ello son reticentes a la adopción de medidas tributarias necesariamente uniformadoras que al menos a corto plazo pudieran hipotecar el desarrollo de sus economías.[72]

De nuevo y aún a riesgo de ser repetitivo hay que insistir que la actual propuesta de la Comisión no se condiciona a que se establezcan impuestos o medidas parecidas en otros países competidores de la UE. Por consiguiente, se trata de una polémica alimentada por los grandes grupos industriales establecidos en Europa. Es necesario además realizar una advertencia y es que el impacto de las ecotasas en el comercio varía considerablemente según la dimensión de la economía nacional, la existencia o no de sustitución del hecho imponible, la materia-prima del país en relación con el resto del mundo, la movilidad de los factores de producción, la estructura monopolística u oligopolística del mercado nacional y la redistribución del producto de las ecotasas.[73]

4.2.4 *Otras condiciones de aplicación*

— El impuesto debe ser establecido gradualmente, con un período transitorio supuestamente del 31 de diciembre de 1997 a 1 de enero de 2001, en el que se vaya incrementando poco a poco los tipos de gravamen a los productos energéticos y en el que se debe tener en cuenta los distintas posiciones de competencia de dichos productos. Como es fácilmente deducible las fechas previstas no han sido cumplidas, lo que parece indicar que también en esta ocasión la unanimidad requerida ha sido un obstáculo infranqueable;

— las exenciones y tipos de gravamen más bajos que pueden ser aprobados por los Estados-miembros de la UE para facilitar la compra de equipos más eco-eficientes o para industrias de consumo intensivo de energía no pueden ir en detrimento del mercado interior ni crear distorsiones en la competencia y, en todo caso, dichos beneficios fiscales necesitan de un procedimiento especial para ser autorizados por la UE; y

— las fuentes de energía renovables gozarán de un trato fiscal especial.

4.3 Naturaleza del impuesto

La mal-llamada "ecotasa" es un impuesto indirecto de carácter incentivador — por tanto, extrafiscal —, puesto que pretende disuadir del deterioro ambiental. Grava consumos específicos aprovechando la estructura y forma de gestión de los impuestos especiales y más concretamente el de hidrocarburos. Por consiguiente, se trata de un impuesto cuyo establecimiento se deja a las competencias tributarias de los Estados-miembros, a quienes corresponden, usando los principios del ámbito de los impuestos especiales ya sometidos a normas comunitarias armonizadas, la gestión y las

71. V. el dictamen del Cómite Económico y Social sobre la tan debatida propuesta de directiva relativa al impuesto ecológico, *CES* 211/93, pp. 4 y 5 (J. Pérez Arraiz, "La propuesta de directiva de la Comisión Europea para un impuesto sobre las emisiones de dióxido de carbono y sobre la energía", *Impuestos* 15-16/96, pp. 56 y ss.).

72. Cfr. S. Cnossen y H. Vollebergh, *Toward a Global Excise on Carbon*, Rotterdam, Erasmus University, 1992, p. 10.

73. Cfr. OCDE, "L'influence des ecotaxes sur les echanges internationaux", *Problemes Économiques* 2.474, París, mayo/96, pp. 23-28.

sumas recaudadas.[74] Por tanto, no es un impuesto comunitario sino un un impuesto estatal armonizado y es así como los Estados-miembros de la UE pueden transponer el Derecho Comunitario acomodándolo a sus intereses y circunstancias.

Es un impuesto real, indirecto, objetivo e instántaneo. *Real* porque se asienta sobre un presupuesto objetivo cuya intrínseca naturaleza se determina con independencia del elemento personal de la relación tributaria. *Indirecto* porque, desde el punto de vista económico, grava el consumo o renta gastada; desde un punto de vista jurídico, porque se trata de un método de imposición indirecta, según el cual se repercutirá el impuesto al adquirente de los productos gravados. Es *objetivo* porque no se toman en cuenta las circunstancias personales del obligado al pago a la hora de la cuantificación del tributo. Y, por último, *instántaneo*, puesto que nace el impuesto en cuanto se extrae, se produce o importa un producto gravado.

En lo que concierne a la gestión del impuesto y resolución de reclamaciones estaría encomendado a los organismos encargados en cada Estado de la aplicación de los impuestos especiales. En otras palabras, la ejecución de las normas corre por cuenta de los Estados-miembros y la vigilancia quedaría en manos de la Comisión.[75]

4.4 El hecho imponible

4.4.1 *Aspecto material* — El hecho imponible del impuesto es la extracción y producción (art. 18 de la propuesta) de determinados productos que sean utilizados como carburante o combustible y la energía eléctrica en el territorio de la Comunidad o su importación a dicho territorio (art. 2). Como se puede comprobar, los productos que se contemplan son de dos tipos: carburante o combustible para motores y energía eléctrica. La enumeración que usa la propuesta de directiva se efectúa mediante el código NC, es decir, la nomenclatura combinada del arancel aduanero común.[76]

Asimismo se deja a la consideración de los Estados-miembros si someten a gravamen la energía obtenida en procesos metalúrgicos y de electrólisis. La explicación se podría buscar en que se consideran operaciones de dudosa inclusión en el presupuesto de hecho ordinario.

4.4.2 *Aspecto espacial* — El impuesto se aplicará en el territorio de la Comunidad, tal y como lo delimita para cada Estado-miembro el tratado constitutivo. En lo que respecta a España este impuesto parece que no se impondrá en Ceuta y Melilla. En Canarias, en principio, se prevé su no-aplicación salvo que con posterioridad España notifique mediante una declaración lo contrario para la totalidad o parte de los productos gravados. Es interesante destacar el paralelismo en los aspectos que se comentan con el régimen establecido para el impuesto sobre hidrocarburos lo cual es lógico si se tiene en cuenta que se utilizan las mismas estructuras que para la gestión del impuesto especial citado.[77]

4.4.3 *Aspecto temporal* — Siguiendo en este punto lo que ocurre con los impuestos especiales de fabricación o accisas, el impuesto se devenga a partir del momento de la puesta a consumo o de la comprobación de pérdidas. Las condiciones del nacimiento del impuesto y el tipo aplicable serán los vigentes el día del devengo en el Estado-miembro en que se efectúe la puesta a consumo o la comprobación de pérdidas. Se considera *puesta a consumo*:

74. Nótese que aunque se deja en manos del Estado la aplicación del tributo existe un Comité cuya misión consiste en la supervisión de los distintos procedimientos establecidos (cfr. J. A. Rozas Valdés, "La implantación de un impuesto ecológico en la Unión Europea", *Noticias de la UE* 122/95, p. 111).

75. Cfr. J. A. Rozas Valdés, ob. cit., p. 112.

76. Los Códigos de la Nomenclatura Combinada se refieren a los que están actualmente en vigor desde el 1.10.96.

77. La recaudación y la liquidación se dejan a los procedimientos establecidos por cada Estado-miembro aprovechando la estructura existente para los impuestos especiales.

— la salida de un régimen suspensivo;[78]

— la extracción o fabricación de los productos gravados al margen de un régimen suspensivo;

— la importación de los productos gravados.

4.5 Exenciones y devoluciones

El Título Tercero (arts. 13-16) de la propuesta se ocupa precisamente de las exenciones y devoluciones. La exención tiene lugar cuando una norma contempla que en aquellos supuestos expresamente previstos en ella, no obstante realizarse el hecho imponible, no se desarrolla el deber de pagar el tributo;[79] en los casos referidos a este impuesto se necesita previa autorización de la Comisión para poder establecer dichas exenciones (art. 17 de la propuesta de impuesto sobre productos energéticos). Las devoluciones se producen normalmente por un pago excesivo que ha sido realizado previamente. Son los propios Estados los encargados de fijar las condiciones y los límites para la aplicación de las exenciones. Para el supuesto en el que se haya producido el pago sin haber tenido en cuenta la existencia de la exención o cuando se precise de un reconocimiento de la misma, entonces, se procederá a la devolución de lo ingresado.

La mayor parte de las exenciones que se establecen en la propuesta se refieren a cuestiones objetivas como por ejemplo:

— los productos energéticos no usados como carburantes para vehículos o para calefacción;

— los productos energéticos usados para producir electricidad y calor utilizados en su producción;

— los carburantes utilizados en el transporte áereo público;

— los carburantes usados en la navegación fluvial dentro de la UE;

— los productos energéticos usados en proyectos-piloto para el desarrollo tecnológico;

— todo tipo de energía obtenida de fuentes renovables (energía eólica, solar, geotermal, mareas ...); y

— la energía obtenida por instalaciones hidroeléctricas de menos de 10 megavatios.

Uno de los supuestos devolutivos, que debe así ser previsto por los distintos Estados, dado que sólo se trata de una norma que después debe ser establecida por los Estados-miembros, es la devolución, con el límite máximo del 50%, del gasto realizado en la inversión realizada por una industria que haya mejorado el uso eficiente de la energía. Asimismo, siempre y cuando la legislación nacional lo prevea también es posible devolver los gastos energéticos no derivados del transporte cuando éstos suponen un gasto superior al 10% de los costos totales de la producción (art. 15 de la propuesta de impuesto). Estas devoluciones poseen el propósito bien de salvaguardar la competitividad de las empresas con alto consumo de energía, bien de incentivar fiscalmente las inversiones destinadas a economizar energía.[80]

4.6 Obligados al pago

Como consecuencia que el impuesto sobre los productos energéticos ha tomado como modelo las accisas o impuestos especiales, serán sujetos pasivos del impuesto quienes extraigan, fabriquen o importen productos gravados. Esta es la definición

78. Los Estados-miembros organizarán los sistemas suspensivos de acuerdo con las normas que fije la Comisión.

79. Cfr. F. Pérez Royo, *Derecho Financiero y Tributario: Parte General*, Madrid, Civitas, 1997, p. 130.

80. La Presidencia del Consejo defiende las deducciones siempre que se respete el objetivo de mejorar la eficacia energética sin que ello produzca un menoscabo de la competitividad comercial o la vitalidad económica de la Comunidad (cfr. M. Jelved, "Taxe sur le CO_2 et l'energie: conclusions de la Presidence du Conseil", cit., pp. 3 y 4).

que puede establecerse ante la ausencia de la misma en la propuesta de directiva. Por consiguiente, serán contribuyentes las empresas o industrias que realicen la puesta a consumo o la comprobación de pérdidas de los productos gravados.

Existen otros artículos como el 18, el 20 y el 21 de los que se puede obtener una conclusión: la meticulosidad con que la Comisión ha diseñado el régimen de controles, circulación y tenencia de los productos gravados — lo que demuestra la preocupación de la Unión Europea en los aspectos formales de este gravamen y que puede suponer a la postre la creación de sustitutos y responsables.

4.7 Elementos de cuantificación

4.7.1 *Base imponible* — La base imponible, como es sabido, es la magnitud que expresa la medición del hecho imponible. En el caso del impuesto verde se está en presencia de una base imponible expresada en magnitud distinta del dinero,[81] basada en el valor energético de los productos gravados medido en gigajulios o en la cantidad del producto energético que se esté considerando (se exceptúan las energías renovables). En este apartado hay que señalar (*ex* art. 13) que para la energía eléctrica producida a través de combustibles gravados, éstos pueden que estén exentos gravando sólo la energía eléctrica producida, dependiendo de la decisión que tome cada Estado.[82]

4.7.2 *Tipo de gravamen* — El tipo expresa la parte de la magnitud elegida como base que corresponde al Estado o ente público acreedor del tributo. En cuanto a la propuesta de impuesto se utilizan tipos de carácter específico dado que consisten en una suma de dinero fija que ha de pagarse por cada unidad que constituye la base, entendiéndose por unidad la establecida por el legislador comunitario.[83] Los tipos impositivos se refieren al valor de la energía. En comparación con la propuesta de directiva de 1992, los tipos impositivos se han llegado a cuadruplicar. Así, la propuesta establece unos tipos mínimos a 1 de enero de 1998, a 1 de enero del 2000 y a 1 de enero del 2002.[84]

1. Niveles mínimos de tributación aplicables a carburantes de motores

	Nivel mínimo a 1 de enero de 1998	Nivel mínimo a 1 de enero de 2000	Nivel mínimo a 1 de enero de 2002
Gasolina ECU por 1.000 l	417	450	500
Gasoil ECU por 1.000 l	310	343	393
Queróseno ECU por 1.000 l	310	343	393
Petróleo en gas líquido ECU por 1.000 K	141	174	224
Gas natural ECU por gigajul	2,9	3,5	4,5

81. Cfr. F. Vicente-Arche Domingo, "Elementos cuantitativos de la obligación tributaria", *RDFHP* 60/65, pp. 923 y ss.

82. Es el caso de las centrales térmicas.

83. V. F. Vicente-Arche Domingo, "Elementos cuantitativos de la obligación tributaria", cit., p. 944.

84. Se espera un informe de la Comisión antes del 1 de enero del 2001 en donde se tomen en consi-

2. Niveles mínimos de tributación aplicables a carburantes de motores utilizados para uso agrícola, forestal, pesquero, en la construcción, en obras públicas, transporte de pasajeros etc. (art. 7.2 propuesta de directiva)

	Nivel mínimo a 1 de enero de 1998	Nivel mínimo a 1 de enero de 2000	Nivel mínimo a 1 de enero de 2002
Gasolina ECU por 1.000 l	32	37	41
Queróseno ECU por 1.000 l	30	35	39
Petróleo en gas líquido ECU por 1.000 K	41	48	53
Gas natural ECU por gigajul	0,3	0,6	1,1

3. Niveles mínimos de tributación aplicables a combustibles destinados para calefacción y electricidad

	Nivel mínimo a 1 de enero de 1998	Nivel mínimo a 1 de enero de 2000	Nivel mínimo a 1 de enero de 2002
Gasoil para calefacción ECU por 1.000 l	21	23	26
Queróseno ECU por 1.000 l	7	16	25
Petróleo en gas líquido ECU por 1.000 K	10	32	34
Gas natural ECU por 1.000 l	0,2	0,45	0,7
Productos energéticos sólidos ECU por gigajul	0,2	0,45	0,7
Electricidad ECU por MW hora	1	2	3

deración el funcionamiento del mercado interno, los verdaderos niveles de tributación, el logro de los objetivos ambientales y la neutralidad fiscal obtenida.

A la vista de estos elementos se establecerán otros tipos de gravamen (cfr. art. 10 de la Propuesta de Impuesto sobre Productos Energéticos).

5. Conclusiones

Si se pretende avanzar con firmeza en la estabilización de las emisiones de CO_2 parece inevitable el uso de los tributos.

Sobre la propuesta de introducir un impuesto sobre los productos energéticos se han señalado un gran número de virtudes referentes a la falta de finalidad predominantemente recaudatoria, entre otras razones porque el objetivo perseguido es la utilización más racional de la energía; y la pretensión de respetar el principio de neutralidad fiscal reduciendo otros impuestos.

Existen muchas trabas y dificultades para que finalmente se termine aceptando un impuesto ecológico de este tipo, entre otras se pueden citar: el recorte de competitividad, que puede no producirse si el establecimiento del impuesto toma como premisa la neutralidad fiscal, es decir, que el esfuerzo fiscal no aumente en su conjunto; la oposición de las organizaciones industriales; las reticencias de los países del sur de Europa; la necesaria unanimidad en el Consejo para adoptar medidas fiscales; y la falta de conexión de los ingresos conseguidos con el fin que persigue el impuesto hará que éste pierda ese carácter ecológico al no estar claramente mostrada la relación entre el impuesto y los fines ecológicos, y no existir tampoco ninguna seguridad de que el ingreso tributario obtenido de dicho impuesto vaya a ser utilizado para proteger el medio ambiente. Es decir, se puede dudar de la potencialidad para reducir el derroche de energía y no está demostrado que su establecimiento no genere distorsiones adicionales.

Es cierto que también existen razones de peso y apoyos consistentes para que esta propuesta salga adelante aunque sea con retraso, como por ejemplo: la existencia de impuestos similares en los países del norte de Europa; las asociaciones ecologísticas con cada vez mayor presencia en la opinión pública; y la concienciación general de que es hora de empezar a actuar sobre un ambiente ya muy dañado.

CADERNOS DE DIREITO TRIBUTÁRIO

LAS AYUDAS ESTATALES DE CARÁCTER FISCAL Y EL DERECHO COMUNITARIO: ALGUNAS NOTAS SOBRE SU DIFERENCIA DE LOS TRIBUTOS INTERNOS DISCRIMINATORIOS Y LAS EXACCIONES DE EFECTO EQUIVALENTE A PROPÓSITO DEL PRIMER INFORME SOBRE EL CÓDIGO DE CONDUCTA FISCAL[1]

MARTA VILLAR EZCURRA

Profesora adjunta de Derecho Financiero y Tributario de la Universidad San Pablo/CEU — Abogada

1. Las exacciones de efecto equivalente a los derechos de aduana. 2. La prohibición de establecer tributos internos discriminatorios. 3. Las ayudas estatales de carácter fiscal y su conexión con los arts. 12, 95 y 30 TCE.

En el primer *Informe* anual sobre la aplicación del Código de Conducta en materia de fiscalidad de las empresas y ayudas estatales de carácter fiscal, de 25 de noviembre de 1998, que la Comisión Europea ha comunicado al Consejo y al Parlamento Europeo,[2] se contienen observaciones a propósito de las ayudas estatales de carácter fiscal, tras afirmar que algunas de las medidas a que se refiere el Código de Conducta para evitar la competencia fiscal desleal entre los Estados-miembros de la Unión Europea[3] podrían entrar en el ámbito de aplicación de las normas del Tratado sobre ayudas estatales, contenidas en los arts. 92 a 94 del Tratado de la Comunidad Europea (en adelante TCE).

En el contexto del Código de Conducta, la Comisión se comprometió a publicar una serie de directrices relativas a la aplicación de las normas sobre ayudas estatales a los incentivos fiscales. Las directrices fueron debatidas con expertos de los Estados-miembros y posteriormente integradas en una Comunicación que la Comisión aprobó el 11 de noviembre de 1998[4] y pretenden clarificar la aplicación de las normas sobre ayudas estatales a casos relacionados con la fiscalidad directa de las empresas, dentro de un objetivo más amplio, que es el de reforzar la aplicación de las citadas normas con el fin de reducir los

1. El presente trabajo se encuentra publicado en la revista española *Aranzadi Fiscal, Boletín Mensual* 2/1999.

2. *COM* 1998, 595, final.

3. Publicado en el anexo I a las "Conclusiones" del Consejo ECOFIN de 1.12.97, en el *DOCE* C-2, 6.1.98, pp. 2 y ss.

4. *SEC* 1998, 1.800 final.

falseamientos de competencia en el mercado único.[5]

No es infrecuente que el análisis de las normas comunitarias de Derecho originario en materia de ayudas estatales de carácter fiscal se haga de manera aislada y sin tener en cuenta otras disposiciones directamente aplicables del Tratado de Roma con las que aquéllas guardan estrecha relación. Sin embargo, el Tribunal de Justicia de las Comunidades Europeas (en adelante, TJCE) ha asentado ya unos criterios que permiten situar los tributos exigidos en los Estados-miembros en el marco de lo prohibido o lo permitido por el TCE, a resultas de un análisis de conjunto de las disposiciones en juego.[6]

El presente artículo pretende sintetizar las pautas que ofrece la jurisprudencia del TJCE a propósito de la delimitación del ámbito de aplicación de los arts. 12, 92 y 95 TCE,[7] cuestión que es importante en el momento actual de liberalización de capitales, competencia fiscal a la baja y proliferación de exacciones de carácter medioambiental o de finalidad no-financiera, que no por bien-intencionadas pueden dejar de resultar contrarias a estas previsiones del Tratado.[8] También, en alguna medida haremos referencia al ámbito de aplicación de los arts.30 y ss. TCE aunque avanzamos que el Tribunal comunitario europeo no ha valorado ninguna medida fiscal basándose en esta disposición.

1. Las exacciones de efecto equivalente a los derechos de aduana

Conforme a las previsiones de los arts. 9 a 12 del TCE (sobre libre circulación de mercancías), los Estados-miembros deben abstenerse de establecer entre sí nuevos derechos de aduana a la importación y a la exportación o exacciones de efecto equivalente. Los derechos de aduana hace ya tiempo que dejaron de existir entre los Estados-miembros, pero su efecto protector o discriminatorio, y por tanto pernicioso de acuerdo a los objetivos comunitarios de liberalizar la circulación intracomunitaria de mercancías y garantizar las condiciones de libre competencia, se pone de manifiesto cuando en los Estados-miembros se exigen exacciones de efecto equivalente. Siendo éste un concepto jurídico indeterminado, el TJCE ha sentenciado que cualquier exacción pecuniaria, por mínima que sea, recaudada únicamente sobre un producto extranjero por el hecho de atravesar la frontera puede considerarse equivalente a un derecho de aduana y, por tanto, resultará prohibida por el art. 12 TCE.[9]

5. Las *comunicaciones* constituyen actos innominados con valor jurídico variable. Esta comunicación de la Comisión entraría en la categoría de los actos interpretativos e informativos que guían a los Estados-miembros en la adaptación de sus legislaciones a las exigencias del mercado interior. Sobre la inseguridad jurídica que puede resultar de la utilización masiva de comunicaciones y otros actos innominados (no citados en el art. 189 TCE) v. S. Leclerc, comentando la *STJCE* 20.3.97, as. C-57/95, Rec. 1997, p. I-1.640, en *Cahiers de Droit Européen* 1998, n. 1-2/161 y ss., así como las consideraciones que hicimos en *Las Disposiciones Aclaratorias en la Práctica Jurídica*, Cedecs, 1996, en especial pp. 212 y ss.

6. V. *STJCE* 11.3.92, as. C-78-83/90, Compagnie Commercial de l'Ouest, Rec. 1992, p. I-1.847.

7. Estas disposiciones no se aplican a los productos procedentes directamente de un país tercero pues la situación que resulta de su importación no está comprendida en el ámbito de aplicación del TCE (*STJCE* 18.12.97, en relación al art. 95 TCE y el impuesto francés de cuota variable que grava los vehículos de motor, as. C-284/96, Didier Tabouillot).

8. La Comisión ha instado a los Estados-miembros a utilizar los gravámenes medioambientales, no sólo como apoyo a la política medioambiental sino como medio para compensar una eventual pérdida recaudatoria, derivada de la reducción de los impuestos al trabajo y al ahorro (v. *Informe* de la Comisión sobre la evolución de los sistemas tributarios, *COM* (96) 54 final, 22.10.96, en especial apartado 5.4).

9. Desde los asuntos "Pain d'épices" y "Fondo Social de los Diamantistas Belgas", respectivamente, *SSTJCE* 14.12.62, as. 2 y 3/62 (Rep. 1962, p. I-425), y 1.7.69, as. 2 y 3/69 (Rep. 1969, p. I-211). En esta situación, el Derecho Comunitario protege la devolución de tributos percibidos indebidamente (v. *STJCE* 17.11.98, Aprile Srl, C-228/96, *Bol. Activ.* 28/98, pp. 5 y ss., a propósito del incumplimiento

La posterior jurisprudencia del TJCE ha puesto de relieve que la incidencia de un tributo en el precio de comercialización de un producto en el país comunitario de consumo no es requisito esencial para que tal tributo sea considerado como una exacción de efecto equivalente a un derecho de aduana, pues el efecto limitativo sobre el comercio intracomunitario puede darse sin manifestarse en ese precio, por ejemplo limitando el margen de beneficio del productor.[10] Asimismo, ha justificado la exigencia de exacciones de efecto equivalente por los Estados-miembros cuando se exijan como contrapartida de un servicio administrativo, siempre que el operador económico se beneficie específicamente del servicio administrativo y exista una debida proporción entre el mismo y la cantidad exigida, así como cuando responda a un interés comunitario, deducida directamente de normas comunitarias.[11]

Por el contrario, si dicha exacción forma parte de un sistema general de imposición sobre productos, de acuerdo con criterios objetivos al margen del origen de los productos, su licitud tendrá que examinarse a la luz del art. 95 TCE, disposición que prohíbe discriminar el producto extranjero. Sin embargo, la jurisprudencia del Tribunal ha entendido que, cuando un sistema impositivo general *exima* a una gran parte de la producción nacional podrá considerarse que existe una exacción de efecto equivalente a un derecho de aduana. También, el Tribunal ha dejado claro que en determinados casos puede ser necesario valorar *el destino* que se da a los ingresos que generen las exacciones. Así, por ejemplo, una exacción que se aplique con los mismos criterios a productos nacionales y de otros Estados-miembros puede constituir una exacción de efecto equivalente a un derecho de aduana, si el ingreso generado se destina *en su totalidad* a indemnizar a los productores nacionales de los productos gravados.[12] Por contra, si el destino de las cantidades recaudadas es ayudar a los consumidores de los productos gravados, la licitud del gravamen tendría que juzgarse al amparo de las disposiciones sobre ayudas estatales (art. 92 TCE). Podrá entonces considerarse que el aparente tributo interno es una exacción que tiene un efecto equivalente a un derecho de aduana o que es una ayuda estatal cuando le sean aplicables bien las disposiciones del art. 12 TCE bien las del art. 92 TCE.

De lo que no hay duda es de que una sóla y misma percepción fiscal no puede calificarse, en principio, al mismo tiempo como tributo interno a efectos del art. 95 TCE y como exacción de efecto equivalente a efectos del art. 12 TCE.[13]

2. *La prohibición de establecer tributos internos discriminatorios*

El art. 95 TCE tiene por objeto garantizar la neutralidad de los tributos internos al prohibir la discriminación de los productos de otros Estados-miembros y la protección de los productos nacionales. La jurisprudencia del TJCE sobre esta disposición se basa en *tres principios fundamentales*:

1. Los Estados-miembros, en ejercicio de su soberanía fiscal, son libres de elegir

por Italia del art. 12 TCE, al cargar en el comercio intracomunitario a los operadores económicos el coste de los controles y de las formalidades administrativas efectuadas durante las horas normales de apertura de las oficinas de aduanas en los puestos fronterizos, fijadas por directiva del Consejo).

10. Por todas, v. *STJCE* 20.3.84, as. C-314/82, Rec.1984, p. I-1.543.

11. Tal es el caso de las cantidades exigidas por controles sanitarios. Sin embargo, aunque en estos supuestos la exacción está plenamente justificada debería hacerse un esfuerzo para que no resulten infringidos ni el principio de proporcionalidad ni las tradiciones constitucionales comunes de los Estados-miembros (v. "Editorial" de *Quincena Fiscal* 17/97, a propósito de la tasa suplementaria en el sector de la leche).

12. *STJCE* 17.9.97, as. C-28/96, Fazenda Publica, Fricarnes, S/A (*DOCE* C-331/97).

13. *SSTJCE* 10.10.78, Hansen, as. C-148/77, Rec.978, p. I-1.787, apartado 22, y 9.6.92, Simba Spa., as C-228 a 359/90, Rec.1992, p. I-3.713, Octroi de mer, as. C-212/96, 19.2.98, Rec. 1998, p. I-743.

el sistema impositivo que consideren más adecuado. Se admite la discriminación a la inversa, esto es, un gravamen menor para los productos importados y la discriminación al producto no comunitario. Pueden imponer a los productos de otros Estados exacciones diferentes a las de productos nacionales o nacionales *similares*, pero para que sea legal tal diferenciación:[14]

a) debe basarse en criterios objetivos, como por ejemplo la naturaleza de las materias-primas o los métodos de producción empleados;[15]

b) debe perseguir objetivos de política económica que sean en sí mismos compatibles con las exigencias del Tratado;

c) las normas detalladas que se apliquen deben evitar la discriminación directa o indirecta de productos de otros Estados-miembros o la protección de productos nacionales competidores.

Así, aplicando estos criterios, el TJCE ha señalado que no puede considerarse discriminatoria una exacción por el sólo hecho de que entren en la categoría más gravada productos de otros Estados-miembros, si ello resulta de la aplicación de criterios objetivos y no discriminatorios.[16] Sin embargo, se infringiría el art. 95 cuando determinados productos de otros Estados-miembros quedasen excluidos de entrada por definición, o las condiciones impuestas fueran arbitrarias o discriminatorias.[17] Así se ha entendido en el caso del arbitrio sobre la producción e importación en Ceuta,[18] atendiendo el TJCE a la incidencia efectiva, en términos económicos o reales, en el producto extranjero de manera que cuando de hecho no existe producción interior y se grava sólo la importación, el impuesto debe considerarse una exacción de efecto equivalente incompatible con el Tratado. También en el ámbito del IVA, cuando se declaró que el art. 95 TCE obligaba en las importaciones de bienes entre particulares a deducir (en la base y en la cuota) el IVA residual incorporado al bien.[19]

2. El sistema aplicado a los productos nacionales constituye el punto de referencia para determinar si los productos de otros Estados-miembros están efectivamente más gravados que los nacionales.

El sistema impositivo debe ser transparente, al menos, hasta tal punto que permita determinar objetivamente si la presión fiscal sobre productos de otros Estados supera la aplicable a productos nacionales semejantes.[20] Además, debe aplicarse por igual a productos nacionales y a los de otros Estados-miembros. En particular, según el Tribunal, para valorar si se ha infringido el art. 95 TCE hay que tener en cuenta no sólo el tipo impositivo del gravamen, sino también las disposiciones por las que se determina la base imponible,[21] las cuotas tributarias,[22] los sistemas de control del pago

14. *STJCE* 14.3.81, as. C-46/80, Vinal c. Orbat, Rec. 1981, p. I-77.

15. *SSTJCE* 14.3.81, antes citada, de 7.5.85, as. C-193/85, Co-Fruta, p. I-2.805, y 9.6.92, as. C-228 a 359/90, Simba Spa., antes citado.

16. *STJCE* 30.11.95, as. C-113/94, Casarin, Rec. 1995, p. I-4.403.

17. *SSTJCE* 27.5.81, as. C-142 y 143/80, Salengo, Rec. 1981, p. I-1.413, y 3.7.85, as. C-277/83, Comisión c. Italia, Rec. 1981, p. I-2.049.

18. *STJCE* 7.12.95. Posteriormente, el *RDL* 14/1996, de 8 de noviembre, ajustó la Ley 8/1991 al contenido de la sentencia, sustituyéndose la ordenanza de 1991 por una nueva que entró en vigor el 1.1.97.

19. "Jurisprudencia Schul", *SJCE* 26.2.91, apartados. 13º y 14º.

20. *STJCE* 26.6.91, as. C-152/89, Comisión c. Luxemburgo, Rec. 1981, p. I-3.141, y as. C-153/89, Comisión c. Bélgica, Rec. 1981, p. I-3.171.

21. *SSTJCE* 17.2.76, Rewe Zentrale, C-45/75, Rec. 1976, p. 181, y 28.4.88, as. C-76, 88 y 89, y 149/87, Rec. 1988, p. I-2.410. En el asunto Rewe se declaró contrario al art. 95 TCE el impuesto que en Bélgica gravaba las entregas de madera puesto que en el caso de las operaciones intracomunitarias la base imponible era el valor de la madera en aduana y en las entregas de maderas nacionales se atendía al valor de la madera recién-cortada, sustancialmente menor.

22. *STJCE* 9.3.95, as. Numes Tadeu, C-345/93, p. I-479. La cuota de gravamen del impuesto portugués se calculaba sin tener en cuenta la depreciación del vehículo de segunda mano importado y que excedía de la cuantía del impuesto residual incorporado al valor de los vehículos automóviles similares de segunda mano ya matriculados en terri-

de la exacción, las normas dictadas para su recaudación[23] o las modalidades de percepción del impuesto.[24] También se ha señalado que el simple hecho de que un impuesto grave las importaciones no es suficiente para considerar que sea discriminatorio.[25] El criterio decisivo es *la cuantía real* de las exacciones que gravan productos nacionales, por una parte, y los productos de otros Estados-miembros, por la otra. El art. 95 TCE no confiere a la Comunidad derecho a juzgar si una exacción existente en un Estado-miembro es demasiado elevada en relación con el objetivo — ambiental — que persigue.[26] La *proporcionalidad* como criterio sólo se aplica a estos supuestos para sopesar las ventajas de protección medioambiental o de carácter no-financiero en relación con las posibles repercusiones en el mercado interior.[27]

3. Se infringe el art. 95 TCE cuando un producto de otro Estado-miembro paga impuestos superiores a los que gravan un producto nacional similar (apartado 1º). Para valorar el criterio de la *similitud*, se ha atendido a los productos que "presentan propiedades análogas y responden a las mismas necesidades de los consumidores".[28] También debe valorarse si pueden considerarse productos diferentes los que tengan la misma función aunque posean propiedades ambientales diferentes debido a su contenido o a diferencias en los métodos de producción.[29]

Si los productos no son similares pero *compiten* al menos parcial o potencialmente con productos extranjeros, el § 2º del art. 95 TCE exige que la exacción no dé lugar a una protección de los productos nacionales.[30] En la evaluación de esta circunstancia, debe tenerse en cuenta no sólo la situación existente sino también el mercado que podrían tener los productos extranjeros si no se aplicasen medidas proteccionistas. También hay que tener en cuenta cómo se emplean los ingresos derivados de la exacción. El TJCE ha considerado que cuando la recaudación se destina a compensar en parte la carga fiscal soportada por los productos nacionales, constituye un tributo discriminatorio al que es aplicable el

torio nacional. Más recientemente, *STJCE* 23.10.97, as. C-375/95, sobre el impuesto de vehículos griego.

23. *SSTJCE* 11.12.90, Comisión c. Dinamarca, C-47/88, Rec. 1988, p. I-4.509, y 12.4.92, Comisión c. Grecia, C-327/90, p. I-3.033.

24. En *STJCE* 17.6.98, as. C-68/96, Grunding Italia Spa (*Bol. Act.* 16/98, pp. 15 y ss.), en relación al impuesto italiano sobre el consumo de productos audiovisualaes y foto-ópticos, se declaró que "el art. 95 del Tratado de la Comunidad Europea debe interpretarse en el sentido de que se opone a que un Estado-miembro establezca y perciba un impuesto sobre el consumo en la medida en que la base imponible y las demás modalidades de percepción del impuesto son diferentes para los productos nacionales y para los productos importados de otros Estados-miembros".

25. *STJCE* 16.12.86, as. C-200/85, Comisión c. Italia, Rec. 1986, p. I-39.

26. *SSTJCE* 5.4.90, as. C-132/88, Comisión c. Grecia, Rec. 1990, p. I-1.567, y 7.4.87, as. C-196/85, Comisión c. Francia, Rec. 1987, p. I-1.597.

27. Sobre el principio de proporcionalidad v. *SSTJCE* 21.1.92, Pressler, C-319/90, apartado 12, y 29.5.97, Francia c. Comisión, C-69/94, apartado 38, en las que se afirma que "para determinar si una disposición de Derecho Comunitario (...) es conforme con el principio de proporcionalidad, debe examinarse si las medidas establecidas por esa disposición sobrepasan los límites de lo adecuado y necesario para alcanzar el objetivo perseguido por la normativa infringida. En concreto, procede comprobar si las medidas que establece la disposición controvertida para realizar el objetivo perseguido se adecuan a la importancia de éste y si son necesarias para alcanzarlo".

28. *STJCE* 7.5.87, Comisión c. Italia, as. C-184/85, Rec. 1987, p. I-201, donde se valoró si los productos satisfacían las mismas necesidades de los consumidores tanto por circunstancias de hecho como de derecho.

29. Conforme al Reglamento del Consejo sobre el plan comunitario de etiquetado ecológico (*CEE* 880/92, 23.3.92, *DOCE* L-99, 11.4.92, p. 1), puede concederse la etiqueta ecológica a productos (por ejemplo el papel) que tengan la misma función pero diferentes propiedades ecológicas.

30. *SSTJCE* 7.5.87, antes citada, y as. Cofruta C-193/85, Rec. 1987, p. I-2.085, donde se estimó que existía una relación de competencia potencial, y *STPI* 24.10.97, T-244/94, Wirtschaftsvereinigung Staht, sobre ayudas de Estado, y el art. 95 TCE, Rec. 1997, p. II-1.963.

art. 95 TCE.[31] Pero también podría considerarse que es a la vez una exacción discriminatoria y una ayuda de Estado ilegal cuando le sea aplicable lo dispuesto tanto en el § 1º del art. 95 como en el art. 92.[32]

3. Las ayudas estatales de carácter fiscal y su conexión con los arts. 12, 95 y 30 TCE

Con arreglo al art. 92 TCE, cualquier ayuda concedida por un Estado-miembro que falsee o amenace falsear la competencia será incompatible con el mercado común. Por lo general, cualquier elemento de ayuda que forme parte de un sistema impositivo no puede ser autorizado por la Comisión si infringe otras disposiciones del Tratado.

Por ello, hay que garantizar, en primer lugar, que el gravamen en cuestión no esté en contradicción con estas disposiciones, en particular con lo previsto en los arts. 12 y 95 TCE. Sólo entonces la ayuda podría declararse compatible. Antes de decidir, la Comisión analizará si efectivamente se trata de una ayuda. Si los ingresos derivados de una determinada exacción no se consignan en el presupuesto general del Estado, sino que se afectan a fines determinados, puede tratarse de una ayuda estatal en caso de que se favorezca a determinadas empresas o productos. Las exenciones de gravámenes sobre determinados productos pueden constituir también ayudas estatales, aun cuando tales exenciones sean necesarias para evitar que las empresas nacionales estén en desventaja con respecto a sus competidores de países donde no existan tales exacciones. Recordemos que el apartado 2º del art. 92 TCE contiene una lista de supuestos de ayudas compatibles con el mercado común, mientras que el apartado 3º recoge los criterios que permitirán a la Comisión declarar la compatibilidad de la ayuda, siendo el art. 93 TCE el que determina el procedimiento que debe seguirse. Al valorar las ayudas la Comisión considerará tanto el origen como el empleo de los ingresos obtenidos, para tener una visión completa de la situación. Un análisis aislado de la utilización de lo recaudado, que no tuviese en cuenta su origen, daría una cifra incompleta ya que parecería que se trataba de una redistribución de fondos públicos. En este sentido, el TJCE ha sentenciado que la Comisión debe tener en cuenta todos aquellos factores que incidan directa o indirectamente, incluyendo las ayudas indirectas, la financiación de la ayuda y la relación entre la financiación y la cantidad que se distribuya como ayuda.[33]

Ciñéndose al estudio de los *gravámenes medioambientales*, la Comisión considera[34] que las normas más corrientes de utilización de los ingresos son las siguientes:

1º. Apoyo a actividades/inversiones ambientales: la Comisión tiene en cuenta al evaluar la compatibilidad de las ayudas a las inversiones ambientales con las normas comunitarias sobre ayudas estatales factores como los siguientes:

— si los ingresos se gastan en el mismo sector de actividad económica en el que se recaudaron o bien en un sector diferente, es decir, si algún sector obtiene un beneficio neto;

— si las actividades financiadas por estas exacciones pueden llevarse a cabo con un resultado satisfactorio de forma comercial normal o bien si se requiere algún tipo de ayuda;

— si las cantidades abonadas a las empresas pueden considerarse una compensación por realizar actividades que de otra forma no llevarían a cabo y que son de interés público;

31. *STJCE* 16.12.92, as. C-17/91, Georges Lornoy, Rec. 1992, p. I-6.523.

32. *STJCE* 21.5.80, as. C-73/79, Comisión c. Italia, Rec. 1980, p. I-1.533.

33. *STJCE* 25.6.70, as. C-47/69, Francia c. Comisión.

34. V. *Comunicación* de la Comisión sobre impuestos y gravámenes ambientales en el Mercado Único, de 26.3.97, pp.14 y ss. (*COM* (97), 9, final).

— cuánto tiempo está previsto disminuir el elemento de ayuda con el tiempo.[35]

2º. Exacciones destinadas a financiar sistemas de recogida y eliminación de sustancias o productos peligrosos: existe un número creciente de sistemas de recogida y eliminación de sustancias o productos que son nocivos para el medio ambiente. De acuerdo con estos sistemas, los Estados-miembros imponen normalmente una exacción sobre la venta de dichos productos o sustancias. Los ingresos obtenidos se utilizan para pagar a las empresas la recogida y eliminación de los productos usados.[36]

3º. Redistribución al colectivo que paga la exacción: en principio, estos sistemas no plantean problemas, pero deben evitar favorecer injustificadamente a cualquier sector concreto nacional. Pueden afectar indistintamente a productos nacionales como de otros Estados. Si los ingresos generados por las exacciones sobre productos se utilizan en su totalidad para compensar la carga soportada por los productores nacionales, puede considerarse que la exacción tiene un efecto equivalente a un derecho de aduana, por lo que resultaría prohibida en virtud de lo dispuesto en el art. 12 TCE. Si los ingresos compensan sólo en parte la carga soportada por los productores nacionales, tendría que estudiarse la exacción para ver si incurre en discriminación prohibida por el art. 95 TCE. Sobre el particular, la Comisión no ha formulado objeciones en los casos de exacciones sobre productos cuya recaudación se ha destinado a resolver problemas ambientales semejantes al relacionado con la exacción, siempre y cuando no se den los problemas antes mencionados.[37]

Finalmente, queremos hacer una breve aportación en relación con la aplicación del art. 30 TCE. Como ya se ha avanzado, esta disposición, que prohíbe a los Estados imponer medidas de efecto equivalente a las restricciones cuantitativas, no se aplica normalmente cuando una exacción cae en el ámbito de aplicación de los arts.12 o 95 TCE.[38]

Sin embargo, podría aplicarse cuando se imponga una exacción a un producto para el cual no exista producción nacional semejante o que compita con este producto, y cuando la exacción sea de tal cuantía que impida la libre circulación de las mercancías.

En este sentido, el Tribunal ha tenido ocasión de afirmar que si se aplica a vehículos de motor nuevos un impuesto de matriculación en un Estado-miembro en el que no se fabriquen dichos vehículos, podría aplicarse a este impuesto el art. 30 TCE,[39] o cuando una exacción esté relacionada con determinadas condiciones o factores que puedan separarse de su aplicación, los aspectos relativos a cómo deben etiquetarse o presentarse los productos, o por ejemplo si la legislación en cuestión obliga a los agen-

35. Está explicitado con respecto a las actividades agrícolas. Se aplican las normas establecidas en el Reglamento CEE-2.078/92, *DOCE* L-215, 30.7.92, p.85.

36. La Comisión ha tenido en cuenta para declarar la compatibilidad de las ayudas los siguientes aspectos: que el gravamen que financia el sistema se impone a todos los importadores/productores de los productos en cuestión de forma no discriminatoria; que el pago a las empresas que llevan a cabo la recogida se basa en condiciones comerciales normales; que los sistemas no permiten, ni directa ni indirectamente, a las empresas recolectoras vender los productos recogidos por debajo del precio de mercado y que los sistemas deben ser abiertos, transparentes y eficientes desde el punto de vista económico (al declarar la compatibilidad del plan danés de recogida de pilas nocivas para el medio ambiente — Ayuda Estatal 539/95 —, un plan danés para la recogida y eliminación de neumáticos usados — n. 648/93 — y un plan holandés para la recogida y eliminación de coches usados — n. 93/95).

37. Ayuda Estatal 693/91, sobre el control de semillas en Francia, o 416/95, sobre exacción de plaguicidas en Dinamarca. La Comisión estimó compatibles las ayudas pues los ingresos se distribuían de acuerdo con criterios objetivos y no se ayudaba a los productores nacionales de los productos gravados.

38. Así expresamente se afirma en la *STJCE* 11.3.92, Rec. 1992, p. I-1.847.

39. As. C-47/1988, Comisión c. Dinamarca, Rec. 1990, p. I-4.509.

tes económicos a alterar la forma, tamaño o designación del producto, o la etiqueta con la cual se vende legalmente en otro Estado-miembro.[40] Igualmente, si no es necesaria la modificación para la aplicación adecuada de la exacción o para el objetivo que persigue, la modificación requerida podría evaluarse a la luz del art. 30 TCE. Así lo hizo cuando sentenció que una medida que forme parte de un reciclado de botellas, como la percepción de un depósito por botella, no puede en sí mismo calificarse de medida fiscal, y por lo tanto puede examinarse aplicando el art. 30 TCE.[41]

A partir de la jurisprudencia del TJCE a propósito del art. 30 TCE sobre medidas no fiscales, pueden deducirse orientaciones útiles sobre los conceptos de necesidad y proporcionalidad, en orden a proponer su aplicación en el ámbito de los arts. 12, 95 y 92 TCE.

Terminamos estas consideraciones extractando el fallo de la *STJCE* 11.3.92, que, a nuestro juicio, es de las que mejor sintetiza los criterios que hemos pretendido extractar y explicar:

"1.Una exacción parafiscal que se aplica en las mismas condiciones de percepción a los productos nacionales y a los productos importados, y cuyos ingresos se destinan a beneficiar exclusivamente a los productos nacionales, de modo que las ventajas que de ello se derivan compensan íntegramente el gravamen que recae sobre dichos productos, constituye una exacción de efecto equivalente a un derecho de aduana prohibida por el art. 12 del Tratado CEE. En cambio, si dichas ventajas sólo compensan una parte del gravamen soportado por los productos nacionales, la exacción en cuestión constituye un tributo discriminatorio prohibido por el art. 95 del Tratado.

"2. Una exacción parafiscal semejante puede constituir en función del destino que se dé a lo recaudado por ella, una ayuda estatal, incompatible con el mercado común, si concurren los requisitos para la aplicación del art. 92 del Tratado, teniendo en cuenta que la comprobación de que concurren los requisitos debe efectuarse siguiendo el procedimiento previsto en el art. 93 del Tratado.

"3. Una exacción parafiscal semejante, al estar regulada por los arts. 12 y ss. o por el art. 95 del Tratado, no está regulada por el art. 30 del mismo."

40. As. C-27/80, Fietje, Rec. 1980, p. I-3.839, y as. C-94/82, Kikvorsch, Rec. 1983, p. I-947.

41. As. C-302/86, Comisión c. Dinamarca, *STJCE* 20.9.88 (as. botellas danesas), Rec. 1988, p. I-4.607.

FEDERALISMO E AUTONOMIA DOS ESTADOS. A COMPETÊNCIA DO SENADO FEDERAL E A EMISSÃO DE LETRAS FINANCEIRAS DO TESOURO DO ESTADO DE PERNAMBUCO

MISABEL ABREU MACHADO DERZI
Professora da Graduação e Pós-Graduação da Faculdade de Direito da UFMG
e
SACHA CALMON NAVARRO COÊLHO
Professor Titular dos Cursos de Graduação e Pós-Graduação da Faculdade de Direito da UFMG

DOS FATOS

A *Consulente — a Procuradoria-Geral do Estado de Pernambuco* — formula-nos consulta sobre o procedimento adotado pelo governo daquele Estado, que, em cumprimento da Lei Estadual 11.334/96, e, mediante prévia anuência do Tribunal de Contas, aplicou as entradas provenientes da emissão de títulos da dívida pública não apenas em pagamento de precatórios judiciais, mas parcialmente e ainda no financiamento de outros gastos públicos, procedimento esse desautorizado pela Resolução Senatorial 39/96, que aprovara a operação. *Assim, restringe-se a consulta à questão da utilização pelo Estado da receita proveniente de tais emissões, sendo-lhe absolutamente estranho o questionamento sobre a conformidade eventual à lisura, à probidade e à adequação técnica dos atos de venda e colocação de tais títulos no mercado, ações pelas quais os órgãos de governo não sentem ter a menor responsabilidade.*

Relata-nos a *consulente* que o Estado de Pernambuco, até o exercício financeiro de 1996, não possuía nenhuma dívida de natureza mobiliária.

Conta-nos que

"o Tesouro Estadual jamais emitiu títulos da dívida pública em toda a sua história. Em face da inexistência de passivo mobiliário e diante da grave situação de desequilíbrio financeiro das contas públicas, o Estado iniciou processo de captação de recursos no mercado através da emissão e venda de Letras Financeiras do Tesouro Estadual, valendo-se, para tanto, da prerrogativa inserta no art. 33 do Ato das Disposições Constitucionais Transitórias (ADCT), que assim dispõe, *in verbis*:

"Art. 33. Ressalvados os créditos de natureza alimentar, o valor dos precatórios judiciais pendentes de pagamento na data da promulgação da Constituição, incluído o remanascente de juros e correção monetária, poderá ser pago em moeda corrente, com atualização, em prestações anuais, iguais e sucessivas, no prazo máximo de oito anos, a partir de 1º de julho de 1989, por decisão editada pelo Poder Executivo até cento e oitenta dias da promulgação da Constituição.

"Parágrafo único. Poderão as entidades devedoras, para o cumprimento do disposto neste artigo, emitir em cada ano, no exato montante do dispêndio, títulos de dívida pública não computáveis para efeito do limite global do endividamento."

"O Estado de Pernambuco, então, com supedâneo na norma que possibilitava a emissão de títulos mobiliários de sua dívida pública, ainda que para pagamento de precatórios judiciais vencidos em 1988 (ADCT, art. 33, parágrafo único), e premido pela grave situação financeira interna de desequilíbrio das suas contas públicas, decidiu solicitar ao Senado Federal autorização para emitir e negociar, em caráter originário, letras financeiras do Tesouro. A formalidade preliminar exigida pelo art. 33 ADCT foi cumprida pelo Estado no prazo previsto, relativamente à edição de texto regulamentar prevendo a possibilidade de parcelamento dos precatórios judiciais pendentes de pagamento de 5.10.88, através do Decreto 13.550, de 31.3.89 (*DOE* de 1.4.89), que assim veio a prever em seu art. 1º, conforme transcrição *abaixo:*

"Art. 1º. Ressalvados os créditos de natureza alimentar, o valor dos precatórios judiciais, devidos pelo Estado de Pernambuco, pendentes de pagamento na data da promulgação da Constituição Federal, incluindo o remanescente de juros e correção monetária, será pago em moeda corrente com atualização, em prestações anuais, iguais e sucessivas, no prazo de oito anos, a partir de 1º de julho de 1989."

"No início do ano de 1996, a Secretaria da Fazenda em conjunto com a Procuradoria-Geral do Estado realizam, perante o Tribunal de Justiça do Estado e o Tribunal Regional do Trabalho da 6ª Região, um levantamento de precatórios pendentes de pagamento, relativamente às 7ª e 8ª parcelas (1995 e 1996), havendo sido obtido o montante que totalizou R$ 58 milhões. Além desse valor, procedeu-se à atualização monetária, a título de remanescente de juros e correção monetária, referente às 1ª e 6ª parcelas, computando-se, nesse montante corrigido, tomando por base reiteradas decisões do Supremo Tribunal Federal, os índices relativos à inflação de fevereiro de 1986 (14,36%), do IPC de janeiro de 1989 (70, 28%) e ainda a inserção, em substituição aos índices de BTN, do IPC no período de março de 1990 a janeiro de 1991 (96,15%) e o somatório geral estimou um débito total remanescente do integral cumprimento dos precatórios judiciais pendentes no valor de R$ 422 milhões.

"(...) Por intermédio da Lei Estadual 11.334, de 3.4.96, a autorização para emissão de títulos da dívida pública foi então deferida (art. 6º, § 1º). A autorização global concedida pela Lei 11.334/96, no entanto, foi maior, no valor de R$ 780 milhões (art. 2º, I), com isso significando que o interesse do Estado, nessa operação, almejava objetivo mais amplo.

"Inovando por sobre as regras restritivas do art. 33 do ADCT e do § 4º do art. 16 da Resolução 69/95 do Senado Federal, regra especial pernambucana autorizativa da emissão de títulos do Tesouro Estadual, contida na Lei 11.334/96, veio a dispor, do seguinte modo, em seu art. 4º:

"Art. 4º. Os valores das vendas ou decorrentes de quaisquer operações de crédito realizadas com as Letras Financeiras do Tesouro do Estado de Pernambuco serão, *prioritariamente,* nos termos do art. 100 da Constituição Federal, utilizados no pagamento de condenações judiciais cujos créditos estejam inscritos em Precatórios, mesmo que de exercícios anteriores."

"A norma estadual acima transcrita apresenta-se, aparentemente, em desconformidade com as disposições transitórias da Constituição Federal e com o enunciado pela Resolução 69/95 do Senado da República, em dois aspectos:

"a) determina que os recursos captados com o lançamento das letras do Tesouro sejam utilizados, preferencialmente, para o pagamento de precatórios judiciais vencidos e exigíveis, admitindo, contudo, que as reservas disponíveis e as possíveis sobras, enquanto não exigíveis, possam ser utilizadas pelo Estado para atender a outros compromissos legais ou contratuais.

"b) Prevê que recursos gerados com tais títulos públicos possam servir também para o pagamento de precatórios judiciais inscritos na Justiça comum e na Justiça do Trabalho após a promulgação da Constituição de 1988, conforme disposto na parte final da norma, correlacionado com a data de início da vigência da referida lei estadual, extensão temporal reforçada nos termos do seu art. 5º.

"O processo de autorização para a emissão das Letras Financeiras do Tesouro do Estado foi concluído com a análise do processo pelo Banco Central do Brasil e o deferimento final através da Resolução 39, de 30.5.96, do Senado Federal. Tanto o Banco Central como o Senado Federal não opuseram qualquer ressalva ou reserva ao texto da Lei Estadual 11.334/96, a qual, como visto, não vinculou a aplicação dos recursos captados exclusivamente com o pagamento de precatórios judiciais, estabelecendo, contudo, uma regra de prioridade. Ainda que não contenha qualquer ressalva ou reserva à lei estadual, o parágrafo único do art. 2º da Resolução 39/96 assim dispôs:

"Art. 2º. (...)

"Parágrafo único. As emissões autorizadas por esta Resolução somente serão registradas e colocadas no mercado de títulos no exato montante das despesas com o pagamento dos débitos judiciais apurados em sentenças transitadas em julgado, previamente apresentadas ao Banco Central do Brasil, observando-se ainda o disposto no parágrafo único do art. 33 do Ato das Disposições Constitucionais Transitórias e no § 4º do art. 16 da Resolução 69, de 1995, do Senado Federal."

"O Estado de Pernambuco, efetivamente, após a emissão dos títulos e captação líquida de aproximadamente R$ 380 milhões, de imediato, *liquidou todos os precatórios pendentes de pagamento na Justiça Estadual e na Justiça do Trabalho*, referentes a sentenças anteriores e posteriores a 1988, no valor total de R$ 48 milhões. No momento, não existem inscritos quaisquer precatórios pendentes de pagamento contra o Estado ou suas entidades da administração indireta, fato inédito na história de Pernambuco. Os precatórios exigíveis futuramente e os saldos remanescentes das atualizações serão cobertos, quando solicitados pela Justiça, pelas disponibilidades existentes à conta do Fundo de Liquidez dos Títulos do Estado de Pernambuco, criado nos termos da Lei 11.334/46.

"Em face do saldo remanescente da captação das letras financeiras disponível na conta única do Tesouro e em face da inexistência, por enquanto, de precatórios exigíveis, a Secretaria da Fazenda formulou consulta ao Tribunal de Contas do Estado de Pernambuco indagando sobre a possibilidade de utilização desses recursos para outros fins, relativos a despesas correntes ou de capital de natureza legal ou contratual, como para pagamento de fornecedores, amortização da dívida pública flutuante e custeio da folha e encargos do funcionalismo. Sendo a instância competente para fiscalizar a aplicação dos recursos captados pela emissão de títulos do Tesouro estadual (Resolução 69/95 do Senado Federal, art. 16, § 5º), o Tribunal de Contas assim se pronunciou, através da Decisão TC 1.396/96:

"Eventual saldo obtido com a colocação de Letras Financeiras do Tesouro do Estado de Pernambuco no mercado, após o pagamento de todos os precatórios judiciais expedidos contra a Fazenda Estadual até o exercício de 1995, poderá ser utilizado na satisfação de outros encargos da Administração, de vez que, consoante o disposto na Lei 11.334, de 3 de abril de 1996, os referidos recursos serão utilizados, prioritariamente, e não exclusivamente, para o pagamento daqueles precatórios.

"Considerando os termos da Decisão acima, o Estado vem utilizando parte dos recursos captados em exigibilidades outras do Tesouro que não o pagamento de precatórios judiciais, levando em consideração, ainda, o *princípio da economicidade*, vez que a utilização desses recursos já disponíveis em caixa representa, para o Estado, um custo financeiro inferior ao que ele poderia obter na captação de financiamentos e empréstimos bancários de antecipação de receita (ARO) e mesmo nos contratos que atualmente mantém perante a Caixa Econômica Federal."

CONSULTA

E, assim expondo-nos os fatos, a Consulente formulou-nos a seguinte consulta:

1. As normas transitórias da Constituição da República que limitam a autonomia dos Estados federados (ADCT, art. 33 e EC 3/93, art. 5º) na gestão de suas fontes de receitas, asseguradas no texto permanente da Constituição (como no caso das Letras Financeiras do Tesouro, *ex vi* os arts. 52, IX e 163, IV da CF), podem ser consideradas materialmente inconstitucionais por violarem princípios explícitos da Lei Maior relacionados com a Federação (CF, art. 60, § 4º) e com a autonomia dos seus entes federados estaduais (CF, arts. 1º, 18 e 25)?

2. Em face dos princípios superiores da Federação e da autonomia dos Estados, ainda que resguardada a competência da União para dispor sobre política monetária (CF, art. 22, VI), é admissível que uma lei estadual autorizativa da emissão de títulos públicos à conta do Tesouro possa estabelecer uma regra de prioridade na aplicação dos recursos captados, conforme as disposições transitórias da Constituição, e, por inferência, permitir que os recursos captados não utilizados no pagamento dos precatórios possam vir a ser aplicados para fins de custear outras necessidades básicas e públicas da Administração, em consonância com as conclusões da decisão do Tribunal de Contas do Estado de Pernambuco (Decisão TCE 1.396/96)?

3. À vista das disposições restritivas contidas nos §§ 2º a 5º do art. 16 da Resolução 69/95 do Senado Federal, reguladora das normas gerais de emissão de títulos públicos pelos Estados, *é cabível considerar que as regras especiais ou singulares da Resolução 39/96 do Senado*, que autorizou o lançamento das Letras Financeiras do Tesouro do Estado de Pernambuco com base em uma lei estadual que indiretamente, admitiu a utilização dos recursos captados em outras despesas que, não aquelas especificadas no art. 33 do ADCT, *podem se sobrepor e derrogar as normas gerais aplicáveis (Resolução 69/95), não obstante a ressalva contida no parágrafo único do art. 2º da referida Resolução 39/96?*

4. Considerando que os recursos captados pelo Estado através de letras financeiras do Tesouro foram aplicados no pagamento de outras despesas correntes e de capital, após o pagamento de todos os precatórios exigíveis, em face dessa constatação, é cabível considerar como *única conseqüência jurídico-financeira desse processo cômputo do montante não utilizado em precatórios no limite global de endividamento mobiliário do Estado?*

5. Atenderia *o princípio da economicidade* nos gastos públicos a assunção de obrigações decorrentes de empréstimos públicos a juros de mercado na rede bancária, dispondo o Estado de recursos em fundo de liquidez apto a pagar precatórios e saldos remanescentes deles à medida que se lhe apresentem, desde, evidentemente, que sejam efetivamente honrados já que há prioridade em seu pagamento? A observância do princípio de economicidade poderia acarretar, de algum modo, a *responsabilidade dos administradores públicos* do Estado?

I — O princípio federal e a autonomia financeira dos Estados na Constituição de 1988. O papel da lei complementar de normas gerais

Temos experiência centenária em federalismo constitucional. O federalismo, como forma de Estado, é norma primária, estrutural e cerne imutável da Constituição (art. 60 § 4º, I). É associação de Estados, que repousa fundamentalmente na autonomia daqueles Estados que o compõem. Violada essa autonomia, sufocada ou esvaziada, extingue-se o federalismo.

A função histórica do Estado Federal tem sido apontada, tradicionalmente, na manutenção da unidade, com preservação das diferenças sociológicas, culturais, éticas e econômicas locais, no respeito às multiplicidades regionais. Esse enfoque é dado, especialmente, nos federalismos historicamente formados da periferia para o centro, da dissimetria para uma simetria incipiente (como é o caso dos Estados Unidos). Em outros países, como no nosso, em que resultou menos da pressão da realidade, como fato sociológico anteposto, e mais de uma decisão político-jurídica, o princípio federal cedo passou a cumprir uma importante função adicional, que não pode ser negligenciada: a de configurar uma evasão do poder vertical e uma preservação da democracia.

As profundas ligações entre federalismo e liberdade, federalismo e democracia, federalismo e descentralização jurídica, política e financeira são evidentes. As ditaduras e os regimes totalitários não convivem bem com a descontração e a descentralização próprias do Estado Federal e tendem, ao contrário, a unificar as decisões e a ceifar a autonomia política e financeira dos entes políticos que o compõem. É fenômeno histórico registrável no Brasil e alhures. Ao Estado Novo, correspondeu um real Estado brasileiro unitário, ou federalismo meramente nominal. Com a ditadura militar de 1964, adveio nova crise ao federalismo brasileiro, que a Constituição democrática de 1988 procurou resolver.

Convém lembrar a experiência germânica, em certo grau similar à nossa. Embora já tivesse dado origem a uma Confederação de Estados independentes (de 1815 a 1866), o Estado alemão esteve unificado por mais de dez anos, durante a ditadura do nacional socialismo de 1934 a 1945. Por isso, explicam Ritcher e Shuppert, deu-se uma decisão, em favor do Estado federativo, no ano de 1949, por quatro motivos:

a) o surgimento da República federativa que encontra os já existentes Estados federativos;

b) a manutenção em aberto da República federativa para o ingresso de outros Estados;

c) a insistência das forças de ocupação ocidentais, na adoção do princípio federal;

d) o desejo de evitar a ditadura do III Reich, que caracterizou a consciência dos novos democratas (cf. ob. cit., p. 358).

No Brasil, igualmente, a intermitência da democracia recomendou e ainda recomenda a adoção dessa forma de Estado e sua manutenção. E não importam as críticas que possam ser levantadas. O papel que cumpre o Estado federal, como garantia adicional da liberdade e da República democrática, é suficiente para legitimá-lo.

Por essas mesmas razões é perfeito o resumo que faz Stein, na Alemanha, das vantagens da decisão em favor do Federalismo.

"O sentido do princípio federativo é visto, hoje, menos na manutenção de peculiaridades regionais do que em uma segurança adicional da liberdade. A divisão dos poderes, segundo Montesquieu, quase não tem mais significado prático.

"A tendência do moderno Estado administrativo a uma acumulação de poder cada vez maior, que já levou, na Alemanha, uma vez, a um totalitarismo funesto, precisa ser detida por isto com outros contrapesos. A isto serve também, entre outros, a distribuição do poder estatal entre a Federação e os Estados. Como nova forma de evasão da força ("evasão do poder vertical") ela deu bons resultados nas décadas passadas em muitas oportunidades. Isto não deveria ser esquecido quando se acentuam, por outro lado, as muitas desvantagens do princípio estatal federativo. Por longo período, seu futuro vai depender de qual uso os Estados fazem de suas competências" (cf. *Staatsrecht, apud* Richter e Shuppert, ob. cit., p. 329).

Não se nega a possibilidade de a forma unitária de Estado conviver com regimes políticos que adotam o princípio democrático, nem tampouco o princípio federal representa defesa absoluta contra os regimes ditatoriais. Mas a descentralização de poder, peculiar à forma federal de Estado, acarreta mais facilmente a República democrática, dificultando o totalitarismo. Afinal, enriquecer o Federalismo, dotando de maior autonomia os entes estatais que convivem no mesmo Estado, ampliar a competência legislativa de Estados-membros e Municípios, é dar maior espaço à codeliberação e à autodeterminação popular. Em um país de grande extensão territorial e elevado número de habitantes como no nosso, restabelecer o equilíbrio federativo, através da concessão de maior autonomia aos entes regionais e locais, é fazer crescer a representação legislativa do cidadão, o qual passa a interferir na formação de ordens jurídicas que têm base territorial menor. Crescer a liberdade política de Estados e Municípios é, sem dúvida, fazer crescer o nível de participação política de cada um em particular.

Portanto, *a decisão por um Estado federal, é uma decisão pela liberdade e não deixa de ser uma decisão pela igualdade*, na medida em que se respeitam as diferenças e peculiaridades locais e regionais. Tal respeito, ao mesmo tempo, torna essas disparidades menos relevantes ou menos radicais.

Ora, a Constituição de 1988 representa a culminância de um processo de abertura política já lentamente iniciado, para o restabelecimento da vida democrática nacional. Por isso, como não poderia deixar de ser, cuidou de reforçar o federalismo, como garantia adicional da liberdade, cuidou de aumentar o espaço legislativo dos Estados, do Distrito Federal e dos Municípios. Assim se expressa Raul Machado Horta:

"A *Constituição Federal de 1988* promoveu a reconstrução do federalismo brasileiro, estabelecendo a relação entre a Federação e os princípios e regras que individualizam essa forma de Estado no conjunto das formas políticas. Esse processo de reconstrução envolveu o abandono do modelo fixado na *Constituição de 1967* e na *Emenda 1, de 1969*, as quais, sob a inspiração do autoritarismo político, concentraram na União a sede praticamente exclusiva da legislação e dos recursos tributários, relegando Estados e Municípios a situação de meros caudatários da União. As relações de subordinação adquiriram predominância no federalismo constitucional de *1967* e *1969* e esse período, que perdurou até a promulgação da Constituição de 1988, assinalou a crise mais profunda do federalismo brasileiro, a qual só encontra correspondência no período de vigência da *Carta de 10 de novembro de 1937*, quando a concepção federal se viu substituída pela estrutura unitária do Estado, sob o comando incontrastável do Presidente da República, *autoridade suprema do Estado* (art. 73).

O constituinte de 1988 teve a consciência da *crise do federalismo* e se empenhou na retomada dos fundamentos definidores do Estado Federal. É nesse retorno às fontes republicanas do federalismo constitucional que reside a relevante tarefa de *reconstrução do federalismo*, mérito inegável da Constituição de 1988. Essa tarefa de reconstrução e retificação não se limitou a repor o edifício demolido na sua arquitetura anterior. Projetou-se além da edificação reconstruída, para introduzir novos fundamentos e modernizar o federalismo constitucional brasileiro.

(...) "*A Constituição de 1988* modernizou a repartição de competências da União, dos Estados, do Distrito Federal e dos Municípios. A repartição de competências serve para identificar as tendências do federalismo constitucional. Pode ser a sede da centralização, com sacrifício da autonomia, como pode se converter na peça do fortalecimento da autonomia.

"No *rumo do fortalecimento* é que infletiu o federalismo constitucional de

1988. Voltando-se para as fontes contemporâneas do federalismo europeu, especialmente o da *Lei Fundamental de Bonn*, a Constituição vigente diversificou a repartição de competências, para distribuí-la nos domínios da competência geral da União (art. 21, I a XXV); competência *comum* da União, dos Estados, do Distrito Federal e dos Municípios (art. 23, I a XII, parágrafo único); e a competência de legislação *concorrente* da União, dos Estados e do Distrito Federal (art. 24, I a XVI, §§ 1º a 4º)" (cf. *Estudos de Direito Constitucional*, Belo Horizonte, Del Rey, 1995, pp. 522-524).

Por tais razões, é essencial à estrutura federal de Estado, a repartição de competência, de modo que cada ordem jurídica parcial, que somente vale dentro do âmbito territorial de cada ente descentralizado, possa nascer de Poder Legislativo próprio daquele ente estatal descentralizado. O fenômeno, denominado por Hans Kelsen de *descentralização jurídica, no sentido dinâmico*, foi assim descrito:

"a ordem jurídica, válida somente para uma comunidade parcial, é criada por órgão eleito simplesmente pelos membros dessa comunidade parcial (...) as leis válidas para o território de um Estado-Membro unicamente podem ser expedidas pelo legislativo local eleito pelos cidadãos desse Estado-Membro" (Hans Kelsen, *Teoría General del Derecho y del Estado*, trad. Eduardo Garcia Maynes, 2ª ed., México, Imprensa Universitária, 1958, p. 268).

A autonomia do Estado-membro é assim inerente à forma federal de Estado e se expressa, exatamente, em que:

• a ordem jurídica interna, que somente vale nos limites territoriais de cada Estado, nasce e decorre da vontade do povo-membro da comunidade estadual e não de vontade estranha;

• os limites e a extensão dessa autonomia materializam-se nas competências reservadas, que não sejam expressamente vedadas na Constituição Federal ou não contrariem os princípios nela dispostos.

"Art. 25. Os Estados organizam-se e regem-se pelas Constituições e leis que adotarem, observados os princípios desta Constituição.

"§ 1º. São reservados aos Estados as competências que não lhes sejam vedadas por esta Constituição."

Portanto é da essência do Estado Federal, a distribuição de competência entre os entes estatais que o compõem. Ao lado da competência privativa da União, a Constituição de 1988 concedeu autonomia formal e material à competência concorrente. A matéria sobre a qual a União legisla de forma privativa está elencada no art. 22. Dentro daquele rol não se incluem as Finanças Públicas e Tributárias, inclusive a emissão de títulos da dívida pública, campo de atuação concorrente entre a União, os Estados e o Distrito Federal (art. 24). Mas a União, ao exercer a competência concorrente somente poderá criar normas gerais, em lei complementar, a fim de não prejudicar a autonomia do Estado-membro. Sobre as peculiaridades da competência concorrente na Constituição de 1988, fala-nos Raul Machado Horta:

"Autonomia formal, sob o aspecto de nova modalidade introduzida na repartição de competências, e autonomia material, indicando os temas que poderão constituir objeto da legislação concorrente. Enriqueceu a autonomia formal, dispondo que a competência da União consistirá no estabelecimento de normas gerais, isto é, normas não exaustivas, e a competência dos Estados se exercerá no domínio da legislação suplementar (art. 24, §§ 1º e 2º). A lei de normas gerais deve ser uma lei quadro, uma moldura legislativa. A lei estadual suplementar introduzirá a lei de normas gerais no ordenamento do Estado, mediante o preenchimento dos claros deixados pela lei de normas gerais, de forma a afeiçoá-la às peculiaridades locais" (cf. Raul Machado Horta, *Estudos de Direito Constitucional*, Belo Horizonte, Del Rey, 1995, pp. 419-420).

Lei quadro, lei moldura, lei de princípio, a lei de normas gerais sobre Finanças Públicas emana da União por meio de lei complementar e pertence àquela ordem jurídica no Estado Federal. Sendo hierarquicamente inferior à Constituição sobrepõe-se, entretanto, às ordens jurídicas parciais da própria União, dos Estados, do Distrito Federal e dos Municípios. A lei complementar de normas gerais está disciplinada nos arts. 24 c/c o art. 163, IV, da Carta em vigor.

"Art. 24. Compete à União, aos Estados e ao Distrito Federal legislar concorrentemente sobre:

"I – direito tributário, financeiro, penitenciário, econômico e urbanístico;

"(*omissis*).

"§ 1º. No âmbito da legislação concorrente, a competência da União limitar-se-á a estabelecer normas gerais.

"§ 2º. A competência concorrente da União para legislar sobre normas gerais não exclui a competência suplementar dos Estados.

"§ 3º. *Inexistindo lei federal sobre normas gerais, os Estados exercerão a competência legislativa plena, para atender a suas peculiaridades.*

"§ 4º. A superveniência de lei federal sobre normas gerais suspende a eficácia de lei estadual, no que lhe for contrário."

É preciso observar que a competência da União para legislar concorrentemente sobre Direito Financeiro, disciplinada no art. 24 da Constituição, somente se materializa por meio da produção de normas gerais, em lei federal. Que espécie de lei? *A lei complementar,* diz por sua vez, o art. 163:

"Art. 163. Lei complementar disporá sobre:

"I — finanças públicas;

"II — dívida pública externa e interna, incluída a das autarquias, fundações e demais entidades controladas pelo Poder Público;

"III — concessão de garantias pelas entidades públicas;

"IV — emissão e resgate de títulos da dívida pública;

"V – (*omissis*)."

A lei complementar de normas gerais não cria limitações que já não existam na Constituição, não restringe nem dilata o campo por ela delimitado. Completa e esclarece as disposições fundamentais, facilitando sua execução de acordo com os fins que inspiram o legislador constituinte. Não pode, portanto, suprimir, estancar ou substituir o exercício da competência legislativa própria dos Estados.

O Estado intervencionista e planificador, que visa a controlar e possibilitar um planejamento econômico e financeiro nacional, teve que adotar determinados instrumentos que pudessem estabelecer diretrizes para a produção das ordens jurídicas parciais federal, estadual e municipal. Nesse campo, desde a Constituição de 1946, temos o importante papel das normas gerais de Direito Financeiro. Na Constituição em vigor, o veículo das normas gerais de Direto Financeiro e de Direito Tributário são as leis complementares da União e as resoluções do Senado Federal, o último instrumento no que tange apenas a limitações quantitativas, como veremos (arts. 52, 146, 161, 163, 165, § 9º, 169). Havendo, no Estado Federal brasileiro, pessoas distintas que legislam sobre a mesma matéria como tributos, arrecadação, operações de crédito, dívida pública, planos plurianuais, diretrizes orçamentárias, orçamento anual, controle e fiscalização da gestão financeira e orçamentária, a Constituição Federal prevê a edição de normas gerais que obrigam as diferentes esferas legiferantes, para permitir que, ao traçarem diretrizes comuns, as normas gerais viabilizem não só um controle mais eficiente das finanças públicas, como também o planejamento global para a otimização e racionalização da arrecadação, dos gastos, da dívida pública e dos atos financeiros estatais, em geral.

Muito já se escreveu sobre o tema. Carvalho Pinto, citando Duguit, definira antes que as normas já trazem em si a idéia de generalidade, ainda mais acentuada quando se lhes acrescenta o termo "gerais", expressão utilizada no Texto Constitucional de 1946. Conclui que as normas gerais não objetivam uma ou algumas pessoas congêneres de direito público mas obrigam a todas; não visam, particularmente, a determinados institutos ou situações jurídicas, excluindo outras da mesma espécie (v. "Normas Gerais de Direito Financeiro", *Finanças em Debate I*, Ed. Financeiras, Rio de Janeiro).

Também Rubens Gomes de Sousa, Geraldo Ataliba, Paulo de Barros Carvalho e Souto Maior Borges trabalharam longamente o conceito de normas gerais, aplicando-o especialmente ao Direito Tributário. Preocuparam-se, antes de tudo, em fixar-lhe os limites, realçando-lhe o caráter excepcional como competência restrita da União, a qual não pode sufocar, amesquinhar, reduzir ou anular o exercício do Poder Legislativo de Estados-membros e Municípios, enfim, a autonomia inerente às pessoas estatais, que compõem o Estado Federal (v. Geraldo Ataliba, "O Direito Tributário e a Autonomia dos Estados-Membros e Municípios", *Revista de Direito Público*, São Paulo, Ed. RT, 20/56; Souto Maior Borges, *Lei complementar tributária*, São Paulo, Ed. RT, 1975; Paulo de Barros Carvalho, *Curso de Direito Tributário*, São Paulo, Saraiva, 1985).

Os limites, não obstante, das normas gerais, encontram-se na própria autonomia das pessoas estatais que compõem a Federação. O federalismo integrativo, já por si centralizador, não pode sufocar, de forma nenhuma, a autonomia e a descentralização, enfim, a dissimetria inerente ao federalismo, a que se refere Pontes de Miranda, sob pena de converter-se o País em verdadeira unidade política.

A União, assim, somente edita normas gerais por meio de lei complementar sobre tributos, orçamentos, despesa pública, dívida pública, emissões de títulos públicos e operações de crédito em geral, como diretrizes a serem observadas pelo próprio legislador federal e estadual. Ora, em um Estado dessa natureza, do tipo federal, a isonomia entre as ordens jurídicas parciais (central, estadual e municipal, no caso brasileiro) é corolário lógico e necessário da descentralização dinâmica. Se os tributos de competência dos Estados, se a sua dívida mobiliária, se as suas operações de crédito, sua despesa e seu orçamento somente são autorizados por fonte jurídica própria estadual (Assembléias Legislativas), não há, nem pode haver hierarquia ou relação de supra-ordenação de um poder sobre o outro. Caso houvesse, a descentralização dinâmica (político-jurídica), característica essencial do federalismo, estaria prejudicada.

Há sim, na contratação de operações de crédito e na emissão de títulos de dívida pública, a subordinação das três ordens parciais (a própria ordem federal, a estadual e a municipal) às normas gerais, a serem editadas em lei complementar, que se impõem como ordem jurídica total, ou nacional. Por essa razão, por obrigarem a todos os entes políticos da Federação, inclusive à própria União, sendo apenas hierarquicamente inferiores às normas da Constituição, as normas gerais sobre questão tão relevante como gastos públicos, dívida pública e operações de crédito em geral, somente podem ser veiculadas por lei complementar, ato que material e formalmente distingue-se das leis ordinárias. A lei complementar é, do ponto de vista formal, especial, pois aprovada por *quorum qualificado*. Enquanto a União e os Estados autorizam o seu orçamento, as suas despesas, as suas operações de crédito e a emissão dos títulos da dívida pública por meio de simples lei ordinária própria, as normas gerais a serem observadas por todos devem ser editadas por meio de lei complementar federal, como único instrumento eleito pela Constituição.

No atual momento jurídico nacional, entretanto, *inexiste lei complementar*, que tenha sido editada, para dispor sobre *normas gerais de finanças públicas, dívidas ou emissão de títulos da dívida pública*, a serem observadas pela União, pelos Estados e pelos Municípios. A ausência, no entanto, de dita lei complementar de normas gerais não prejudica o exercício da competência própria dos Estados e foi diretamente disciplinada pela Constituição. Nesse caso, segundo o art. 24, § 3º, exercerão os Estados-membros sua competência legislativa plena, ou seja, respeitada apenas a Constituição Federal.

Infere-se que a norma de atribuição de competência legislativa própria dos Estados, especialmente em matéria tributária e financeira, tem eficácia imediata, sendo originária e institucionalmente assentada na Constituição Federal. Inexistindo lei complementar da União, que disponha sobre aquelas normas gerais, normas-quadro ou diretrizes, nem por isso ficará bloqueado o exercício da competência legislativa de cada ente político da Federação, ao contrário, ela se exercerá plenamente, sem outros limites ou entraves. Portanto, a isonomia dos entes políticos — em que se baseia a Federação — não é conciliável nem com a idéia de norma de competência derivada de outro ente político e nem com norma de competência dependente da edição de lei complementar federal. Por essa razão, dispõe o art. 24, § 3º, que inexistindo lei federal sobre normas gerais, os Estados exercerão a competência legislativa plena, para atender a suas peculiaridades. O § 4º do mesmo artigo apenas acrescenta que a superveniência de lei federal sobre normas gerais suspende a eficácia da lei estadual, no que lhe for contrário.

Ora, inexistindo lei complementar federal de normas gerais sobre finanças públicas, especialmente operações de crédito ou emissões de títulos da dívida pública — pois nesse campo são insuficientes as normas da Lei 4.320/64 — estão os Estados obrigados apenas:

- aos princípios gerais previstos na Constituição Federal;
- às normas estabelecidas pela própria Constituição Estadual;
- às leis próprias editadas por seu Poder Legislativo.

A Constituição Federal autoriza os Estados, assim, a enfrentarem suas necessidades financeiras, por meio de empréstimos públicos internos e externos, ou por meio da contratação de operações de crédito, inclusive emissão de títulos da dívida à subscrição pública e operações por antecipação de receita, mediante autorização soberana de sua Assembléia Legislativa, único órgão do Poder Legislativo apto a criar, instituir ou regular obrigações da dívida, válidas exclusivamente no território estadual. A lei complementar de normas gerais ditará as diretrizes dessa legislação estadual interna, mas na sua ausência, como ocorre no atual momento jurídico, a edição das leis estaduais far-se-á de forma plena e incontrastável.

Um único limite, não obstante, decorre diretamente da Constituição. Ao Senado Federal, por meio de resoluções, se atribuiu a função peculiar de estabelecer *limites globais e condições* para o montante da dívida mobiliária dos Estados, do Distrito Federal e dos Municípios. A norma a ser editada pelo Senado Federal, como veremos, não pode prejudicar a autonomia de cada Estado-membro, por isso somente lhe cabe fixar limites globais (não específicos) como condições gerais para a formação dessa dívida. Veremos que tais funções são restritas e distinguem-se em substância e natureza, da função das normas gerais a serem editadas por lei complementar federal.

II — Competência do Senado Federal. Não equivalência entre resolução senatorial e lei complementar federal

A Constituição, em vigor, assim dispõe:

"Art. 52. Compete privativamente ao Senado Federal:

"(*omissis*).

"V – *autorizar operações externas* de natureza financeira, de interesse da União, dos Estados, do Distrito Federal, dos Territórios e dos Municípios;

"VI – *fixar*, por proposta do Presidente da República, *limites globais* para o montante da dívida consolidada da União, dos Estados, do Distrito Federal e dos Municípios;

"VII – dispor sobre *limites globais e condições* para as operações de crédito externo e interno da União, dos Estados, do Distrito Federal e dos Municípios, de suas autarquias e demais entidades controladas pelo Poder Público federal;

"VIII – dispor sobre limites e condições para a concessão de garantia da União em operações de crédito externo e interno;

"IX – *estabelecer limites globais e condições* para o montante da dívida mobiliária dos Estados, do Distrito Federal e dos Municípios.

"(*omissis*)."

Posto em confronto o disposto no art. 52, com o que se estabelece no art. 24 e no art. 163, constata-se que:

• não cabe ao Senado Federal criar e dispor sobre amplas normas gerais relativas à emissão de títulos públicos pelos Estados, nem tampouco relativas a outras contratações de operações de crédito. Tais normas gerais serão veiculadas exclusivamente por lei complementar federal, sendo de competência do Congresso Nacional;

• não cabe ao Senado Federal aprovar ou autorizar empréstimos públicos, nem operações de crédito a serem contratadas pelos Estados, um a um ou caso a caso (exceto se externos, conforme inciso V do art. 52);

• ao Senado Federal cabe, apenas, impor *limites globais quantitativos* (tetos máximos) *e condições*, como critérios comuns a todos e gerais para o montante da dívida mobiliária dos Estados, do Distrito Federal e Municípios (art. 52, VII e IX).

Limites globais e condições para o montante da dívida mobiliária dos Estados são as únicas funções, objeto das resoluções senatoriais (art. 52, VII e IX). Significam que o Senado Federal tem a nobre atribuição de zelar pelas finanças públicas dos Estados, no que tange à credibilidade, solvência, liquidez, espécie de títulos, rendimentos, prazos de resgate e garantias. Mas cumpre essas funções por meio da fixação de critérios gerais e comuns a serem observados por todos os entes políticos, pela União, pelos Estados, pelos Municípios e suas autarquias. Esses e apenas esses *poderes-deveres* configuram os *limites globais e as condições para o montante da dívida*. É absolutamente estranha à competência do Senado Federal a faculdade de aprovar ou não determinada operação de crédito (exceto se for externa), de examinar sua finalidade, conveniência ou destinação, muito menos por sanção específica ao desvio daquela finalidade. Não é facultado ao Senado Federal estabelecer outras *normas gerais* a nortearem os legisladores federais, estaduais e municipais, normas que competem privativa e exclusivamente ao Congresso Nacional, e cuja manifestação é insubstituível. Muito menos poderá o Senado Federal, a quem não cabe aprovar ou autorizar a operação de emissão dos títulos, que é decisão soberana do povo do Estado interessado, *vincular* a receita, o produto arrecadado na operação a órgão, fundo ou despesa.

Os empréstimos públicos (exceto os externos) e a emissão de títulos da dívida pública são autorizados e disciplinados tão-somente pelas leis estaduais. Deveriam ainda ser observadas as normas gerais, caso tivessem sido editadas por lei complementar da União. O produto arrecadado com a emissão, colocação e venda dos títulos, é aplicado de acordo como dispuserem as leis estaduais, conforme os créditos orçamentários abertos e as autorizações contidas na lei do plano pluarianual. Portanto as finalidades das contratações das operações de crédito, as despesas a serem por elas financiadas são aprovadas em lei própria do Estado competente. Devem apenas essas emissões obedecer aos limites e condições fixados globalmente na resolução senatorial. Em caso algum, resolução do Senado Federal poderá decidir a espécie de gasto a ser financiada com operação de crédito, sua finalidade ou emprego. Essa questão é interna e somente pertinente à decisão da Assembléia Legislativa estadual.

Na ordem dos fatos, mesmo depois da Constituição de 1988, é comum que determinados Estados ou Municípios, solicitem ao Senado Federal *autorização* para a contratação de operações de crédito ou para emissão de títulos da dívida pública. A rigor, segundo a Constituição vigente, a autorização não tem cabimento, exceto naqueles casos em que as operações financeiras sejam de caráter externo (art. 52, V). A posição da resolução senatorial que fixa *limites globais e condições* às operações de crédito e à dívida mobiliária estadual é similar à daquela que fixa alíquotas máximas ou mínimas nas operações e prestações internas, sujeitas ao ICMS, como dispõe o art. 155, § 2º, V. O Imposto sobre Operações de Circulação de Mercadorias e sobre Prestações de Serviços de Transporte e Comunicação somente pode ser instituído e regulado por lei do Estado, a qual fixará a alíquota para as operações internas, respeitado o teto máximo ou mínimo se houver, estabelecido em resolução senatorial.

Não cabe assim ao Senado Federal aprovar a operação de crédito, nem tampouco a emissão de títulos da dívida pública, no que tange a sua finalidade e conveniência. Cabe-lhe sim fixar os limites globais à dívida fundada ou à dívida mobiliária dos Estados e estabelecer as condições inerentes às questões de solvência, liquidez e credibilidade.

Poder-se-ia, de certa forma, dizer que as atribuições fixadas ao Senado Federal, no art. 52, configuram espécies de normas gerais? Na medida em que a resolução senatorial *pode fixar limites globais e condições para o montante* da dívida pública da União, dos Estados e dos Municípios, não estará o Órgão do Legislativo Federal, de algum modo, estabelecendo padrões de controle mínimos, uniformizações de critérios quantitativos?

Sim é verdade. Por meio daqueles limites globais e das condições inerentes às garantias, solvência e liquidez, padroniza-se normatividade do conteúdo a ser desenvolvido pela legislação ordinária dos entes estatais. Inclusive da própria União. De certa forma, as funções atribuídas às resoluções senatoriais são similares às exercidas pelas normas gerais, editadas em lei complementar.

A diferença está em que as primeiras são *restritas a limites globais e condições para o montante da dívida*, são de objeto definido, enquanto *as normas gerais postas por lei complementar* são muito mais amplas, podendo envolver não apenas questões quantitativas relativas à emissão dos títulos propriamente ditos, como ainda substanciais, relativas à sua colocação e à responsabilidade dos agentes envolvidos no cumprimento das normas gerais e especiais. Mas ambas obrigam a todos. Têm, na verdade, já se disse, a natureza de regras quase-constitucionais, pois são normas hierarquicamente inferiores à Constituição, que, entretanto, erigem-se em posição de superioridade às demais leis ordinárias federais, estaduais ou municipais. Configuram, assim, manifestação de um federalismo cooperativo ou integrativo, no qual há uma ordem jurídica especial.

"Composta dessa Quarta espécie normativa, nem federal, estadual ou municipal, mas acima de todo ordenamento dessas ordens jurídicas parciais e hierarquicamente inferior tão-somente à Constituição Federal" (cf. J. de Mesquita Lara, *As Normas Gerais de Direito Financeiro e de Direito Tributário, sua Natureza e Função*, Belo Horizonte, inédito).

Pode-se assim conceder que não apenas as leis complementares, mas também as resoluções do Senado Federal veiculam normas gerais de Direito Financeiro (e Tributário), na medida em que as resoluções senatoriais impõem tetos e limites quantitativos a serem observados por todos os entes políticos da Federação, a União, os Estados, o Distrito Federal e os Municípios.

Sob tal aspecto, não obstante, é de fundamental importância distinguir. No que tange às finanças públicas, especialmente contratação de operações de crédito e emissões de títulos da dívida, as Resoluções do Senado Federal diferenciam-se formal e materialmente das leis complementares. É que:

• formalmente, resultam da vontade exclusiva do Senado Federal, enquanto as leis complementares são ato de vontade do Congresso Nacional, por meio da maioria absoluta dos membros que o compõem;

• materialmente, tais resoluções apenas fixam *limites globais e condições ao montante da dívida mobiliária*, sem estabelecer amplas normas gerais à observância do legislador ordinário dos entes estatais que compõem a Federação.

Há, portanto, evidente impossibilidade de se substituírem uns aos outros. Formalmente, os instrumentos normativos — resoluções senatoriais e leis — são radicalmente distintos, nem mesmo emanam do mesmo órgão. Materialmente, o objeto próprio das leis complementares e das resoluções senatoriais não se comunica, é próprio a cada um. Se podemos conceder que, tanto no caso da lei complementar de normas gerais, como no caso da resolução senatorial fixadora de limites, há um certo quadro de moldura delimitativa a ditar critérios de observância obrigatória aos Estados no exercício de sua autonomia financeira, temos que concluir, igualmente, que o campo de competência das normas a serem editadas pelo Senado Federal é diferente, previamente definido, restrito e limitado pela Constituição. Esse campo não é expandível na ausência de lei complementar, nem tampouco supletivo ou de substituição daquele vácuo.

Duas conclusões impõem-se:

• a ausência de lei complementar de normas gerais sobre contratação de operações de crédito e emissões de títulos de dívida pública é insuprível por meio de resolução do Senado Federal, o qual tem a função importante, porém limitada, de fixar os *limites globais e as condições para o montante da dívida pública dos Estados*;

• estabelecer aqueles limites globais e as condições para o montante da dívida pública dos Estados não é decidir sobre a conveniência da contratação de operações de crédito e a emissão de títulos à subscrição pública, caso a caso, nem sobre sua finalidade, emprego, aplicação ou sanções quanto ao desvio daquelas destinações. *Somente o povo do Estado interessado pode autorizar, por meio de sua Assembléia Legislativa, a conveniência de se contrair a dívida, os motivos, a finalidade e as despesas a serem financiadas por meio da operação*;

• falece competência ao Senado Federal para *vincular ou afetar previamente os recursos* auferidos com a emissão de títulos da dívida pública a qualquer espécie de gasto ou despesa.

III — A expansão da autonomia dos entes públicos, segundo o art. 33 do ADCT

Ao contrário do que se supõe, o parágrafo único do art. 33 do Ato das Disposições Constitucionais Transitórias expande, provisoriamente, a autonomia dos Estados e Municípios, devedores de precatórios judiciais pendentes na data da promulgação da Constituição, liberando-os, excepcionalmente, das amarras eventuais a resoluções senatoriais, admitidas no art. 52 das disposições permanentes. A norma tem o seguinte teor:

"Art. 33. Ressalvados os créditos de natureza alimentar, o valor dos precatórios judiciais pendentes de pagamento na data da promulgação da Constituição, incluído o remanescente de juros e correção monetária, poderá ser pago em moeda corrente, com atualização, em prestações anuais, iguais e sucessivas, no prazo máximo de oito anos, a partir de 1º de julho de 1989, por decisão editada pelo Poder Executivo até cento e oitenta dias da promulgação da Constituição.

"Parágrafo único. *Poderão* as entidades devedoras, para o cumprimento do disposto neste artigo, *emitir*, em cada ano, *no exato montante do dispêndio, títulos da dívida pública não computáveis para efeito do limite global de endividamento.*"

Interessa-nos em especial o parágrafo único do art. 33. Trata-se de regra de exceção. Enquanto as operações de crédito em geral, inclusive as emissões de títulos de dívida pública, submetem-se às condições e limites globais gerais, estabelecidos pelo Senado Federal, o dispositivo já autoriza os Estados à emissão, no exato montante do dispêndio com o pagamento dos precatórios. Por isso mesmo incluída em caráter transitório, a regra destina-se a prover os Estados e Municípios dos meios necessários com que pagar os precatórios judiciais já constituídos na data da promulgação da Constituição. A regra dispensa a fiscalização do Senado Federal ou a obediência aos critérios gerais das resoluções senatoriais. Configura, então, norma de benefício, que:

- libera os entes públicos dos limites globais e das condições para o montante da dívida, estabelecidos em resolução do Senado Federal;

- sujeita a emissão dos títulos, cumprida a exigência de ato do Poder Executivo, até cento e oitenta dias da promulgação da Constituição, a simples manifestação do Poder Legislativo, em lei livre e soberana, sem eventuais condicionamentos ou limites fixados pelo Senado;

- vincula a emissão, ano a ano, ao exato montante do dispêndio com o pagamento dos precatórios.

Essa é também a *única* afetação prevista pela Constituição. Apesar de se dispensar a fiscalização do Senado Federal, apesar de os entes públicos devedores estarem diretamente autorizados, no texto da própria Carta, a emitir títulos da dívida pública para pagamento dos precatórios judiciais, *o parágrafo único do art. 33 limitou o montante anual da emissão ao exato montante do dispêndio.* Essa a única vinculação, essa a única limitação à autonomia financeira de Estados e Municípios. Por isso mesmo, ela veio em norma da Constituição, de caráter precário, tudo a demonstrar o extraordinário da vinculação da emissão àquele dispêndio e a comprovar que ato normativo inferior (como resolução senatorial ou lei complementar de normas gerais) não poderia afetar ou vincular a aplicação dos recursos advindos nas operações de crédito a gastos e despesas específicas. Outra interpretação seria incompatível com o texto permanente da Constituição Federal.

Assim, quando a Resolução do Senado Federal, de n. 69/95, que dispõe sobre as operações de crédito interno e externo dos Estados, do Distrito Federal, dos Municípios e de suas autarquias, estabelece em seu art. 16, §§ 2º e 4º, que os recursos obtidos com a colocação de títulos, emitidos para atender "à liquidação dos precatórios judiciais pendentes de pagamento, objeto do art. 33 e seu parágrafo único do Ato das Disposições Constitucionais Transitórias" serão exclusivamente aplicados naquela finalidade, sob pena de a entidade emissora promover o imediato resgate de tais títulos, *ela procura apenas dar execução ao dispositivo constitucional transitório.* Nesse aspecto, seria, a rigor, desnecessária. O equívoco da Resolução está somente em pressupor que o Senado Federal deve autorizar a emissão de tais títulos, quando a aprovação, anuência, fiscalização ou intervenção daquela Casa Legislativa, incluída aí a imposição de sanções, é absolutamente impertinente ou abusiva segundo o mesmo art. 33 do ADCT, o qual já dá a licença, fora e independentemente de quaisquer limites quantitativos e condicionamentos que lhe pudessem ser opostos.

Não temos a menor dúvida de que, se o Estado de Pernambuco tivesse exercido apenas os poderes extraordinários que lhe são garantidos pelo art. 33 do ADCT, estariam os órgãos de governo estaduais juridicamente impedidos não somente de aplicar as sobras em outras finalidades que não o pagamento de precatórios judiciais, como ainda de emitir obrigações, ano a ano, em quantia superior ao exato montante daquele dispêndio. Não havia necessidade de se buscar a fiscalização do Senado Federal, pois já existe autorização expressa da Constituição, para emissão de títulos vinculados ao pagamento de precatórios, mas isso foi feito. Nem tampouco de se subordinar o Estado de Pernambuco a limites globais de sua dívida, mas isso também foi feito. Menos ainda caberia a Resolução do Senado Federal (n. 39/96) que liberou a emissão dos referidos títulos, mas ela foi editada, em evidente demonstração do exercício exorbitante da competência do Senado Federal.

Estamos profundamente convencidos de que, como está autorizado na Lei do Estado de Pernambuco, de n. 11.334/96, buscou-se uma fiscalização ordinária do Senado Federal, aquela regulada no corpo permanente da Constituição, para a contratação de operações de crédito em geral, por meio da emissão de títulos da dívida pública, fiscalização essa limitada, que não pode aprovar caso a caso a operação de crédito, nem decidir sobre o destino, a finalidade ou a vinculação da receita auferida a órgão, fundo ou despesa. Ou, pelo menos, buscou o Estado de Pernambuco a efetivação de operação de crédito de cunho misto, sem a expansão inusitada de seus poderes e em a dispensa da fiscalização do Senado, mas também sem as vinculações dos títulos ao exclusivo pagamento dos precatórios judiciais.

IV — A legitimidade da Lei Estadual 11.334/96. Sua constitucionalidade efetiva em confronto com o art. 33 do ADCT e com o art. 5º, da Emenda Constitucional 03/93

A leitura isolada do art. 1º da Lei Estadual 11.334/96 poderia levar à conclusão de que o Poder Legislativo do Estado de Pernambuco somente autorizou a emissão de títulos, nos termos e condições estabelecidos pelo art. 33 do ADCT. Mas isso não é verdade. A referida lei autorizou o Poder Executivo a criar Letras Financeiras do Tesouro do Estado de Pernambuco – LFTPE – tanto para fazer frente à liquidação de precatórios judiciais, objeto do art. 33 do ADCT (art. 1º), como ainda, *igualmente*, conforme literalmente dispõe o seu art. 2º, para atender a outros gastos, tudo no montante de R$ 780.000.000,00 (setecentos e oitenta milhões de reais), valor bem superior às dívidas oriundas de condenações judiciais pendentes de pagamento na data da promulgação da Constituição. O art. 4º, da citada lei dispôs:

"Art. 4º. Os valores das vendas ou decorrentes de quaisquer operações de crédito realizadas com as Letras Financeiras do Tesouro do Estado de Pernambuco serão, *prioritariamente*, nos termos do art. 100 da Constituição Federal, utilizados no pagamento de condenações judiciais cujos créditos estejam inscritos em Precatórios, mesmo que de exercícios anteriores."

A licença concedida pela lei estadual ao Poder Executivo é assim muito mais ampla do que os restritos limites expressos no art. 33 do ADCT. Os valores da emissão são superiores às necessidades financeiras do Estado de Pernambuco para a liquidação dos precatórios; outros gastos e despesas poderão ser financiados com o produto da emissão dos títulos, obedecida apenas a ordem de prioridade determinada no art. 4º. Essa também a interpretação dada à referida lei pelo Tribunal de Contas do Estado de Pernambuco, que, chamado a se pronunciar sobre a legitimação da utilização dos recursos provenientes da colocação das LFTEP, na decisão n. 1.396/96, entendeu que o eventual saldo com a colocação dos títulos *poderá ser utilizado na satisfação de outros encargos da Administração.*

Ora, somente a manifestação soberana da Assembléia Legislativa do Estado pode autorizar qualquer operação de crédito, assim como vincular-lhe os recursos provenientes a despesa específica. Trata-se, como vimos do exercício da autonomia financeira do Estado, inerente ao princípio federal, cláusula intangível da ordem constitucional. Tanto a emissão de títulos destinados à liquidação de precatórios judiciais, objeto do art. 33 do ADCT, como ainda destinados a financiar outros encargos administrativos, estão autorizados e aprovados por lei expressa do Estado interessado. Nela encontram sua fonte fundamental legitimadora. A Constituição Federal prevê a sujeição às normas fiscalizadoras do Senado Federal *tão-somente* para a contratação de operações de crédito em geral — limitadas tais normas à fixação *dos limites globais e das condições para o montante da dívida* — mas dispensa aquela sujeição ou qualquer outra ação interventora do Senado para a hipótese extraordinária do art. 33 do ADCT.

Ora, a Lei Estadual referida, de n. 11.334/96, tem objeto amplo. Ela autoriza a emissão de títulos da dívida pública do Estado de Pernambuco para finalidades diversas, quer para o cumprimento dos objetivos do art. 33 do ADCT, quer ainda para atender a outras necessidades coletivas. Representa assim, tanto o exercício dos poderes ordinários do Estado, disciplinados no corpo permanente da Constituição, como ainda aqueles extraordinários, regulados no dispositivo transitório. Trata-se, porém, de um único diploma legal, formalmente unificado, que regula em conjunto matérias diferentes, estabelecendo entre elas conexão lógica: a prioridade na utilização dos recursos provenientes da colocação dos títulos emitidos na liquidação dos precatórios judiciais. Por meio da prioridade estabelecida, satisfaz assim, a um só tempo, as exigências do parágrafo único do art. 33 do ADCT, como também exerce as faculdades inerentes à autonomia estadual, permitindo subsidiariamente a satisfação de outros encargos administrativos. Inexiste para isso qualquer óbice constitucional.

Uma única ressalva. Evidentemente, como a autorização da Lei Estadual 11.334/96 é mista, a utilização dos recursos provenientes da colocação e venda dos títulos emitidos em encargos administrativos diferentes daqueles autorizados no art. 33 do ADCT está sujeita à observância das condições e limites globais impostos pelas resoluções senatoriais. A execução daquela lei estadual prende-se, assim, apenas parcialmente à observância daquelas resoluções.

Nem estaria a Lei Estadual em confronto com o art. 5º da Emenda Constitucional nº 03/93, que estabelece:

"Art. 5º. Até 31 de dezembro de 1999, os Estados, o Distrito Federal e os Municípios somente poderão emitir títulos da dívida pública no montante necessário ao refinanciamento do principal devidamente atualizado de suas obrigações, representadas por essa espécie de títulos, ressalvado o disposto no artigo 33, parágrafo único, do Ato das Disposições Constitucionais Transitórias."

As restrições introduzidas pela Emenda Constitucional, face ao crescente endividamento dos Estados e Municípios, cuidam de evitar o crescimento da dívida mobiliária dos entes federados, por meio da emissão de novos títulos da dívida pública. O suposto do citado art. 5º é já ter emitido o Estado, o Distrito Federal ou o Município, ao advento da Emenda Constitucional, títulos da dívida pública, destinados a financiar projetos, despesas ou encargos administrativos vários, distintos daqueles elencados no art. 33 do ADCT. Nesse caso, e apenas nesse caso, as emissões futuras estarão limitadas ao refinanciamento do principal devidamente atualizado (exceto se as novas emissões estiverem ao abrigo do art. 33 do ADCT, que, como se sabe, concebeu faculdades extraordinárias aos Estados e Municípios, livres de qualquer limite ou condição de qualquer natureza).

Ora, conforme informações da *Consulente*, o Estado de Pernambuco não tinha qualquer dívida de natureza mobiliária, jamais tendo emitido qualquer título público em toda a sua história, quer para cumprir os fins previstos no art. 33 do ADCT, quer para cumprir outros quaisquer. A primeira lei autorizativa foi exatamente a Lei Estadual 11.334/96, que não encontrou assim nenhum óbice constitucional à aprovação da operação, sendo-lhe de todo inaplicável o art. 5º, constante da Emenda Constitucional 3/93.

Com o advento da Lei Estadual 11.334/96 e, havendo emissões de títulos públicos não apenas para o financiamento dos precatórios judiciais, nos termos do art. 33 do ADCT, é que surgiram as primeiras obrigações da dívida — representada em títulos à subscrição pública — no Estado de Pernambuco. Futuras leis estaduais — não a Lei 11.334/96 — estarão sujeitas aos limites opostos pela Emenda Constitucional 3 e somente poderão autorizar, até 31 de dezembro de 1999, novas e posteriores operações de crédito para o refinanciamento do principal atualizado da dívida, compreendida essa como o exato montante dos recursos utilizados na liquidação de outros encargos administrativos, que não aqueles disciplinados no art. 33 do ADCT.

Assim, como o art. 5º da Emenda Constitucional 3/93 é aplicável ao Estado de Pernambuco, a Lei Estadual 11.334/96 goza de evidente constitucionalidade, a saber:

• configura o exercício pleno da competência do Estado, a quem cabe dispor, de forma incontrastável, inexistindo lei complementar de normas gerais, sobre sua dívida mobiliária, operações de crédito e emissões de títulos da dívida pública, para autorizá-los, decidindo sobre sua conveniência, natureza, resgate, destinação e finalidade, conforme os arts. 24, 163, IV da Constituição;

• respeita os limites e princípios constitucionais conformadores dessa competência, estando cumpridas as exigências especiais do parágrafo único do art. 33 do ADCT, pela destinação prioritária conferida à utilização dos recursos provenientes da colocação daqueles títulos;

• não se sujeita à observação de outras limitações globais e condições opostas em resoluções senatoriais, exceção feita àquelas constantes da Resolução 69/95, relativamente ao montante da dívida do Estado de Pernambuco, que corresponder aos encargos administrativos diversos dos precatórios judiciais, objeto do art. 33 do ADCT, atendidos com a emissão de títulos da dívida pública.

E mais, parece-nos à luz da Constituição ser impertinente, aberrante e afrontosa à autonomia do Estado, a Resolução 39/96. É o que veremos a seguir.

V — A impertinente e inconstitucional edição da Resolução 39/96

Apesar do fato evidente de que as operações de crédito e as emissões de títulos da dívida pública são autorizadas e aprovadas direta e suficientemente em lei estadual, submeteu-se o Estado de Pernambuco, *obedecidas as demais exigências da Resolução 69/95*, a processo de fiscalização, verificação e autorização daquelas operações ao Senado Federal. Cumpriu para isso as condições, requisitos e exigências junto ao Banco Central.

Dando prosseguimento à prática constitucional pela qual os Estados-membros anuem a limitações inconstitucionais de sua autonomia, o Estado de Pernambuco obteve a autorização do Senado Federal para emitir títulos da dívida pública, vinculados à liquidação das sétima e oitava parcelas de precatórios judiciais, por meio da Resolução 39/96, cujo art. 2º, parágrafo único dispõe:

"Art. 2º. (*omissis*).

"Parágrafo único. As emissões autorizadas por esta Resolução somente serão registradas e colocadas no mercado de títulos no exato montante das despesas com o pagamento dos débitos judiciais apurados em sentenças transitadas em julgado, previamente apresentadas ao Banco Central do Brasil, observando-se ainda o disposto no parágrafo único do art. 33 do ADCT e no § 4º, do art. 16 da Resolução 69, de 1995, do Senado Federal."

Ora, o Senado Federal, como sabemos, não tem competência para aprovar, autorizar ou desautorizar empréstimos públicos (exceto os externos), um a um, de forma específica, nem a contratação de operações de crédito ou emissões de títulos da dívida pública. Tem sim a nobre função de estabelecer *os limites globais e as condições para o montante da dívida mobiliária da União, dos Estados e dos Municípios e suas autarquias*, nos termos do art. 52, VII e IX da Constituição. Ao realizarem suas operações de crédito, a União, os Estados e os Municípios estão sujeitos à observância irrestrita daqueles limites e condições. Entretanto, se efetivada a emissão dos títulos, para os fins específicos do art. 33 do ADCT, nem mesmo os limites globais e as condições gerais constantes das resoluções senatórias haverão de ser impostos, segundo dispõe aquele mesmo dispositivo transitório.

É, portanto, de todo impertinente e de aberrante desvio dos quadros impostos pela Constituição, a edição da Resolução 39/96, que *autoriza* o Estado de Pernambuco a emitir títulos da dívida pública, quando a Constituição já o faz expressamente. Ou seja, a Resolução 39/96 não poderia deixar de autorizar a emissão daqueles títulos destinados à subscrição pública.

A licença concedida pela Lei Estadual 11.334/96 — por voltar-se ao cumprimento de objetivos mais abrangentes do que aqueles, objeto do art. 33 do ADCT — sujeita-se, no que tange ao montante do dispêndio feito para liquidar outros encargos diferentes daqueles referidos no dispositivo transitório, às condições e limitações globais da dívida mobiliária, estabelecidas em resoluções senatoriais, em especial a de n. 69/95.

Apenas um outra observação. O § 4º, do art. 16 da Resolução Senatorial 69/95 não é aplicável, nem a sanção ali prevista, exatamente porque supõe, erroneamente, que condições e limites globais possam ser impostos à emissão de títulos para pagamento de condenações judiciais, contraídas antes da promulgação da Constituição. Ora, os poderes de intervenção do Senado Federal e de regulação das limitações globais e condições da dívida mobiliária são restritos às operações de crédito ordinárias, efetivadas pelos Estados para atender a outros encargos administrativos que não os precatórios judiciais objeto do art. 33 do ADCT. E, mesmo em tais casos, não pode o Senado Federal dispor sobre destino, finalidade ou vinculações a despesas especiais. As prioridades nos gastos configuram decisão exclusiva e soberana de cada Assembléia Legislativa, como autorizarem os créditos orçamentários.

VI — A presunção de constitucionalidade da Lei Estadual 11.334/96 e a obediência irrestrita dos órgãos administrativos

Os atos jurídicos em geral, inclusive os administrativos, gozam de presunção de legitimidade. A presunção é necessária, não apenas como condição do exercício da *democracia*, mas ainda para efetivação da *segurança jurídica*, harmonia e estabilidade das relações.

A presunção de constitucionalidade das leis é antiga e nasceu com o próprio controle daquela constitucionalidade. Fomos buscar suas raízes no constitucionalismo norte-americano, do qual extraímos os fundamentos, a doutrina e a técnica. A teoria da presunção de constitucionalidade das leis encontra três modalidades distintas: a) na doutrina do erro claro, temos a formulação mais antiga e rigorosa; b) na doutrina do reforço da democracia representativa, uma atenuação da forte presunção; c) na necessidade de tornar efetivos os valores fundamentais, uma postura constitucionalista mais ampla.

A doutrina do erro claro foi formulada pelo juiz Felix Frankfurter, fortemente apoiado em J. B. Thayer (em *Origem e Objetivo da Doutrina Americana da Lei Constitucional, de 1893*), em favor da presunção de constitucionalidade das leis, somente questionável quando houvesse não um simples erro do legislador, mas um *cla-*

ro erro, do qual pessoa alguma pudesse duvidar. Os rigores da doutrina levavam, na prática, ao abandono do próprio constitucionalismo. (Ver Murphy, Fleming e Harris, *American Constitutional Interpretation*, New York, Foundation Press Inc., 1986, pp. 297-298).

Posteriormente, evoluiu-se para um modo de interpretação constitucional que reforça o elemento democrático no processo político e prescreve um importantíssimo papel ao juiz. Trata-se do *reforço da democracia representativa*, por meio do qual, segundo a nota original do juiz Harlan Stone, no caso USA *x* Carolene Produts Co. de 1938, a presunção de constitucionalidade das leis cai se estão em questão processos de democracia representativa (especialmente eleitorais e de representação de eleitores), ou de discriminação contra minorias. O juiz Stone recomendou que se deve desconsiderar a presunção de constitucionalidade naqueles casos em que "a legislação restringe o processo político ... e deve ser submetida a julgamento judicial mais rigoroso ... do que a maioria dos outros tipos de legislação" (cf. Murphy, Fleming e Harris, ob. cit., p. 298).

Finalmente, outros intérpretes consideram estar o *constitucionalismo* (ou a necessária conformação à Constituição) no mesmo nível da própria *democracia*. Seguindo Madison (em *Federalist* 10), entendem que o sistema deve defender valores e princípios fundamentais *contra* toda interferência governamental. Portanto, a proteção da Constituição inclui a defesa dos processos de representação na democracia e a proibição da discriminação, mas não apenas esses, todos os demais valores fundamentais da Constituição como o *princípio federal*. Igualmente Laurence H. Tribe sustenta que o constitucionalismo deve seguir a metodologia dos valores fundamentais, dentro dos quais a representação demográfica é apenas uma espécie. Aliás, historicamente, valores fundamentais e liberdades básicas estão intimamente conectados. (*Constitucional Choices*, Cambridge, Harvard Univesity Press, 1985).

Ora, o princípio federal, ao qual é inerente a autonomia do Estado-membro, é cláusula intangível da Constituição brasileira de 1988 e, indubitavelmente, *valor fundamental*, contra o qual não goza de presunção de legitimidade nenhuma lei ou resolução senatorial. Ao contrário, interpretam-se com mais rigor e mediante critérios de aferição mais restritos, todas as resoluções do Senado Federal, que marcam intervenções estranhas ao pleno exercício do princípio federal.

Em contraposição está a Lei Estadual 11.334/96 que guarda *presunção de constitucionalidade, forte presunção*, pois ela representa o exercício do princípio federal, que se esteia na competência própria do Estado de Pernambuco, sendo manifestação soberana do povo daquele Estado. Ora, as leis vigentes, que gozam de presunção de constitucionalidade, obrigam necessariamente a Administração Pública. Se é possível mais de uma interpretação, deve o Poder Executivo executar a lei, segundo aquele sentido que lhe parecer o melhor. (Vitor Nunes Leal, *Problemas de Direito Administrativo*, 1ª ed., Rio de Janeiro, Forense, 1960, pp. 23-30; Marcello Caetano, *Princípios Fundamentais do Direito Administrativo*, Rio de Janeiro, 1977, p. 155).

Ora, no caso da *Consulente*, o Poder Executivo do Estado de Pernambuco procurou pautar as suas ações, de acordo com a melhor interpretação possível da Lei 11.334/96, para isso se socorrendo do auxílio do Tribunal de Contas daquele Estado, órgão de controle, encarregado de fiscalizar a execução financeira e orçamentária das leis. E, segundo essa interpretação, poderiam e deveriam os saldos remanescentes, uma vez liquidados todos os precatórios judiciais apresentados, ser utilizados para pagamento de outros encargos administrativos. Decisão administrativa diferente é que seria questionável do ponto de vista da *economicidade*, pois informa a *Consulente* que a manutenção dos saldos disponíveis em caixa representaria um custo financeiro maior para o Estado, que teria de assumir financiamentos e empréstimos bancários de antecipação de receita (ARO).

RESPOSTAS

1. As normas transitórias da Constituição da República que limitam a autonomia dos Estados federados (ADCT, art. 33 e EC 3/93, art. 5º) na gestão de suas fontes de receitas, asseguradas no texto permanente da Constituição (como no caso das Letras Financeiras do Tesouro, *ex vi* os arts. 52, IX e 163, IV da CF), podem ser consideradas materialmente inconstitucionais por violarem princípios explícitos da Lei Maior relacionados com a Federação (CF, art. 60 § 4º) e com a autonomia dos seus entes federados estaduais (CF, arts. 1º, 18 e 25)?

Não, em absoluto. Ao contrário do que se supõe, o parágrafo único do art. 33 do Ato das Disposições Constitucionais Transitórias expande, provisoriamente, a autonomia dos Estados e Municípios, devedores de precatórios judiciais pendentes na data da promulgação da Constituição, liberando-os, excepcionalmente, das amarras eventuais a resoluções senatoriais, admitidas no art. 52 das disposições permanentes.

O parágrafo único é regra de exceção. Enquanto as operações de crédito em geral, inclusive as emissões de títulos da dívida pública, submetem-se às condições e aos limites globais gerais, estabelecidos pelo Senado Federal, o dispositivo referido já autoriza os Estados à emissão, no exato montante do dispêndio com o pagamento dos precatórios. Por isso mesmo incluída em caráter transitório, a regra destina-se a prover os Estados e Municípios dos meios necessários com que pagar os precatórios judiciais já constituídos na data da promulgação da Constituição e dispensa a fiscalização do Senado Federal ou a obediência aos critérios gerais das resoluções senatoriais. Configura, então, norma de benefício que:

- libera os entes públicos dos limites globais e das condições para o montante da dívida, estabelecidos em resoluções do Senado Federal;
- sujeita a emissão dos títulos, cumprida a exigência de ato do Poder Executivo, até cento e oitenta dias da promulgação da Constituição, a simples manifestação do Poder Legislativo estadual, em lei livre e soberana, sem eventuais condicionamentos ou limites fixados pelo Senado;
- vincula a emissão, ano a ano, ao exato montante do dispêndio com o pagamento dos precatórios.

Essa é também a *única afetação* prevista pela Constituição. Apesar de se dispensar a fiscalização do Senado Federal, apesar de os entes públicos devedores estarem diretamente autorizados, no texto da própria Carta, a emitir títulos da dívida pública para pagamento dos precatórios judiciais, *o parágrafo único do art. 33 limitou o montante anual da emissão ao exato montante do dispêndio.* Mas essa limitação é compensada pela autorização expressa da Constituição, livre das amarras impostas pelo Senado Federal. Outra interpretação seria incompatível com o texto permanente da Constituição.

O que é inaceitável é a interpretação autoritária do referido art. 33 feita pelo Senado Federal. A Resolução 69/95, que dispõe sobre as operações de crédito interno e externo dos Estados, do Distrito Federal, dos Municípios e de suas autarquias, estabelece em seus art. 16 §§ 2º e 4º, que os recursos obtidos com a colocação de títulos, emitidos para atender *"à liquidação dos precatórios judiciais pendentes de pagamento, objeto do art. 33 e seu parágrafo único do Ato das Disposições Constitucionais Transitórias"* ... serão exclusivamente aplicados naquela finalidade, sob pena de a entidade emissora promover o imediato resgate de tais títulos. O equívoco da Resolução está somente em pressupor que o Senado Federal deve autorizar a emissão de tais títulos, quando a aprovação, anuência, fiscalização ou intervenção daquela Casa Legislativa, incluída aí a imposição de sanções, é absolutamente impertinente ou abusiva segundo o mesmo art. 33 do ADCT, o qual já dá a licença, fora e independentemente de quaisquer limites quantitativos e condicionamentos que lhe pudessem ser opostos. O art. 33 do ADCT não é regra de restrição ao princípio federal.

Já o art. 5º da Emenda Constitucional 3/93 é absolutamente inaplicável ao caso de Pernambuco, razão pela qual a indagação de sua constitucionalidade não tem relevância específica. É que o suposto do citado art. 5º é já ter emitido o Estado, o Distrito Federal ou o Município, ao advento da Emenda Constitucional, títulos da dívida pública, destinados a financiar projetos, despesas ou encargos administrativos vários, distintos daqueles elencados no art. 33 do ADCT. Nesse caso, e apenas nesse caso, as emissões futuras estarão limitadas ao refinanciamento do principal devidamente atualizado (exceto se as novas emissões estiverem ao abrigo do art. 33 do ADCT, que, como se sabe, concedeu faculdades extraordinárias aos Estados e Municípios, livres de qualquer limite ou condição de qualquer natureza).

Ora, conforme informações da *Consulente*, o Estado de Pernambuco não tinha qualquer dívida de natureza mobiliária, jamais tendo emitido qualquer título público em toda a sua história, quer para cumprir os fins previstos no art. 33 do ADCT, quer para cumprir outros quaisquer. A primeira lei autorizativa foi exatamente a Lei Estadual 11.334/96, que não encontrou assim nenhum óbice constitucional à aprovação da operação, sendo-lhe de todo inaplicável o art. 5º, constante da Emenda Constitucional 3/93.

2. Em face dos princípios superiores da Federação e da autonomia dos Estados, ainda que resguardada a competência da União para dispor sobre política monetária (CF art. 22, VI), é admissível que uma lei estadual autorizativa da emissão de títulos públicos à conta do Tesouro possa estabelecer uma regra de prioridade na aplicação dos recursos captados, conforme as disposições transitórias da Constituição, e, por inferência, permitir que os recursos captados não utilizados no pagamento dos precatórios possam vir a ser aplicados para fins de custear outras necessidades básicas e públicas da Administração, em consonância com as conclusões da decisão do Tribunal de Contas do Estado de Pernambuco (Decisão TCE 1.396/96)?

Sim. Ao contrário do que se insinua na formulação do quesito, somente lei estadual pode autorizar emissão de títulos da dívida pública estadual e definir prioridades quanto à destinação e finalidades da operação.

Segundo o art. 52, VII e IX da Constituição, não cabe ao Senado Federal aprovar ou autorizar empréstimos públicos, nem operações de crédito a serem contratadas pelos Estados, um a um ou caso a caso (exceto se externos). Compete-lhe tão-somente impor *limites globais quantitativos* (tetos máximos) e *condições*, como critérios comuns a todos e gerais para o montante da dívida mobiliária dos Estados, do Distrito Federal e Municípios.

Limites globais e condições para o montante da dívida mobiliária dos Estados são as únicas funções, objeto das resoluções senatoriais (art. 52, VII e IX). Significam que o Senado Federal tem a nobre atribuição de zelar pelas finanças públicas dos Estados, no que tange à credibilidade, solvência, liquidez, espécie de títulos, rendimentos e garantias. Mas cumpre essas funções por meio da fixação de critérios gerais e comuns a serem observados por todos os entes políticos, pela União, pelos Estados, pelos Municípios e suas autarquias. Esses e apenas esses *poderes-deveres* configuram *os limites globais e as condições para o montante da dívida*. É absolutamente estranha à competência do Senado Federal a faculdade de aprovar ou não determinada operação de crédito (exceto se for externa), de examinar sua finalidade, conveniência ou destinação, muito menos impor sanção específica ao desvio daquela finalidade. Não é facultado ao Senado Federal estabelecer outras *normas gerais* a nortearem os legisladores federais, estaduais e municipais, normas que competem privativa e exclusivamente ao Congresso Nacional, e cuja manifestação é insubstituível. Muito menos poderá o Senado Federal, a quem não cabe aprovar ou autorizar a operação de emissão dos títulos, que é decisão soberana do povo do Estado interessado, *vincular* a receita, o produto arrecadado na operação a órgão, fundo ou despesa.

Os empréstimos públicos (exceto os externos) e a emissão de títulos da dívida pública são autorizados e disciplinados tão-somente pelas leis estaduais. Deveriam ainda ser observadas as normas gerais, caso tivessem sido editadas por lei complementar da União. O produto arrecadado com a emissão, colocação e venda dos títulos, é aplicado de acordo como dispuserem as leis estaduais, conforme os créditos orçamentários abertos e as autorizações contidas na lei do plano plurianual. Portanto as finalidade das contratações das operações de crédito, as despesas a serem por elas financiadas são aprovadas em lei própria do Estado competente. Devem apenas essas omissões obedecer aos limites e condições fixados globalmente na resolução senatorial (exceto no caso do pagamento ter por objeto os precatórios referidos no art. 33 do ADCT). Em caso algum, resolução do Senado Federal poderá decidir a espécie de gasto a ser financiada com a operação de crédito, sua finalidade ou emprego. Essa questão é interna e somente pertinente à decisão da Assembléia Legislativa estadual.

Na ordem dos fatos, mesmo depois da Constituição de 1988, é comum que determinados Estados ou Municípios, solicitem ao Senado Federal *autorização* para a contratação de operações de crédito ou para emissão de títulos da dívida pública. A rigor, segundo a Constituição vigente, a autorização não tem cabimento, exceto naqueles casos em que as operações financeiras sejam de caráter externo (art. 52, V). A posição da resolução senatorial que fixa *limites globais e condições* às operações de crédito e à dívida mobiliária estadual é similar à daquela que fixa alíquotas máximas ou mínimas nas operações e prestações internas, sujeitas ao ICMS, como dispõe o art. 155, § 2º, V. O Imposto sobre Operações de Circulação de Mercadorias e sobre Prestações de Serviços de Transporte e Comunicação somente pode ser instituído e regulado por lei do Estado, a qual fixará a alíquota para as operações internas, respeitado o teto máximo ou mínimo se houver, estabelecido em resolução senatorial.

Não cabe assim ao Senado Federal aprovar a operação de crédito, nem tampouco a emissão de títulos da dívida pública, no que tange a sua finalidade e conveniência. Cabe-lhe sim fixar os limites globais à dívida fundada ou à dívida mobiliária dos Estados e estabelecer as condições inerentes às questões de solvência, liquidez e credibilidade.

3. À vista das disposições restritivas contidas nos §§ 2º a 5º do art. 16 da Resolução 69/95 do Senado Federal, reguladora das normas gerais de emissão de títulos públicos pelos Estados, *é cabível considerar que as regras especiais ou singulares da Resolução 39/96 do Senado*, que autorizou o lançamento das Letras Financeiras do Tesouro do Estado de Pernambuco com base em uma lei estadual que, indiretamente, admitiu a utilização dos recursos captados em outras despesas que não aquelas especificadas no art. 33 do ADCT, *podem se sobrepor e derrogar as normas gerais aplicáveis (Resolução 69/95), não obstante a ressalva contida no parágrafo único do art. 2º da referida Resolução 69/96?*

A Resolução senatorial 39/96 é de todo impertinente e inconstitucional.

É que, dando prosseguimento à prática constitucional pela qual os Estados-Membros anuem a limitações inconstitucionais de sua autonomia, o Estado de Pernambuco obteve a autorização do Senado Federal para emitir títulos da dívida pública, vinculados à liquidação das sétima e oitava parcelas de precatórios judiciais, por meio da Resolução 39/96.

Ora, o Senado Federal, como sabemos, não tem competência para aprovar, autorizar ou desautorizar empréstimos públicos (exceto os externos), um a um, de forma específica, nem a contratação de operações de crédito ou emissões de títulos da dívida pública. Tem sim a nobre função de estabelecer *os limites globais e as condições para o montante da dívida mobiliária da União, dos Estados e dos Municípios e suas autarquias*, nos termos do art. 52, VII e IX da Constituição. Ao realizarem suas operações de crédito, a União, os Estados e os Municípios estão sujeitos à observância irrestrita daqueles limites e condições. Entretanto, se efetivada a emissão dos títulos, para os fins específicos do art. 33 do ADCT, nem mesmo os limites globais e as condições gerais constantes das resoluções senatoriais haverão de ser impostos, segundo dispõe aquele mesmo dispositivo transitório.

É, portanto, de todo impertinente e de aberrante desvio dos quadros impostos pela Constituição, a edição da Resolução 39/69, que *autoriza* o Estado de Pernambuco a emitir títulos da dívida pública, quando a Constituição já o faz expressamente. Ou seja, a Resolução 39/69 não poderia deixar de autorizar a emissão daqueles títulos destinados à subscrição pública.

A licença concedida pela Lei Estadual 11.334/96 — por voltar-se ao cumprimento de objetivos mais abrangentes do que aqueles, objeto do art. 33 do ADCT — sujeita-se, no que tange ao montante do dispêndio feito para liquidar outros encargos diferentes daqueles referidos no dispositivo transitório, às condições e limitações globais da dívida mobiliária, estabelecidas em resoluções senatoriais, em especial a de 69/95. Mas o § 4º, do art. 16 da Resolução Senatorial 69/95 não é aplicável, nem a sanção ali prevista, exatamente porque supõe, erroneamente, que condições e limites globais possam ser impostos à emissão de títulos para pagamento de condenações judiciais, contraídas antes da promulgação da Constituição. Ora, os poderes de intervenção do Senado Federal e de regulação das limitações globais e condições da dívida mobiliária são restritos às operações de crédito ordinárias, efetivadas pelos Estados para atender a outros encargos administrativos que não os precatórios judiciais-objeto do art. 33 do ADCT. E, mesmo em tais casos, não pode o Senado Federal dispor sobre destino, finalidade ou vinculações a despesas especiais. As prioridades nos gastos configuram decisão exclusiva e soberana de cada Assembléia Legislativa, como autorizarem os créditos orçamentários.

4. Considerando que os recursos captados pelo Estado através de letras financeiras do Tesouro foram aplicados no pagamento de outras despesas correntes e de capital, após o pagamento de todos os precatórios exigíveis, em face dessa constatação, é cabível considerar como *única conseqüência jurídico-financeira desse processo o cômputo do montante não utilizado em precatórios no limite global de endividamento mobiliário do Estado?*

Sim. São exatamente essas as conseqüências jurídicas. A leitura isolada do art. 1º da Lei Estadual 11.334/96 poderia levar à conclusão de que o Poder Legislativo do Estado de Pernambuco somente autorizou a emissão de títulos, nos termos e condições estabelecidos pelo art. 33 do ADCT. Mas, isso não é verdade. A referida lei autorizou o Poder Executivo a criar Letras Financeiras do Tesouro do Estado de Pernambuco – LFTEP — tanto para fazer frente à liquidação de precatórios judiciais, objeto do art. 33 do ADCT (art. 1º), como ainda *igualmente*, conforme literalmente dispõe o seu art. 2º, para atender a outros gastos, tudo no montante de R$ 780.000.000,00 (setecentos e oitenta milhões de reais), valor bem superior às dívidas oriundas de condenações judiciais pendentes de pagamento na data da promulgação da Constituição. O art. 4º da citada lei ainda autorizou a utilização dos recursos provenientes da emissão em outros encargos da administração que não aqueles restritos aos precatórios judiciais, a que se refere o art. 33 do ADCT.

A licença concedida pela lei estadual ao Poder Executivo é assim muito mais ampla. Os valores da emissão autorizados são superiores às necessidades financeiras do Estado de Pernambuco para a liquidação dos precatórios; outros gastos e despesas poderão ser financiados com o produto da emissão dos títulos, obedecida apenas a ordem de prioridade determinada no art. 4º. Essa também a interpretação dada à referida lei pelo Tribunal de Contas do Estado de Pernambuco, que, chamado a se pronunciar sobre a legitimidade da utilização dos recursos provenientes da colocação das LFTEP na decisão n. 1.396/96, entendeu que o eventual saldo com a colocação dos títulos *"poderá ser utilizado na satisfação de outros encargos da Administração"*.

Ora, somente a manifestação soberana da Assembléia Legislativa do Estado pode autorizar qualquer operação de crédito, assim como vincular-lhe os recursos provenientes a despesa específica. Trata-se, como vimos do exercício da autonomia financeira do Estado, inerente ao princípio federal, cláusula intangível da ordem constitucional. Tanto a emissão de títulos destinados à liquidação de precatórios judiciais, objeto do art. 33 do ADCT, como ainda destinados a financiar outros encargos administrativos, estão autorizados e aprovados por lei expressa do Estado interessado. Nela encontram sua fonte fundamental legitimadora. A Constituição Federal prevê a sujeição às normas fiscalizadoras do Senado Federal *tão-somente* para a contratação de operações de crédito em geral — limitadas tais normas à fixação *dos limites globais e das condições para o montante da dívida* — mas dispensa aquela sujeição ou qualquer outra ação interventora do Senado para a hipótese extraordinária do art. 33 do ADCT.

Ora, a Lei Estadual referida, de n. 11.334/96, tem objeto amplo. Ela representa, assim, tanto o exercício dos poderes ordinários do Estado, disciplinados no corpo permanente da Constituição, como ainda aqueles extraordinários, regulados no dispositivo transitório. Trata-se, porém, de um único diploma legal, formalmente unificado, que regula em conjunto matérias diferentes, estabelecendo entre elas conexão lógica: a prioridade na utilização dos recursos provenientes da colocação dos títulos emitidos na liquidação dos precatórios judiciais. Por meio da prioridade estabelecida, satisfaz assim, a um só tempo, as exigências do parágrafo único do art. 33 do ADCT, como também exerce as faculdades inerentes à autonomia estadual, permitindo subsidiariamente a satisfação de outros encargos administrativos. Inexiste para isso qualquer óbice constitucional.

Evidentemente, como a autorização da Lei Estadual 11.334/96 é mista, a utilização dos recursos provenientes da colocação e venda dos títulos emitidos em encargos administrativos diferentes daqueles autorizados no art. 33 do ADCT — e dos limites globais da dívida mobiliária do Estado.

5. Atenderia *o princípio da economicidade* nos gastos públicos a assunção de obrigações decorrentes de empréstimos públicos a juros de mercado na rede bancária, dispondo o Estado de recursos em fundo de liquidez apto a pagar precatórios e saldos remanescentes deles à medida que se lhe apresentem, desde, evidentemente, que sejam efetivamente honrados já que há prioridade em seu pagamento? A observância do princípio da economicidade poderia acarretar, de algum modo a *responsabilidade dos administradores públicos do Estado?*

Segundo a Constituição vigente, a fiscalização contábil, financeira, orçamentária, operacional e patrimonial das contas públicas deverá nortear-se não apenas pela legalidade formal, mas ainda pela legitimidade e pela *economicidade* (art. 70). E, evidentemente, se, nos termos da lei, há duas ações possíveis a escolher, o administrador fica constrangido a eleger a menos onerosa para o Estado. Ao contrário, seria de se questionar exatamente o zelo e a cautela na condução da coisa pública, se o administrador preferir, em detrimento da economicidade, praticar atos de custo mais elevado. A observância fiel da Constituição recomenda exatamente a decisão adotada pelo Tribunal de Contas do Estado de Pernambuco e fielmente executada pelos administradores daquele Estado.

Como já anotamos, estão os órgãos do Poder Executivo, agentes e administradores públicos sujeitos à obediência irrestrita da lei. Considerando apenas os atos praticados de aplicação dos recursos provenientes da colocação de títulos no mercado, observados os termos da Lei 11.334/96, objeto dessa consulta, contra eles não pode órgão ou instância agir, mesmo o Senado Federal.

Ora, o princípio federal, ao qual é inerente a autonomia do Estado-membro, é cláusula intangível da Constituição brasileira de 1988 e, indubitavelmente, *valor fundamental*, em detrimento do qual não goza de presunção de legitimidade nenhuma resolução senatorial. Ao contrário, interpretam-se com mais rigor e mediante critérios de aferição mais restritos, todas as resoluções do Senado Federal, que marcam intervenções estranhas ao pleno exercício do princípio federal.

Em contradição está a Lei Estadual 11.334/96 que goza de *presunção de constitucionalidade, forte presunção*, pois ela representa o exercício do princípio federal, que se esteia na competência própria do Estado de Pernambuco, sendo manifestação soberana do povo daquele Estado. Ora, as leis vigentes, em geral obrigam os administradores. Mas a lei comentada goza de *forte* presunção de constitucionalidade, pois em seu favor milita valor fundamental da Constituição. E não podem ser inquinados de ilegítimos ou ilegais, os atos administrativos que a ela se conformam, segundo interpretação razoável (que parece-nos ser a mais razoável), ainda que, no futuro, venham os tribunais a decidir de forma distinta.

Belo Horizonte, 23 de fevereiro de 1997

CADERNOS DE DIREITO TRIBUTÁRIO

O IMPOSTO SOBRE A TRANSMISSÃO DE BENS IMÓVEIS (ITBI): PRINCIPAIS QUESTÕES

JOSÉ MAURÍCIO CONTI
Professor Assistente da Faculdade de Direito da USP
— Mestre em Direito Econômico e Financeiro pela USP — Juiz de Direito em São Paulo

1. Evolução histórica do ITBI na Constituição. 2. Panorama legal. 3. Aspectos constitutivos da hipótese de incidência do ITBI: 3.1 Aspecto material da hipótese de incidência: 3.1.1 Casos de interesse — 3.2 Aspecto temporal da hipótese de incidência. O momento de ocorrência do fato imponível — 3.3 Aspecto espacial da hipótese de incidência. O local da ocorrência do fato imponível — 3.4 Aspecto pessoal da hipótese de incidência: 3.4.1 Sujeito ativo — 3.4.2 Sujeito passivo — 3.5 Aspecto quantitativo da hipótese de incidência: 3.5.1 Base de cálculo — 3.5.2 A alíquota do ITBI e a questão da progressividade. 4. Conclusões.

1. Evolução histórica do ITBI na Constituição

O ITBI surgiu no Direito brasileiro em 1809, por meio do Alvará 3, de junho do referido ano, com a denominação de imposto da *sisa* (pela qual este tributo é vulgarmente conhecido até os dias atuais), tendo a primeira previsão constitucional surgido na Carta de 1891, que estabelecia, em seu art. 9º, inciso 3º, como sendo de competência dos Estados o imposto sobre transmissão de propriedade.

A Constituição de 1934 estabeleceu uma divisão, criando dois impostos, ambos de competência dos Estados: o imposto de transmissão de propriedade *causa mortis* (art. 8º, I, "b") e o imposto sobre a transmissão de propriedade imobiliária *inter vivos* (art. 8º, I, "c"). O mesmo texto foi mantido pela Constituição de 1937 (art. 23, I, "b" e "c"). Também não houve alteração por ocasião da Constituição de 1946, sendo mantidos ambos os impostos tal como já estavam previstos (art. 19, II e III).

A EC 5/61 passa para a competência dos Municípios o imposto de transmissão de bens *inter vivos* (art. 29, III), mantendo o imposto *causa mortis*, com pequenas alterações na redação (art. 19, I, e §§ 1º e 2º).

A EC 18/65 restabelece a união dos impostos de transmissão de bens imóveis, *inter vivos* e *causa mortis*, mantendo-os na competência dos Estados, com algumas novidades em termos de hipóteses de incidência (art. 9º, *caput* e §§ 1º a 4º). Pouca modificação houve por ocasião da Constituição de 1967 (art. 24, I, e § 2º). O mesmo se observa com a edição do Ato Complementar 40/68, que produz pequena alteração no texto do § 2º, mantendo, no mais, a redação anterior. E a EC 1/69 mantém, em linhas gerais, o texto da Constituição de 1967 (art. 23, I, e §§ 2º e 3º).

Finalmente, a Constituição de 1988 traz a redação hoje vigente, que atribui aos Estados e Distrito Federal a competência para a instituição do imposto de transmissão *causa mortis* (art. 155, I) e aos Municípios a competência para a instituição do imposto de transmissão de bens imóveis *inter vivos* (art. 156, II).

2. *Panorama legal*

Atualmente o imposto de transmissão de bens imóveis *inter vivos*, que passarei a denominar simplesmente de ITBI, tem sua fonte na Constituição, no já mencionado art. 156, II.

A lei complementar que trata do ITBI, nos termos em que exige o art. 146, III, "a", da CF, é, por recepção, o Código Tributário Nacional (Lei 5.172, de 25.10.66), que regula este tributo em seus arts. 35 a 42. Convém observar que o Código Tributário Nacional foi editado sob a égide da Constituição de 1946 e suas emendas, época em que estava vigente o ITBI unificado com o imposto de transmissão *causa mortis*. Por esta razão os arts. 35 a 42 tratam dos dois impostos simultaneamente, cabendo ao intérprete identificar os dispositivos que se referem a um e a outro imposto.

Em termos de legislação ordinária, o ITBI, sendo da competência dos Municípios, tem legislação própria para cada um deles.

No Município de São Paulo a legislação básica é a Lei municipal 11.154, de 30.12.91, regulada pelo Decreto 31.134, de 24.1.92. Recentemente pode-se destacar ainda o Decreto 37.344, de 20.2.98, que consolida a legislação tributária do Município de São Paulo, referindo-se ao ITBI em seus arts. 69 a 95.

3. *Aspectos constitutivos da hipótese de incidência do ITBI*

Analisaremos a seguir o ITBI sob a ótica dos diversos aspectos que compõem sua hipótese de incidência — quais sejam: os aspectos pessoal, material, temporal, espacial e quantitativo —, a fim de melhor compreender este tributo.

3.1 Aspecto material da hipótese de incidência

Como a própria denominação do imposto estabelece, sua hipótese de incidência ou fato gerador *in abstrato* é, genericamente, a transmissão, por ato oneroso, de bens imóveis, excluindo-se a sucessão (*causa mortis*). A legislação tributária do Município de São Paulo prevê ter o ITBI os seguintes fatos geradores (Lei municipal 11.154/91, art. 1º): a) as transmissões *inter vivos*, a qualquer título, por ato oneroso, de bens imóveis, por natureza ou acessão física, e a de direitos reais sobre bens imóveis, exceto os de garantia e as servidões; b) a cessão, por ato oneroso, dos direitos relativos à aquisição de bens imóveis.

Esclarece a citada legislação, para evitar controvérsias, que estão compreendidas nestas hipóteses a compra e venda, a dação em pagamento, a permuta, a arrematação, a adjudicação, o uso, o usufruto e a enfiteuse. Também incide o imposto na cessão de direitos do arrematante ou adjudicatário, depois de assinado o auto de arrematação ou adjudicação, bem como na cessão de direitos decorrente de compromisso de compra e venda. O fato gerador do imposto abrange ainda a cessão de direitos à sucessão e a cessão de benfeitorias e construções em terreno compromissado à venda. Várias são as hipóteses de imunidades e isenções previstas, que não serão objeto de análise neste estudo.

Convém esclarecer que *bem imóvel por natureza* é o solo com sua superfície, os seus acessórios e adjacências naturais, compreendendo as árvores e frutos pendentes, o espaço aéreo e o subsolo (CC, art. 43, I). *Bem imóvel por acessão física* é tudo quanto o homem incorporar permanentemente ao solo, como a semente lançada à terra, os edifícios e construções, de modo que não possa retirar sem destruição, modificação, fratura ou dano (CC, art. 43, II). A acessão pode dar-se ainda pela formação de ilhas, por aluvião, por avulsão ou por abandono de álveo (art. 536 do CC). Os *direitos reais de garantia* a que se refere a exceção constitucional são o penhor, a anticrese e a hipoteca (arts. 755 e ss. do CC).

3.1.1 *Casos de interesse* — Relativamente ao aspecto material da hipótese de incidência do imposto algumas questões merecem estudo mais aprofundado.

3.1.1.1 É o caso, por exemplo, da divisão de patrimônio na separação judicial. É evidente que, sendo o patrimônio dividido na metade, para os casos de bens adquiridos após o matrimônio em regime de comunhão de bens não incide o imposto, pois não houve a transmissão da propriedade, mas tão-somente partilha de bens que já pertenciam aos cônjuges.

Porém, pode ocorrer de nesta partilha, por conveniência dos envolvidos, um deles ficar com uma parte do patrimônio imobiliário que corresponda a mais da metade do que lhe caberia se a partilha fosse realizada pelas regras impostas pelo regime de bens. Neste caso surge a questão de saber se o ITBI incide sobre a respectiva diferença, como se tivesse havido uma transferência da propriedade.

No caso do Município de São Paulo a legislação foi absolutamente clara, não deixando margem a dúvida, consoante se verifica do inciso VI do art. 70 do Decreto 37.344/98 (e art. 2ª da Lei municipal 11.154/91): "Estão compreendidos na incidência do imposto o(s) valor(es) dos imóveis que, na divisão de patrimônio comum ou na partilha, forem atribuídos a um dos cônjuges separados ou divorciados, ao cônjuge supérstite ou a qualquer herdeiro, acima da respectiva meação ou quinhão".

E a jurisprudência não tem decidido de maneira diversa: "Nada impede o casal de, ao fazer a partilha, atribuir a maioria dos bens a um deles. A circunstância de existirem bens móveis compensando a diferença é válida entre as partes interessadas, para efeito de equivalência da partilha. Perante o Fisco, no entanto, são considerados apenas os bens imóveis, passíveis de tributação" (TJSP, 4ª C. Civil, AI 252.041-1, São Paulo, rel. Des. Toledo Silva, j. 20.4.95, v.u.).

Convém destacar que, nesta hipótese, deve ser analisado a que título se deu o excesso de meação — se oneroso ou gratuito. Isto porque, sendo a título oneroso, ou seja, o excedente foi compensado por outras transferências ocorridas quando da partilha, configura-se a hipótese de incidência do ITBI. Por outro lado, se o excesso se deu a título gratuito está configurada a hipótese de incidência do imposto estadual previsto no art. 155, I, da CF. Assim já decidiram os Tribunais: "Separação consensual — Partilha — Excesso de meação a título gratuito, atribuído a um dos cônjuges, em razão de acordo — Doação configurada — Incidência do imposto de transmissão de bens imóveis, tributo estadual — Art. 155, inciso I, da Constituição da República e Lei estadual n. 9.591, de 1966, com as alterações da Lei estadual n. 3.199, de 1981" (TJSP, 1ª C. Civil, AI 171.545-1, rel. Des. Renan Lotufo, j. 26.5.92, JTJ 139/205).

3.1.1.2 Outro caso interessante é o do usucapião. Tendo em vista tratar-se de modo originário de aquisição da propriedade, não há que se falar, na hipótese de se adquirir bem imóvel por usucapião, de transmissão de propriedade, não sendo, por conseguinte, fato gerador do ITBI. Neste sentido já se tem manifestado a jurisprudência: "No usucapião não há transmissão de bens, e sim aquisição originária, em correspondência com o direito que se perde. Indevido, portanto, o ITBI" (TJMG, 1ª C., AI 17.162, rel. Des. Paulo Tinôco, *RJ* 110/104). Ou, ainda: "Sendo o usucapião modo originário de adquirir a propriedade, lícito não será exigir do adquirente, conforme vem orientando a jurisprudência, o imposto de transmissão de bens imóveis. As obrigações fiscais necessárias ao registro de imóveis, de que fala o art. 945 do CPC, são de outra qualidade, como o imposto territorial ou predial municipal" (TJSC, 1ª C., Ap. cível 29.161, rel. Des. Protásio Leal, j. 30.8.89, *RJ* 135/78).

3.2 Aspecto temporal da hipótese de incidência. O momento de ocorrência do fato imponível

Esta é uma questão um tanto tormentosa com relação ao ITBI. Sendo um dos fatos geradores do imposto "as transmissões de bens imóveis", o momento de ocorrência do fato gerador, nestas hipóteses, é o da transmissão da propriedade do bem.

Pelas regras de Direito Civil vigentes a propriedade imobiliária transmite-se com o respectivo registro no cartório de registro de imóveis competente. Portanto, somente nesta oportunidade é que poderia ser exigido o tributo. Assim já decidiu o STJ: "A propriedade imobiliária apenas se transfere com o registro do respectivo título (CC, art. 530). O registro imobiliário é o fato gerador do ITBI. Assim, a pretensão de cobrar o ITBI antes do registro imobiliário contraria o ordenamento jurídico" (STJ, 1ª T., REsp 12.546-0-RJ, rel. Min. Gomes de Barros, *DJU* 30.11.92, *RJ* 184/87).

No entanto, não é o que vem sendo observado, sendo o imposto exigido por ocasião da lavratura da escritura pública definitiva referente à negociação. E, não obstante a decisão da E. Corte de Justiça retromencionada, a análise cuidadosa da questão permite concluir ser esta a posição mais correta, como se pretende demonstrar a seguir.

Isto porque o registro da escritura, na hipótese, é um ato que compõe o conjunto de atos necessários à transmissão da propriedade dos bens imóveis e tem relevância específica para fins de Direito Civil, no sentido de torná-lo público e oponível *erga omnes*. Nada impede que a lei tributária, à semelhança do que ocorre em vários outros impostos, escolha um dos atos ligados à hipótese de incidência para considerar como sendo o do momento da ocorrência do fato tributável.

A interpretação da legislação vigente, quer seja realizada pelo método sistemático, literal ou histórico, leva à mesma conclusão. O trabalho realizado por Alcides Sampaio acerca do assunto é minucioso e não deixa margem a dúvidas. Mostra o autor que desde a sua criação o imposto teve como fato gerador o negócio jurídico de compra e venda ou ato equivalente, sendo a lavratura da escritura mero ato destinado a tornar o negócio oponível a terceiros, sem influência tributária, fato que se mostrou presente no decorrer de toda a evolução histórica do tributo, não se justificando, assim, que se tenha entendimento diverso.

A interpretação literal e sistemática, no pensamento do autor, leva ao mesmo desfecho. O disposto no art. 156, II, da CF mostra que o texto faz referência à "transmissão *inter vivos*, a qualquer título, por ato oneroso, de bens imóveis (...)". E, considerando que o registro imobiliário só pode ser efetuado na forma da Lei 6.015/73, ficaria inócua a expressão "a qualquer título", inserida na norma constitucional, só fazendo sentido se estiver "associada aos diversos atos jurídicos que originam transferência de imóveis (contratos de compra e venda ou permuta, arrematações em hasta pública etc.)". Argumenta ainda que "a onerosidade da situação nela mencionada certamente não está associada ao pagamento que se faz pelo registro da escritura ao RGI, mas, sim, à contraprestação devida pelo adquirente do bem imóvel ao alienante". E finaliza o raciocínio: "Por último, o Direito leva em conta a realidade em que se situa, sendo notório que o registro no RGI será feito pelo adquirente se, ou quando, quiser. Ora, sendo o tributo, por definição, uma prestação compulsória (CTN, art. 3º) e se caracterizando a obrigação tributária por ser uma obrigação *ex lege*, exatamente pelo fato de a vontade do sujeito passivo não exercer qualquer influência sobre o vínculo que o prende ao sujeito ativo, é desarrazoado supor que o legislador constituinte elegesse esse momento para fazer incidir a regra de tributação (...)" ("ITBI: momento ...", p. 25).

No mesmo sentido está o pensamento de Edgar Neves da Silva: "Conclui-se que, em tendo o legislador municipal, na ausência de qualquer regramento de lei complementar, com fundamento na constitucional disposição do art. 146 — norma geral sobre matéria de legislação tributária —, acolhido como aspecto temporal do imposto municipal sobre transmissão o ato da lavratura do respectivo instrumento contratual, agiu legalmente, podendo, destarte, a partir deste ato exigir a satisfação do crédito tributário respectivo" ("Aspecto temporal ...", p. 100).

Cabe ressaltar, outrossim, que mera promessa, ou outro ato prévio àquele destinado à transmissão definitiva da propriedade, não caracteriza o fato gerador do imposto. Esta questão foi analisada com muita competência e precisão pelo TJPR em decisão cujos principais trechos convém transcrever: "No sistema brasileiro, os contratos não bastam para transferir o domínio, sendo necessário, para completar o processo translativo, no caso de bens imóveis, a transcrição do título de transferência no respectivo registro de imóveis (art. 530, I, do CC). Diz o art. 533 do CC: 'Os atos sujeitos à transcrição (arts. 531 e 532, II e III) não transferem o domínio, senão da data em que se transcreverem (arts. 856 e 860, parágrafo único)'. Destarte, não tendo as escrituras sido assinadas, não ocorreu a transcrição, e, conseqüentemente, não se transferiu a propriedade do imóvel, que é a hipótese de incidência do ITBI, nos termos do art. 35, II, do CTN. (...). Em resumo e finalmente, se a compra e venda prometida não é realizada, deixando as partes de aderir à escritura pública — que resta sem assinatura e cancelada pelo tabelião —, é inexigível o imposto de transmissão" (Ap. e ReexNec 20.254-4, 1ª C., rel. Des. Oto Luiz Sponholz, j. 2.3.93, *RT* 704/175). Em sentido semelhante encontramos decisão do 1º TACivSP: "Segundo estabelece o art. 530, inciso I, do CC, adquire-se a propriedade imóvel pela transcrição do título de transferência no registro de imóveis. Tal não ocorreu na hipótese vertente, pois cuida-se de compromisso particular nem sequer registrado e aquele pressupõe escritura pública, a teor do art. 134, inciso II, do CC, na qual deve constar, obrigatoriamente, a transcrição das certidões negativas das Fazendas Públicas Nacional, Estadual e Municipal, de quaisquer impostos a que estejam sujeitos (art. 1.137 do mesmo Código)" (7ª C., Ap. cível 498.617-2, rel. Juiz Roberto Midolla, j. 11.10.94, v.u., *RJIOB* 1/8.636). Em sentido semelhante: *RT* 618/158.

3.3 *Aspecto espacial da hipótese de incidência. O local da ocorrência do fato imponível*

Sendo o imposto da competência dos Municípios, o local da ocorrência do fato gerador é o do Município onde se localiza o imóvel objeto de transmissão, ou ao qual está ligada a cessão de direitos. Diversamente do que ocorre com o IPTU e o ITR, no ITBI não há distinção entre zona urbana e rural, valendo, pois, para todo e qualquer imóvel.

O Código Tributário Nacional, que previa este tributo na forma anterior, fundido ao imposto de transmissão *causa mortis*, estabelece, em seu art. 41, que "o imposto compete ao Estado da situação do imóvel transmitido, ou sobre que versarem os direitos cedidos (...)". A legislação paulistana prevê que o ITBI "refere-se a atos e contratos relativos a imóveis situados no território deste Município" (Lei municipal 11.154/91, art. 1º).

3.4 *Aspecto pessoal da hipótese de incidência*

3.4.1 *Sujeito ativo* — A competência tributária para a instituição do ITBI pertence aos Municípios, por força do disposto no art. 156, II, da CF vigente, que devem exercê-la nos limites fixados pelo respectivo texto legal e pelo que consta do CTN, arts. 35 a 41, feitas as devidas adaptações em face da cisão entre o ITBI e o imposto de transmissão *causa mortis*, ambos previstos nos mesmos artigos citados.

3.4.2 *Sujeito passivo* — O art. 42 do CTN delega à lei ordinária a definição do contribuinte do imposto.

No Município de São Paulo a Lei municipal 11.154/91, em seu art. 6º, prevê como sendo contribuintes (sujeitos passivos diretos): a) os adquirentes dos bens ou direitos transmitidos; b) os cedentes, nas cessões de direitos decorrentes de compromissos de compra e venda.

Neste imposto cumpre ressaltar um caso específico a ele aplicado de sujeição passiva indireta, prevista no art. 135, VI, do CTN, c/c arts. 19 a 21 da Lei municipal 11.154/91, que atribui aos tabeliães, escrivães, notários, oficiais de registro de imóveis e demais serventuários a responsabilidade solidária pelo cumprimento da obrigação tributária principal devida sobre os atos por eles praticados em razão de seu ofício.

3.5 *Aspecto quantitativo da hipótese de incidência*

Dois itens compõem o aspecto quantitativo da hipótese de incidência do ITBI: a sua base de cálculo e a alíquota. Em ambos há assuntos de interesse a serem abordados, que é o que se fará nos itens subseqüentes.

3.5.1 *Base de cálculo* — A base de cálculo do ITBI é o valor venal dos bens ou direitos transmitidos. (CTN, art. 38, e Lei municipal 11.154/91, art. 7º).

Embora até possa parecer desnecessário, cabe ressaltar que em caso de cessão de direitos relativos à aquisição de imóveis a base de cálculo refere-se ao valor venal dos *direitos cedidos*, e não do imóvel envolvido na transação (a própria legislação municipal paulistana explicita: "Nas cessões de direitos à aquisição, o valor ainda não pago pelo cedente será deduzido da base de cálculo" — Lei municipal 11.154/91, art. 7º).

Resta definir precisamente o que vem a ser *valor venal*, e, conseqüentemente, qual é exatamente o *quantum* a ser utilizado para fins de cálculo do ITBI.

A interpretação literal do dispositivo leva à conclusão de que o valor venal é o valor de mercado do bem. Valor venal é "o valor de venda, ou seja, o valor de mercado" (Tenório e Maia, *Dicionário ...*, p. 276). Para Eduardo Jardim "o aludido parâmetro supõe que a coisa seja vendida pelo preço de mercado, vale dizer, aquele que o bem pode obter em condições normais de mercado" (*Dicionário ...*, p. 162). No mesmo sentido De Plácido e Silva: "é o valor de venda, ou o valor mercantil, isto é, o preço por que as coisas foram, são ou possam ser vendidas" (*Vocabulário Jurídico*).

Veja-se, pois, que, pelo exposto, nenhuma dúvida pode haver no sentido de que a base de cálculo do ITBI é o valor de mercado do imóvel, ou seja, o valor pelo qual é vendido, *à vista*, em condições normais de negociação. Neste sentido cabe destacar a manifestação precisa do 1º TACivSP, segundo o qual: "Valor venal é, em síntese, valor de mercado à vista" (11ª C. Extr., Ap. 723.166-5, rel. Juiz Silveira Paulilo, j. 17.4.97); bem como a de Aires Barreto: "Valor venal é o preço provável que o imóvel alcançará para compra e venda à vista, diante de mercado estável e quando comprador e vendedor têm plena consciência do potencial de uso e ocupação que ao imóvel pode ser dado" ("Imposto ...", p. 341).

Importante conseqüência desta assertiva é a conclusão de que a *base de cálculo* do imóvel *não corresponde necessariamente ao valor pelo qual se efetuou a transação*. Tanto assim é que a própria legislação do Município de São Paulo prevê que "em nenhuma hipótese o imposto será calculado sobre valor inferior ao valor do bem, utilizado, no exercício, para base de cálculo do imposto sobre a propriedade predial e territorial urbana, atualizado monetariamente de acordo com a variação dos índices oficiais, no período compreendido entre 1º de janeiro e a data da ocorrência do ato" (art. 8º).

Desta forma, caso se tenha efetivado uma transação imobiliária por valor inferior àquele estabelecido pela Municipalidade para o cálculo do IPTU, devidamente atualizado, este último prevalecerá.

Ora, assim sendo, é também lógico concluir que não se pode considerar como base de cálculo um valor superior ao valor de mercado do bem, ainda que a negociação tenha ocorrido por este valor. É o que pode ocorrer, por exemplo, se houver a inclusão, na base de cálculo do ITBI na hipótese de venda do imóvel, de eventuais valores referentes a juros e outros acréscimos que incidam, ou incidiram, no caso de ter sido o imóvel financiado, e que, sendo somados, farão o valor da transação chegar a um número muitas vezes bastante superior àquele estabelecido para o caso de venda à vista, a preços de mercado, em condições normais. Nesta hipótese, mais razoável é admitir que, na falta de outros elementos, utilize-se como base de cálculo do ITBI o mesmo valor previsto pela Municipalidade para o imóvel para fins de tributação pelo IPTU, devidamente atualizado.

Importante ressaltar ainda que o valor do imóvel deve ser aquele ao tempo da alienação, e não da promessa (Súmula 108 do STF).

3.5.2 *A alíquota do ITBI e a questão da progressividade* — A questão da fixação das alíquotas do ITBI passou a ter grande interesse acadêmico a partir da discussão acerca da possibilidade ou não de que sejam fixadas de forma progressiva, com valores maiores à medida que aumenta a base de cálculo do imposto.

No Município de São Paulo a legislação prevê alíquotas progressivas, variando de 2 a 6%, crescentes conforme o valor venal do imóvel (Lei municipal 11.154/91, art. 10).

Muitas foram as ações questionando este forma de tributação, o que deu origem a farta manifestação da jurisprudência acerca do tema, bem como da doutrina.

O centro da controvérsia cinge-se à constitucionalidade ou não da fixação de alíquotas progressivas, crescentes conforme o aumento da base de cálculo.

Sustentam os defensores da tese da inconstitucionalidade desta forma de tributação, em síntese, o argumento de que a Constituição não prevê esta possibilidade. Neste sentido já se manifestou inclusive o 1º TACSP, sumulando a tese: "É inconstitucional o art. 10 da Lei n. 11.154, de 30.12.91, do Município de São Paulo, que instituiu alíquotas progressivas para o imposto de transmissão de bens imóveis" (Súmula 45). Em um de seus acórdãos explicita a argumentação: "A CF, no § 2º do aludido art. 156, disciplinou vários aspectos do imposto de transmissão, sem qualquer referência à progressividade. Assim, a interpretação sistemática da Seção V, que é específica aos impostos dos Municípios, leva à conclusão de que o constituinte não pretendeu estender a progressividade ao imposto de transmissão *inter vivos*" (9ª C., Ap. 547.879-5, j. 19.9.95, v.u., *RT* 726/273).

Já os partidários da tese adversa concentram seus argumentos na desnecessidade desta previsão, por serem as alíquotas progressivas formas de tributação que seguem o princípio da capacidade contributiva, consagrado no art. 145, § 1º, da CF.

Esta última é a que melhor se ajusta à hipótese, a despeito das bem-fundamentadas posições em sentido contrário, já anteriormente mencionadas.

A progressividade de alíquotas é técnica tributária consagrada e aplicada a vários impostos, tendo inclusive o texto constitucional determinado expressamente sua observância no imposto de renda (art. 153, § 2º, I). E a maior parte dos estudiosos vê esta técnica como correta no sentido de realizar a justiça fiscal, sendo ela inerente ao princípio da capacidade contributiva.

No ordenamento jurídico italiano a progressividade é vista como princípio inerente e integrante da capacidade contributiva. É o que se depreende das palavras do jurista italiano Maffezoni: "Si può dire in conclusione che il principio di capacità contributiva e di progressività costituiscono, nel nostro ordinamento, una sintesi inscindible, essendo l'uno il modo di essere dell'altro" (*Il Principio* ..., p. 299).

A doutrina pátria também é rica em defensores da tributação progressiva.

Para Misabel Derzi "a graduação dos impostos, de forma que os economicamente mais fortes paguem progressivamente mais por esses gastos do que os mais fracos, levará a uma maior justiça social" ("Princípio ...", p. 178).

Geraldo Ataliba defende a progressividade como "uma excelente maneira de realizar o princípio da capacidade contributiva informador dos impostos". E vai além, ao afirmar que "como todos os impostos, sem nenhuma exceção, necessariamente são baseados no princípio da capacidade contributiva, todos são passíveis de tratamento progressivo" ("Progressividade ...", p. 49).

Não obstante a progressividade atinja resultados mais precisos quando é aplicada sobre a renda auferida, é de se admitir que a progressividade do ITBI obedece ao princípio da capacidade contributiva. É legítima a presunção de que o adquirente de um imóvel de maior valor tem maior capacidade de arcar com o ônus tributário do que quem negociou um imóvel de valor menos elevado, devendo, por isto, suportar uma tributação mais gravosa.

Ademais, não obstante afirmem neste sentido alguns dos defensores da proporcionalidade como critério de justa tributação, a progressividade não significa necessariamente uma penalização dos mais ricos.

Primeiramente porque, entendendo-se a progressividade como sendo, por si só, ilegítima, sem levar-se em consideração outros fatores, como o limite máximo das alíquotas, basta o legislador tributar todos os contribuintes pela alíquota máxima que nada se poderá questionar em termos de progressividade.

Em segundo lugar porque a progressividade é maneira de assegurar a justa tributação dos indivíduos, estabelecendo entre eles uma igualdade de sacrifícios, critério já consagrado pelos estudiosos do assunto como o mais adequado em termos de justiça fiscal.

As palavras de Paul Hugon são esclarecedoras a respeito da matéria e consagram a progressividade como instrumento de justiça fiscal:

"A fixação do imposto deve atender à capacidade contributiva de cada um. Em outros termos, o princípio da justiça fiscal indica que o imposto deve ser pago em uma medida que assegure um sacrifício igual para cada contribuinte.

"Que entenderemos por isso?

"Em primeiro lugar, o imposto pode ser medido proporcionalmente aos recursos do contribuinte. Assim concebido, ele levanta sempre a mesma parte da matéria taxada, seja qual for a sua importância. Por exemplo, o imposto será de 10% do rendimento da propriedade territorial, seja ele 1.000 ou 1 milhão.

"O montante do imposto varia, pois, como o próprio rendimento.

"Esta forma de imposição corresponde exatamente ao conceito que assimila o imposto a uma troca de serviços entre o Estado e os cidadãos: cada contribuinte paga proporcionalmente ao que ele possui da riqueza nacional.

"Este cálculo do imposto é *simples* e *objetivo*. Simples, porque determina uma igualdade de quotas-partes a serem pagas. Objetivo, porque elimina qualquer arbitrariedade de apreciação pessoal dos recursos dos contribuintes.

"Mas, como já demonstramos, a capacidade contributiva cresce mais do que proporcionalmente aos recursos de cada um. A utilidade final de cada uma das unidades que compõem uma renda de 1.000 cruzeiros, por exemplo, é maior do que a de cada uma das unidades de uma renda de 1 milhão de cruzeiros. O sacrifício individual que consiste em consagrar ao imposto 10% de uma renda de 1.000 é superior àquele que consiste em consagrar ao imposto 10% de uma renda de 1 milhão. No primeiro caso, o imposto poderá ser pago em detrimento do necessário à existência: no segundo caso, ele será pago simplesmente sobre o supérfluo.

"O imposto proporcional não é, pois, um cálculo verdadeiro da capacidade contributiva, uma vez que não permite assegurar a igualdade de sacrifício.

"É pela progressividade do imposto que vamos procurar obter maios exatidão neste cálculo: *é pela progressividade que tendemos a satisfazer a justiça fiscal no imposto.*

"Com a progressividade, a taxa do imposto se eleva à medida que a importância da matéria tributável aumenta. O imposto progressivo permite levantar sobre os recursos taxados uma parte tanto maior quanto mais importante for o valor destes recursos. Em outras palavras, o montante do imposto aumenta mais que proporcionalmente aos recursos tributáveis.

"Se o rendimento de 1.000 cruzeiros é gravado com um imposto de 2%, o de 1 milhão será gravado, por exemplo, com um imposto de 6%.

"O fundamento da progressividade é o de igualar o sacrifício fiscal de todos os contribuintes: repousa na observação lembrada acima, e que é a base de cálculo moderna da utilidade, a saber, que o valor de um bem diminui à medida que a quantidade deste bem aumenta, uma vez que cada nova unidade do bem permite satisfazer necessidades cada vez menores (...).

"(...). Na verdade, atualmente, o princípio sobre o qual repousa o imposto progressivo não é mais seriamente atacado: as objeções se referem principalmente a certas dificuldades de sua aplicação e a certos abusos a que dão lugar.

"A aplicação da progressividade é suscetível, realmente, de modalidades atenuadas e modalidades acentuadas. É a propósito desta última que o imposto progressivo é freqüentemente criticado" (*O Imposto ...*).

Ante o exposto, há que se reconhecer a progressividade como instrumento eficiente e inerente ao princípio da capacidade contributiva. E, como já escrevi anteriormente, "a tributação progressiva é a forma de tributação que melhor obedece ao princípio da capacidade contributiva, pois visa a igualar o sacrifício dos contribuintes e obter, assim, a eqüidade vertical" (*Princípios ...*, p. 98).

Portanto, sendo a capacidade contributiva um dos princípios tributários consagrados expressamente em nosso ordenamento jurídico, em face do disposto no art. 145, § 1º, da CF, correta é a utilização de alíquotas progressivas, crescentes conforme o valor venal do imóvel.

4. Conclusões

De todo o exposto, algumas conclusões podem ser extraídas:

4.1 O ITBI incide sobre o valor que exceder ao respectivo quinhão na partilha de bens imóveis entre cônjuges, em razão de separação judicial, desde que este excesso se dê a título oneroso, e não gratuito.

4.2 O ITBI não incide sobre a aquisição de imóvel por usucapião.

4.3 Relativamente ao aspecto temporal da hipótese de incidência, o ITBI incide por ocasião da lavratura da escritura definitiva de compra e venda do imóvel.

4.4 A base de cálculo do ITBI corresponde ao valor de mercado do imóvel, para pagamento à vista, em condições normais de negociação.

4.5 É constitucional a utilização de alíquotas progressivas do ITBI, crescentes conforme o valor do imóvel.

Bibliografia

ATALIBA, Geraldo. *Hipótese de Incidência Tributária*. 5ª ed., 8ª tir. São Paulo, Malheiros Editores, 1999.

__________. "Progressividade e capacidade contributiva". *V Congresso Brasileiro de Direito Tributário. Separata da RDT*. São Paulo, Ed. RT, 1991.

BARRETO, Aires F. "Imposto sobre a transmissão de bens imóveis — ITBI". In: MARTINS, Ives (org.). *Curso de Direito Tributário*. v. II. Belém, CEJUP/CEEU, 1993 (pp. 331-344).

_______ "Progressividade dos impostos e o ITBI". *Repertório IOB de Jurisprudência* 1/10.246.

CARVALHO, Paulo de Barros. *Curso de Direito Tributário*. São Paulo, Saraiva, 1993.

COLOMA, Teófilo D. *Imposto de Transmissão de Bens Imóveis "Inter Vivos" na Constituição Federal de 1988 e na Lei Complementar*. Dissertação de Mestrado. São Paulo, USP, 1990.

CONTI, José Maurício. *Princípios Tributários da Capacidade Contributiva e da Progressividade*. São Paulo, Dialética, 1996.

_______ *Sistema Constitucional Tributário Interpretado pelos Tribunais*. São Paulo, Oliveira Mendes, 1997.

DERZI, Misabel de A. M. "Princípio da igualdade no Direito Tributário e suas manifestações". *V Congresso Brasileiro de Direito Tributário. Separata da RDT*. São Paulo, Ed. RT, 1991.

FANUCCHI, Fábio. *Curso de Direito Tributário Brasileiro*. São Paulo, IBET/Resenha Tributária, 1986.

HARADA, Kiyoshi. "ITBI progressivo". *Repertório IOB de Jurisprudência* 1/10.245.

HUGON, Paul. *O Imposto. Teoria Moderna e Principais Sistemas*. São Paulo, Renascença, 1945.

JARDIM, Eduardo M. F. *Dicionário de Direito Tributário*. São Paulo, Saraiva, 1995.

MACHADO, Hugo de Brito. *Curso de Direito Tributário*. São Paulo, Malheiros Editores, 1996.

MAFFEZONI, F. *Il Principio di Capacità Contributiva nell'Ordinamento Costituzionale Italiano*. Turim, Giappichelli, 1965.

SAMPAIO, Alcides F. "ITBI: momento de incidência na compra e venda de imóveis". *Revista Dialética de Direito Tributário* 25/14-36.

SENADO FEDERAL. *Constituições do Brasil*. Brasília, Subsecretaria de Edições Técnicas do Senado Federal, 1986.

SILVA, De Plácido e. *Vocabulário Jurídico*. Rio de Janeiro, Forense, 1986.

SILVA, Edgard Neves. "Aspecto temporal do fato gerador do ITBI — Aspectos tributário e civil do tema". *Revista Dialética de Direito Tributário* 12/98-100.

TENÓRIO, Ígor, e MAIA, José M. *Dicionário de Direito Tributário*. Rio de Janeiro, Forense, 1996.

NOTAS & COMENTÁRIOS

A TRIBUTAÇÃO DOS SERVIÇOS DE "INTERNET" PRESTADOS PELOS PROVEDORES: ICMS OU ISS?

CLÉLIO CHIESA
Professor em Campo Grande-MS – Mestre e Doutorando em Direito Tributário pela PUC/SP

1. Critérios estipulados na Constituição de 1998 para a delimitação do campo de incidência do ISS. 2. Conteúdo e alcance da expressão "serviços de comunicação". 3. Limitação espacial do imposto incidente sobre prestações de serviços de comunicação contemplado no art. 155, II, da CF. 4. A função da lei complementar contemplada no art. 156, III, da CF. 5. O imposto incidente sobre as prestações de "serviços de Internet". 6. Síntese conclusiva.

1. Critérios estipulados na Constituição de 1998 para a delimitação do campo de incidência do ISS

O campo impositivo dos Municípios não é residual nem está condicionado ao implemento da legislação infraconstitucional para que possamos conhecer sua delimitação. Os lindes de atuação dos Municípios já estão rigidamente configurado no texto constitucional, não havendo espaço para restrições a serem levadas a efeito pelo legislador ordinário.

No Brasil a competência legiferante em matéria tributária é toda gizada no texto constitucional. É na Lei Máxima que vamos encontrar a indicação dos fatos que poderão ser eleitos pelos entes tributantes para compor a hipótese de incidência dos tributos.

A Constituição Federal não criou tributos, apenas delimitou de forma rígida o âmbito de competência de cada um dos entes tributantes. Roque Antônio Carrazza diz que está convencido de que a Constituição brasileira não criou tributos, mas, apenas, discriminou competências para que a União, os Estados, os Municípios e o Distrito Federal, por meio de lei, venham a fazê-lo. Poderia, é certo, tê-lo feito, já que o poder constituinte é soberano. Preferiu, todavia, permitir que cada pessoa política, querendo, institua os tributos de sua competência.[1]

Nesse ponto não há grandes divergências doutrinárias. O entendimento é quase uníssono no sentido de que o constituinte não instituiu tributos no texto constitucional, com exceção do art. 8º, IV, da CF. Tal dispositivo, segundo alguns doutrinares, teria contemplado a esdrúxula sistemática

1. Roque Antônio Carrazza, *Curso de Direito Constitucional Tributário*, p. 296.

de se instituir tributos diretamente no texto constitucional.

Esse é o pensamento sufragado por Paulo de Barros Carvalho, pois, segundo ele, no ordenamento jurídico brasileiro, o texto constitucional ocupou-se demoradamente da matéria tributária, porém não é o núcleo jurídico adequado para a criação de tributos. Como abriga normas de sobrenível, soaria mal, em termos de boa técnica, encontrarmos lá disposição que ferisse diretamente a conduta, regulando-a com o modal deôntico obrigatório (Op), para o fim de instituir alguma exação. Essa providência esdrúxula, entretanto, acabou acontecendo, pelo que se lê do art. 8º, IV, da CF.[2]

A competência legislativa tributária não é matéria que por sua natureza deva necessariamente ser disciplinada de maneira minuciosa no texto constitucional. Todavia, o constituinte originário brasileiro optou por disciplinar de modo exaustivo e com detalhes o campo tributável de cada um dos entes tributantes na própria Constituição, emprestando-lhe uma rigidez ímpar.

O desnudar dessa sistematização é importante na medida em que nos permite desde logo afirmar que é no texto constitucional que o exegeta vai encontrar a solução para eventuais problemas relativos à competência legislativa atribuída às pessoas políticas; nunca nas normas infraconstitucionais.

Nos termos do art. 156, III, da CF, compete aos Municípios instituir impostos sobre serviços de qualquer natureza, não compreendidos no art. 155, II, definidos em lei complementar.

O art. 155, II, da CF, por sua vez, prescreve que compete aos Estados e ao Distrito Federal instituir impostos sobre operações relativas à circulação de mercadorias e sobre prestações de serviços de transporte interestadual e intermunicipal e de comunicação, ainda que as operações e prestações se iniciem no exterior.

2. Paulo de Barros Carvalho, *Curso de Direito Tributário*, p. 43.

De sorte que, para efeitos didáticos, poderíamos reescrever a referida norma e teríamos o seguinte resultado: os Municípios podem instituir imposto sobre serviços de qualquer natureza, excluídas as operações que envolvam prestações de serviços de transporte interestadual e intermunicipal e os serviços de comunicação transmunicipal.

Veja-se, portanto, que excluímos a expressão "definidos em lei complementar" e limitamos, no tocante às prestações de "serviços de comunicação", o campo impositivo dos Estados e Distrito Federal, reduzindo seu âmbito de competência para os serviços transmunicipais. Procedemos desta forma porque entendemos que essa é a exegese que melhor se coaduna com o sistema, o que tentaremos demonstrar nas linhas que seguem.

2. *Conteúdo e alcance da expressão "serviços de comunicação"*

A Constituição Federal emprega o termo "comunicação" sem fazer qualquer delimitação do seu conteúdo semântico, exsurgindo daí o grande desafio de se desvendar o exato alcance de tal expressão para efeito de determinar a hipótese normativa delineada no art. 155, II, do texto constitucional.

O referido preceptivo prescreve que: "Compete aos Estados e ao Distrito Federal instituir impostos sobre (...) as prestações de serviços (...) de comunicação, ainda que (...) as prestações se iniciem no exterior".

Vê-se, portanto, que há uma expressa referência à expressão "prestações de serviços" diretamente vinculada ao termo "comunicação", denotando que o núcleo dessa hipótese reside no fato "prestar serviços de comunicação", não podendo haver uma dissociação desses termos, sob pena de se desvirtuar a hipótese de incidência contemplada no art. 155, II, da CF.

A expressão "prestar serviço" denota a idéia de uma ação humana positiva, em que alguém realiza um esforço humano a terceiros, em caráter negocial. Portanto, para que se configure a hipótese de prestação de serviço é indispensável que haja um negócio jurídico, em que alguém se vincule a uma obrigação de fazer.

Na lição de Paulo de Barros Carvalho a expressão "prestar serviço" pode ser compreendida como sendo "a prestação, a terceiro, de uma utilidade, material ou imaterial, com habitualidade e de conteúdo econômico, sob regime de Direito Privado".[3]

A ausência de bilateralidade de caráter oneroso na prestação de determinado serviço o desfigura como hipótese de incidência para efeito de tributação com amparo no art. 155, II, da CF — isto é, não havendo retribuição, ainda que certo serviço seja desenvolvido em favor de terceiro, não estaremos diante de um fato que se enquadre na autorização de tributar contemplada no referido dispositivo constitucional.

O imposto não incide sobre a comunicação em si, mas na prestação de serviços de comunicação. Por outras palavras, incide nos negócios jurídicos que têm por objeto uma obrigação de fazer, consistente em realizar a comunicação ou oferecer condições para que ela se efetive.

O Direito, enquanto Direito Positivo, não se ocupa das condutas intra-subjetivas, mas somente das relações intersubjetivas. Não há no Direito espaço para negócios consigo mesmo. Desse modo, frisa-se, para a configuração da hipótese em questão é preciso que haja um negócio bilateral, onde alguém se obriga a prestar serviço a terceiros, mediante contraprestação. Em síntese, é uma relação bilateral de caráter patrimonial.

Firmada a idéia de que é necessário que haja um negócio jurídico para que esteja caracterizada a hipótese em comento, impõe-se que se desvende a significação do que se deve compreender por comunicação, para efeito do exercício da competência para a criação do imposto incidente sobre as prestações de serviços.

Infere-se da lição de Marco Aurélio Greco e Anna Paola Zonari que a comunicação é um tipo de relação fática pela qual são transmitidas mensagens a um destinatário que assume participação ativa e que, por sua vez, pode também transmitir mensagens ao outro partícipe da relação. Salientam que a prestação do serviço de comunicação prescinde do conteúdo da mensagem transmitida, tipificando-se como a simples colocação à disposição do usuário dos meios e modos para a transmissão e recepção das mensagens. Dessa forma, os partícipes da relação comunicativa não "prestam serviço" um para o outro nem para terceiros. Eles apenas se comunicam. Presta o serviço — isto, sim — a empresa que mantém em funcionamento o sistema de comunicações consistente em terminais, centrais, linhas de transmissão, satélites etc.[4]

Segundo o léxico de Caldas Aulette, comunicação é a ação ou efeito de comunicar; transmissão de uma ordem ou reclamação; aviso; participação; transmissão.[5] Nota-se, por conseguinte, que comunicação, em sentido comum, denota a idéia de dar conhecimento, tornar pública a mensagem, noticiá-la a uma ou mais pessoas.

Consoante De Plácido e Silva o termo "comunicação" é "derivado do Latim *communicatio*, de *communicare* (tornar comum), possui o vocábulo, segundo próprio conceito de comum, várias acepções. Comunicação tem, assim, o sentido de ciência ou conhecimento que se dá a outrem de certo fato ocorrido, ou de certo ato praticado. Tem, pois, o sentido de aviso ou transmissão de ordem, ou de qualquer outro fato que se precise tornar de conhecimento comum, isto é, do conhecimento de mais de uma pessoa, além daquele que avisa ou ordena".[6]

Certo é que, seja qual for o tipo de comunicação, para que se efetive é necessário que haja um emissor, um canal físico, a

3. Paulo de Barros Carvalho, in *RDT* 23-24/152.

4. Marco Aurélio Greco e Anna Paola Zonari, *Curso de Direito Tributário*, p. 157.

5. Caldas Aulette, *Dicionário Contemporâneo da Língua Portuguesa*, v. I, p. 783.

6. De Plácido e Silva, *Vocabulário Jurídico*, v. I, p. 481.

mensagem, um código e um receptor. São elementos essenciais à relação comunicativa, pois sem eles a comunicação não se perfaz.

Destarte, podemos dizer que comunicação é o ato de alguém emitir uma mensagem, mediante um canal físico, consoante um código previamente estabelecido, a um receptor determinado ou determinável. Logo, o vocábulo "comunicação" não envolve somente a idéia de alguém transmitir uma mensagem, mas tudo o que está relacionado ao fato comunicacional, compreendido pelos elementos indispensáveis à realização da transmissão de determinada mensagem.

A Lei 4.117, de 27.8.62, que instituiu o Código Brasileiro de Telecomunicações, no art. 4º prescreve que: "Para efeitos desta Lei, constituem serviços de telecomunicações a transmissão, emissão ou recepção de símbolos, caracteres, sinais, escritos, imagens, sons ou informações de qualquer natureza, por fio, rádio, eletricidade, meios óticos, ou qualquer outro processo eletromagnético".

Como já foi dito, a Constituição Federal não faz alusão quanto ao sentido em que utiliza o termo "comunicação"; portanto, em princípio, parece que a hipótese de incidência pode abranger tudo o que estiver relacionado ao fato comunicacional, vale dizer, quaisquer dos elementos que integram a relação comunicativa.

Entretanto, procedendo-se a uma interpretação sistemática notar-se-á que esse não é o sentido acolhido pelo texto constitucional, ver-se-á que a liberdade para legislar não é tão ampla, havendo limites que emergem do contexto normativo em que está inserta a regra que permite a tributação das prestações de serviço de comunicação.

A primeira limitação consiste no fato de que não é qualquer ato de comunicação que se pode configurar como hipótese de incidência desse imposto, como, por exemplo, falar em público a título gratuito. Não há dúvida de que a situação mencionada perfaz um ato de comunicação; porém, como salientado, o imposto em questão não incide sobre a comunicação ou sobre a mensagem, mas sobre as prestações de serviços de comunicação. Incide sobre um negócio jurídico que tenha por objeto uma obrigação de fazer com que se efetive a comunicação. Na situação fática referida não há negócio bilateral que implique a prestação de serviço a terceiros em caráter negocial.

A Constituição disciplina também que o destinatário da carga tributária deve ser o prestador do serviço, jamais o tomador. Essa é uma prescrição expressa que pode ser dessumida da própria textualidade do dispositivo que estabelece que a hipótese de incidência deve recair sobre o ato de prestar serviço, não fazer uso do serviço, indicando uma ação positiva de quem presta o serviço. De sorte que o receptor não pode ser colocado na condição de contribuinte do referido imposto.

Com referência aos partícipes do negócio que tem por objeto uma prestação de serviço de comunicação convém frisar que o prestador do serviço nem sempre participa da relação comunicativa. Há hipóteses — como, por exemplo, serviço de telefonia — em que o prestador é um terceiro que apenas oferece condições materiais para que a comunicação se efetive. E essa circunstância não desfigura a hipótese de prestação do serviço de comunicação.

Observadas as restrições apontadas, os legisladores dos Estados-membros e Distrito Federal poderão tributar todo e qualquer negócio jurídico que envolva a prestação de serviços de comunicação transmunicipais. Vale dizer, poderão tributar não só o fato de alguém ser contratado para, mediante pagamento, emitir uma mensagem, bem como sobre negócio que tenha por objeto dar condições materiais para que a comunicação se efetive, ou seja, algum serviço que esteja relacionado ao canal físico, a exemplo dos satélites, que não emitem a mensagem, mas servem de suporte para que ela seja transmitida.

O texto constitucional não restringe o campo impositivo do imposto contemplado no art. 155, II, da CF, limitando seu alcance aos prestadores de serviços de comunicação que emitem a mensagem, mas abrange também aqueles que fornecem condições materiais para que a mensagem seja transmitida.

Veja-se que, em tal hipótese, não se pode dizer que não se trata de comunicação, pois o serviço está relacionado ao canal físico que possibilita a transmissão da mensagem. Como visto, comunicação em sentido amplo não se refere apenas à emissão da mensagem, mas a todos os elementos que integram a relação comunicativa.

Convém destacar que não se está sustentando que o simples fato de alguém instalar determinado equipamento para que a comunicação se perfaça possa ser eleito pelo legislador infraconstitucional para integrar a hipótese de incidência do imposto atinente à prestação de serviços de comunicação. É necessário mais, é preciso que tal equipamento seja colocado em funcionamento, viabilize a comunicação e esteja havendo uma cobrança por essa prestação de serviço, pois a autorização constitucional cinge-se aos fatos em que efetivamente ocorra a comunicação.

Infere-se, portanto, que qualquer atividade de prestar serviço em caráter negocial que estiver relacionada aos elementos necessários para que a comunicação se efetive pode, em princípio, ser eleita pelo legislador infraconstitucional para integrar a hipótese de incidência do imposto contemplado no art. 155, II, da CF.

Consoante a regra de hermenêutica *ubi lex non distinguit nec nos distinguere debemus*, não cabe ao intérprete fazer distinções não contempladas pelo legislador, as quais não decorram de uma exegese sistemática. De sorte que não se pode estabelecer qualquer distinção entre difusão, divulgação, radiodifusão, pois todas são espécies do gênero "comunicação". Não há na Constituição norma que autorize restrição de tal ordem.

A tributação levada a efeito com amparo na autorização constitucional para tributar as prestações de serviços de comunicação não sofre qualquer restrição, salvo as já apontadas, as quais decorrem de uma exegese sistemática do preceptivo que autoriza tal tributação. Nada mais.

Convém registrar, entretanto, que alguns autores sustentam, com espeque nos arts. 21, XI e XII, 22, IV, e 48, XII, da CF, que há distinção entre difusão, divulgação, radiodifusão. Com o devido respeito aos que pensam de modo diferente, não vislumbramos como regras atinentes à competência para legislar e dispor sobre o modo de exploração das atividades de comunicação possam ser aplicadas subsidiariamente para equacionar problemas relativos à tributação. Pode-se até argumentar que o constituinte não foi preciso ao delinear a hipótese em questão, porém não podemos, por conta disso, sob esse pretexto, desfigurar a norma-padrão que autoriza a tributação dos serviços de comunicação, sob pena de destruir-se todo o sistema.

Concluímos, portanto, que o vocábulo deve ser acolhido em sentido amplo, conforme estabeleceu o constituinte, que não lhe quis impor qualquer restrição que não adviesse do próprio sistema. Em nosso entender, então, a hipótese de serviço de comunicação abrange todo e qualquer serviço, realizado em caráter negocial, com o fito de possibilitar a transmissão de uma mensagem, seja qual for a modalidade de comunicação.

3. *Limitação espacial do imposto incidente sobre prestações de serviços de comunicação contemplado no art. 155, II, da CF*

O texto constitucional foi expresso ao referir-se à incidência do ICMS sobre prestações de serviços de transporte, limitando a incidência desse imposto sobre as prestações com transporte interestadual e intermunipal, excluindo de sua incidência prestações de serviços de transporte intramunicipais, passíveis de serem tributadas por meio do ISS.

Entretanto, foi omisso quanto às prestações de serviços de comunicação, pois nada dispôs sobre o âmbito da competência outorgada aos Estados e ao Distrito Federal para tributarem tais prestações, simplesmente reportou-se ao termo "comunicação".

Diante de tal situação, não há outro recurso senão nos socorrermos da interpretação sistemática para o fim de desvendar o alcance da competência atribuída aos Estados e Distrito Federal para tributarem as prestações de serviços de comunicação.

A regra geral contemplada na Constituição é a de que compete aos Municípios tributar as prestações de serviços, com exceção das "prestações de serviços de transporte interestadual e intermunicipal e de comunicação". Portanto, por se tratar de exceção, deve ser interpretada restritivamente, até porque é nesse sentido que nos conduzem as demais diretivas consagradas pelo texto constitucional.

Vislumbramos, examinando o texto constitucional, que o constituinte repartiu a competência para instituir impostos de tal forma a assegurar a autonomia financeira de cada uma das pessoas políticas. Com essa sistematização o constituinte fortaleceu o Estado Federal, garantindo a autogestão dos interesses das respectivas pessoas políticas, evitando interferências indevidas entre as unidades federadas.

Essa diretriz, que deflui do princípio federativo, é importante na medida em que nos auxilia a desvendar o campo impositivo dos entes tributantes no tocante aos serviços de comunicação, já que não houve uma delimitação expressa no texto constitucional.

No entendimento de Roque Antônio Carrazza os serviços que se desenvolvem dentro dos lindes de um único Município estão sujeitos somente ao ISS, fundando sua tese nas seguintes razões: "em primeiro lugar, o fato de a Constituição não ter qualificado os serviços de comunicações (como intermunicipais e interestaduais) não afasta, de per si, esta conclusão. Teria havido, neste ponto, um erro de técnica legislativa, superável por intermédio da interpretação sistemática. Depois, há serviços de comunicação que incontendivelmente são prestados dentro dos lindes do Município (e, nesse sentido, são estritamente municipais). Figuremos alguns exemplos: empresa é contratada para instalar aparelhagem de som em auditório, onde será realizada uma festa. Este serviço se desenvolve dentro do auditório. É um serviço de comunicação estritamente municipal, tributável, a nosso ver, por meio de ISS. Outro exemplo: empresa é contratada, por uma loja de departamentos, para instalar um sistema de música-ambiente. Também aqui o serviço é estritamente municipal e, segundo nos parece, tributável por meio de ISS".[7]

A mera omissão de uma limitação expressa não pode nos levar à conclusão de que o campo impositivo dos Estados-membros e Distrito Federal, no que diz respeito à tributação das prestações de serviços de comunicação, é amplo, pois tal entendimento não se harmoniza com a sistematização adotada pelo constituinte originário.

Tal exegese amesquinha o princípio da autonomia financeira dos Municípios, pois reduz o campo impositivo de um imposto cuja competência legislativa foi atribuída aos Municípios, que é a tributação das prestações dos serviços em geral, com exceção das prestações de serviços de transporte transmunicipais e as prestações de serviços de comunicação, no nosso entendimento, apenas nas hipóteses em que tais prestações extrapolam os lindes de um determinado Município.

Parece-nos que essa é a exegese que melhor se coaduna com a sistemática adotada pela Constituição Federal, pois fortalece o princípio da autonomia financeira, contemplado como pilastra do sistema federativo.

7. Roque Antônio Carrazza, *ICMS*, pp. 118 e 119.

Essas ponderações nos permitem concluir que os serviços prestados nos estritos limites dos Municípios somente podem ser tributados pelo ISS, incidindo o ICMS tão-somente quando os serviços de comunicação extrapassarem os seus respectivos lindes (serviços de comunicação transmunicipais).

4. A função da lei complementar contemplada no art. 156, III, da CF

Muito já foi dito acerca da função da lei complementar na regulamentação do art. 156, III, da CF. Todavia, dada a forma deficitária como foi disciplinada a competência para a tributação das prestações de serviços pelos Municípios, até hoje as divergências persistem.

Com o passar do tempo formaram-se duas correntes: uma que defende a idéia de que a lei complementar contemplada no art. 156, III, da CF tem a função de enumerar os serviços que podem ser tributados pelos Municípios e outra no sentido de que ela tem mero caráter exemplificativo e de dirimir eventuais conflitos de competência decorrentes das prerrogativas outorgadas pelo texto constitucional.

Salienta Sérgio Pinto Martins que:

"Outorgando a Lei Maior competência para os Municípios instituírem o ISS, com a utilização da expressão 'serviços definidos em lei complementar', pode-se imaginar haver ofensa à autonomia municipal. Não seria, entretanto, do legislador municipal a competência para definir os serviços, mas, sim, do legislador complementar (...).

"A autonomia municipal, quanto ao ISS, está adstrita ao que determina a lei complementar, pois a Norma Ápice dispõe que os Municípios têm competência para instituir impostos sobre 'serviços de qualquer natureza definidos em lei complementar'. A partir da edição da lei complementar que fizer a previsão dos serviços submetidos ao ISS (Lei Complementar 56/87), os Municípios podem tributar os serviços que estejam arrolados naquela norma, não outros (...).

"Não há, portanto, que se falar em violação da autonomia ou em intromissão da União nos Municípios ao editar a lei complementar definidora de serviços, pois a lei complementar não é da União, mas nacional. A União apenas emprega o aparelho legislativo para a edição da lei complementar. Esta deve ser expedida para a definição dos serviços submetidos ao ISS, pois assim está expresso na Constituição. Tais serviços serão os constantes da lista baixada pela lei complementar, e não outros. Esta limitação foi expressamente determinada pela Lei Maior (art. 156, III)."[8]

Pondera Bernardo de Ribeiro de Moraes que a "Constituição não esgotou sua função na distribuição de competência aos Municípios, permitindo que a lei complementar faça opções. O enfoque da matéria, antes de jurídico, se apresenta político. Pelo sistema tributário nacional, muitos serviços não são onerados pelo ISS, uma vez que ficaram fora do campo de incidência do tributo municipal. Tais serviços não podem ser tributados pelo Município simplesmente porque a lei complementar não os definiu como serviços alcançados pelo ISS, isto é, não os incluiu na Lista de Serviços".[9]

Não compartilhamos de tal entendimento; preferimos ficar com os que, como Roque Antônio Carrazza, Aires Fernandino Barreto, Geraldo Ataliba, Marçal Justen Filho, Souto Maior Borges e outros, entendem que ela tem a mera função de explicitar o comando normativo em questão, sugerindo os possíveis serviços que poderão ser submetidos a tributação por meio do ISS e de dirimir eventuais conflitos de competência.

Geraldo Ataliba e Aires F. Barreto, reportando-se à lição de Rui Barbosa, pon-

8. Sérgio Pinto Martins, *Manual do ISS*, pp. 201-206.

9. Bernardo Ribeiro de Moraes, *Doutrina e Prática dos Imposto sobre Serviços*, p. 154.

deram que a Constituição não retira com a mão direita aquilo que deu com a mão esquerda. Admitir que os "serviços de qualquer natureza" é que haverão de ser definidos importa *contradictio in terminis*. Se são de qualquer natureza, prescindem de definição; se são definidos, não serão jamais os de qualquer natureza, mas sim os definidos.

Invocando a lição de Carlos Maximiliano, salientam que devem ser afastadas as interpretações impossíveis ou ilógicas; pois é da mais gritante falta de lógica, tanto comum como jurídica, a interpretação que pretende atribuir a esse preceito o significado de atribuir à lei complementar o definir "serviços de qualquer natureza", para efeito de abrir espaço à competência tributária dos Municípios.[10]

Nesse mesmo diapasão é o pensamento de Roque Antônio Carrazza, pois, segundo o renomado jurista, a competência municipal para tributar serviços independe da edição de lei complementar que os defina. Segue-se, daí, que o legislador complementar não pode fixar rol de serviços tributáveis pelos Municípios. De fato, não é dado ao legislador complementar estabelecer quais serviços o Município pode e quais serviços o Município não pode tributar por meio do ISS.[11]

Parece-nos que são insuperáveis os argumentos de que os princípios da autonomia legislativa e financeira dos Municípios não podem ser enfraquecidos com o redimensionamento de suas competências por normas infraconstitucionais, colocando em xeque o próprio sistema federativo estruturado pelo poder constituinte originário de 1988.

A competência tributária é definida no texto constitucional, é delineada de maneira minuciosa e rígida, não havendo espaço para o legislador ordinário dispor sobre o âmbito de competência de cada um dos entes tributantes, ainda que seja a pretexto de regulamentar determinado dispositivo, como é o caso do art. 156, III, da CF.

Admitir que a lei complementar possa enumerar os serviços que poderão ser tributados por meio de ISS é transferir para a União o poder de definir o campo de atuação dos Municípios no tocante a esse imposto, amesquinhando sua autonomia.

Como bem sintetizou Roque Antônio Carrazza, o raciocínio de Geraldo Ataliba pode assim ser enunciado: se aceitarmos que a Lista pode elencar mais de 500 serviços tributáveis, distribuídos por 100 itens, devemos, por amor à coerência, admitir que ela enumere 200, 150, 80, 50, 30, 5, 2, 1, ou, mesmo, nenhum serviço. De fato, a lei complementar que enumera os serviços tributáveis pelos Municípios pode ser pura e simplesmente revogada. Que aconteceria, neste caso (improvável, na prática, mas juridicamente possível)? Uma norma infraconstitucional teria paralisado a eficácia de uma norma constitucional (e de uma norma constitucional que realiza um princípio: o princípio da autonomia municipal). Teria subvertido todo o sistema jurídico, já que, por via reflexa (ou seja, pelo esvaziamento de uma competência impositiva), teria desconsiderado o importante princípio da autonomia municipal. Ou, por outra, a competência do art. 156, III, da CF tornar-se-ia inoperante e o imposto deixaria de ser instituível e cobrável. O absurdo jurídico que esta conclusão encerra é suficiente para indicar que a posição dos que defendem a "taxatividade da Lista de Serviços" está enfraquecida, quando não superada, pela interpretação sistemática.[12]

Portanto, à luz das diretrizes que informam o sistema constitucional tributário brasileiro, a exegese que melhor se harmoniza com as normas como um todo, em que pese aos que pensam de modo diferente, é aquela que enuncia tratar-se a lei complementar referida no art. 156, III, da CF, me-

10. Geraldo Ataliba e Aires F. Barreto, in *RDT* 37/37 e 38.

11. Roque Antônio Carrazza, *Curso de Direito Constitucional Tributário*, p. 508.

12. Roque Antônio Carrazza, idem, p. 508.

ramente de caráter sugestivo, não condicionando o exercício da competência dos Municípios para instituir o ISS aos seus termos.

Desta forma, os Municípios poderão instituir lei contemplando a tributação de todo e qualquer serviço, exceto os que a Constituição afastou de sua competência, independentemente de estarem ou não previstos na Lista de Serviços veiculada pela lei complementar. Sua competência, excepcionadas as hipóteses previstas no texto constitucional, é plena.

5. *O imposto incidente sobre as prestações de "serviços de Internet"*

Os serviços vulgarmente conhecidos como "serviços de Internet" compreendem variadas prestações de serviços, tais como o de publicidade (divulgação de um produto ou de um serviço por meio de página na Internet), serviços prestados como meio para a realização de operações bancárias, serviços prestados como instrumental para a comunicação entre comprador e vendedor, serviço de suporte para a comunicação entre interlocutores (*e-mail*), todos conectados a partir de um provedor.

O Conselho de Política Fazendária — CONFAZ, recentemente, entendeu que o serviço de acesso à Internet ("serviço de Internet") configura serviço de telecomunicações e que, portanto, está sujeito à tributação por meio do ICMS incidente sobre operações relativas à circulação de mercadorias e sobre prestações de serviços de transporte interestadual e intermunicipal e de comunicação, e não do ISS incidente sobre prestações de serviços de qualquer natureza.

Com efeito, para que possamos desvendar se os serviços de Internet se subsumem à hipótese de incidência do ICMS ou do ISS é necessário determinar a natureza de tais serviços, isto é, verificar quais são os tipos de atividades que são desenvolvidas sob a designação de "serviços de Internet".

É cediço que para o usuário ter acesso à Internet é necessário que disponha de computador, *modem*, uma linha telefônica (serviço de telecomunicação contratado de concessionária local) e um *software* específico. O usuário, de posse desses instrumentos, disca o número de telefone do chamado "provedor" de acesso à rede, interligando-se na rede de comunicação denominada de Internet.

Veja-se que o serviço de viabilização da comunicação entre o usuário e o provedor dos serviços de Internet (a conexão telefônica) é serviço público de telecomunicações, prestado pela empresa local do Sistema Telebrás, e não pelo provedor. Essa prestação de serviço sofre a tributação do ICMS, cujo montante é calculado de acordo com a quantidade de pulsos utilizados e cobrado na conta telefônica mensal do usuário.

Quando se fala em "provedor" é preciso distinguir o chamado provedor de informações[13] do provedor de acesso. O primeiro é aquele que alimenta a rede com informações e o segundo é aquele que fornece as condições necessárias para a conexão de alguém à rede. Para efeito deste trabalho interessam-nos os provedores de acesso, os quais viabilizam a ligação entre o usuário e a rede, possibilitando o acesso dos usuários à Internet.

A tributação dos serviços prestados pelos chamados "provedores de acesso à rede" é ainda muita discutida, não há uma definição acerca da matéria. O CONFAZ, como já foi dito, firmou entendimento no sentido de que a prestação de serviço de acesso à Internet caracteriza-se como serviço de telecomunicações e, como tal, deve sofrer a incidência do ICMS. Todavia, esse não é o entendimento que tem sido sufragado pela maioria dos estudiosos que trataram do assunto.

Os serviços prestados pelas concessionárias de serviços de telecomunicação, con-

13. Os provedores de informações desempenham atividades assemelhadas às do publicitário, estando sujeitas, portanto, à tributação por meio do ISS, a ser exigido pelos Municípios.

sistentes em viabilizar a relação comunicativa entre o usuário e os provedores de acesso, não se confundem com os serviços prestados pelos provedores de acesso, pois nestes ambos são tomadores do serviço, utilizam-se das linhas telefônicas para realizar a comunicação.

Os serviços dos provedores de acesso consistem primordialmente em realizar o "roteamento" da ligação telefônica por canais contratados da Embratel, proporcionando a interligação dos seus clientes à rede. É o elo de ligação dos usuários ao mundo virtual da Internet, possibilitando que seu cliente mantenha uma comunicação com os demais usuários e banco de dados disponíveis na rede.

Com esse aparato de *hardwares* e *softwares*, que viabilizam a entrada do usuário à rede, outros serviços são prestados pelos provedores, tais como a dinamização do acesso, armazenamento e recuperação de informações, controle do tempo de conexão, fornecimento de caixa postal para o recebimento de mensagens.

Nota-se que os provedores de acesso não realizam o transporte de sinais de comunicação, mas utilizam-se dos sistemas de transporte já existentes para o fim de estabelecer o elo de ligação do usuário com a Internet. Há, portanto, dois serviços distintos: um de transporte dos sinais, viabilizado pelas empresas de telecomunicações, e outro proporcionado pelos provedores de acesso, representado pela conexão do usuário à Internet.

A prestação do serviço de transporte dos sinais é tributada pelos Estados e Distrito Federal por meio do ICMS, pois configura serviços de comunicação. Já os serviços prestados pelos provedores não gozam da mesma facilidade de definição de sua natureza, gerando muita polêmica, pois alguns sustentam que se trata de serviço de comunicação, sujeito, portanto, ao ICMS; outros, porém, entendem que constituem uma categoria autônoma de serviços, designados de "serviços de valor adicionado", sujeitos, em tese, ao ISS.

Surge, então, a grande indagação acerca da natureza dos serviços prestados pelos provedores de acesso, pois se são serviços de comunicação estão sujeitos, em princípio, ao ICMS. Entretanto, se chegarmos à conclusão de que se trata de serviços de outra natureza, estarão sujeitos à tributação pelos Municípios por meio do ISS.

No entendimento de Walter Douglas Stuber e Ana Cristina de Paiva Franco "(...) as atividades dos provedores de acesso dependem intimamente do sistema de transporte de sinais já existente e explorado pelas empresas componentes do sistema de telefonia pública. Nesse sentido, os serviços por eles prestados em conexão dos usuários à Internet somente representariam um acréscimo de recurso ao serviço de telecomunicações preexistente, não constituindo, sob essa ótica, um serviço de comunicação, apto a ensejar a incidência do ICMS".[14]

João Vicente Lavieri consigna que é forçoso concluir, "por expressa definição legal, que os serviços de valor adicionado, gênero no qual se enquadram os serviços de Internet, não são serviços de telecomunicações e, portanto, não estão sujeitos à incidência do ICMS. O intérprete da lei não pode ater-se única e exclusivamente à legislação fiscal, fazendo *tabula rasa* de todo o restante do ordenamento jurídico, mas, ao contrário, precisa conciliar as disposições do ICMS com toda a legislação nacional, em especial aquela de regência do setor de telecomunicações".[15]

No entendimento de José Eduardo Soares de Mello os "serviços de comunicação são prestados pelas concessionárias, enquanto que os provedores apenas realizam 'comunicação' pertinente ao serviço de valor adicionado, não estando sujeitos à incidência do ICMS".[16]

14. Walter Douglas Stuber e Ana Cristina de Paiva Franco, in *RT* 749/80.

15. João Vicente Lavieri, in *Revista Jurídica Consulex* 13, I.

16. José Eduardo Soares de Mello, in *RDT* 71/107.

Impõe-se, aqui, que tenhamos presente a advertência do grande mestre Geraldo Ataliba, o qual dizia que quem quisesse estudar Direito Tributário no Brasil deveria começar analisando a Constituição Federal. Desta forma, devemos buscar no texto constitucional o conteúdo e o alcance da expressão "prestação de serviços de comunicação" para efeito de incidência do ICMS.

Como deixamos consignado no item 3, comunicação é o ato de alguém emitir uma mensagem, mediante um canal físico, consoante um código previamente estabelecido, a um receptor determinado ou determinável.

Destarte, consoante as razões expendidas naquele item, a hipótese "prestação de serviços de comunicação", contemplada no art. 155, II, da CF, compreende todo e qualquer serviço, realizado em caráter negocial, com o fito de possibilitar a transmissão de uma mensagem, seja qual for a modalidade de comunicação. Dito de outra forma: a hipótese de incidência pode abranger tudo o que estiver relacionado ao fato comunicacional, isto é, qualquer dos elementos que integram a relação comunicativa.

Firmada essa premissa, podemos avançar para o fim de verificar se há subsunção da atividade "prestar serviços de Internet" pelos provedores de acesso à hipótese "prestar serviços de comunicação", tributada por meio do ICMS.

Entendida a hipótese contemplada no texto constitucional como sendo uma hipótese que alcança as prestações de serviços de caráter oneroso consistentes em dar condições para que uma mensagem seja transmitida, viabilizando a comunicação entre uma ou mais pessoas, entre uma pessoa e um banco de dados, enfim, estabelecer a relação comunicativa, temos para nos que os serviços prestados pelos provedores de acesso à Internet não se enquadram na hipótese "prestar serviços de comunicação".

Os serviços prestados pelos provedores de acesso à Internet caracterizam-se como serviços de monitoramento do acesso do usuário à rede, colocando à disposição do cliente equipamentos e *softwares* que irão facilitar sua navegação pelo sistema, além de outros serviços, tais como armazenamento de informações, contagem do tempo de uso; porém nenhum destes consiste em dar condições para que a comunicação se efetive, pois ambos, tanto o usuário quanto o provedor, são tomadores do serviço de comunicação, que é prestado pelas concessionárias dos serviços de telecomunicações.

Os sinais são transmitidos por meio da rede já existente. Não é o provedor de acesso que dá condições para que a comunicação se realize; ele funciona como se fosse uma espécie de sistema de controle e facilidades colocados à disposição dos usuários, que, mediante pagamento mensal, na maioria das vezes, proporcional ao tempo de utilização do equipamento e *softwares*, desfrutam dos serviços oferecidos pelo servidor.

As atividades dos provedores criam novas utilidades para os usuários, melhoram o acesso à Internet, armazenam informações, movimentam e recuperam informações, além de outros serviços, como, por exemplo, as *home pages*. Todavia, essas atividades não são necessárias nem são suficientes para que se estabeleça a relação comunicativa, pois o suporte físico é fornecido pelo sistema de telecomunicações, serviço do qual ambos, insiste-se, tanto o usuário quanto o provedor, são tomadores, numa demonstração inequívoca de que não é o provedor que dá as condições para que a comunicação se estabeleça.

Destarte, como os serviços prestados pelos provedores de acesso não se caracterizam como serviços de comunicação, não pode haver a incidência do ICMS sobre tais operações, ficando, em tese, sujeitos a tributação por meio do ISS. Dizemos "em tese" porque para que seja exigido o ISS pelos Municípios é necessário que a lei municipal que instituiu o imposto sobre as prestações de serviços tenha contemplado tal hipótese.

É importante ressaltar, ainda, que, consoante as razões aduzidas no item 5 deste trabalho, nosso entendimento é no sentido de que, independentemente de os serviços prestados pelos provedores de acesso à Internet estarem previstos na Lista veiculada por meio de lei complementar, os Municípios podem editar suas leis instituindo o ISS para incidir sobre tais prestações, pois a Lista não é taxativa.

Por fim, é bom que se diga, apenas por apego ao argumento, que, ainda que se considerasse os serviços prestados pelos provedores de acesso como serviços de comunicação, tais prestações não poderiam sofrer a incidência do ICMS, pois a hipótese contemplada no art. 155, II, da CF somente alcança as prestações de serviços de comunicação que extrapassam os limites do Município em que estiverem sendo prestadas, o que não é o caso dos provedores de acesso.

É plenamente possível que um usuário acesse um provedor que não esteja situado nos limites do Município em que está estabelecido; contudo, os serviços sempre serão prestados na sede em que estiverem instalados os equipamentos e *softwares* do provedor de acesso; o que se desloca são os sinais emitidos pelo equipamento do usuário, que são transportados por meio do suporte oferecido pelo sistema de telecomunicações.

6. Síntese conclusiva

Comunicação é o ato de alguém emitir uma mensagem, mediante um canal físico, consoante um código previamente estabelecido, a um receptor determinado ou determinável.

A hipótese "prestar serviços de comunicação", contemplada no art. 155, II, da CF, alcança todo e qualquer serviço realizado em caráter negocial com o fito de possibilitar a transmissão de uma mensagem, desde que a prestação seja transmunicipal.

Os Municípios haurem sua competência para instituir o ISS diretamente do texto constitucional. Portanto, independentemente de determinado serviço ter sido contemplado na lei complementar que editou a Lista dos Serviços tributáveis por meio do ISS, os Municípios podem instituí-lo.

Os serviços prestados pelos provedores de acesso à Internet, realizados em caráter negocial, não estão sujeitos a tributação por meio do ICMS, mas tão-somente à incidência do ISS, a ser exigido pelo Município em que estiver sediado o provedor.

Bibliografia

AULETTE, Caldas. *Dicionário Contemporâneo da Língua Portuguesa*. 3ª ed., v. I. Rio de Janeiro, Delta, 1978.

CARRAZZA, Roque Antônio. *Curso de Direito Constitucional Tributário*. 10ª ed. São Paulo, Malheiros Editores, 1997.

_________. *ICMS*. 4ª ed. São Paulo, Malheiros Editores, 1998.

CARVALHO, Paulo de Barros. "A natureza jurídica do ISS". *RDT* 23-24.

_________. *ICurso de Direito Tributário*. 9ª ed. São Paulo, Saraiva, 1997.

LAVIERI, João Vicente. "Internet: incidência do ICMS ou ISS?". *Revista Jurídica Consulex* 13.

MARTINS, Sérgio Pinto. *Manual do ISS*. 2ª ed. São Paulo, Malheiros Editores, 1998.

MELLO, José Eduardo Soares de. "ICMS/TV por assinatura e a cabo, 'courrier' e Internet". *RDT* 71.

MORAES, Bernardo Ribeiro de. *Doutrina e Prática do Imposto sobre Serviços*. 1ª ed., 3ª tir. São Paulo, Ed. RT, 1984.

SILVA, De Plácido e. *Vocabulário Jurídico*. v. I. Rio de Janeiro, Forense, 1989.

STUBER, Walter Douglas, e FRANCO, Ana Cristina de Paiva. "A Internet sob a ótica jurídica". *RT* 749.

A INCONSTITUCIONALIDADE DA LEI 9.718, DE 27.11.98, E DA EC 20, DE 16.12.98

IGOR NASCIMENTO DE SOUZA

Advogado

1. Introdução. 2. Da inconstitucionalidade da EC 20/98 e da Lei 9.718/98: 2.1 Precedentes do Poder Judiciário — 2.2 Da mudança da base de cálculo da COFINS e da necessidade da criação de lei complementar para a criação de novas fontes de custeio da Seguridade Social — 2.3 A EC 20/98 — 2.4 Da Lei 9.718/98. 3. Conclusões.

1. Introdução

Em 27 de novembro de 1998 foi publicada a Lei 9.718 (decorrente da conversão em lei da MP 1.724/98), que alterou a base de cálculo da Contribuição para o Financiamento da Seguridade Social — COFINS, em virtude do disposto no § 1º de seu art. 3º, *in verbis:*

"Art. 2º. As contribuições para o PIS/PASEP e a COFINS, devidas pelas pessoas jurídicas de direito privado, serão calculadas com base no seu faturamento, observadas a legislação vigente e as alterações introduzidas por esta Lei.

"Art. 3º. O faturamento a que se refere o artigo anterior corresponde à receita bruta da pessoa jurídica.

"§ 1º. Entende-se por *receita bruta* a *totalidade das receitas auferidas pela pessoa jurídica*, sendo irrelevantes o tipo de atividade por ela exercida e a classificação contábil adotada para as receitas" (destacamos).

Esta alteração causou muita polêmica entre estudiosos do Direito Tributário, vez que tal dispositivo estava equiparando o faturamento à totalidade das receitas auferidas pelas pessoas jurídicas, igualando, assim, conceitos de Direito Privado cujas definições são distintas, quais sejam (i) receita bruta e (ii) faturamento.

Com isso, a edição do dispositivo normativo em tela acabou por modificar a base de cálculo da COFINS, que deixou de ser o faturamento para ser a totalidade das receitas auferidas pelas pessoas jurídicas, sem que houvesse fundamento constitucional para tanto.

Isto porque desde a edição da Lei Complementar 70, de dezembro de 1991, os contribuintes da COFINS estavam obrigados a recolhê-la com base no fundamento constitucional previsto no inciso I do art. 195 da CF, que assim dispunha: "Art. 195. A Seguridade Social será financiada por toda a sociedade, de forma direta e indireta, nos termos da lei, mediante recursos provenientes dos orçamentos da União, dos Estados, do Distrito Federal e dos Municípios, e das seguintes contribuições sociais: I — dos empregadores, incidente sobre a folha de salários, o faturamento e o lucro; (...)".

A Lei 9.718 foi entendida pelos estudiosos do Direito Tributário como inconstitucional na data de sua publicação, pois a Constituição Federal vigente não possuía fundamentos para justificar a ampliação da base de cálculo da COFINS promovida pela referida lei. Entretanto, menos de um mês depois de sua publicação, a União, para evitar uma "enxurrada" de discussões judiciais, acabou por editar, em 16 de dezembro de 1998 (com publicação no *DOU* no dia 20.12.98), a EC 20, sobre a Reforma da Previdência, que, dentre outras alterações no texto constitucional, estabeleceu que a União poderia instituir a COFINS sobre a "receita ou o faturamento" do empregador, da empresa e da entidade a ela equiparada na forma da lei. Vejamos:

"Art. 1º. A Constituição Federal passa a vigorar com as seguintes alterações:

"(...).

"'Art. 195. (...)

"'I — do empregador, da empresa e da entidade a ela equiparada na forma da lei, incidentes sobre:

"'a) a folha de salários e demais rendimentos do trabalho pagos ou creditados, a qualquer título, à pessoa física que lhe preste serviço, mesmo sem vínculo empregatício;

"'b) a receita ou o faturamento;

"'(...)'."

Com isso, a União, por meio de sua Casa Legislativa, pretendeu sanar o vício existente na Lei 9.718/98, que era a falta de fundamentação constitucional para sua edição. Entretanto, entendemos que ainda é possível discutir a inconstitucionalidade da Lei 9.718/98.

Assim, no presente trabalho buscaremos demonstrar as fundamentações jurídicas que albergam a tese da inconstitucionalidade da Lei 9.718/98 bem como da edição da EC 20/98.

Contudo, é preciso deixar bem claro que este trabalho limita-se à discussão estritamente jurídica sobre o assunto. São do conhecimento de todos a crise pela qual atravessa o País e a necessidade de recursos do Estado. Neste contexto, o problema mais relevante encontra-se no déficit da Previdência. O regime geral do INSS teve um déficit de quase R$ 3 bilhões em 1997 e de quase R$ 8 bilhões em 1998. Para 1999 estima-se um déficit de aproximadamente R$ 12 bilhões. Embora seja justificável, e até mesmo crucial nesta fase da economia brasileira, que o Governo vise a ampliar sua arrecadação para melhorar suas contas e recuperar sua credibilidade em nível internacional, este é um argumento metajurídico que não pode, de forma alguma, ser usado com importância superior à Lei Máxima do País — a Constituição Federal.

Segundo o eminente doutrinador Roque Antônio Carrazza: "O mero interesse arrecadatório não pode fazer tábua rasa da igualdade, da legalidade, da anterioridade, enfim, dos direitos constitucionais dos contribuintes. Nem mesmo o objetivo, em tese louvável, de solucionar os 'problemas de caixa' das pessoas políticas tem força para subverter os princípios fundamentais do sistema constitucional tributário brasileiro, que deitam raízes, em última análise, no próprio *princípio da segurança jurídica*".[1]

Já em junho de 1992 o ilustre jurista Dr. Geraldo Ataliba, em conferência sobre "Limitações constitucionais ao poder de tributar", proferida no Simpósio sobre a Justiça Federal, no STJ, dizia: "Hoje, a crise de receitas do Tesouro Nacional é atribuível a 10 medidas tomadas pelo Governo, com apoio do legislador, nos últimos 3 ou 4 anos. Dessas 10 medidas, 8 são gritantemente inconstitucionais, mas, no ins-

1. Roque Antônio Carrazza, *Curso de Direito Constitucional Tributário*, 11ª ed., São Paulo, Malheiros Editores, p. 296.

tante em que surgiram, foram para 'salvar o País', e todos eram exortados a adotar e acatar; o legislador, infelizmente, curvava-se à onda criada pelo Executivo, o Executivo punha como salvação nacional e o Judiciário ficava, aos olhos do povo leigo, no papel de vilão: 'O Judiciário é contra a salvação do País, o Judiciário é contra a Justiça, o Judiciário é contra a correção das desigualdades' etc. O Judiciário, galhardamente, tem enfrentado isso e deve assim continuar, porque, ao longo do tempo, verificamos que o único que cumpriu a Constituição foi o Judiciário; e cumprir a Constituição é a melhor coisa que se pode fazer para tornar um país civilizado".

Se o Governo tem a intenção de aumentar sua arrecadação, deve fazê-lo dentro da margem de liberdade que lhe permite a Constituição Federal. Não é admissível no Estado de Direito a aplicação do princípio maquiavélico de que os fins justificam os meios. No Estado de Polícia descrito por Maquiavel o governante não tem limites à sua atuação. Ele pode agir livremente, conforme os interesses públicos, que, quase sempre, confundem-se com seus interesses pessoais. Isso não pode ocorrer no Estado de Direito, em que o próprio Estado submete-se ao império da lei e deve procurar atingir os interesses públicos, por meio de regras que respeitem os direitos individuais. Nossa Constituição procurou transformar a República Brasileira em um Estado Democrático de Direito, pois estabeleceu limitações à ação tributária das pessoas políticas, visando a proteger os contribuintes contra eventuais abusos arrecadatórios. Esta foi uma das mais importantes conquistas modernas e jamais pode ser desprezada.

2. *Da inconstitucionalidade da EC 20/98 e da Lei 9.718/98*

2.1 *Precedentes do Poder Judiciário*

Primeiramente, importante salientarmos que não constitui objeto deste trabalho argumentarmos acerca da distinção existente entre os conceitos de "faturamento" e "receita bruta", embora estes sejam conceitos absolutamente distintos, tanto sob o ponto de vista da Ciência das Finanças como pela sistemática de apuração do imposto de renda.

Isto porque para a Ciência Jurídica, assim entendida o Direito Posto, esta distinção não é de maior importância, à medida que o STF, quando do julgamento do RE 150.777-PE (Tribunal Pleno), ao discutir sobre a constitucionalidade do art. 28 da Lei 7.738/89, pacificou seu entendimento de que o conceito de "receita bruta" inserido no nosso ordenamento jurídico, desde que entendido como a receita proveniente da venda de mercadorias e serviços, é o mesmo que o "faturamento" previsto no art. 195, I, da CF.

Tal discussão deveu-se porque, àquela época, os estudiosos do Direito, com base nos conceitos financeiros de "receita bruta" e "faturamento", defendiam a tese de que, para que houvesse o faturamento, era necessário que as empresas emitissem faturas. Assim, as receitas auferidas pelas empresas que não estivessem relacionadas à emissão de uma fatura não se tratavam de faturamento e, portanto, não compunham a base de cálculo da contribuição ao FINSOCIAL existente àquela época.

Nesse sentido, argumentava-se que, como só é possível às empresas emitir faturas na venda de bens ou serviços, as demais receitas auferidas por tais empresas não compunham a base de cálculo da contribuição ao FINSOCIAL.

No entanto, os ínclitos Ministros do STF à época decidiram que esta distinção não tinha respaldo no Direito Posto, já que, ao se fazer a interpretação da Constituição Federal, não foi intenção do legislador impor como base de cálculo da contribuição ao FINSOCIAL somente o resultado auferido nas vendas realizadas com a emissão de fatura, mas sim quaisquer vendas de mercadorias ou serviços.

Deste modo, faturamento, para o legislador constituinte, compreendia as vendas de quaisquer mercadorias ou serviços, independentemente da emissão, ou não, da fatura (este conceito para a Ciência das Finanças seria o de receita bruta, mas não faturamento).

À época, foram estas as palavras do Min. Sepúlveda Pertence (relator do acórdão):

"(...) Resta, nesse ponto, o argumento de maior peso, extraído do teor do art. 28 analisado: não se cuidaria nele de contribuição incidente sobre o faturamento — hipótese em que, por força do art. 195, I, se entendeu bastante a instituí-la a lei ordinária —, mas, literalmente, de contribuição sobre a receita bruta, coisa diversa, que, por isso, só poderia legitimar-se com base no art. 195, § 4º, CF, o qual, para a criação de outras fontes de financiamento da Seguridade Social, determinou a observância do art. 154, I, e, portanto, da exigência de lei complementar no último contida.

"(...).

"Convenci-me, porém, de que a substancial distinção pretendida entre receita bruta e faturamento — cuja procedência teórica não questiono — não encontra respaldo atual no quadro do Direito Positivo pertinente à espécie, ao menos em termos tão inequívocos que induzissem, sem alternativa, à inconstitucionalidade da lei.

"(...).

"47. Parece curial, *data venia*, que, a partir da explícita vinculação genética da contribuição social de que cuida o art. 28 da Lei 7.738/89 ao FINSOCIAL, é na legislação desta, e não alhures, que se há de buscar a definição específica da respectiva base de cálculo, na qual receita bruta e faturamento se identificam: mais ainda que no tópico anterior, essa é a solução imposta, no ponto, pelo postulado da interpretação conforme a Constituição.

"Por tudo isso, não vejo inconstitucionalidade no art. 28 da Lei 7.738/89, a cuja validade entendo restringir-se o tema deste recurso extraordinário, desde que nele a 'receita bruta', base de cálculo da contribuição, se entenda referida aos parâmetros de sua definição no Decreto-lei 2.397/87, de modo a conformá-la à noção de faturamento das empresas prestadoras de serviço."

Posteriormente, o Min. Ilmar Galvão confirmou este entendimento (como já se disse, hoje pacífico para o STF) nos autos do RE 150.764, expondo em seu voto que o faturamento "é o conjunto de todas as vendas, e não apenas as vendas acompanhadas de fatura".

Como bem expôs o ilustre jusfilósofo (Lourival Villanova), as definições não são certas ou erradas, mas sim úteis ou inúteis, pelo quê, como não nos é útil para este trabalho a distinção técnica entre "receita bruta" e "faturamento", que provém da Ciência das Finanças, tendo em vista o entendimento pacificado pelo STF acerca da matéria, tomaremos como premissa que a definição trazida pelo STF é a definição útil e adequada para a nossa proposta.

Isto porque a prática nos demonstra que qualquer outra definição que tentássemos utilizar não seria objeto de apreciação pelo órgão jurisdicional máximo do nosso País.

Contudo, ressaltamos que não se trata de abandono ao rigor técnico; por uma questão prática e de maior utilidade para a sustentação da tese aqui em comento, entendemos ser mais interessante tratar a questão nos termos em que se vem manifestando o próprio STF.

2.2 *Da mudança da base de cálculo da COFINS e da necessidade da criação de lei complementar para a criação de novas fontes de custeio da Seguridade Social*

Desde a edição da Lei Complementar 70/91, que instituiu a cobrança da COFINS, a base de cálculo da COFINS é o faturamento mensal, assim considerada a receita bruta decorrente da venda de mercadorias, de mercadorias e serviços e prestação de serviços de qualquer natureza, nos termos de seu art. 2º, transcrito a seguir:

"Art. 2º. A contribuição de que trata o artigo anterior será de 2% (dois por cento) e incidirá sobre o faturamento mensal, assim considerado a receita bruta das vendas de mercadorias, de mercadorias e serviços e de serviço de qualquer natureza.

"Parágrafo único. Não integra a receita de que trata este artigo, para efeito de determinação da base de cálculo da contribuição, o valor:

"a) do imposto sobre produtos industrializados — IPI, quando destacado em separado no documento fiscal; e

"b) das vendas canceladas, das devolvidas e dos descontos a qualquer título concedidos incondicionalmente."

Conforme já exposto, o fundamento legal para a instituição da cobrança e da base de cálculo de tal contribuição, nos termos em que foi imposto pela Lei Complementar 70/91, era o art. 195, I, da CF.

Com a edição da Lei 9.718/98 (anterior à edição da EC 20/98) o legislador pretendeu ampliar a base de cálculo de tal contribuição, expondo, em seu § 3º, que o faturamento corresponde à receita bruta auferida e esta, por sua vez, compreenderia a totalidade das receitas auferidas pelas pessoas jurídicas.

Portanto, nos termos do art. 3º da Lei 9.718/98, a base de cálculo da COFINS passou a ser a totalidade das receitas auferidas pelas pessoas jurídicas.

Contudo, conforme exaustivamente expusemos no item 2.1 do presente trabalho, é pacífico o entendimento do STF no sentido de que a expressão "faturamento", expressa no art. 195, I, da CF, significa *única e exclusivamente* a receita auferida por uma pessoa jurídica proveniente da venda de mercadorias e/ou serviços.

Quaisquer outras receitas que não as provenientes da venda de mercadorias e/ou serviços não constituem, portanto, base de cálculo para a COFINS, nos termos em que dispunha o inciso I do art. 195 da CF à época em que foi editada a Lei 9.718/98.

Assim, as receitas decorrentes de aplicações financeiras realizadas pelos contribuintes ou receitas decorrentes da correção monetária de um mútuo firmado entre duas pessoas jurídicas distintas, por exemplo, não poderiam ser tributadas pela COFINS, conforme a análise constitucional feita pelo próprio STF acerca da expressão "faturamento" existente no inciso I do art. 195 da CF, vez que não se trata de receita proveniente da venda de mercadorias e/ou serviços.

Nesse sentido, a Lei 9.718/98, ao dispor sobre a nova base de cálculo da COFINS (totalidade das receitas), extrapolou a previsão constitucional existente no então inciso I do art. 195 da CF. Com isso, a União inconstitucionalmente instituiu novo tributo, com nome de tributo antigo.

Seria o mesmo que editar uma lei dispondo que a base de cálculo do imposto de renda passaria a ser, além do conceito de renda disposto nos arts, 43 e 44 do CTN, também o valor de seu patrimônio. Neste caso, o legislador estaria instituindo verdadeiro imposto sobre o patrimônio (previsto na CF em seu art. 156, VII), contudo com nome de tributo antigo (imposto de renda). Além disso, a fundamentação constitucional para a instituição do imposto de renda é diferente da fundamentação constitucional para a instituição do imposto sobre grandes fortunas (incidente sobre o patrimônio dos contribuintes).

Óbvia, portanto, a inconstitucionalidade existente neste caso, pois a base de cálculo é uma das características intrínsecas do tributo, e alterá-la resulta em alterar o próprio tributo. Acerca do assunto vejamos as palavras de Geraldo Ataliba ao citar Rubens Gomes de Sousa:[2] "A decisiva importância da base imponível e sua posição nuclear — exatamente porque é atributo do aspecto material da h.i. — não escaparam do ínclito Rubens Gomes de Sousa, que teve oportunidade de escrever: '(...) a escolha,

2. Geraldo Ataliba, *Hipótese de Incidência Tributária*, 5ª ed., São Paulo, Malheiros Editores, pp. 100 e 101.

pelo legislador, de uma base de cálculo inadequada pode desvirtuar não só a natureza específica do tributo, transformando-o, por exemplo, de imposto sobre a renda em imposto sobre o capital, mas também a sua natureza genérica, transformando-o de imposto em taxa, ou vice-versa' ("Um caso de ficção legal no Direito Tributário: a pauta de valores como base de cálculo do ICM", *RDP* 11/16)".

E prossegue com suas próprias conclusões: "43.16 Enfim, tão importante, central e decisiva é a base imponível que se pode dizer que — conforme o legislador escolha uma ou outra — poderemos reconhecer configurada esta ou aquela espécie e subespécie tributária."

Alfredo Augusto Becker[3] igualmente manifestou-se sobre a questão:

"Demonstrar-se-á que o critério objetivo e jurídico é o da base de cálculo (base imponível). Este, sempre e necessariamente, é o único elemento que confere o gênero jurídico do tributo. Noutras palavras, ao se investigar o gênero jurídico do tributo, não interessa saber quais são os elementos que compõem o pressuposto material ou quais as suas decorrências necessárias, nem importa encontrar qual o mais importante daqueles elementos ou decorrências. Basta verificar a base de cálculo: a natureza desta conferirá, sempre e necessariamente, o gênero jurídico do tributo.

"(...).

"O critério de investigação da natureza jurídica do tributo, que se demonstrará ser o único verdadeiramente objetivo e jurídico, parte da base de cálculo para chegar ao conceito de tributo. Este só poderia ter uma única base de cálculo. A sua conversão em cifra é que poderá variar de método: ou peso e/ou medida e/ou valor. Quando o método é o do valor, surge facilmente o perigo de se procurar atingir este valor mediante a valorização de outro elemento que consistirá, logicamente, outra base de cálculo, e, com isto, *ipso facto*, desvirtuou-se o pretendido gênero do tributo. Haverá tantos distintos gêneros jurídicos de tributos, quantas diferentes bases de cálculo existirem."

Importante frisar que não estamos argumentando no sentido de que não havia previsão constitucional para que o legislador estabelecesse esta nova contribuição (cuja base de cálculo é a totalidade das receitas); contudo, o fundamento constitucional para tanto seria o § 4º do art. 195 da CF, já que foi criada nova contribuição social: "§ 4º. A lei poderá instituir outras fontes destinadas a garantir a manutenção ou expansão da Seguridade Social, obedecido o disposto no art. 154, I".

O § 4º do art. 195 da CF impõe que é lícito ao legislador instituir novas fontes de custeio da Seguridade Social; contudo, para tanto deverá obedecer ao disposto no art. 154, I, da CF, ou seja, mediante a edição de lei complementar e desde que sejam não-cumulativas e não tenham fato gerador ou base de cálculo próprios dos já discriminados na Constituição Federal: "Art. 154. A União poderá instituir: I — mediante lei complementar, impostos não previstos no artigo anterior, desde que sejam não-cumulativos e não tenham fato gerador ou base de cálculo próprios dos discriminados nesta Constituição; (...)".

Assim, para que a União pudesse instituir essa nova fonte de custeio da Seguridade Social incidente sobre o total das receitas auferidas pelas pessoas jurídicas, deveria (i) ter feito por meio de lei complementar e (ii) tal contribuição não poderia ter fato gerador ou base de cálculo próprios das contribuições já previstas na Constituição.

Nesse sentido também já se manifestou o egrégio STF, por meio do voto do Min. Relator Marco Aurélio de Mello, no julgamento do RE 166.772, em que decidiu acerca da inconstitucionalidade da cobrança da contribuição incidente sobre a remuneração de autônomos e administradores instituída pelo art. 3º, I, da Lei 7.787/89:

3. Alfredo Augusto Becker, *Teoria Geral do Direito Tributário*, 3ª ed., Lejus, p. 373.

"As remunerações pagas a administradores e autônomos não estão compreendidas no inciso I do art. 195 da Constituição Federal. Se antes da Carta de 1988 era possível a disciplina mediante lei ordinária, isto ocorria frente à norma geral que apenas consagrava a tríplice fonte de custeio. A partir de 1988, com a previsão explícita e fechada sobre incidência das contribuições devidas pelos empregadores, considerados o faturamento, o lucro e a folha de salários, a introdução de uma nova contribuição somente poderia vir à baila pelo mecanismo imposto em face da remissão do § 4º do art. 195 ao art. 154, inciso I. Ao legislador estava vedado dispor, via diploma ordinário, sobre a matéria.

"Por isso mesmo, não foram recepcionados, diante da manifesta incompatibilidade, os preceitos que antecederam a Lei n. 7.787/89. Pouco importa que esta tenha implicado, tão-somente, a majoração de percentuais até então observados, pois o defeito precede o exame da extensão da norma. Trata-se de lei ordinária e não complementar. Não vinga assim o que sustentado pelo Instituto, em memorial subscrito pelo Dr. Ivan Ferreira de Souza, no sentido de o preceito do inciso I do art. 195 agasalhar não só o salário propriamente dito, como também a remuneração pertinente aos autônomos, contribuintes individuais, sócios-gerentes e cotistas que recebem *pro-labore*, administradores etc. O preceito não tem contornos tão largos."

Portanto, é entendimento pacífico que a base de cálculo é característica intrínseca do tributo e sua alteração significa alteração do próprio tributo. Assim, resta claro que a instituição da nova base de cálculo da COFINS pelo art. 3º da Lei 9.718/98 é totalmente inconstitucional na data de sua publicação, vez que:

(i) nos termos do entendimento do próprio STF, a expressão "faturamento", prevista no então inciso I do art. 195 da CF, não corresponde à totalidade das receitas auferidas pelas pessoas jurídicas;

(ii) ao estabelecer nova base de cálculo para a COFINS diferente daquela prevista no inciso I do art. 195 da CF, a União instituiu a cobrança de um novo tributo, com nome antigo, porém sem obediência aos comandos normativos insertos na Constituição Federal; e

(iii) a União só poderia ter instituído nova fonte de custeio da Seguridade Social se esta fosse realizada por meio de lei complementar, obedecendo ao disposto nos arts. 195, § 4º e 154, I, da CF.

2.3 A EC 20/98

A questão mais difícil de ser dirimida e ponto crucial para a garantia da procedência da tese que aqui pretendemos desenvolver refere-se à possibilidade de a EC 20/98 ter convalidado o disposto no art. 3º da Lei 9.718/98, ou seja, se o dispositivo que determinou a ampliação da base de cálculo da COFINS, antes inquestionavelmente inconstitucional, passou a ser válido com a edição da EC 20/98.

No entanto, antes de questionarmos a constitucionalidade da EC 20 é preciso analisarmos a possibilidade de uma emenda constitucional, presumivelmente em conformidade com a Constituição Federal, sanar os vícios de lei inconstitucional publicada antes de sua edição. Somente se existir esta possibilidade importará a análise da constitucionalidade da referida Emenda.

Para isso procuramos verificar a jurisprudência sobre o assunto. Mais uma vez vamos aceitar como premissa válida o entendimento dos nossos tribunais, com a finalidade de apresentar argumentos realmente passíveis de discussão no Poder Judiciário.

Dessa forma, verificamos que a jurisprudência é pacífica no sentido de que a análise de constitucionalidade, ou não, de uma lei deve considerar a Constituição vigente na data da decisão judicial, não importando a redação existente anteriormente, mesmo na data da publicação da lei ou da propositura da ação.

No STF após a promulgação da Constituição Federal, em 5 de outubro de 1988, diversas representações de inconstitucionalidade foram tidas por prejudicadas, pois "já se firmou o entendimento desta Corte no sentido de que a ação direta de inconstitucionalidade visa apenas à tutela da ordem constitucional vigente, razão por que, em casos como o presente, em que a inconstitucionalidade da norma impugnada foi argüida à vista da EC n. 1/69, ora revogada, foram as respectivas representações tidas como prejudicadas. Com o advento da Constituição de 1988, ficou prejudicada a representação desde que a Carta Política cuja integridade se busca resguardar deixou de vigorar no curso da ação direta".

Além disso, o STF, na ADIn 3, em relação aos Decretos 94.042 e 94.233, de 18.2.87 e 15.4.87, respectivamente, atacados em face da EC 1/69, decidiu, em 7.2.92, que "há, porém, no caso, impossibilidade jurídica do pedido, porquanto esta Corte já firmou jurisprudência no sentido de que a ação direta de inconstitucionalidade não é cabível quando a argüição se faz em face de Constituição já revogada, nem quando o ato normativo impugnado foi revogado antes da propositura dela".

Da mesma forma, na ADIn 9, a Corte Suprema determinou, em 27.3.92, através de seu Tribunal Pleno, que "não cabe a ação direta de inconstitucionalidade, ajuizada a 6.12.88, para discutir a validade do Decreto-lei n. 2.445, de 29.6.88, em face da EC n. 1/1969, por se tratar de via adequada à defesa da ordem constitucional em vigor. Precedentes do STF, dentre outros, nas Repr. ns. 1.534-3, 1.547, 1.568-8, 1.607-2 e 1.666-8, julgadas prejudicadas com o advento da Constituição de 1988. No caso, também, não cabe a ação direta de inconstitucionalidade, por se tratar de lei anterior à Constituição em vigor. De acordo com orientação firmada pelo STF, na ADIn n. 2, a 6.2.92, a hipótese é de revogação da lei anterior, se contraria a nova Constituição, e não de inconstitucionalidade do mesmo diploma. Entendimento adotado pelo STF, por maioria de votos. Impossibilidade jurídica do pedido".

O Tribunal de Justiça também tem o mesmo entendimento. Na ação direta de inconstitucionalidade da Lei 12.847-0/8, de São Paulo, o processo foi extinto sem julgamento do mérito pois entendeu-se que o exame da lei em face da Constituição revogada é inadmissível. O acórdão apresenta os seguintes trechos relevantes:

"A matéria sob enfoque tem sido apreciada e decidida em inúmeros julgados da Suprema Corte e, também, deste Tribunal, não discrepando a respeito a doutrina brasileira, tal qual foi mostrado, exaustivamente, no parecer da douta Procuradoria de Justiça.

"(...).

"Pode-se sintetizar todos os ensinamentos doutrinários e jurisprudenciais, com a afirmação de que não tem cabimento o exame, em tese, em abstrato, de lei ou de ato normativo, por intermédio de ação direta, em face de Constituição já revogada. E isso porque a apreciação da inconstitucionalidade objetiva resguardar a ordem jurídica que foi estabelecida pela Constituição vigente. Claro é, pois, que a ação direta torna-se prejudicada se a Constituição for revogada em seu curso, o mesmo acontecendo, obviamente, com a representação de inconstitucionalidade. E, com muito maior razão, se a ação é proposta quando já revogada a Constituição, sob cuja égide nasceram as leis e os atos normativos que se pretende declarar inconstitucionais.

"Neste passo, vem muito a propósito a transcrição de um trecho do voto do eminente Min. Djaci Falcão, proferido quando do julgamento da Repr. n. 1.533, citando, por sua vez, voto do ilustre Min. Soares Muñoz, no qual é fixada diretriz de caráter técnico para as decisões em representações por inconstitucionalidade (*RTJ* 128/606):

'A particularidade concernente ao tempo da revogação da Constituição Federal, se antes ou depois do ajuizamento de ação declaratória de inconstitucionalidade, não altera a doutrina que informa o precedente deste Plenário: apenas recomenda o não conhecimento da representação, se ao tempo de sua propositura já não vigorava a Constituição que teria sido ofendida; enquanto que, na outra hipótese, em que a Constituição cuja integridade se pretende resguardar foi revogada no curso da ação direta, a boa técnica aconselha que o pedido seja julgado prejudicado'.

"E, concluindo o seu voto, o Min. Djaci Falcão, expressando a orientação tranqüila e pacífica do colendo STF, diz: 'Na verdade, a ação direta de inconstitucionalidade guarda caráter excepcional, porquanto tem por objeto resguardar a ordem jurídica inserida na Constituição em vigor. Não se destina a solucionar caso concreto, mas, sim, a validade de lei em tese em face de princípio constitucional vigorante'.

"Nada mais é necessário ponderar para que se afirme a inviabilidade da ação proposta, uma vez que objetiva ela a declaração de inconstitucionalidade de leis municipais promulgadas nos anos de 1983 e 1986, anteriores, por conseguinte, à Constituição em vigor."

No mesmo sentido foi julgada a ADIn 15.922-0, de São Paulo, cujos principais aspectos são apresentados a seguir: "A representação aponta como violados dispositivos da Constituição Federal de 1969, Constituição do Estado de São Paulo de 1967 e Lei Orgânica dos Municípios (Decreto-lei Complementar n. 9, de 1969). Entretanto, com a promulgação da nova Constituição Federal, em 1988, e da nova Constituição do Estado de São Paulo, em 1989, a representação está prejudicada, conforme pacífico entendimento do colendo STF. Só teria condições de prosperar a representação interventiva se ainda em vigor as Constituições que tiveram seus dispositivos violados, o que é reconhecido pela própria Procuradoria-Geral da Justiça".

Portanto, conclui-se que o entendimento jurisprudencial pacífico é no sentido de que as leis e decretos publicados anteriormente à alteração do texto constitucional não podem ser objeto de ações diretas de inconstitucionalidade com base no texto anterior ou atual da Carta Magna. Isso ocorre pois parte-se da premissa de que toda norma é presumivelmente constitucional, até que seja declarado o contrário. Assim, no caso de alteração da ordem constitucional, entende-se que a análise cabível é a de recepção ou revogação das leis e dos decretos publicados anteriormente à alteração. Apesar de as decisões apresentadas neste trabalho fazerem referência apenas à alteração de todo o texto constitucional, com a promulgação de uma nova Constituição Federal, pelo poder constituinte originário, em 1988, a mesma tese pode ser aplicada no caso de emenda constitucional que altera parcialmente a ordem constitucional vigente. Entretanto, no caso de emenda constitucional surge uma nova possibilidade: a análise da constitucionalidade da emenda constitucional, uma vez que esta resulta do poder constituinte derivado.

Portanto, cabe agora verificarmos se é possível argüir a inconstitucionalidade de emenda constitucional. Na ADIn/Medida Cautelar 466, julgada em 3.4.91 pelo Tribunal Pleno do STF, decidiu-se que "a impossibilidade jurídica de controle abstrato preventivo de meras propostas de emenda não obsta à sua fiscalização em tese quando transformadas em emendas à Constituição. Estas — que não são normas constitucionais originárias — não estão excluídas, por isso mesmo, do âmbito do controle sucessivo ou repressivo de constitucionalidade. O Congresso Nacional, no exercício de sua atividade constituinte derivada e no desempenho de sua função reformadora, está juridicamente subordinado à decisão do poder constituinte originário, que, a par de restrições de ordem circunstancial, inibitórias do poder reformador (CF, art. 60, § 1º), identificou, em nosso sistema constitucional, um núcleo temático intangível e imune à ação revisora da instituição parlamentar. As limitações materiais explícitas, definidas no § 4º do art. 60 da Constituição da República, incidem diretamente sobre o poder de reforma conferido ao Poder Legislativo da União, inibindo-lhe o exercício nos pontos ali discriminados. A irreformabilidade desse núcleo temático, acaso desrespeitada, pode legitimar o controle normativo abstrato, e mesmo a fiscalização jurisdicional concreta, de constitucionalidade".

No mesmo sentido foi julgada a ADIn/Medida Cautelar 926, em 1.9.93, pelo Tribunal Pleno do egrégio STF, que analisou a EC 3/93, em relação ao IPMF (imposto provisório sobre movimentação financeira, criado pela Lei Complementar 77/93): "As normas de uma emenda constitucional, emanadas, que são, de constituinte derivada, podem, em tese, ser objeto de controle, mediante ação direta de inconstitucionalidade, pelo STF, quando confrontadas com normas elaboradas pela Assembléia Nacional Constituinte (originária)".

Em relação à ADIn 939, a colenda Corte proferiu, em 15.12.93, acórdão em que afirmava o seguinte:

"Uma emenda constitucional, emanada, portanto, de constituinte derivada, incidindo em violação à Constituição originária, pode ser declarada inconstitucional, pelo STF, cuja função precípua é de guarda da Constituição (art. 102, I, "a", da CF).

"A EC n. 3, de 17.3.93, que, no art. 2º, autorizou a União a instituir o IPMF, incidiu em vício de inconstitucionalidade ao dispor, no § 2º desse dispositivo, que, quanto a tal tributo, não se aplica 'o art. 150, III, 'b', e VI', da CF, porque, desse modo, violou os seguintes princípios e normas imutáveis (somente eles, não outros):

"1) o princípio da anterioridade, que é garantia individual do contribuinte (art. 5º, § 2º, art. 60, § 4º, inciso IV, e art. 150, III, 'b', da CF);

"2) o princípio da imunidade tributária recíproca (que veda à União, aos Estados, ao Distrito Federal e aos Municípios a instituição de impostos sobre o patrimônio, rendas ou serviços uns dos outros), que é garantia da Federação (art. 60, § 4º, inciso I, e art. 150, VI, 'a', da CF);

"3) a norma que, estabelecendo outras imunidades, impede a criação de impostos (art. 150, III) sobre: 'b): templos de qualquer culto; c): patrimônio, renda ou serviços dos partidos políticos, inclusive suas fundações, das entidades sindicais dos trabalhadores, das instituições de educação e de assistência social, sem fins lucrativos, atendidos os requisitos da lei; e d) livros, jornais, periódicos e o papel destinado à sua impressão'.

"Em conseqüência, é inconstitucional, também, a Lei Complementar n. 77, de 13.7.93, sem redução de textos, nos pontos em que determinou a incidência do tributo no mesmo ano (art. 28) e deixou de reconhecer as imunidades previstas no art. 150, VI, 'a', 'b', 'c' e 'd', da CF (arts. 3º, 4º e 8º do mesmo diploma, Lei Complementar n. 77/93)."

Assim, podemos concluir que uma emenda constitucional pode ser objeto de análise pelo STF, pois a Constituição Federal possui um núcleo central que não pode ser alterado. Portanto, nesta fase do trabalho, nossa proposta é a análise da constitucionalidade da EC 20/98. Caso cheguemos à conclusão de sua inconstitucionalidade, o texto constitucional seria mantido e a Lei 9.718/98 deveria ser analisada com base no texto original da Constituição Federal, sem as alterações da EC 20.

A Constituição Federal de 1988, ao tratar dos direitos e garantias fundamentais, proíbe o Estado de ferir, dentre outros, atos administrativos e decisões judiciais que garantam o direito à liberdade e à segurança jurídica.

Com relação à segurança jurídica, tamanha é sua importância que o legislador constituinte optou pela criação de uma Constituição rígida, com um procedimento revisional complexo, dificultando intencionalmente futuras modificações em seu texto.

Para tanto, criou um núcleo central que são as denominadas "cláusulas pétreas", que só podem ser alteradas pelos detentores do "poder constituinte originário" e jamais pelos detentores do "poder constituinte derivado".

Nesse sentido, qualquer proposta de emenda constitucional tendente a abolir os direitos e garantias individuais é expressamente proibida pela Constituição Federal de 1988, por expressa disposição imposta pelo inciso IV do § 4º de seu art. 60:

"Art. 60. A Constituição poderá ser emendada mediante proposta:

"(...).

"§ 4º. Não será objeto de deliberação a proposta de emenda tendente a abolir:

"(...);

"IV — os direitos e garantias individuais."

Ressalte-se que direitos e garantias individuais não são só aqueles dispostos no art. 5º da CF. Eles estão expressos por todo o corpo da Constituição Federal. A jurisprudência apresentada anteriormente corrobora o argumento de que o art. 60, § 4º, da CF enumera "limitações materiais explícitas". Entretanto, a Corte Suprema reconhece a existência de outros princípios e normas imutáveis, como os previstos no Título VI da Carta Magna, que trata da tributação e do orçamento. Aceitar interpretação divergente significa a abertura de um precedente para que vejamos outros direitos e garantias individuais, especialmente os de ordem tributária, serem passíveis de violações, como, por exemplo, instituir tributo sem atender ao princípio da capacidade contributiva.

Nesse sentido já se manifestou o STF no voto do Min. Celso de Mello durante o julgamento da ADIn 926-1, que julgou inconstitucional a cobrança do IPMF:

"(...).

"Impende observar, neste ponto, que os princípios constitucionais tributários, sobre representarem importante conquista político-jurídica dos contribuintes — independentemente de sua qualificação como pessoas públicas ou privadas —, constituem expressão fundamental dos direitos outorgados aos sujeitos passivos das obrigações fiscais pelo ordenamento estatal. Desde que existem para impor limitações ao poder de tributar, estes postulados têm por destinatário exclusivo o poder estatal, que se submete, quaisquer que sejam os contribuintes, à imperatividade de suas restrições.

"O que me preocupa, Sr. Presidente, é que, a reconhecer-se como legítimo o procedimento da União em ampliar, a cada vez, as hipóteses dessa garantia tributária, chegar-se-á — é forçoso admiti-lo, ainda que *ad argumentandum* — ao ponto de nulificá-la inteiramente, suprimindo, por completo, essa importante conquista jurídica que integra, como um dos seus elementos mais relevantes, o próprio estatuto constitucional dos contribuintes.

"Nem se alegue, finalmente, Sr. Presidente, que a legitimidade jurídica do ato ora questionado derivaria da circunstância de ele qualificar-se como emenda à Constituição.

"É preciso não perder de perspectiva que as emendas constitucionais podem revelar-se incompatíveis, também elas, com o texto da Constituição a que aderem. Daí a sua plena sindicabilidade jurisdicional, especialmente em face ao núcleo temático protegido pela cláusula de imutabilidade inscrita no art. 60, § 4º, da Carta Federal.

"As denominadas cláusulas pétreas representam, na realidade, categorias normativas subordinantes que, achando-se préconstituídas, por decisão da Assembléia Nacional Constituinte, do poder de reforma do Congresso Nacional, evidenciam-se como temas insustentáveis de modificação pela via do poder constituinte derivado. (...)."

Portanto, os princípios constitucionais tributários são de tamanha relevância que não podem ser desrespeitados nem mesmo por emenda constitucional. A importância do respeito aos princípios constitucionais também foi brilhantemente exposta por Geraldo Ataliba:

"Os princípios são as linhas mestras, os grandes nortes, as diretrizes magnas do sistema jurídico. Apontam os rumos a serem seguidos por toda a sociedade e obrigatoriamente perseguidos pelos órgãos do governo (poderes constituídos).

"Eles expressam a substância última do querer popular, seus objetivos e desígnios, as linhas mestras da legislação, da administração e da jurisdição. Por estas, não podem ser contrariados; têm que ser prestigiados até as últimas conseqüências."[4]

É cediço que o Direito impõe limitações à competência tributária, ora no interesse do cidadão, ora no interesse da comunidade, ora no interesse do relacionamento das próprias pessoas jurídicas titulares de competência tributária. A nova cobrança da COFINS, entretanto, sobrepõe essas limitações.

Já pudemos demonstrar que, com a modificação da base de cálculo para a cobrança da COFINS, o legislador acabou por criar um novo tributo, com nome de tributo velho. Assim, o tributo em tela é inovação decorrente do "poder constituinte derivado".

Portanto, para a edição da EC 20/98 o legislador deveria observar os limites materiais expressos na Magna Carta, ou seja, aqueles expressos no § 4º do art. 60 da CF. Dentre eles está a obediência aos princípios da não-cumulatividade, da segurança jurídica, da capacidade contributiva e da igualdade.

Com relação à não-cumulatividade o legislador constituinte deixou expresso que a criação de novos tributos com base na competência residual da União deve atender a este princípio de modo a que seja garantido imediatamente o não-confisco e mediatamente o direito à propriedade.

É que são tantas as hipóteses constitucionais em que a Constituição prevê a competência para a instituição de tributos que o legislador constituinte, ao perceber isto, estipulou que, para que houvesse a criação de mais outro, seria essencial que este novo tributo fosse não-cumulativo. Caso contrário é fácil perceber que o novo tributo passaria a ter natureza confiscatória, dilapidando, assim, a propriedade daqueles que, direta ou indiretamente, teriam que arcar com o mesmo.

Assim, o poder constituinte originário estabeleceu inúmeras possibilidades de instituição de tributos e uma regra geral para a criação de novos tributos. Essa estrutura tributária determinada pelo poder constituinte originário esgota o assunto e, portanto, não pode ser alterada pelo poder constituinte derivado, sob pena de ferir-se o princípio da segurança jurídica. O contribuinte não pode ser surpreendido com novas obrigações tributárias que não atendam às regras estabelecidas pelo poder constituinte originário, previstas no § 4º do art. 195 da CF.

Além disso, a razão de constar no texto constitucional a necessidade de instituição do tributo mediante a observância do princípio da capacidade contributiva, da vedação ao confisco e da não-cumulatividade não é outra senão visar a defender os cidadãos da discricionariedade e da arbitrariedade do Estado pelos seus legisladores e administradores, principalmente a proteção de sua propriedade.

O direito à propriedade consta expressamente na Constituição Federal como sendo direito e garantia fundamental, nos termos do disposto no *caput* do art. 5º, e, portanto, não passível de ser abolido por meio de emenda constitucional: "Art. 5º. Todos são iguais perante a lei, sem distinção de qualquer natureza, garantindo-se aos brasileiros e aos estrangeiros residentes no País a inviolabilidade do direito à vida, à liberdade, à igualdade, à segurança jurídica e à propriedade, nos termos seguintes: (...)".

Assim, o princípio da não-cumulatividade é indiscutível cláusula pétrea da Carta Magna e assegura aos contribuintes não sofrerem sobrecarga tributária decorrente de tributo cumulativo, instituído por detentores do "poder constituinte derivado", protegendo, com isso, a propriedade das pessoas.

4. Geraldo Ataliba, *República e Constituição*, 2ª ed., São Paulo, Malheiros Editores, 1998, p. 34.

Ademais, conforme bem assevera o professor José Afonso da Silva, ao citar o professor Manoel Gonçalves Ferreira Filho, o "poder de reforma constitucional ou, na sua terminologia, poder constituinte de revisão 'é aquele poder, inerente à Constituição rígida, que se destina a modificar essa Constituição segundo o que a mesma estabelece. Na verdade, o poder constituinte de revisão visa, em última análise, a permitir a mudança da Constituição a novas necessidades, a novos impulsos, a novas forças, sem que para tanto seja preciso recorrer à revolução, sem que seja preciso recorrer ao poder constituinte originário'".

No caso presente não pretendeu a União uma mera adequação da Constituição às novas necessidades, a novos impulsos; pretendeu, sim, ante sua famigerada vontade arrecadatória, utilizar-se de maneira desvirtuada de um mecanismo constitucional de reforma simplesmente para aumentar sua arrecadação por meio da cobrança de um novo tributo.

Tanto isso é verdade que, conforme já tivemos a oportunidade de dizer, era possível à União instituir esse mesmo tributo sem a necessidade da edição da EC 20/98; bastava apenas que atentasse ao disposto no § 4º do art. 195 da CF.

Portanto, o motivo para a edição da EC 20/98 não foi a adequação às novas necessidades (vez que, para o mesmo fim, não haveria necessidade da edição da emenda constitucional em tela), mas sim quis a União auferir uma maior arrecadação sem que estivesse obrigada a atentar aos princípios constitucionais expressos no art. 154, I, da CF, utilizando, assim, de maneira inquestionavelmente desvirtuada daquela pretendida pelo legislador constituinte originário o instituto da revisão constitucional por meio de emenda.

O contribuinte foi surpreendido com a cobrança de uma nova fonte de custeio para a Seguridade Social, que não era prevista no art. 195, I, da CF e não atende aos requisitos previstos no § 4º do referido inciso para a criação de novas fontes de custeio.

Segundo o ilustre doutrinador Roque Antônio Carrazza:

"A União, os Estados, os Municípios e o Distrito Federal têm competência para criar tributos. Mas, para que os contribuintes não fiquem à mercê do arbítrio destas pessoas políticas, ela deve desenvolver-se dentro de certos paradigmas, que nossa Carta Fundamental minuciosamente traçou.

"Portanto, no Brasil, o legislador de cada pessoa política (União, Estados, Municípios ou Distrito Federal), ao tributar, isto é, ao criar, *in abstracto*, tributos, vê-se a braços com o seguinte dilema: ou praticamente reproduz o que consta da Constituição — e, ao fazê-lo, apenas recria, num grau de concreção maior, aquilo que nela já se encontra previsto — ou, na ânsia de ser original, acaba ultrapassando as barreiras que ela lhe levantou e resvala para o campo da inconstitucionalidade. Podemos dizer que, no que toca aos tributos, nosso Código Supremo beirou as raias do casuísmo.

"O legislador (federal, estadual, municipal ou distrital), ao tributar, encontra, pois, perfeitamente iluminado, no Texto Supremo, o caminho que pode validamente percorrer. A tributação só pode desenvolver-se com apoio na Constituição."[5]

A ampliação da base de cálculo da COFINS fez surgir novo tributo, sem obediência ao previsto no § 4º do art. 195 da Carta Magna. Feriu-se, com isso, o princípio-mor assegurado pela Constituição Federal de 1988, que é o da segurança jurídica, vez que, como o meio encontrado pelo legislador para a garantia deste princípio foi a instituição de uma Constituição rígida, com um procedimento revisional complexo, à medida que é desvirtuada a utilização deste procedimento revisional está-se ferindo o princípio da segurança jurídica.

Ressalte-se que, se entendermos o contrário de tudo o que até aqui foi exposto, o número de emendas constitucionais edita-

5. Roque Antônio Carrazza, *Curso de Direito Constitucional Tributário*, 11ª ed., São Paulo, Malheiros Editores, pp. 252 e 253.

das será tão volumoso quanto o das medidas provisórias existentes atualmente.

Portanto, não é possível admitir que se utilize o mecanismo da revisão constitucional por meio de emendas à Constituição para que se constitucionalize uma lei anteriormente inconstitucional, conforme pretendeu a União com a edição da EC 20/98.

2.4 Da Lei 9.718/98

Se admitíssemos, apenas para efeito de argumentação, a hipótese improvável de constitucionalidade da EC 20/98 não seria possível argumentar que a Lei 9.718/98 está em conformidade com o texto da Carta Magna, alterado pela EC 20/98.

A Lei 9.718/98, ao estabelecer a base de cálculo da COFINS, deveria ter como fundamento constitucional o art. 195 do Texto Supremo, que trata das fontes de custeio da Seguridade Social. Este artigo, após a EC 20/98, passou a ter a seguinte redação: "Art. 195. A Seguridade Social será financiada por toda a sociedade, de forma direta e indireta, nos termos da lei, mediante recursos provenientes dos orçamentos da União, dos Estados, do Distrito Federal e dos Municípios, e das seguintes contribuições sociais: I — do empregador, da empresa e da entidade a ela equiparada na forma da lei, incidentes sobre: a) a folha de salários e demais rendimentos do trabalho pagos ou creditados, a qualquer título, à pessoa física que lhe preste serviço, mesmo sem vínculo empregatício; b) a receita ou o faturamento; (...)".

Especificamente em relação ao que nos interessa neste trabalho, a Constituição Federal passou a prever como fonte de custeio da Seguridade Social contribuições do empregador, da empresa e da entidade a ela equiparada na forma da lei, incidentes sobre a receita ou o faturamento, de forma alternativa. Entretanto, o legislador fez uma grande confusão ao determinar a base de cálculo da COFINS, conforme transcrito a seguir:

"Art. 2º. As contribuições para o PIS/PASEP e a COFINS, devidas pelas pessoas jurídicas de direito privado, serão calculadas com base no seu faturamento, observadas a legislação vigente e as alterações introduzidas por esta Lei.

"Art. 3º. O faturamento a que se refere o artigo anterior corresponde à receita bruta da pessoa jurídica.

"§ 1º. Entende-se por receita bruta a totalidade das receitas auferidas pela pessoa jurídica, sendo irrelevantes o tipo de atividade por ela exercida e a classificação contábil adotada para as receitas."

O legislador ordinário não observou os critérios para a determinação da fonte de custeio da Seguridade Social, previstos no art. 195 da CF, alterado pela EC 20/98. A referida emenda deixa claro que receita e faturamento são conceitos distintos e permite ao legislador ordinário escolher uma dessas fontes de custeio; caso contrário não teria utilizado a conjunção alternativa "ou". O legislador ordinário, a princípio, determina que a base de cálculo da COFINS é o faturamento, mas, logo a seguir, equipara, erroneamente, faturamento à receita bruta da pessoa jurídica. Não apenas o constituinte derivado tratou de receita e faturamento como conceitos distintos, como o próprio STF manifestou-se no sentido de que "faturamento" abrange apenas a receita decorrente da venda de mercadorias e/ou serviços, conforme exaustivamente apresentado anteriormente. Assim, percebe-se que a Lei 9.718/98 é inconstitucional se analisada com base no texto constitucional antes das alterações promovidas pela EC 20/98. E se analisarmos esta lei com base no texto constitucional após as alterações da EC 20/98 pode-se dizer que a referida lei não foi recepcionada. Seu texto procurava ampliar a base de cálculo da COFINS e, ao mesmo tempo, atender à regra prevista no texto original do art. 195 da CF. Entretanto, não apenas esse objetivo não foi atendido, como esta lei não consegue atender aos critérios previstos no novo texto do art. 195 da CF.

Além disso, é gritante a violação ao princípio da capacidade contributiva, previsto no § 1º do art. 145 da CF, uma vez que a referida lei possibilita a compensação da COFINS apenas ao contribuinte que apurar lucro, conforme transcrito a seguir:

"Art. 8º. Fica elevada para 3% (três por cento) a alíquota da COFINS.

"§ 1º. A pessoa jurídica poderá compensar, com a Contribuição Social sobre o Lucro Líquido — CSLL devida em cada período de apuração trimestral ou anual, até um terço da COFINS efetivamente paga, calculada de conformidade com este artigo.

"§ 2º. A compensação referida no § 1º:

"I — somente será admitida em relação à COFINS correspondente a mês compreendido no período de apuração da CSLL a ser compensada, limitada ao valor desta;

"II — no caso de pessoas jurídicas tributadas pelo regime de lucro real anual, poderá ser efetuada com a CSLL determinada na forma dos arts. 28 a 30 da Lei n. 9.430, de 27 de dezembro de 1996.

"§ 3º. Da aplicação do disposto neste artigo não decorrerá, em nenhuma hipótese, saldo de COFINS ou CSLL a restituir ou a compensar com o devido em períodos de apuração subseqüente.

"§ 4º. A parcela da COFINS compensada na forma deste artigo não será dedutível para fins de determinação do lucro real."

Somente o contribuinte que apura lucro pode apresentar saldo de contribuição social sobre o luro a pagar e tem direito de proceder à compensação da COFINS. Este contribuinte, portanto, pagará um tributo menor, em termos percentuais, se comparado a outro contribuinte que apure prejuízo, pois não é possível acumular saldo de COFINS ou CSLL a restituir ou a compensar em períodos de apuração subseqüente. Assim, aquele com capacidade contributiva maior (lucro) pagará menos, enquanto aquele com menor capacidade contributiva (prejuízo) pagará mais, exatamente o contrário do que prevêem a Constituição Federal e a própria coerência, para qualquer leigo no assunto.

3. Conclusões

Por tudo que foi exposto, podemos concluir que:

3.1 A expressão "faturamento", expressa no art. 195, I, da CF antes da edição da EC 20/98, conforme entendimento já manifestado pelo STF, é equivalente às receitas auferidas pelas pessoas jurídicas decorrentes da venda de mercadorias e/ou serviços.

3.2 "Faturamento", portanto, não significa "total das receitas auferidas pelas pessoas jurídicas", vez que, neste caso, integram-se também as receitas decorrentes da aplicação financeira dos contribuintes.

3.3 Assim, a Lei 9.718/98 instituiu nova base de cálculo para a cobrança da COFINS.

3.4 Ao instituir esta nova base de cálculo, na verdade, a Lei 9.718/98 acabou por criar novo tributo com nome de tributo antigo, sem atender às regras constitucionais para tanto, sendo, portanto inconstitucional.

3.5 A União pretendeu sanar o vício existente na Lei 9.718/98 com a edição da EC 20/98, criando a fundamentação constitucional para que a COFINS pudesse ser cobrada mediante a aplicação de sua alíquota sobre o total das receitas auferidas pelas pessoas jurídicas em geral.

3.6 Verificamos que o STF entende que uma lei publicada anteriormente à alteração constitucional não pode ser objeto de ação direta de inconstitucionalidade, mas apenas é cabível a análise de sua recepção e revogação.

3.7 Além disso, é possível analisar a constitucionalidade da emenda constitucional, uma vez que o poder constituinte originário estabeleceu um núcleo central imutável.

3.8 O objeto das emendas constitucionais, em última análise, é permitir a atualização da Constituição às necessidades atuais; contudo, não foi este o sentido utilizado pelo legislador para a edição da EC 20/98.

3.9 O constituinte derivado pretendeu, com a edição da EC 20/98, "constitucionalizar" uma lei que era inconstitucional; entretanto, ele próprio incorreu em uma inconstitucionalidade, pois o poder constituinte originário estabeleceu diversas regras para a instituição de determinados tributos e estabeleceu uma regra geral para a criação de novos tributos.

3.10 Como havia outras maneiras para que o legislador instituísse a nova contribuição incidente sobre o total das receitas auferidas pelas pessoas jurídicas, a edição da EC 20/98 acabou por desvirtuar a utilização de tal instituto criado para revisão constitucional e previsto pelo legislador constituinte originário.

3.11 A utilização desvirtuada deste instituto implica ofensa ao princípio da segurança jurídica, o que não é permitido ante o disposto no art. 60, § 4º, IV, da CF.

3.12 Ademais, ao afastar a aplicabilidade do art. 154, I, no caso em tela, o legislador fere outro direito e garantia fundamental dos contribuintes, que é o direito à propriedade.

3.13 Ainda que admitíssemos, apenas *ad argumentandum*, a constitucionalidade da EC 20, perceberíamos que a Lei 9.718 não foi recepcionada, pois seu texto visava a ampliar a base de cálculo da COFINS dentro das regras do texto original do art. 195 e equipara "faturamento" a "receita bruta", enquanto a EC 20/98 autoriza o legislador ordinário a optar por uma dessas duas fontes de custeio para a Seguridade Social.

Desta maneira, fica evidenciado que tanto a Lei 9.718/98 como a EC 20/98 são inconstitucionais, não podendo, portanto, a União exigir a aplicabilidade de tais comandos legais.

São Paulo, 13 de janeiro de 1999

NOTAS & COMENTÁRIOS

A SISTEMÁTICA DA PROVISÃO PARA DEVEDORES DUVIDOSOS COM RELAÇÃO ÀS INSTITUIÇÕES FINANCEIRAS

FLÁVIO COUTO BERNARDES
Procurador do Município de Belo Horizonte/MG
— Professor de Direito Tributário no Curso de Especialização em Divinópolis/MG
— Mestrando em Direito Tributário pela Faculdade de Direito da UFMG

1. Introdução. 2. Lucro líquido como base de cálculo do imposto de renda. 3. Natureza jurídica da provisão para créditos de liquidação duvidosa. 4. A situação das instituições financeiras. Tributação sobre lucro fictício. 5. Sistema Financeiro Nacional. Impossibilidade de alterar seu regime por motivos meramente tributários. 6. Desrespeito ao princípio da hierarquia das leis. 7. Conclusões.

1. Introdução

"Porquanto se trate de uma obra de cunho teórico, devo dizer que a minha preocupação com a legislação tem mais com finalidades exemplificativas, haja vista a natureza do argumento (por essência, global) e o constante cambiamento, em certo modo, resultante de um inflacionamento inconseqüente de legislação sobre o imposto de renda: comportamento no mínimo aético do Estado, de alterar a legislação com a velocidade que o faz neste campo, onde a prática do comércio e a do desenvolvimento da economia, principalmente no mercado internacional, estão a exigir uma certa 'estabilidade legislativa' para que os operadores possam organizar, de modo eficiente, mediante planejamentos sérios e adequados, os seus negócios, em face de uma relativa segurança jurídica e certeza do direito refletidas" Heleno Tôrres, *Pluritributação Internacional sobre as Rendas de Empresas*, Ed. RT, pp. 43 e 44).

Muito se tem discutido na doutrina a respeito da natureza jurídica das provisões para devedores duvidosos, principalmente da possibilidade de se considerar como parcela dedutível da base de cálculo do imposto de renda e, por conseguinte, da contribuição social sobre o lucro.

Para a apuração da base de cálculo do citado imposto, na modalidade denominada de *lucro real*, é necessária a realização de vários procedimentos contábeis, dentre os quais a constituição de Provisão para Créditos de Liquidação Duvidosa (PCLD), também chamada Provisão para Devedores Duvidosos (PDD).

Esta sistemática deve ser adotada por todas as pessoas jurídicas, influindo diretamente no recolhimento do imposto de renda para aquelas que realizam sua apuração através do lucro real. Mas é justamente para as instituições financeiras, entidades autorizadas e fiscalizadas pelo Banco Central, encontrando-se submetidas às suas regras, que o tema adquiriu significativa relevância jurídica e econômica.

As normas para a apuração da PCLD em relação às instituições financeiras estão disciplinadas pelas disposições da Lei 4.595/64, que outorgaram ao Conselho Monetário Nacional a competência para regulamentar a escrituração destas pessoas jurídicas e expedir normas gerais de contabilidade, bem como pela Lei 6.404/76, e posteriores alterações, que determina a utilização destes valores para fins de apuração do lucro líquido do exercício.

No entanto, essas regras foram alteradas pela Lei 9.430/96, que estabeleceu sua indedutibilidade na apuração do lucro real, acarretando o aumento da base de cálculo do imposto de renda e da contribuição social sobre o lucro.

Neste contexto, o presente trabalho tem por objetivo analisar a natureza jurídica da mencionada provisão e seu reflexo na base de cálculo do imposto de renda, examinando a validade da modificação preconizada pela legislação federal. Especificamente com relação às instituições financeiras, regidas por normas técnicas e leis especiais, deve-se verificar a possibilidade de sua alteração por mera lei ordinária.

Por fim, buscar-se-á sintetizar nas conclusões o entendimento decorrente do exame dos aspectos legais e constitucionais descritos acima, sob a ótica da normatização jurídica do imposto de renda (conceito constitucional e legal).

2. *Lucro líquido como base de cálculo do imposto de renda*

O conceito de lucro foi definido pela Lei das Sociedades Anônimas, sendo o resultado do exercício que remanescer após as deduções de que tratam os arts. 189 (prejuízos acumulados e provisão para o imposto de renda) e 190 (participações atribuídas a debêntures, partes beneficiárias, empregados e administradores).

Assim, na apuração do lucro líquido devem ser decotados todos os prejuízos acumulados, a fim de que este, como base de cálculo do imposto de renda e da contribuição social sobre o lucro, constitua verdadeiro acréscimo patrimonial, pois do contrário estar-se-á tributando o patrimônio dos contribuintes.

O fato gerador do imposto de renda, delimitado pelo art. 43 do CTN, atinge a aquisição de disponibilidade econômica da renda ou de proventos de qualquer natureza que revelem indubitavelmente acréscimo patrimonial. Nesse sentido é a lição de Natanael Martins: "Assim, apurar corretamente o resultado de cada período-base das pessoas jurídicas necessário, inclusive, para a correta mensuração do patrimônio empresarial, é questão fundamental, seja perante o Direito Tributário, seja perante o Direito Societário, para se evitar a dilapidação do patrimônio empresarial, o que fatalmente ocorreria, pois, a título de tributo incidente sobre a renda (lucro), estar-se-ia entregando parcelas do patrimônio. E, dado que o que se tributa é o acréscimo patrimonial, não pode a lei, a nenhum pretexto, direta ou indiretamente, sob pena de descaracterizar a hipótese de incidência do imposto de renda constitucionalmente prevista, aumentar o resultado do que seria o montante efetivamente tributável (lucro ou renda), criando base de cálculo diversa da versada na Constituição e no Código Tributário Nacional".[1]

Sobre outro requisito necessário à integração do fato gerador do imposto sobre a renda e proventos de qualquer natureza. a aquisição de disponibilidade, uma das questões suscitadas refere-se ao qualifica-

1. Natanael Martins, "Restrições à dedução de provisões e despesas (a propósito do art. 13 da Lei n. 9.249/95)", in *Imposto de Renda — Alterações Fundamentais*, coord. de Valdir de Oliveira Rocha, São Paulo, Dialética, 1996, p. 154.

tivo jurídico que o legislador apôs à palavra "aquisição".

Após analisar a evolução da jurisprudência sobre a matéria, Bulhões Pedreira destaca a disponibilidade de renda como sendo a faculdade de utilizá-la prontamente (disponibilidade econômica), ao passo que a aquisição do direito de receber a renda (que seria a disponibilidade jurídica, na terminologia do Código Tributário Nacional) ainda não corresponde à aquisição do poder de utilização, limitando-se a configurar uma faculdade de obtê-la.

A jurisprudência tem restringido a tributação da aquisição de disponibilidade jurídica às hipóteses em que essa efetivamente enseje a disponibilidade econômica, como se infere da decisão do egrégio TRF-4ª Região, cujo relator foi o Juiz Teori Albino Zavascki: "2. Disponibilidade econômica é a possibilidade, atual e efetiva, de dispor da renda constituída por moeda ou seu equivalente. Disponibilidade jurídica é a possibilidade, decorrente da adequada instrumentação jurídica, de colocar a renda à efetiva e atual disposição econômica".[2]

Gilberto de Ulhôa Canto assevera que "é nesse sentido, que figura no trecho transcrito em segundo lugar, que me parece ter sido empregada, no Código Tributário Nacional, a expressão *aquisição de disponibilidade* jurídica de renda. Não basta, apenas, que seja adquirido o direito de auferir o rendimento (sua titularidade). É necessário que a aquisição desse direito assuma a forma de faculdade de adquirir disponibilidade econômica, mediante a simples tomada de iniciativa ou a prática de ato, que esteja no âmbito do arbítrio do interessado, a qualquer momento; em outras palavras, a disponibilidade jurídica não ocorre apenas com o aperfeiçoamento do direito à percepção do rendimento, sendo, mais do que isso, configurada somente quando seu recebimento em moeda ou quase-moeda dependa somente do contribuinte".[3]

Resta inequívoco, assim, que somente a aquisição de disponibilidade econômica pode ser tributável, desde que essa represente um real acréscimo patrimonial.

É inquestionável que somente a renda que constitua acréscimo patrimonial pode ser objeto de tributação, na medida em que entendimento diverso ensejaria a incidência da exação em tela sobre o próprio patrimônio do contribuinte, ao invés do lucro obtido.

A doutrina do magistrado Hugo de Brito Machado é no sentido de que, "considerando que a Constituição Federal descreve, ao fazer a partilha das competências tributárias, o âmbito de cada imposto, a liberdade do legislador para definir a hipótese de incidência do imposto sobre renda e proventos de qualquer natureza não vai além da liberdade que tem o intérprete para escolher uma das significações razoáveis dessa expressão. Se, no exercício dessa liberdade, o legislador transpõe o quadro, ou moldura, que a Ciência do Direito estabelece, definindo como renda o que renda não é, em qualquer de seus significados aceitáveis, agride a Constituição".[4]

Concluindo, sem a existência de acréscimo patrimonial que seja economicamente disponível não há hipótese de incidência do imposto de renda, sendo inconstitucional a tributação de qualquer fato que não se enquadre no conceito acima exposto.

3. *Natureza jurídica da provisão para créditos de liquidação duvidosa*

O saudoso jurista Rubens Gomes de Sousa, analisando o conceito jurídico das chamadas provisões, conclui pela impossi-

2. *Jurisprudência do Imposto de Renda. TRF-4ª R.* 2/32, Porto Alegre.

3. Gilberto de Ulhôa Canto, "A aquisição de disponibilidade e o acréscimo patrimonial do imposto de renda", in *Imposto de Renda*, coord. de Ives Gandra da Silva Martins, São Paulo, Atlas, 1993, p. 39.

4. Hugo de Brito Machado, "O âmbito constitucional do tributo e alguns dispositivos da Lei n. 9.249, de 26.12.95", in *Imposto de Renda — Alterações Fundamentais*, p. 83.

bilidade de estas serem englobadas na base de cálculo do imposto de renda, na medida em que não representam disponibilidade econômica ou jurídica, salientando que a inclusão levaria à inconstitucional tributação do patrimônio.

Analisando consulta fiscal e discorrendo sobre o assunto, ensina:

"(...) 'provisões' são fundos que representam valores excluídos da apuração dos lucros, e destinados a cobrir diferenças supervenientes no ativo em virtude da depreciação ou do desaparecimento de algum dos seus elementos, ou a atender a responsabilidades potenciais vinculadas a determinado aspecto dos negócios sociais. Por essa definição, as provisões vinculam-se umas ao ativo imobilizado (como as depreciações e amortizações), e outras a determinados encargos financeiros pendentes. Estas últimas o autor citado, em trecho aliás transcrito e grifado no parecer fiscal, assimila a 'verdadeiras dívidas em potencial, tais como as destinadas a cobrir riscos contratuais, (as) acumuladas para pagamento de impostos e semelhantes, e as reservas matemáticas' das companhias de seguros.

"Os autores jurídicos confirmam essas conclusões da técnica contábil. (...). Ascarelli distingue as provisões por não se referirem, como as reservas, a perdas eventuais, mas a encargos específicos, que poderão decorrer (no futuro) de fatos já verificados durante o exercício (*Problemas das Sociedades Anônimas*, São Paulo, 1945, p. 453).

"Joseph Kauffman inclui entre as suas conclusões o seguinte: "(...) a provisão destina-se a fazer frente a uma perda provável, verossímil, enquanto a amortização registra uma perda certa (...). Em conseqüência, as provisões são essencialmente sujeitas a revisão, ao passo que as amortizações são definitivas (...). A reserva é um lucro suscetível de distribuição (...) ao contrário, a provisão, como a amortização, é um encargo do exercício: antes de apurar o lucro, e, portanto, as reservas (...) é preciso contabilizar as provisões e as amortizações."[5]

Da análise apurada da doutrina referente ao assunto resulta que a característica essencial das provisões é a de terem contas escriturais, de registro de encargos financeiros, atuais ou previstos, porém não exigíveis. Esta inexigibilidade revela que as contas de provisão não resultam em acréscimo patrimonial, nem econômico, nem jurídico. Donde ser absolutamente inconstitucional a apuração da base de cálculo do imposto de renda sem a dedução das chamadas provisões para devedores duvidosos.

O próprio legislador reconhece que as perdas integrantes da conta de PDD consistem em um redutor do patrimônio, ou seja, um prejuízo suportado pelos contribuintes. Isto decorre da sistemática adotada pela Lei 9.430/96, que reconheceu a possibilidade de deduzir do lucro real as chamadas "perdas efetivas" (art. 9º), que, na realidade, possuem a mesma natureza jurídica dos valores lançados nas contas da provisão ora tratada.

Estas perdas efetivas constituem valores não pagos às empresas, o que não impede um futuro recebimento, momento em que a quantia será oferecida à tributação. Verifica-se, portanto, que são absolutamente os mesmos créditos que formam a conta de provisão, inclusive constando na legislação anterior (art. 43 da Lei 8.981/95).

Constata-se, assim, que o legislador reconheceu a natureza jurídica desta conta como despesa, caso contrário não tornaria dedutíveis os créditos elencados como "perdas efetivas". Alterou-se tão-somente a denominação, como se o nome modificasse sua natureza jurídica (art. 4º do CTN), objetivando evitar questionamentos judiciais! Frise-se que o legislador não tem o poder de determinar se esta ou aquela des-

5. Rubens Gomes de Sousa, *Pareceres 3 — Imposto de Renda*, São Paulo, Resenha Tributária, p. 22.

pesa será dedutível, pois o conceito de renda/lucro emanado do texto constitucional delimita seu campo de atuação. Logo, se reconhece parte da conta como perdas efetivas, não pode pretender tributar os outros elementos componentes da conta de provisão, uma vez que as respectivas naturezas jurídicas são indissociáveis, isto é, são absolutamente idênticas.

4. A situação das instituições financeiras. Tributação sobre lucro fictício

Com efeito, o art. 179 do Regulamento do Imposto de Renda (RIR) faz referência à base de cálculo do imposto de renda, remetendo aos demais preceitos legais que fazem menção ao conceito de lucro: "Art. 179. A base de cálculo do imposto, determinada segundo a lei vigente na data de ocorrência do fato gerador, é o lucro real (Subtítulo II), presumido (Subtítulo III) ou arbitrado (Subtítulo IV), correspondente ao período-base de incidência".[6]

As instituições financeiras são obrigadas a apurar o tributo pela sistemática do lucro real, não lhes sendo facultada a escolha, como ocorre para empresas que exercem outras atividades.

"Art. 193. Lucro real é o lucro líquido do período-base ajustado pelas adições, exclusões ou compensações prescritas ou amortizadas por este Regulamento.

"§ 1º. A determinação do lucro real será precedida da apuração do lucro líquido de cada período-base com observância das disposições das leis comerciais, inclusive no que se refere ao cálculo da correção monetária das demonstrações financeiras e à constituição da provisão para o imposto de renda.

"(...).

"Art. 194. O lucro líquido do período-base é a soma algébrica do lucro operacional (Capítulo V), dos resultados não-operacionais (Capítulo VII), do saldo da conta de correção monetária (Capítulo VIII) e das participações, e deverá ser determinado com observância dos preceitos da lei comercial."[7]

Na realidade, as atividades desta categoria econômica consistem na efetivação de operações de crédito através da transferência a terceiros de recursos captados no mercado por meio de aplicações e depósitos. Este montante obtido constitui seu passivo na forma de obrigações; e, caso os tomadores de crédito não honrem suas dívidas, permanece o dever da instituição de restituir aos aplicadores e depositantes as respectivas quantias, mediante a retirada de parcela de seu patrimônio, acarretando, por conseguinte, sua diminuição.

Justamente procurando evitar a tributação sobre o patrimônio das referidas pessoas jurídicas, que possuem atividade profissional específica, é que foi regulamentada pelo Conselho Monetário Nacional e pela Lei Societária a PCLD. Esta técnica permite que no balanço patrimonial das instituições financeiras não ocorra distorções, refletindo a realidade econômica destas empresas.

A necessidade de os balanços das instituições financeiras observarem integralmente sua verdadeira situação econômica tem sido matéria amplamente debatida, tendo em vista os recentes acontecimentos do mercado financeiro. A queda das operações nas Bolsas de Valores, com o respectivo aumento da taxa de juros interna, vem produzindo um imenso efeito cascata com relação ao assustador acréscimo das inadimplências dos tomadores de crédito. Este fato revela a perda efetiva sofrida por estas entidades, decorrente do prejuízo relativo ao não-recebimento das quantias emprestadas, enquanto permanece seu dever de saldar suas obrigações para com seus clientes (saindo do patrimônio das empresas), tudo isto onerado inconstitucionalmente pelo pagamento de tributos sobre valores que não constituem renda ou lucro.

6. Decreto 1.041/94 — RIR.

7. Decreto 1.041/94 — RIR.

Resta irrefutavelmente demonstrado que a PDD consiste num efetivo prejuízo suportado pelos contribuintes, que retiram de seu patrimônio o capital para saldar suas obrigações assumidas com os depositantes e aplicadores cujos recursos não foram quitados por aqueles que tomaram o dinheiro emprestado. Verifica-se que as instituições financeiras têm o dever de assumir estes prejuízos, que logicamente não são rendas, mas parcela do próprio patrimônio das empresas.

No momento de contabilizar uma operação de crédito não honrada pelo devedor a instituição financeira a inclui na conta de provisão para recompor o desfalque apurado em seu patrimônio (acarretando a respectiva diminuição). Posteriormente, quando o débito é pago, mediante os procedimentos de cobranças judiciais e extrajudiciais, estes valores retornam ao patrimônio da empresa como renda, sendo inteiramente tributados.

A indedutibilidade desta conta contábil constitui uma injustificável inversão de valores, contrariando o texto constitucional e o Código Tributário Nacional, na medida em que somente após o efetivo recebimento dos créditos inadimplidos se poderia considerar a existência de renda, mediante sua natural inclusão na base de cálculo do tributo.

Enquanto existentes os débitos duvidosos não se pode admitir sua tributação como renda, como pretende o art. 14 da Lei 9.430/96 ao tornar indedutível seu montante, sob pena de violação do princípio contábil da competência (a renda somente é tributada quando efetivamente auferida).

Acerca da natureza da provisão como redutora do patrimônio outro não é o entendimento da própria autoridade administrativa federal, como bem ressaltado por Nílton Latorraca:

"Conforme assinalamos antes, a provisão para o imposto sobre a renda deve ser constituída no exercício em que foram gerados os correspondentes resultados. Também como já assinalamos antes, a partir do Decreto-lei n. 1.598/77 essa provisão tornou-se obrigatória para todas as pessoas jurídicas que pagam imposto com base no lucro real, conforme expressamente foi reconhecido pela própria Coordenação do Sistema de Tributação, no item 10.5 do Parecer Normativo CST n. 108/78.

"A razão é muito simples: sem a provisão, o montante do patrimônio líquido estaria indevidamente majorado por não estar registrado o valor de uma obrigação."[8]

Comentando as questões ora suscitadas, objetivo o posicionamento de Geraldo de Camargo Vidigal:

"Certo é, no entanto, que já não dispunham as autoridades tributárias, desde a edição da Lei 4.595, de poder ou competência para fixar ou limitar o valor daquela provisão, pois esse poder e essa competência foram então atribuídos ao Conselho Monetário Nacional. (...).

"Nenhuma lei ordinária, no entanto, poderia instituir, validamente, a título de imposto de renda, objeto do art. 153 da Constituição, exigências sobre 'não-rendas'. Nem revogar a Lei 4.595, no regime do art. 192 da Constituição."[9]

A renda ou lucro tributável será sempre um acréscimo patrimonial ocorrido, resultante da diferença entre as despesas e as receitas apuradas dentro de determinado interregno temporal e que estejam em disponibilidade econômica. Sendo assim, a não-dedução da PCLD descaracteriza invariavelmente suas definições. Neste sentido a lição da professora Misabel Derzi:

"O lucro ou prejuízo da pessoa sempre alterará o seu patrimônio líquido. O lucro acrescenta-lhe valor, e o prejuízo reduz-lhe o valor. (...).

"Esses decréscimos de valor não são e não podem ser ignorados pelo legislador, que os leva em conta, permitindo-lhes a

8. Nílton Latorraca, *Direito Tributário — Imposto de Renda das Empresas*, São Paulo, Atlas.

9. Geraldo de Camargo Vidigal, parecer emitido à FEBRABAN.

dedução, a fim de que possa ser reposto, recomposto e mantido o patrimônio empresarial, do qual depende a sobrevivência do empreendimento econômico."[10]

Não é lícito ao legislador ordinário estabelecer que a diminuição do patrimônio empresarial constitui renda tributável. Somente o auferimento de renda (lucro) pode ser tributado pelo imposto de renda, e ao ser vedada a dedução da PCLD há aumento indevido da base de cálculo do tributo, passando a incidir sobre lucro fictício, que não constitui renda, mas o próprio patrimônio do contribuinte.

Assim, além de desnaturar o imposto de renda, transformando-o inconstitucionalmente em imposto sobre o patrimônio, a sistemática estabelecida pela Lei 9.430/96, não obstante os vícios já mencionados, infringe o princípio do não-confisco e da tipicidade, por tributar um lucro fictício, tornando inconstitucional sua cobrança.

Ives Gandra da Silva Martins, analisando matéria similar, tratada sob a égide da Lei 9.249/95, elucida:

"O problema que se coloca está na definição do fato gerador do imposto de renda. A 'aquisição de disponibilidade econômica ou jurídica', a que faz menção o art. 43, não ocorre na inexistência de disponibilidade, isto é, sempre que não tiver, o beneficiário da renda ou provento, disponibilidade que acresça a seu patrimônio, não terá gerado a obrigação de pagar o correspondente imposto.

"Ora, na Provisão para Devedores Duvidosos a própria expressão já define que se trata de uma 'não-disponibilidade'. Em outras palavras, o legislador ordinário, quando cuida das provisões para credores duvidosos, com elasticidade maior na lei anterior e menor na atual, cuida de recursos que deveriam compor a disponibilidade econômica ou jurídica do contribuinte, mas não a compõem, pois os que prometeram pagar não pagaram.

"Ora, a Provisão para Credores Duvidosos, que é imposição da própria lei comercial (a Lei das S/As cuida pormenorizadamente da matéria) para efeitos de descaracterização dos lucros, não pode ser tributada por duas razões, resultando, a meu ver, seja no Direito anterior, seja no atual, inconstitucionais as limitações propostas pela legislação ordinária.

"Parece-me, pois, rigorosamente inconstitucional o art. 13, inciso I, da Lei 9.249/95, na parte em que restringiu a Provisão para Devedores Duvidosos, pois violentando de forma inequívoca e cristalina o art. 43 do CTN."[11]

Verifica-se, portanto, que a Lei 9.430/96 pretende criar por ficção legal um lucro tributável, transformando as PDD, evento futuro e incerto, em fatos presumidamente verdadeiros, certos, que acresceriam o patrimônio, estando, desde logo, disponíveis, o que viola, inexoravelmente, o conceito constitucional de lucro, bem como a definição de renda tributável, contida no art. 43 do estatuto tributário.

Cumpre transcrever a decisão proferida pelo egrégio TRF-3ª Região, através do tributarista Américo Lacombe, abordando a matéria ora debatida:

"Já tive oportunidade de me pronunciar a respeito da questão aqui debatida, firmando posição no sentido de que a Provisão para Devedores Duvidosos constitui encargo operacional e não acréscimo patrimonial ou renda, não podendo, portanto, sobre ela incidir imposto de renda. Ademais, não há a disponibilidade dos valores transferidos para a PDD, sendo, portanto, passíveis de dedução de acordo com o art. 43 do CTN. Assim, as limitações contidas no art. 43, § 4º, da Lei n. 8.981/95 contrariam tanto o art. 43 do CTN como o princí-

10. Misabel de Abreu Machado Derzi, *Os Conceitos de Renda e de Patrimônio*, Belo Horizonte, Del Rey, 1992.

11. Ives Gandra da Silva Martins, "A Lei n. 9.249/95 e a provisão para devedores duvidosos", in *Imposto de Renda — Alterações Fundamentais*, p. 97.

pio constitucional da capacidade contributiva, patenteando o *fumus boni iuris*."[12]

Outra não é a conclusão de João Dácio Rolim ao afirmar que, "rejeitada a teoria legalista da concepção de renda, aceitando-se como mais adequada a teoria do acréscimo patrimonial, devem ser integralmente dedutíveis na determinação do lucro real tributável pelo imposto de renda: (...) a Provisão para Devedores Duvidosos das instituições financeiras fiscalizadas pelo Banco Central, assim como toda e qualquer despesa necessária, relacionada direta ou indiretamente à atividade do contribuinte, (...)".[13]

5. *Sistema Financeiro Nacional. Impossibilidade de alterar seu regime por motivos meramente tributários*

Indissociável desses parâmetros básicos é a constatação de que as demonstrações financeiras das instituições reguladas pela Lei 4.595/64 reflitam sempre a real situação patrimonial das empresas, para que do seu exame se possa obter a exata noção da liquidez e solvabilidade das mesmas. Só assim atende-se aos interesses da coletividade, dando-se transparência ao Sistema Financeiro Nacional, regulamentado pelo texto constitucional.

A mencionada lei determina, também, que as instituições financeiras (monetárias, bancárias e creditícias) sempre terão a forma de sociedades anônimas, sendo regidas pela Lei 6.404/76. Dessa forma, às normas profissionais das instituições financeiras conjugam-se as normas previstas para as sociedades anônimas, sendo ambas de obrigatória utilização por essas entidades.

A própria PCLD está prevista na Lei Societária, como demonstrado anteriormente, cujo teor estabelece que a escrituração das empresas deve refletir adequadamente a perda do período, visando a demonstrar a real situação econômico-financeira das mesmas. Geraldo de Camargo Vidigal preleciona, em seu parecer:

"As normas estabelecidas para a elaboração, a revelação e a divulgação dos demonstrativos financeiros servem a essas diferentes finalidades: em primeiro lugar, visam a orientar os administradores e órgãos societários, para que possam suas decisões e iniciativas fundar-se em objetivo conhecimento dos negócios sociais; em segundo, a prestar, àqueles que se associaram na pessoa jurídica, as informações necessárias ao seu comportamento, enquanto associados — no caso das sociedades por ações, enquanto acionistas; em terceiro lugar, representam indicações necessárias aos que contratam com a empresa e ao público em geral, quanto ao estado dos seus negócios; por último, servem a balizar o relacionamento entre a pessoa jurídica e o Poder Público, para finalidades diversas, inclusive do ângulo dos deveres fiscais.

"Abusivamente, violando a Constituição e as leis, pretendem as autoridades tributárias ditar normas absurdas para elaboração dos demonstrativos, como se estivessem em causa somente as pretensões do Fisco (...).

"Nesse regime jurídico-profissional integram-se as normas do Conselho Monetário Nacional que por lei presidem a escrituração dos bancos — e que necessariamente atendem não apenas ao detalhe das pretensões fiscais, mas aos interesses econômicos nacionais de adequada administração das instituições financeiras e às altas razões da necessária publicidade e transparência do estado real dos negócios bancários, no interesse de todo o mercado financeiro, de seus aplicadores, creditados e acionistas, assim como de todos os que com eles contratam."[14]

A legislação tributária não pode modificar conceitos e institutos de Direito Pri-

12. In *Revista Dialética de Direito Tributário* 9, junho/96.

13. João Dácio de Souza Pereira Rolim, "O conceito jurídico de renda e proventos de qualquer natureza", in *Revista de Direito Tributário* 67, São Paulo, 1995.

14. Geraldo de Camargo Vidigal, parecer cit.

vado, como ocorreu com a edição da Lei 9.430/96, onde se pretende alterar a essência da PCLD, que constitui despesa dos contribuintes. Comprovando a impossibilidade da transformação pretendida, uma vez que o cálculo do imposto de renda deve basear-se nas regras contábeis do balanço, elucidativo o parecer de Gilberto de Ulhôa Canto: "Tendo em vista as formalidades que as legislações prescrevem para apresentação de balanço que possa merecer fé jurídica, diversas conseqüências, também de ordem legal, surgem de tal documento. Assim é que ele cria uma situação jurídica para os sócios que o assinam, estabelecendo uma presunção *juris tantum* de acordo e exatidão quanto aos dados que o constituem. Ele cria, também, *si et in quantum*, um direito para o Fisco de haver os tributos previstos na lei do imposto de renda".[15]

O art. 110 do CTN dispõe que: "A lei tributária não pode alterar a definição, o conteúdo e o alcance de institutos, conceitos e formas de Direito Privado, utilizados, expressa ou implicitamente, pela Constituição Federal, pelas Constituições dos Estados, ou pelas Leis Orgânicas do Distrito Federal ou dos Municípios, para definir ou limitar competências tributárias".

Conclui-se que a legislação tributária jamais poderia determinar regras que impedissem a dedução da provisão ora abordada, modificando sua natureza jurídica, pois se trata de instituto próprio de Direito Privado, definido na Lei Societária e na Lei do Sistema Financeiro, que de forma alguma pode ser alterado pela legislação tributária, sob pena de violação à Constituição Federal de 1988 (art. 192), ao art. 110 do CTN, à Lei Societária e à própria Lei 4.595/64.

6. Desrespeito ao princípio da hierarquia das leis

Os arts. 60 e 61 da Lei 4.506, de 30.11.64, disciplinavam a apuração da PCLD, determinando sua dedutibilidade da base de cálculo do imposto de renda, seu registro como *custo* ou *despesas operacionais*, além de lhe determinar a extensão:

"Art. 60. Poderão ser registradas como custo ou despesas operacionais as importâncias necessárias à formação de provisões:

"I — para créditos de liquidação duvidosa;

"(...).

"Art. 61. A importância dedutível como Provisão para Créditos de Liquidação Duvidosa será a necessária a tornar a provisão suficiente para absorver as perdas que provavelmente ocorrerão no recebimento dos créditos existentes ao fim de cada exercício."

Em 31 de dezembro de 1964 foi editada a Lei 4.595, que dispôs *sobre a política e as instituições monetárias, bancárias e creditícias*. Essa norma foi criada em função da profissionalidade das instituições financeiras e de considerações de ordem econômica e administrativa, sendo lei especial, em razão de regular relações particulares.

Além disso, a Lei 4.595/64 criou o Conselho Monetário Nacional (CMN), com a *finalidade de formular a política da moeda e do crédito*, objetivando, entre outros fins, *zelar pela liquidez e solvência das instituições financeiras* e *coordenar as políticas monetária, creditícia, orçamentária, fiscal e da dívida pública, interna e externa* (arts. 2º e 3º, VI e VII, da Lei 4.595/64).

Criando o Conselho Monetário Nacional, a Lei 4.595/64 fixou-lhe a competência, consignando no art. 4º, XI e XII: "Art. 4º. Compete ao Conselho Monetário Nacional: (...); XI — estipular índices e outras condições técnicas sobre encaixes, mobilizações e outras relações patrimoniais, a serem observadas pelas instituições financeiras; XII — expedir normas gerais de contabilidade e estatística a serem observadas pelas instituições financeiras".

O texto constitucional vigente, atentando para a relevância que a ordenação do

15. Gilberto de Ulhôa Canto, ob. cit.

Sistema Financeiro Nacional apresenta, previu, no seu art. 192, que este seria regulado por lei complementar.

O dispositivo constitucional, conforme assentado na doutrina e na jurisprudência, erigiu a Lei 4.595/64 ao nível de lei complementar, como tal sendo recepcionada pelo novo ordenamento jurídico. Consigna, em brilhante síntese, o eminente constitucionalista José Afonso da Silva: "O *Sistema Financeiro Nacional* será regulado em *lei complementar*. Fica valendo, como tal, pelo princípio da recepção, a Lei 4.595/64, que precisamente instituiu o *Sistema Financeiro Nacional*. Não é, portanto, a Constituição que o está instituindo. Ela está constitucionalizando alguns princípios do Sistema. Aquela lei vale, por conseguinte, como se lei complementar fosse. Sua alteração, contudo, depende de lei complementar, ou seja, de lei formada nos termos do art. 69".[16]

O Banco Central do Brasil, acatando orientação do Conselho Monetário Nacional, e em conformidade com as disposições da Lei 4.595/64, editou a Res. 1.748, de 30.8.90, no uso da competência que lhe foi atribuída pela legislação complementar, disciplinando em seu art. 9º a forma de apuração da PDD.

Todavia, o Governo Federal editou leis e instruções que, indevida e ilegalmente, pretenderam modificar o regime de dedutibilidade da PCLD das instituições financeiras, cristalizado constitucionalmente nas normas da Lei 4.595/64, acarretando um pagamento a maior e indevido do imposto de renda.

Ocorre, porém, que tal mudança não poderia ser levada a efeito por mera lei ordinária, sob pena de ofensa ao princípio da hierarquia das leis. Isso porque, conforme visto anteriormente, a Lei 4.595/64, com *status* de lei complementar, outorgou competência ao Conselho Monetário Nacional para tratar da matéria em questão.

16. José Afonso da Silva, *Curso de Direito Constitucional Positivo*, 16ª ed., São Paulo, Malheiros Editores, 1999, p. 798.

Em outras palavras, a lei ora atacada não poderia derrogar as disposições da Lei 4.595/64, porque esta foi editada com base na competência estabelecida em lei complementar. Em última análise, o diploma legal citado infringe a lei de hierarquia superior, na medida em que desconsidera a competência por ela expressamente estabelecida.

O desrespeito ao princípio da hierarquia das leis nulifica *pleno iure* os atos legislativos praticados sob sua égide. Dessa forma, a sistemática introduzida pela Lei 9.430/96 não pode embasar qualquer tipo de exigência fiscal da Fazenda Nacional. Devem prevalecer com relação às instituições financeiras o regime da Lei 4.595/64 e a Res. 1.748/90, sendo a PCLD apurada em conformidade com essa legislação, tornando-se dedutível da base de cálculo do imposto de renda.

Há que se ressaltar, ainda, que a Lei 4.595/64 contém disposição expressa a respeito da observância inafastável, pelas instituições financeiras, das regras contábeis estabelecidas pelo Conselho Monetário Nacional. Dispõe o art. 31 da mencionada lei: "Art. 31. As instituições financeiras levantarão balanços gerais a 30 de junho e 31 de dezembro de cada ano, obrigatoriamente, com observância das regras contábeis estabelecidas pelo Conselho Monetário Nacional".

Dessa forma, não tendo sido alterado o instituto jurídico da PCLD através de lei complementar, restaram violados o princípio constitucional da hierarquia das leis, o art. 192 da CF/88 e a Lei 4.595/64, não podendo prevalecer as modificações pretendidas pela União Federal através da Lei 9.430/96.

7. Conclusões

7.1 Sem a existência de acréscimo patrimonial que seja econômica e juridicamente disponível não há hipótese de incidência do imposto de renda.

7.2 A PDD constitui uma conta contábil necessariamente redutora do lucro. O próprio legislador reconhece sua natureza jurídica na Lei 9.430/96, ao tornar dedutíveis os valores apurados como "perdas efetivas" (art. 9º).

7.3 Tendo as instituições financeiras como objeto social a efetivação de operações de crédito mediante oferecimento de recursos próprios e de captados no mercado, eventual inadimplência do tomador do empréstimo acarreta o desembolso de parcela de seu patrimônio para obrigatoriamente honrar seus compromissos para com os clientes. Caracterizados a natureza jurídica de despesa da PDD e o decréscimo patrimonial das mencionadas entidades, conclui-se que a indedutibilidade destes valores provoca a ilegal e inconstitucional incidência do imposto de renda sobre um lucro fictício, por se tratar do próprio patrimônio do contribuinte.

7.4 A legislação federal tributária não pode alterar o conceito e as regras específicas para a apuração da PCLL, desvirtuando instituto consagrado no Direito Privado, em face do que dispõe o art. 192 da Carta Republicana de 1988, c/c a Lei Societária e a Lei 4.595/64, bem como no tocante ao art. 110 do CTN.

7.5 A competência para regulamentar a PDD apurada pelas instituições financeiras é definidas em lei complementar (Lei 4.595/64), não podendo seu regime ser modificado por mera lei ordinária (ausência de competência legislativa do legislador federal, por força do art. 192 da CF/88), sob pena de infringir o princípio constitucional da hierarquia das leis.

Bibliografia

AMARO, Luciano. *Direito Tributário Brasileiro*. São Paulo, Saraiva, 1997.

ATALIBA, Geraldo. *Hipótese de Incidência Tributária*. 5ª ed., 7ª tir. São Paulo, Malheiros Editores, 1998.

CANTO, Gilberto de Ulhôa. "A aquisição da disponibilidade e o acréscimo patrimonial do imposto de renda". *Imposto de Renda*. Coord. de Ives Gandra da Silva Martins. São Paulo, Atlas, 1993.

CARVALHO, Paulo de Barros. *Curso de Direito Tributário*. São Paulo, Saraiva, 1991.

DERZI, Misabel de Abreu Machado. *Os Conceitos de Renda e de Patrimônio*. Belo Horizonte, Del Rey, 1992.

GUERREIRO, Rutnéa Navarro. "Indedutibilidade de despesas operacionais". *Imposto de Renda — Alterações Fundamentais*. Coord. de Valdir de Oliveira Rocha. São Paulo, Dialética, 1996.

LATORRACA, Nílton. *Direito Tributário — Imposto de Renda das Empresas*. São Paulo, Atlas.

MACHADO, Hugo de Brito. "O âmbito constitucional do tributo e alguns dispositivos da Lei n. 9.249, de 26.12.95". *Imposto de Renda — Alterações Fundamentais*. Coord. de Valdir de Oliveira Rocha. São Paulo, Dialética, 1996.

__________. *Temas de Direito Tributário II*. São Paulo, Ed. RT, 1994.

MARTINS, Ives Gandra da Silva. "A Lei n. 9.249/95 e a provisão para devedores duvidosos". *Imposto de Renda — Alterações Fundamentais*. Coord. de Valdir de Oliveira Rocha. São Paulo, Dialética, 1996.

MARTINS, Natanael. "Restrições à dedução de provisões e despesas (a propósito do art. 13 da Lei n. 9.249/95)". *Imposto de Renda — Alterações Fundamentais*. Coord. de Valdir de Oliveira Rocha. São Paulo, Dialética, 1996.

PACHECO, Ângela Maria da Motta. "Base de cálculo do imposto de renda da pessoa jurídica — Deduções vedadas pela Lei n. 9.249, de 26.12.95". *Imposto de Renda — Alterações Fundamentais*. Coord. de Valdir de Oliveira Rocha. São Paulo, Dialética, 1996.

ROLIM, João Dácio de Souza Pereira. "O conceito jurídico de renda e proventos de qualquer natureza". *RDT* 67. São Paulo, Malheiros Editores, 1996.

SILVA, José Afonso da. *Curso de Direito Constitucional Positivo*. 16ª ed. São Paulo, Malheiros Editores, 1999.

SOUSA, Rubens Gomes de. *Pareceres 3 — Imposto de Renda*. São Paulo, Resenha Tributária (p. 22).

TORRES, Heleno. *Pluritributação Internacional sobre as Rendas de Empresas*. São Paulo, Ed. RT, 1997.

NOTAS & COMENTÁRIOS

O MÉTODO LITERAL DE INTERPRETAÇÃO NO DIREITO TRIBUTÁRIO FRENTE A ALGUNS ASPECTOS SEMIÓTICOS DOS TEXTOS JURÍDICO-POSITIVOS

ROBERTO WAGNER LIMA NOGUEIRA
Advogado — Mestrando na Universidade Cândido Mendes-RJ

Há 30 anos defendo a posição, radical, sem dúvida, de que conhecimento não se transfere, conhecimento se constrói. Como a inteligência. Você constrói, produz a inteligência, não a recebe de graça. Este é um dos problemas a serem enfrentados pelas gerações novas engajadas no processo educacional. Não há dúvida de que a prática pedagógica no Brasil não contribui em quase nada para uma formação crítica, para o que eu venho chamando de curiosidade epistemológica. (Paulo Freire, Caderno "Prosa e Verso", O Globo, texto inédito, 24.5.97)

1. Da metodologia. 2. Alguns apontamentos sobre a interpretação literal no âmbito da Ciência Dogmática e na Teoria Geral do Direito. 3. A interpretação literal no Direito Tributário. O enunciado prescritivo estatuído no art. 111 do CTN sob a ótica de parte da doutrina do Direito Tributário. 4. Conhecimento. A linguagem como constitutiva da realidade natural e da realidade jurídica. A linguagem do Direito Positivo como objeto da metalinguagem da Ciência Dogmática. 5. A Semiótica ou Ciência da Linguagem. O signo enquanto relação triádica. A Semiótica Jurídica. Seus planos fundamentais de manifestação. 6. Uma crítica à interpretação literal no Direito Tributário enquanto técnica que pugna pela aderência aos suportes físicos das mensagens legisladas. 7. Conclusões.

1. Da metodologia

Trata este estudo de analisar, conforme anuncia o seu próprio título, o método literal de interpretação no Direito Tributário frente a breves noções semióticas dos textos jurídico-positivos.

Todo estudo com pretensões científicas requer um método[1] de aproximação do

1. É o critério filosófico adotado pelo jurista que determina seu objeto. Essa operação pela qual se constitui o objeto deve ser, obviamente, governada por um *método*, que fixará as bases da sistematização da ciência. Diz Maria Helena Diniz (*A Ciência do Direito*, 4ª ed., São Paulo, Saraiva, 1996) que: "A palavra 'método' é formada pela justaposição de dois vocábulos gregos: *meta* e *odos*. *Meta* tem o significado de fim-objeto, que tende a uma atividade — através de, mediante. *Odos* equivale a caminho, trâmite. O composto 'método' quer dizer 'caminho para', o meio para o fim, ou seja, é o caminho ordenado que conduz a ciência à verdade. V., sobre a noção de método e sua importância para a ciência, José Luiz Esteves, *La Investigación Científica y su Propedéutica en el Derecho*, Caracas, 1970, t. 1, p.

objeto;[2] para tanto vale a observação arguta de Paulo de Barros Carvalho[3] quando diz que "qualquer trabalho de pretensões científicas impõe ao autor uma tomada de posição no que atina aos conceitos fundamentais da matéria em que labora, para que lhe seja possível desenvolver seus estudos dentro de diretrizes seguras e satisfatoriamente".

Ainda em preliminar, é bom aduzirmos sobre o que leciona Goffredo Telles Júnior a respeito dos sistemas de referência. O conhecimento sem sistema de referência[4] é desconhecimento.

Portanto, adotamos um sistema de referência neste estudo que é o seguinte. Primeiro, um corte metodológico de origem kelseniana:[5] onde houver Direito haverá normas jurídicas, necessariamente. Segundo corte, poderíamos dizer: onde houver normas jurídicas há, necessariamente, uma linguagem em que essas normas se mani-

74; Franco Montoro, *Os Princípios Fundamentais do Método no Direito*, São Paulo, Ed. Martins, 1942, p. 40; Sanchez Roman, *Estudios de Derecho Civil*; Ramón Badeness Gasset, *Metodología del Derecho*, Barcelona, Bosch, 1959, pp. 17-35; Miguel Reale, *Lições Preliminares de Direito*, cit., p. 26 ... etc.".

2. Fácil é evidenciar os liames que se estabelecem entre sujeito e objeto, pois o sujeito cognoscente (jurista) tende para o objeto (Direito). Essa tendência é a intencionalidade do conhecimento, que consiste em sair de si para o objeto, a fim da captá-lo mediante um pensamento. É como leciona Maria Helena Diniz (*A Ciência* ... cit., p. 6), no conhecimento encontram-se frente a frente a consciência cognoscente e o objeto conhecido. A relação sujeito-objeto é dupla, ou, melhor, é um correlação em que o sujeito é sujeito para o objeto e o objeto é objeto para o sujeito, de modo que não se pode pensar em um sem o outro. Por outro lado, o sujeito produz um pensamento do objeto. O ato cognoscitivo não é um ato solitário, refere-se sempre a algo heterogêneo a si. Todo pensamento é apreensão de um objeto: pensar é dirigir a atenção da mente para algo. Note-se que o ato de se tornar sujeito cognoscente consiste em propor-se um objeto a conhecer. Esse objeto, por sua vez, produzirá uma modificação no sujeito conhecedor, que é o pensamento. O pensamento, visto do sujeito, nada mais é que a modificação produzida pelo sujeito em si mesmo para apossar-se do objeto; visto do objeto, é a modificação que o objeto, ao entrar no sujeito, produziu no seu pensamento. À guisa de aprofundamento a professora Maria Helena Diniz menciona: Johannes Hessen, *Teoria do Conhecimento*, 5ª ed., Coimbra, Arménio Amado Editor, 1970, p. 26; Miguel Reale, "Sentido de pensar em nosso tempo", *RBF* 100/392-395; García Morente, *Fundamentos de Filosofia* cit., pp. 145-146 e 167, etc.

3. "A relação jurídica tributária e as impropriamente chamadas 'obrigações acessórias'", *RDP* 17/381-386.

4. Constata Goffredo Telles Júnior (*O Direito Quântico*, 6ª ed., São Paulo, Max Limonad, 1985, pp. 284 e 285): "Cada ser humano possui seu próprio universo cognoscitivo, isto é, possui um conjunto ordenado de conhecimentos, uma estrutura cultural, que é seu próprio sistema de referência, em razão do qual atribui a sua significação às realidades do mundo. Toda realidade pode ser objeto de conhecimento. Mas o conhecimento de uma realidade está sempre condicionado pelo sistema de referência do sujeito conhecedor. Nenhum conhecimento é absoluto. Cada conhecimento é conhecimento na medida em que é referido a um sistema anterior de conhecimentos. Sem esta referência, o conhecimento não tem sentido. E um conhecimento sem sentido equivale ao desconhecimento. Um sistema de referência capaz de conferir sentido a conhecimentos particulares resulta da conjunção de muitos fatores. Tal sistema é, ele próprio, um conhecimento: é um conhecimento global. É um universo de conhecimentos. E este universo cognitivo é produto de muitas causas. É produto de legado genético, aprendizagem, experiência. É também produto de perspectivas ocasionais e de situações fortuitas". Mais adiante pondera o Mestre paulista: "A idéia de sistema de referência toma posição dominadora em todo o conhecimento humano. Sem sistema de referência, o conhecimento é desconhecimento. O sistema de referência é condição do conhecimento. Devemos observar que o sistema de referência de um homem pode não pertencer exclusivamente a ele. Pode tal sistema ser o universo cognitivo de uma coletividade. Oriundos das mesma contingências, é natural que os sistema de referências de pessoas de um mesmo grupo sejam semelhantes uns aos outros. O ato de escolha não é um ato de liberdade: depende do patrimônio genético, do confronto de uma informação, provinda do mundo exterior, com todo o cabedal de aprendizagem, já armazenado pelo agente. Todo ato livre é sempre um ato determinado por algum motivo" (pp. 289 e 290). Esta é a razão que justifica as diversas e díspares interpretações que os juristas colhem dos enunciados legais, frutos que são da visão pessoal daquele que se aproxima do objeto a ser conhecido. Em outra passagem assinala Goffredo Telles Júnior que o conhecimento é a apreensão do objeto, "o renascimento do objeto conhecido, em novas condições de existência, dentro do sujeito conhecedor".

5. Paulo de Barros Carvalho, "Enunciados, normas e valores jurídicos tributários", *RDT* 49/45 e 46, São Paulo, Malheiros Editores.

festam, razão pela qual vamos tratar as normas jurídicas como manifestação de linguagem.[6] Eis aí um método e um objeto bem definidos.

Sendo assim, verificamos que tanto o Direito Positivo (objeto) quanto a Ciência do Direito (metalinguagem) se apresentam vertidos em linguagem, aquela prescritiva e esta última descritiva ou teorética, com pretensões cognoscentes da linguagem-objeto[7] do Direito Positivo. Destarte, nada mais é preciso para enaltecer o cabimento da aplicação dos recursos da Teoria Geral dos Signos no campo dos estudos jurídicos. Cremos, até, ratificando posição de Paulo de Barros Carvalho,[8] que "a indagação do Direito como fenômeno de linguagem e a presença da Semiótica no seu processo de pesquisa e conhecimento firmam um marco decisivo na trajetória dessas investigações".

Atentemos, ainda, para o fato de que esta linguagem em que o Direito se apresenta é típica realização do espírito humano, é sempre objeto do mundo da cultura, e, como tal, carrega consigo valores. Por isso mesmo, o Direito Positivo, enquanto objeto de estudo neste trabalho, se apresenta aos nossos olhos como um ente cultural[9] por excelência, o que implica afirmar que não podemos nos aproximar dele na condição de sujeito puro, despojado de atitudes

6. Uma observação fundamental: o Direito não é somente linguagem. Exprime e manifesta-se através da linguagem. Daí por que não ser esta uma visão reducionista do fenômeno jurídico. Frisamos, para bem esclarecer, que utilizamos a linguagem como ponto partida, "não como fim temático, mas como índice temático", como salienta Husserl, citado por Lourival Vilanova, in *As Estruturas Lógicas e o Sistema do Direito Positivo*, São Paulo, Max Limonad, 1997, p. 39.

7. Faz-se necessário um relevante registro histórico: foi Hans Kelsen o primeiro jurista a utilizar, para seu campo específico, os conceitos de linguagem-objeto e de metalinguagem. Fê-lo ao distinguir normas jurídicas de regras jurídicas ou, em outra terminologia, isolando as normas jurídicas, construídas pelo legislador (sentido amplo), das proposições jurídicas, enunciados descritivos mediante os quais o jurista descreve a linguagem prescritiva do Direito Positivo. Luís Alberto Warat (*O Direito e sua Linguagem*, 2ª ed., Porto Alegre, Sérgio Antônio Fabris Editor, 1995, p. 48) traz interessante justificativa para a utilização destes dois níveis de linguagem pela Ciência do Direito. Diz ele: "A necessidade de estabelecer esses dois níveis de linguagem surge quando tomamos como objeto de nossa reflexão a própria linguagem. O sentido desta distinção é dado, segundo os lógicos positivistas, pela incapacidade das linguagens produzirem processos de autocontrole sobre a lei de sua organização lógica. Necessita-se, então, da construção de um outro nível de linguagem, a partir do qual se possa fazer uma investigação problematizadora dos componentes e estruturas da linguagem que se pretende analisar. Desta forma, se as leis de organização lógica fossem produzidas no mesmo corpo da linguagem-objeto, afirmam os positivistas lógicos, encontraríamos situações paradoxais. O exemplo mais famoso — de um paradoxo surgido pelo falta de distinção de níveis lingüísticos é a antinomia do mentiroso. Ela pode ser formulada da seguinte forma: se um cretense dissesse 'os cretenses sempre mentem' estaríamos frente à parodoxal situação de que se aceitássemos a proposição como verdadeira o cretense que a formulou também mentiu e, assim, nem sempre os cretenses mentem, o que conduz a admitir que a proposição 'os cretenses mentem' é falsa. Para superar a contradição, temos de admitir que a proposição 'os cretenses sempre mentem' não forma parte do conjunto de proposições que se pretende qualificar como mentiras; se formassem parte de um mesmo corpo discursivo estariam em contradição, como foi assinalado. Extrapolada da linguagem-objeto e vista como metalinguagem eliminar-se-ia seu caráter contraditório pelo princípio lógico, que estabelece que só entram em contradição proposições do mesmo nível".

8. "A visão semiótica na interpretação do Direito", texto inédito.

9. Segundo lição de Miguel Reale cabem à Ontognosiologia, como parte da Teoria do Conhecimento, o estudo sobre as indagações pertinentes ao sujeito (Gnosiologia) e as indagações pertinentes ao objeto do conhecimento (Ontologia). No estudo da Ontologia, ainda segundo o professor Miguel Reale, podemos dizer que objeto é tudo que pode ser objeto de um juízo, isto é, como os objetos se apresentam ao conhecimento de uma ciência. Portanto, podemos distinguir duas ordens de objetos segundo dois prismas, a saber: objetos do mundo do Ser = objetos naturais (físicos e psíquicos) e objetos ideais; e objetos do mundo do Dever-Ser = objetos culturais. O Direito, portanto, é um objeto cultural, está no mundo do Dever-Ser, no mundo das normas, no mundo deôntico. Todavia, segundo o Mestre os objetos culturais são enquanto devem ser; logo, guardam pertinência direta com o mundo do Ser, tendo em vista que existem para implantar valores (Miguel Reale, *Filosofia do Direito*, 17ª ed., São Paulo, Saraiva, 1996, pp. 31 e 188).

axiológicas, como se estivéssemos perante um fenômeno da Natureza ou uma equação matemática. A neutralidade axiológica impediria, desde o início, a compreensão do sentido das normas, tolhendo a investigação. Ademais, o conhecimento jurídico já encontra no seu objeto uma auto-explicação, pois o Direito fala de si mesmo, e este falar-de-si é componente material do objeto. Daí a função reconstrutiva do saber jurídico, expressa nas proposições descritivas da Ciência do Direito.[10]

Ainda dentro da metodologia adotada neste estudo, é de bom alvitre salientarmos que visualizamos uma nítida separação entre *enunciados* e *normas*; aqueles são tomados neste trabalho como suportes físicos de significações, isto é, a mancha de tinta no papel, a voz, o som etc., e estas — as *normas* — estão nas significações que construímos a partir dos enunciados, não estão no enunciado, mas nas significações que nós construímos a partir do texto.

Feito isto, podemos dizer, para demarcar ainda mais o nosso método de estudo, que analisaremos o método literal de interpretação no Direito Tributário enquanto enunciado posto no art. 111 do CTN mediante o auxílio da Ciência dos Signos ou Semiótica Jurídica, não antes de direcionarmos um breve olhar, mesmo que superficial, para os posicionamentos teóricos a respeito do método literal de interpretação no concernente à Teoria Geral do Direito, Ciência Dogmática,[11] e na doutrina do Direito Tributário.

2. Alguns apontamentos sobre a interpretação literal no âmbito da Ciência Dogmática e na Teoria Geral do Direito

Sobre o objeto — Direito Positivo —, exposto em linguagem prescritiva de for-

10. Paulo de Barros Carvalho, "O princípio da segurança jurídica em matéria tributária", *RDT* 61/75, São Paulo, Malheiros Editores.

11. Tércio Sampaio Ferraz Júnior, *Introdução ao Estudo do Direito*, 2ª ed., São Paulo, Atlas, 1996, pp. 41, 43, 44 e 47. O Mestre paulista traça nesta obra interessante explicação sobre o significado da expressão "Dogmática" na condição de adjetivo da expressão "Ciência Dogmática", utilizada por nós neste estudo. Diz ele: "O Direito, como objeto, pode ser estudado de diferentes ângulos. Para esclarecê-los, vamos distinguir, genericamente, entre um enfoque *zetético* e um enfoque *dogmático* (Viehweg, 1969). *Zetética* vem de *zetein*, que significa perquirir, *dogmática* vem de *dokein*, que significa ensinar, doutrinar. Embora entre ambas não haja uma linha divisória radical (toda investigação acentua mais um enfoque que o outro, mas sempre tem os dois), a sua diferença é importante. O enfoque dogmático releva o ato de opinar e ressalva algumas das opiniões. O zetético, ao contrário, desintegra, dissolve opiniões, pondo-as em dúvida. Questões zetéticas têm um função especulativa explícita e são infinitas. Questões dogmáticas têm uma função especulativa explícita e são finitas. Nas primeiras o problema tematizado é configurado como um ser (que é algo?). Nas segundas, a situação nelas captada se configura como um dever-ser (como deve-ser algo?). Por isso, o enfoque zetético visa a saber o que é uma coisa. Já o enfoque dogmático se preocupa em possibilitar uma decisão e orientar a ação. A título de exemplo, podemos tomar o problema de Deus na Filosofia e Teologia. A primeira, num enfoque zetético, pode pôr em dúvida a sua existência, pode questionar até mesmo as premissas da investigação, perguntando-se inclusive se a questão sobre Deus tem algum sentido. Nestes termos, o seu questionamento é infinito, pois até admite uma questão sobre a própria questão. Já a segunda, num enfoque dogmático, parte da existência de Deus como uma premissa inatacável. E se for uma teologia cristã, parte da *Bíblia* como uma fonte que não pode ser desprezada. Seu questionamento é, pois, finito. Assim, enquanto a Filosofia se revela como um saber especulativo, sem compromissos imediatos com a ação, o mesmo não acontece com a Teologia, que tem de estar voltada para a orientação da ação nos problemas humanos com relação a Deus". Continua o mestre Tércio Sampaio Ferraz Júnior: "O campo das investigações zetéticas do fenômeno jurídico é bastante amplo. Zetéticas são, por exemplo, as investigações que têm como objeto o Direito no âmbito da Sociologia, da Antropologia, da Psicologia, da História, da Filosofia e etc. Nenhuma dessas disciplinas é especialmente jurídica (...) nos últimos 150 anos os estudos da Ciência Jurídica *stricto sensu* têm-se configurado como um saber dogmático. É óbvio que o estudo do Direito pelo jurista não se reduz a este saber. Assim, embora ele seja um especialista em questões dogmáticas, é também, numa certa medida, um especialista nas zetéticas". Abordando a mesma temática, Maria Helena Diniz (*A Ciência Jurídica*, 4ª ed., São Paulo, Saraiva, 1996, p. 24 e 25) cita: "Interessante a respeito é o estudo de Theodor Viehweg ("Sobre el futuro de la filosofia del derecho como investigación fundamental", trad. R. Ayala, *Cuadernos de Filosofía del Derecho*, Ca-

ma técnica, vertem neste estudo duas outras linguagens: a linguagem da Ciência Dogmática (Ciência do Direito em sentido estrito), descritiva do objeto, e a linguagem da Teoria Geral do Direito, estrato de linguagem que descreve os pontos de interseção dos vários ramos da Ciência do Direito, e utiliza-se também de termos rigorosamente científicos.

Portanto, falaremos agora do método literal de interpretação no concernente a estes dois estratos de linguagens. Discorrendo sobre a interpretação literal ou gramatical, sustenta Karl Engish[12] que é "freqüente o mal-entendido que consiste em se supor que existe uma pura interpretação verbal ou terminológica distinta de uma interpretação de sentido. Assim, por exemplo, escreve Zweigert: 'A interpretação verbal da norma duvidosa, que em geral é apontada como a primeira fase da interpretação, não conduz em regra a qualquer resultado (...). Antes, a dúvida só poderá ser resolvida — nisto todos estão de acordo — investigando o sentido da norma (...)'. Mas a verdade é que contraposição apenas existe entre a interpretação segundo um sentido verbal e a interpretação segundo um sentido a determinar por qualquer modo. Pelo que respeita ao sentido verbal, do que se trata na interpretação gramatical, compreende-se que se verifique uma tensão entre duas tendências: por um lado, a de fazer prevalecer o sentido natural e corrente da linguagem, e, pelo outro, a de privilegiar o sentido técnico-jurídico da mesma linguagem".

Com uma postura crítica, Vicente Ráo assevera que: "O emprego isolado da interpretação filológica e o abuso das regras e filigranas gramaticais estagnam e mumificam o sentido dos textos, impedem sua adaptação às necessidades sociais sempre mutáveis e sempre revestidas de modalidades novas, dificultam a evolução natural do Direito".[13]

Segundo, ainda, Vicente Ráo, mais adiante: "O processo gramatical deve ser aplicado, na interpretação, até o limite do indispensável; seu uso excessivo manteria o intérprete dentro de uma concepção empírica do Direito objeto".[14]

Iluminando o caminho da interpretação literal ou gramatical, mostrando os seus parcos objetivos, esclarece Tércio Sampaio Ferraz Júnior que:

"Quando se enfrenta uma questão léxica, a doutrina costuma falar em interpretação gramatical. Parte-se do pressuposto de que a ordem das palavras e o modo como elas estão conectadas são importantes para obter-se o correto significado da norma. Assim, dúvidas podem surgir quando a norma conecta substantivos e adjetivos ou usa pronomes relativos. Ao valer-se da língua natural, o legislador está sujeito a equivocidades que, por não existirem nestas línguas regras de rigor (como na ciência), produzem perplexidades. Se a norma prescreve: 'a investigação de um delito que

racas, Universidad Central de Venezuela, Facultad de Derecho, 1969, n. 6, pp. 4-11), onde propõe uma diferença entre *Dogmática* (modo de pensar que parte de premissas certas e estabelecidas) e *Zetética* (modo de pensar que está em constante ação de pesquisa pondo em dúvida suas próprias premissas; não aceita fielmente os dogmas). Isto acarreta, segundo ele, dois modos de teorizar o Direito, dos quais o dogmático vem dominando, que não exclui a possibilidade de uma pesquisa do Direito de maneira zetética, como se faz, por exemplo, na Sociologia Jurídica, que não assume os dogmas, mas procura explicá-los".

12. *Introdução ao Pensamento Jurídico*, 6ª ed., Lisboa, Fundação Calouste Gulbenkian, 1983, p. 138.

13. *O Direito e a Vida dos Direitos*, 4ª ed., v. 1, São Paulo, Ed. RT, 1997, p. 480.

14. Em nota de rodapé 302 da ob. cit., p. 480, Vicente Ráo faz interessante citação: "Ensina Enneccerus (*Trat. Der. Civ.*, trad. esp., § 49): 'Nos Direitos primitivos, especialmente no antigo Direito Romano, o sentido literal (princípio da interpretação literal) era decisivo. O povo, ainda não acostumado à abstração e muito menos a uma aspiração superior de segurança jurídica, detinha-se nos elementos exteriores, julgando encontrar a segurança máxima na palavra sensível da lei. A evolução jurídica ultrapassou, a seguir, esta concepção. Mesmo no Direito Romano, a partir da formação do *jus gentium* e, em particular, através do desenvolvimento da jurisprudência, o princípio da interpretação da vontade instaurou o seu império, e, como tal, como o Direito Romano foi recebido na Alemanha'".

ocorreu num país estrangeiro não deve levar-se em consideração pelo juiz brasileiro', o pronome *que* não deixa claro se se reporta a *investigação* ou a *delito*. Outro exemplo: 'o exame da mercadoria, quando *indispensável* para a confecção do produto, deverá ocorrer à vista do fornecedor'; como o adjetivo *indispensável* não flexiona, pode-se ficar na dúvida sobre se a condição da indispensabilidade se refere ao exame ou à mercadoria.

"É óbvio que as exigências gramaticais da língua, por si, não resolvem estas dúvidas (...) no fundo, pois, a chamada interpretação gramatical tem na análise léxica apenas um instrumento para mostrar e demonstrar o problema, não para resolvê-lo. A letra da norma, assim, é apenas o ponto de partida da atividade hermenêutica. Como interpretar juridicamente é produzir uma paráfrase, a interpretação gramatical obriga o jurista a tomar consciência da letra da lei e estar atento às equivocidades proporcionadas pelo uso das línguas naturais e suas imperfeitas regras de conexão léxica."[15]

Em livro de tomo discorre sobre o tema André Franco Montoro,[16] dizendo: "Interpretação gramatical ou filológica é a que toma por base o significado das palavras da lei e sua função gramatical.[17] Apoiando-se na Gramática, contribui, muitas vezes, para o aperfeiçoamento da redação das leis. É, sem dúvida, o primeiro passo a dar na interpretação de um texto. Mas, por si só é insuficiente, porque não considera a unidade que constitui o ordenamento social. É necessário, por isso, colocar seus resultados em confronto com os elementos das outras espécies de interpretação".

Ainda nesta linha científica, trazemos a lume o pensar da professora Maria Helena Diniz, que, com a destreza de sempre, assinala: "Pela técnica gramatical, também chamada literal, semântica ou filológica, o hermeneuta busca o sentido literal do texto normativo, tendo por primeira tarefa estabelecer uma definição, ante a indeterminação semântica dos vocábulos normativos, que são, em regra, vagos ou ambíguos, quase nunca apresentando um sentido unívoco. Assim, ao interpretar uma norma, inicialmente se atém à consciência onomasiológica — onomasiologia é a teoria da designação nominal. Então, o primeiro passo na interpretação seria verificar o sentido dos vocábulos do texto, ou seja, sua correspondência com a realidade que eles designam. Logo, a definição jurídica oscila entre o aspecto onomasiológico da palavra (o uso corrente do termo para designação para o fato) e o semasiológico (a sua significação normativa). Se a norma se refere, por exemplo, a veículo, a questão é saber o que é veículo, qual o sentido do vocábulo no texto. A palavra utilizada na norma opera como um instrumento do pensamento".[18]

Sem dúvida alguma, uma das maiores autoridades no trato do tema da interpretação literal é o professor argentino Roberto

15. *Introdução ao Estudo do Direito*, 2ª ed., São Paulo, Atlas, 1996, p. 287.

16. *Introdução à Ciência do Direito*, 24ª ed., São Paulo, Ed. RT, 1997, p. 373.

17. André Franco Montoro cita em nota de rodapé, à p. 373, passagem lapidar de Rui Barbosa sobre a interpretação gramatical ou literal: "Certa vez, Rui Barbosa aceitou uma condecoração estrangeira. Seus adversários políticos, baseados no art. 72, § 29, da Constituição de 1891, entenderam que Rui havia perdido seus direitos políticos. Realmente, dispunha aquele texto da Constituição: 'Art. 72. (...). § 29. Os que alegarem motivo de crença religiosa com o fim de se isentarem de qualquer ônus que as leis da República imponham aos cidadãos, e os que aceitarem condecorações ou título nobiliárquicos estrangeiros, perderão todos os direitos políticos'. O grande Mestre fez um longo trabalho, de valor realmente excepcional, para mostrar que a interpretação a ser dada àquele dispositivo constitucional não era essa. Rui usou de todos os elementos de interpretação para provar sua tese. Mas o principal foi justamente o elemento gramatical. Dizia ele: 'Em face da Gramática, quando temos dois adjetivos pospostos a dos substantivos, embora separados pela disjuntiva 'ou', ambos os adjetivos hão de se referir aos substantivos. Ora, eu aceitei uma condecoração estrangeira, mas não nobiliárquica, porque ela não me imprimiu nobreza. Portanto, não incorri na sanção constitucional, não tendo perdido os meus direitos políticos'".

18. *Compêndio de Introdução à Ciência do Direito*, 9ª ed., São Paulo, Saraiva, 1997, p. 423.

J. Vernengo,[19] que em sua obra específica sobre o assunto levanta os seguintes questionamentos: "¿Cuál es el sentido literal de la ley? ¿Cómo se logra determinar el sentido literal de una ley?, o: ¿qué tipo de respuestas suscitan las preguntas que interrogan por el significado literal de un texto legal?".

O próprio professor oferece *uma* premissa, para iniciarmos um caminho que possa nos levar a obter respostas para as indagações acima expostas. Diz ele, parágrafo abaixo, no mesmo livro: "Para poner todas las cartas sobre la mesa, vamos a suponer que se trata de indagar por el significado o sentido de una ley clara, esto es: de aquéllas en que, por ser el tenor lingüístico suficientemente explícito, 'la tarea del intérprete se reduce a una cuestión idiomática o de lenguage', según dice nuestra Corte Suprema".

Em outro livro de sua autoria Roberto J. Vernengo nos mostra que: "La determinación del sentido literal de un térmido — y más aún: el sentido de un enunciado — no es tarea teóricamente simple. El sentido literal de un término es contextual; requiere, por lo menos, la posibilidad de la substituibilidad del término que se interpreta, por el equivalente o sinónimo que se proponga, en todos los contextos sin alterar el valor de verdad. Cuando el contexto acarrea connotaciones emocionales — como sucede con los enunciados normativos em cuanto formulaciones axiológicas —, la propiedad de substituibilidad se hace sumamente precaria, puesto que depende fundamentalmente de consideraciones pragmáticas, que no podemos controlar sino em grandes lineas. Suponer que la interpretación literal se limita buscar en algún diccionario lo que un vocábulo quiera decir es una concepción ingenua que deja en el tintero todos los aspectos problemáticos de la determinación del sentido de las palabras y de sus combinaciones. El lenguage no es un simple repertorio de términos, sino más bien es un conjunto de reglas de combinación y transformación de aquéllos".[20]

Na página seguinte do mesmo livro (*Curso de Teoría General del Derecho*, p. 413) continua a lição do Mestre da escola analítica da Argentina: "La interpretación literal es básicamente un procedimento destinado a determinar un sentido, socialmente admisible, de cierto palabras. La unidad de sentido — y, por tanto, la unidad de interpretación — es, empero, el enunciado, normativo o declarativo. Para determinar ese sentido, una tradición importante del pensamiento jurídico sostiene que há de recurrirse al previo establecimiento de cuál haya sido la voluntad original del legislador, toda vez que las leyes serían expresión de esa voluntad".

Em estudo de reconhecido valor, que trata da interpretação sistemática no Direito, o professor Juarez Freitas traça algumas singelas nuanças sobre a interpretação literal: "Com efeito, a chamada interpretação literal é, apenas, uma das fases (a primeira, cronologicamente) de toda interpretação jurídico-sistemática. (...). Ainda quando se prescreva, em determinadas matérias, permaneça o intérprete jungido à literalidade, também uma semelhante prescrição tem que ser interpretada sistematicamente e, por conseguinte, de molde a fazer com que seu comando se relativize pela subordinação inteligente sobretudo aos princípios fundamentais do sistema jurídico, sem que deixe de entender o seu significado restritivo, que não se confunde com a desconsideração aos referidos princípios, às normas e aos valores do sistema, captado em seu âmago".[21]

E, para finalizar este tópico, de cunho eminentemente aporético — como também será o seguinte — , é imperativo fazermos menção à obra de Karl Larenz,[22] que efe-

19. *La Interpretación Literal de la Ley*, 2ª ed., Buenos Aires, Abeledo-Perrot, 1994, p. 19.

20. *Curso de Teoría General del Derecho*, 4ª ed., Buenos Aires, Depalma, 1995, pp. 412 e 413.

21. *A Interpretação Sistemática do Direito*, São Paulo, Malheiros Editores, 1995, pp. 53 e 54.

22. *Metodología de la Ciencia del Derecho*, 1ª ed., Barcelona, Ariel Derecho, 1994, pp. 316-319.

tivamente marca este século para efeitos de interpretação e compreensão do fenômeno jurídico. Citaremos o pensamento de Larenz no original da tradução espanhola. Vejamos a lição precisa do Mestre alemão: "Toda interpretación de un texto ha de comenzar con el sentido literal. Por tal entendemos el significado de un término o de una unión de palabras en el uso general del lenguage o, en caso de que sea constatable un tal uso, en el uso especial del lenguage de quien habla, aquí en el de la ley respectiva. (...) el lenguage de las leyes no puede alejarse tanto del uso general del lenguage como ocurre con el lenguage de algunas ciencias. El lenguage jurídico es un caso especial del lenguage general, no es un lenguage de signos totalmente desligado de aquél. Esto tiene como consecuencia, como hemos subrayado reiteradamente, que no es capaz de alcanzar la exactitud de un tal lenguage de signos, que sus términos siguen necesitando interpretación. La flexibilidad, la riqueza de matices, y la capacidad de adaptación del lenguage general, es, a la vez, su ponto fuerte y su punto débil. Esto tiene como consecuencia que del uso del lenguage sólamente no se obtiene un sentido literal claro".

Em página seguinte, abordando o tema da interpretação literal, Larenz faz uso do pensamento de Meier-Hayoz para dizer que este método de interpretação tem uma dupla missão: ao mesmo tempo que é ponto de partida para a interpretação, acaba por traçar os limites da atividade interpretativa. E Larenz completa: "una interpretación que ya no radica en la esfera del posible sentido literal, ya no es interpretación, sino modificación del sentido".

Destarte, Larenz acaba por tocar na singela zona cinzenta que existe entre a interpretação literal no Direito e a integração do Direito, tendo em vista poder restar dúvidas, em alguns casos, sobre qual método de interpretação está sendo utilizado pelo julgador em caso concreto. Ou, nas palavras de Larenz: "Puede ciertamente ser dudoso en algunos casos, dado que los límites del sentido literal linguísticamente posible tampoco están siempre exactamente trazados, si se trata aún de una interpretación muy 'amplia' o se trata ya de una integración de lagunas mediante analogía".

3. A interpretação literal no Direito Tributário. O enunciado prescritivo estatuído no art. 111 do CTN sob a ótica de parte da doutrina do Direito Tributário

Começaremos este tópico sob as luzes de Ricardo Lobo Torres,[23] que, em estudo aprofundado, analisou os meandros das normas de interpretação e integração do Direito Tributário. Assevera o Mestre que:

"O problema da interpretação literal sempre esteve muito ligado ao das fontes do Direito e ao dos valores jurídicos. O apego à literalidade era forma de prestigiar o legislador em detrimento do juiz. As proibições de interpretar, desde Justiniano, não tinham outro alcance que o de obrigar o intérprete a se manter vinculado à letra do texto legal, com o quê se evitavam as interpretações extensivas, com as suas conotações políticas, bem como as interpretações objetivas ou evolutivas, com esquecimento da vontade do legislador. A defesa exagerada da interpretação literal implica também na recusa das valorações jurídicas, com a preponderância da forma sobre o conteúdo e da segurança sobre a justiça.

"A interpretação literal, que gozou de muito prestígio na Corte de Cassação francesa no século XIX, na elaboração do Código Civil alemão, na Escola da Exegese e na Pandetística, predominou no Direito Fiscal até o advento do Código Tributário alemão (1919) e das idéias sobre a consideração econômica do fato gerador, coincidentes com as teorias que embasaram o art. 1º do CC suíço. O conceito de interpretação literal abre-se a três abordagens diferentes,

23. *Normas de Interpretação e Integração do Direito Tributário*, 2ª ed., Rio, Forense, 1994, pp. 98 e 99.

conforme se cuide de início, limite ou resultado da interpretação."

Mais adiante, vaticina o mestre Ricardo Lobo Torres: "O art. 111 é dispensável em qualquer das acepções em que se possa tomar a interpretação literal".

Durante a realização do II Curso de Especialização em Direito Tributário, promovido pela PUC/SP no ano 1971, sob a batuta do saudoso mestre Geraldo Ataliba, Rubens Gomes de Sousa, quando de sua palestra, afirmou: "O art. 111 é regra apriorística, e daí o seu defeito, que manda aplicar a interpretação literal às hipóteses que descreve. A justificativa ou, se quiserem, apenas explicação do dispositivo é de que as hipóteses nele enumeradas são exceções a regra gerais de Direito Tributário. Por esta razão, o Código Tributário Nacional entendeu necessário fixar, aprioristicamente, para elas a interpretação literal, a fim de que a exceção não pudesse ser estendida por via interpretativa além do alcance que o legislador lhe quis dar, em sua natureza de exceção a uma regra geral".[24]

Em sua obra principal, segundo nosso entendimento, Rubens Gomes de Sousa[25] também abordou a questão da interpretação literal no Direito Tributário, asseverando, dentre outras coisas, que:

"Esta teoria, que dominou depois da Revolução Francesa e durante todo o século XIX, estava ligada à concepção do Direito Tributário, pela doutrina liberal, como sendo um Direito excepcional (§ 8º): justamente por essa razão, o Direito Tributário devia ser interpretado literalmente e de maneira estrita, isto é, segundo o sentido rigoroso das palavras, somente sendo permitido ao Estado exigir, em matéria de tributos, aquilo que estivesse expressamente previsto em lei.

"É claro que esta teoria, ligando a aplicação do Direito Tributário rigorosamente à letra da lei, na realidade eliminava todo o problema da interpretação, que ficava reduzido à simples análise gramatical dos textos, inclusive quando os resultados dessa análise fossem evidentemente diversos ou mesmo contrários aos objetivos visados pela lei, o que sempre podia ocorrer em razão de defeitos de redação, ou da modificação das condições econômicas, políticas, sociais e etc., em relação às existentes ao tempo em que a lei fora feita. Além disso, esse método de interpretação tinha ainda o inconveniente de induzir o legislador a fazer leis casuísticas, isto é, leis que procurassem prever e regular minuciosamente todas as hipóteses possíveis. Isso não só é um defeito de técnica legislativa, como ainda torna excessivamente rígido o sistema jurídico, embaraçando a evolução e o progresso. Finalmente, a lei que pretenda regular expressamente todas as hipóteses possíveis, evidentemente, precisa estar sempre modificada e adaptada, o que torna confuso e difícil o seu entendimento e aplicação.

"Até mesmo sob o ponto de vista político, a teoria da interpretação literal ou escrita conduz a resultados pouco satisfatórios. Um sistema legal que procure rigidamente regular todas as atividades humanas é característico dos governos autoritários, de modo que a teoria da interpretação literal, inspirada em sua origem pelo Liberalismo, acaba chegando ao resultado exatamente oposto, isto é, ao totalitarismo. O seu principal defeito, entretanto, é o de repousar sobre uma base cientificamente errada, a de que o Direito Tributário seja excepcional, o que, como já vimos, não é exato."

O professor argentino Horacio A. García Belsunce, em importante estudo no campo da interpretação da lei tributária, sustenta que:

"El método exegético o literal el medio para realizar la interpretación estricta, que se funda en un apego minucioso y gramatical a las palabras de la ley. Aubry expresaba: 'toda la ley, en su espíritu tanto como en su letra, con una amplia aplicación de sus principios y un completo desarrollo de

24. *Interpretação no Direito Tributário*, coord. de Geraldo Ataliba, São Paulo, Saraiva, 1975, p. 379.

25. *Compêndio de Legislação Tributária*, São Paulo, Resenha Tributária, 1981, pp. 77 e 78.

su consecuencias, pero nada más que la ley, tal há sido la divisa de los profesores del Código Napoleón'. Más categórico era el profesor Bugnet, cuando dijo: 'No conozco el Derecho Civil; no ensenó más que el Código Napoleón'.

"La interpretación literal o exegética sigue conservando toda la plenitud jurídica que se le asignó otrora, como el medio primario a que recurre el intérprete para determinar la comprensión y el alcance de la norma jurídica. Pero es doctrina superada la que sostenía a dicho medio como el único prevalente en la función interpretativa, pues se considera, como veremos en el próximo capítulo, que la letra de la ley debe ser apreciada a luz del espíritu o intención del legislador, que hace a la esencia o fin de la ley.

"En el Derecho Tributario, quizás más que en otras ramas del Derecho, asume primordial importancia el texto expreso de la ley para la función interpretativa, atento al principio de la legalidad, como fuente única y exclusiva de la imposición, que exige que sólo por norma expresa de la ley pude nacer la obligación tributaria y que no hay, en consecuencia, impuesto sin ley expresa que lo determine."[26]

Em seu *Curso de Direito Tributário* o incansável doutrinador Hugo de Brito Machado pondera que a "interpretação literal significa interpretação segundo o significado gramatical, ou, melhor, etimológico, das palavras que integram o texto. Quer o Código que se atribua prevalência ao elemento gramatical das leis pertinentes à matéria tratada no art. 111, que é matéria excepcional. Realmente, a suspensão, como a exclusão do crédito tributário, e a dispensa do cumprimento de obrigações acessórias constituem exceções". Continua o Mestre cearense: "Ocorre que o elemento literal, como por nós já várias vezes afirmado, é absolutamente insuficiente. Assim, a regra do art. 111 do CTN há de ser entendida no sentido de que as normas reguladoras da matéria ali mencionadas não comportam interpretação ampliativa nem integração por eqüidade. Sendo possível mais de uma interpretação, todas razoáveis, ajustadas aos elementos sistemático e teleológico, deve prevalecer aquela que mais se aproximar do elemento literal. É inadequado o entendimento segundo o qual a interpretação das normas reguladoras das matérias previstas no art. 111 do CTN não admite outros métodos, ou elementos de interpretação, além do literal. O elemento literal é de pobreza franciscana, e utilizado isoladamente pode levar a verdadeiros absurdos, de sorte que o hermeneuta pode e deve utilizar todos os elementos da interpretação, especialmente o elemento sistemático, absolutamente indispensável em qualquer trabalho sério de interpretação, e ainda o elemento teleológico, de notável valia na determinação do significado das normas jurídicas".

4. Conhecimento. A linguagem como constitutiva da realidade natural e da realidade jurídica. A linguagem do Direito Positivo como objeto da metalinguagem da Ciência Dogmática

Primeiro, uma constatação. Decompondo-se o fenômeno do conhecimento, encontramos a linguagem, sem o quê o conhecimento não se fixa nem se transmite. Já existe um *quantum* de conhecimento na percepção, mas ele se realiza mesmo, na sua plenitude, no plano proposicional, e, portanto, com a intervenção da linguagem. "Conhecer", ainda que experimente mais de uma acepção, significa "saber proposições sobre". Conheço determinado objeto na medida em que posso expedir enunciados sobre ele, de tal arte que o conhecimento se apresenta pela linguagem, mediante proposições descritivas ou indicativas. É o que nos ensina o mestre paulista Paulo de Barros Carvalho.[27]

26. *La Interpretación de la Ley Tributaria*, Buenos Aires, Abeledo-Perrot, 1958, pp. 24-26.

27. "Interpretação e linguagem — Concessão e delegação de serviço público", *RTDP* 10/79, São Paulo, Malheiros Editores, 1995.

Ainda sob os influxos do Mestre paulista: "Conhecer é aproximar-se o sujeito do objeto, preparado com instrumental eficiente, não só para enfrentar as dificuldades correspondentes ao processo de aproximação, mas para imprimir-lhe o rendimento final que se expressa na captação dos conteúdos significativos da matéria observada, trazendo para consciência do sujeito cognoscente algo que está fora dele. Essa apreensão intelectual, que Goffredo Telles Júnior trata como o *renascimento do objeto conhecido, em novas condições de existência, dentro do sujeito conhecedor*, vai apresentar-se como transferência de algumas propriedades do objeto para o sujeito pensante".[28]

Por isto, podemos dizer que é a linguagem que nos dá os fatos do mundo físico e do social. Motivo pelo qual Tércio Sampaio Ferraz Júnior, em obra por nós já citada, dá ênfase à necessidade de se distinguir o *fato* do *evento*, concluindo que "fato" não é, pois, algo concreto, sensível, mas um elemento lingüístico capaz de organizar um situação existencial como realidade. Diríamos, com a devida vênia, que o signo "fato", na forma como aqui utilizado, aproxima-se da expressão "fenômeno" de Kant, e "evento" ao "*noumenon*" kantiano.

Lourival Vilanova[29] nos fala que "o conhecimento é um fato complexo. Simplificadamente, diz-se que é relação do sujeito com o objeto. E se tivermos em conta o conhecimento do mundo físico exterior, sua origem é a experiência sensorial. Percebo a árvore verde e enuncio: "esta árvore é verde". O ser-verde-da-árvore, que se me dá num ato de apreensão sensorial, é base para outro ato, o de revestir esse dado numa estrutura de linguagem, na qual se exprime a relação conceptual denominada proposição (juízo, na terminologia clássica).

"Inseparáveis, mas discerníveis, são os seguintes componentes do conhecimento: a) o sujeito cognoscente; b) os atos de percepção e de julgar; c) o objeto do conhecimento (coisa, propriedade, situação objetiva); d) a proposição (onde diversas relações de conceitos formam estruturas).

"Esse tecido, assim contínuo e diferenciado em aspectos, oferta margem a diversas investigações. Há investigação psicológica do que ocorre no sujeito cognoscente, quer no momento do conhecimento empírico-sensível, quer na fase do conhecimento conceptual. Esse conhecimento através de conceitos requer a linguagem. Mediante a linguagem fixam-se as significações conceptuais e se comunica o conhecimento. O conhecimento ocorre num universo-de-linguagem e dentro de uma comunidade-do-discurso."

O Direito Positivo (nosso objeto de reflexão) é vertido em linguagem;[30] portan-

28. In "Prefácio" do livro *Lançamento Tributário*, de Eurico Marcos Diniz de Santi, São Paulo, Max Limonad, 1996.

29. *As Estruturas Lógicas e o Sistema do Direito Positivo*, São Paulo, Max Limonad, 1997, pp. 36 e 37.

30. É desta forma também que concebe o fenômeno jurídico o renomado pensador italiano Norberto Bobbio, *O Positivismo Jurídico — Lições de Filosofia do Direito*, São Paulo, Ícone, 1995, pp. 212 e 213. Diz ele: "Lembremos, para reforçar nosso intuito de comunicação. O Direito se expressa em linguagem; logo, reclama uma interpretação para atingir o seu fim, que é o de direcionar condutas, fluxos de comportamentos. Mas o que significa 'interpretar'? Este termo, com efeito, não é exclusivo da linguagem jurídica, sendo usado em muitos outro campos: assim, se fala de interpretação das Escrituras Sagradas, de interpretação da inscrições arqueológicas, de interpretação literária, de interpretação musical... Pois bem, interpretar significa remontar do signo (*signum*) à coisa significada (*designatum*), isto é, compreender o significado do signo, individualizando a coisa por este indicada. Ora, a linguagem humana (falada ou escrita) é um complexo de signos, e uma *species* do *genus* signo (tanto é verdade que é substituível por outros signos, por exemplo os gestos da mão, embora seja mais perfeito porque mais rico e maleável). Assim, por exemplo, quando digo 'cavalo', me limito a produzir um som vocal, mas com isto indico uma coisa diferente de tal som. Como complexo de signos, a linguagem exige a interpretação: esta é exigida pelo fato de que a relação existente entre o signo e a coisa significada (neste caso, entre a palavra e a idéia) não é uma relação necessária, mas puramente convencional, tanto que a mesma idéia pode ser expressa de modos diversos (o mesmo objeto, aliás, é indicado em cada língua

to, ao tentarmos elaborar um estudo que procura descrever determinado fenômeno jurídico, no caso, o método literal de interpretação enquanto enunciado prescritivo posto no art. 111 do CTN, nada mais coerente do que penetrarmos no campo da linguagem, até porque, como assinala Ludwig Wittgenstein, "para conhecer um objecto tenho que conhecer não as suas propriedades externas mas todas as suas propriedades".[31]

Por outro lado, a cada momento se confirma a natureza da linguagem como constitutiva de nossa realidade. Já L. Wittgenstein afirmava, na proposição 5.6 do *Tractatus Logico-Philosoplhicus*, que "os limites da minha linguagem são os limites do meu mundo"; que, dito de outro modo, pode significar: meu mundo vai até onde for minha linguagem. E a experiência comprova: olhando uma radiografia de pulmão, o médico poderia sacar múltiplas e importantes informações, enquanto o advogado ver-se-ia compelido a oferecer registros ligeiros e superficiais. Por que alguns ingressam em certos setores do mundo, ao mesmo tempo em que outros se acham absolutamente impedidos de fazê-lo? A resposta é uma só: a realidade do médico em relação à Medicina é bem mais ampla do que a do advogado. E quem fez com que essas realidades se expandissem, dilatando o domínio do conhecimento? A linguagem.[32]

com um som diverso). Ademais, há sempre um certo desajuste entre a idéia e a palavra, porque a primeira é mais rica, mais complexa, mais articulada que a segunda, que serve para exprimi-la; além disto, nós não usamos nunca as palavras isoladamente (exceto o menino que aprende a falar ou quem se encontra num país estrangeiro de cuja língua só conhece alguns termos), mas formamos complexos de palavras, ou proposições. Ora, dependendo do contexto em que esteja inserida, a mesma palavra assume significados diferentes (e podemos até dizer que um termo tem tantos significados quantos são os contextos em que pode ser usado)".

31. *Tratado Lógico-Filosófico*, 2ª ed., Lisboa, Fundação Calouste Gulbenkian, 1995, p. 31.

32. Paulo de Barros Carvalho, "Sujeição passiva e responsáveis tributários", 4º Simpósio Nacional IOB de Direito Tributário, 23 e 24.11.95, *Grandes Temas da Atualidade*, p. 42.

A relevância da linguagem para o fenômeno jurídico não passou ao Mestre paulista Eurico Marcos Diniz de Santi, que, em livro premiado pela Academia Brasileira de Direito Tributário,[33] sustentou, com o rigor que lhe é imanente: "Peculiaridade do objeto da Dogmática Jurídica é apresentar-se como discurso lingüístico. Fato este inteligível, dado que a linguagem é o instrumento por excelência para o trato com a realidade. Também como linguagem se apresenta a Ciência do Direito que descreve o Direito Positivo e sobrepõe-se-lhe na posição de metalinguagem. O cientista não faz o Direito: fala sobre ele, separa conceptualmente as normas jurídicas para, 'em seu discurso de cientista, emitir enunciados sobre o Direito'".

O Direito Positivo expressa-se numa linguagem técnica, assim entendida toda aquela que se assenta no discurso natural, aproveitando, em quantidade considerável, palavras e expressões de cunho determinado, pertinentes ao patrimônio das comunicações científicas. Projeta-se sobre o campo do social, disciplinando os comportamentos intersubjetivos com seus três (e somente três — lei do quarto excluído) operadores deônticos (obrigatório, permitido e proibido) e canalizando as condutas em direção aos valores que a sociedade quer ver implantados.[34]

Já a Ciência do Direito é um discurso descritivo de seu objeto, o Direito Positivo. Assume, portanto, a condição de metalinguagem, pois suas proposições indicativas ou teoréticas se ocupam das proposições prescritivas do Direito Posto.

Para dominar o objeto de estudo, o Direito Positivo, precisamos dominar a linguagem científica (*metalinguagem*) que fala sobre ela (*linguagem objeto*). O rigor discursivo é paradigma de uma ciência, e, por

33. *Lançamento Tributário*, São Paulo, Max Limonad, 1996, p. 25.

34. Paulo de Barros Carvalho, "IPI — Comentários sobre as regras gerais de interpretação da Tabela NBM/SH (TIPI/TAB)". *Revista Dialética de Direito Tributário* 12/44 e 45. São Paulo, 1996.

conseguinte, da Ciência do Direito. A produção de um discurso científico requer uma análise preliminar em termos de linguagem; onde não há rigor lingüístico não há ciência. Fazer ciência é traduzir numa linguagem rigorosa os dados do mundo, é elaborar uma linguagem mais precisa que a linguagem natural. A linguagem da Ciência Jurídica fala sobre algo que já é linguagem anteriormente a esta fala.[35]

Amparados em Alfredo Augusto Becker[36] podemos aduzir que:

"O rigoroso cuidado na terminologia não é exigência ditada pela Gramática para a beleza de estilo, mas é uma exigência fundamental — como aguda e exaustivamente demonstrou Norberto Bobbio — para se construir qualquer ciência. Deve-se se distinguir entre veracidade e cientificidade. Veracidade é o objetivo. Cientificidade é o meio para alcançar aquele objetivo. A natureza essencial de toda e qualquer ciência é a natureza instrumental. Ciência é um instrumento mediante o qual se apreende a veracidade.

"Construir uma ciência — demonstra Norberto Bobbio — significa construir uma linguagem rigorosa, de tal modo que será 'cientificamente verdadeira' não já qualquer proposição adequada a uma verdade objetiva, mas, antes de tudo, a proposição que estiver expressa com uma terminologia que respeite as regras válidas[37] no âmbito do sistema dentro do qual é emitida aquela proposição. Não se trata de reduzir a ciência a um puro e simples fato lingüístico — adverte Norberto Bobbio —, porém trata-se de reconhecer que aquela mais alta forma de conhecimento objetivo na qual consiste a ciência somente se realiza quando a minha observação (que é um fato perceptivo) for expressa com sinais (convencionais) que possam comunicar a minha observação a outros sujeitos, com o

35. Luís Alberto Warat, *O Direito e sua Linguagem*, 2ª ed., Porto Alegre, Sérgio Antônio Fabris Editor, 1995, p. 37.

36. *Teoria Geral do Direito Tributário*, 2ª ed., São Paulo, Saraiva, 1972, p. 36.

37. Luís Alberto Warat (*O Direito e sua Linguagem*, cit, pp. 51 e 52) faz instigantes colocações a respeito da validez segundo uma visão semiótica. Vejamos: "O problema da validez das normas recebe interessantes explicitações quando analisado através das noções de linguagem-objeto e metalinguagem. A validez sempre é uma preocupação metalingüística. As propriedades que uma norma necessita para ser considerada válida com relação a uma linguagem-objeto determinada (o Direito Positivo de que se trata) são caracterizações metalingüísticas, por intermédio das quais se verifica se uma norma forma ou não parte de um Direito Positivo. Quando se estuda uma linguagem-objeto qualquer, a primeira preocupação metalingüística é a de contar com um *critério de decidibilidade* qualquer, isto é, com critério que nos permita decidir se qualquer enunciado ou proposição forma ou não parte da referida linguagem-objeto. Como esse critério de decidibilidade baseia-se em certas propriedades significativas, pode, por outro lado, ser também analisado como uma tentativa de definição da região temática que pretende descrever ou ordenar a linguagem-objeto (neste caso, a validez). Ela operaria como critério de decidibilidade das normas que podem ou não integrar um Direito Positivo, distinguindo-se de outros tipos de normas. A validez é a condição de sentido para as normas que vão ou não constituir o Direito Positivo. A validez é, portanto, a condição significativa para a definição do Direito Positivo. A esta condição definitória do Direito Positivo Kelsen denominou norma fundamental gnosiológica. Assim, através dessas duas categorias pode-se fornecer uma interpretação metodologicamente adequada da noção de norma fundamental kelseniana, que, do contrário, penetraria em uma zona obscura e irremediavelmente infecunda. Por outro lado, pode-se afirmar que a explicitação dos diversos âmbitos de validade é uma tarefa estritamente metalingüística, na qual, conforme Vernengo, 'pode centrar-se o agir mais produtivo, ainda que menos espetacular, da Ciência Jurídica'. Situada a validez como uma preocupação metalingüística, perde sentido a pergunta sobre a validade do critério (norma fundamental gnosiológica) pelo qual se determina a validez e, portanto, a vinculação de uma norma a um sistema de Direito Positivo. Carece, assim, de relevância a objeção de como uma norma que não é válida pode servir de fundamento de validade para as normas positivas. Quando se fala em fundamento de validade se está fazendo referência a um fundamento gnosiológico, a uma proposta significativa de metalinguagem, e não a um processo de produção normativa. (...). Talvez a expressão 'fundamento de validade' seja pouco feliz, assim como a de 'norma fundamental'. A partir de uma perspectiva semiológica, é mais recomendável substituir tais expressões pela de '"critério de decidibilidade metalingüístico baseado na validade'".

menor número possível de desentendimentos. Toda e qualquer ciência inicia-se com a formação de sua própria linguagem científica, isto é, com aquela linguagem que faz de um conhecimento puramente subjetivo (a minha percepção) um conhecimento de máximo grau intersubjetivo (a percepção pelos outros)."

Continua Becker: "O grande trabalho da Ciência Jurídica — diz Pontes de Miranda — tem sido o de examinar o que é que verdadeiramente se passa entre os homens, quando se dizem credores, titulares ou sujeitos passivos de obrigação, autores e réus, proprietários, excipientes etc. O esforço de dois milênios conseguiu precisar conceitos, dar forma sistemática à exposição, pôr esses conhecimentos à disposição dos elaboradores de leis novas e aprimorar o senso crítico de algumas dezenas de gerações, até que, recentemente, se elevou a investigação ao nível de outras Ciências, para maior precisão da linguagem e dos raciocínios. A subordinação dela à metodologia que resultou a Lógica contemporânea, inclusive no que concerne à estrutura dos sistemas, é o último degrau a que se atingiu".[38]

Neste quadrante, é bom dizermos, através de Lourival Vilanova, que "as normas estão no mundo do Direito Positivo, e as descrições de normas no nível do conhecimento jurídico. Linguagem descritiva aqui; linguagem prescritiva ali. A ciência não é fonte formal ou técnica de produção de Direito Positivo, nem o jurista-cientista titular-de-órgão produtor de normas. O conhecimento da Ciência Física é descritivo de um mundo que, em si mesmo, está estruturado, digamos, onticamente, não deonticamente: os fatos físicos são como são; os jurídicos, como devem ser. Essa é uma irredutibilidade fenomenológica".[39]

A importância do discurso científico vem à tona com extrema valia quando somos sabedores de que muitas das vezes as formulações lingüísticas (leis) provenientes dos órgãos legislativos recobrem idiomaticamente as proposições normativas ínsitas ao corpo do texto legal; todavia, é dever do cientista sacar as proposições jurídicas veiculadas mediante a conjugação de vários dispositivos contidos em múltiplos textos legais. As proposições jurídicas não são a expressão científica do texto da lei, mas do comando veiculado por aquele texto. Se o objeto da Ciência Jurídica fosse unicamente a expressão lingüística formulada pelo legislador, estaríamos diante de uma ciência da linguagem, e não mais do Direito.

Precisamos estabelecer o conceito da expressão "proposições jurídicas", que é de extrema importância para compreensão de nosso discurso. Para nós "proposições jurídicas" e "normas jurídicas" são termos sinônimos, tendo em vista que toda *norma jurídica* há de ser expressa mediante uma *proposição jurídica*. É como acentua Karl Larenz:[40] "La regla del Derecho tiene la forma linguística de una proposición, de la 'proposición jurídica'.[41] De ella se ha de tratar en lo que segue. La norma jurídica, en virtud del sentido normativo que le corresponde, ha de distinguirse de una proposición enunciativa, que contiene una afirmación de hechos o una constatación".

É neste sentido — de uma forma geral — que também caminha o pensamento de Eurico Marcos Diniz de Santi[42] quando

38. Ob. cit., p. 264.

39. *As Estrutura Lógicas ...*, cit., p. 65.

40. *Metodología de la Ciencia del Derecho*, 1ª ed., Barcelona, Ariel Derecho, junho/94, pp. 242 e 243.

41. "El término *Rechtssatz* se usa aquí, por tanto, en un significado idéntico al del término *Rechtsnorm* (= norma jurídica). Esto se justifica precisamente porque la norma jurídica sólo puede ser expresada con una proposición. Kelsen (*RR*, 2ª ed., pp. 73 y ss.) reserva el término *Rechtssatz* para las proposiciones de la Ciencia Jurídica. Éstas contienen enunciados sobre el contenido o la vigencia de las normas jurídicas; son proposiciones enunciativas que, por su contenido, se refieren a normas, pero ellas mismas no son normas" (Karl Larenz, ob. cit., p. 242, nota de rodapé 1).

42. *Lançamento Tributário*, São Paulo, Max Limonad, 1996, pp. 31 e 32.

acentua, com rigor científico, que "proposição é a significação do enunciado. Como juízo significativo que é, apresenta necessariamente uma estrutura lógica. A proposição normativa (jurídica ou prescritiva) revela estrutura hipotética (implicacional) geral ou individual, é sua forma lógica. Tem composição dual. Suas partes, elementos que inexistem por si sós, podem estar dispersas na legislação positiva, integrando corpos jurídicos os mais diversos. Entretanto, recompondo logicamente, temos: (i) hipótese ou pressuposto, parte da norma que tem por função descrever situação de possível ocorrência no mundo, e (ii) tese ou conseqüente, que prescreve uma relação modalizada pelo functor relacional deôntico num de seus três modos relacionais específicos: permitido, proibido ou obrigatório. Infere-se que nem toda proposição jurídica é norma jurídica. Norma jurídica é a proposição prescritiva que tem a forma implicacional, associando a um possível dado fático uma relação jurídica. A mera literalidade dos textos do Direito não atinge, compartimentadamente, a forma proposicional de norma jurídica. A norma jurídica é norma a partir de sua imersão no todo que é o sistema de linguagem do Direito Positivo".

Assim sendo, com a precisão de sempre, alerta-nos Paulo de Barros Carvalho para o fato de que:

"A linguagem do legislador é uma linguagem técnica, o que significa dizer que se assenta no discurso natural, mas aproveita em quantidade considerável palavras e expressões de cunho determinado, pertinentes ao domínio das comunidades científicas. Os membros das Casas Legislativas, em países que se inclinam por um sistema democrático de governo, representam os vários segmentos da sociedade. Alguns são médicos, outros bancários, industriais, agricultores, engenheiros, advogados, dentistas, comerciantes, operários, o que confere um forte caráter de heterogeneidade, peculiar aos regimes que se queiram representativos. E podemos aduzir que tanto mais autêntica será a representatividade do Parlamento quanto maior for a presença, na composição de seus quadros, dos inúmeros setores da comunidade social.

"Ponderações desse jaez nos permitem compreender o porquê dos erros, impropriedades, atecnias, deficiências e ambigüidades que os textos legais cursivamente apresentam. Não é, de forma alguma, o resultado de um trabalho sistematizado cientificamente. Aliás, no campo tributário os diplomas têm-se sucedido em velocidade espantosa, sem que a cronologia corresponda a um plano preordenado e com a racionalidade que o intérprete almejaria encontrar. Ainda que as Assembléias nomeiem comissões encarregadas de cuidar dos aspectos formais e jurídico-constitucionais dos diversos estatutos, prevalece a formação extremamente heterogênea que as caracteriza."[43]

5. A Semiótica ou Ciência da Linguagem. O signo enquanto relação triádica. A Semiótica Jurídica. Seus planos fundamentais de manifestação

A Semiótica tem três origens lançadas quase que simultaneamente, no tempo: uma nos Estados Unidos da América, outra na extinta União Soviética e uma terceira na Europa Ocidental, segundo as lições de Lúcia Santaella.[44]

Possuem grande repercussão nos dias atuais os trabalhos científicos desenvolvidos por Charles Sanders Peirce e Ferdinand de Sausurre. No Direito, juristas de renome vêm-se utilizando da Semiótica[45] como manancial especulativo do fenômeno jurí-

43. Paulo de Barros Carvalho, ob. cit., p. 4.

44. *O que é Semiótica*, 12ª impres., São Paulo, Brasiliense, 1996, p. 16.

45. Sobre uma visão semiótica do fenômeno jurídico cf.: Luís César Souza de Queiroz, *Sujeição Passiva Tributária*, Rio, Forense, 1998, pp. 8 e 9; Maria do Rosário Esteves, *Normas Gerais de Direito Tributário*, São Paulo, Max Limonad, 1997, pp. 19-22; Lourival Vilanova, "Norma jurídica — Proposição jurídica — Significação semiótica", *RDP* 61, São Paulo, Ed. RT, janeiro-março/82; Eurico Mar-

dico. Citamos, com destaque: Alf Ross, Juan-Ramon Capella, Roberto Vernengo, Luís Alberto Warat, Genaro Carrió, Lourival Vilanova, Paulo de Barros Carvalho, Tércio Sampaio Ferraz Júnior, Maria Helena Diniz, Eurico Marcos Diniz de Santi, Edvaldo Brito, dentre outros.

O nome "Semiótica" vem da raiz grega *semeion*, que quer dizer *signo*. Semiótica é a Ciência dos signos; portanto, a Semiótica é a Ciência geral de todas as linguagens.

O falar em linguagem[46] remete o pensamento, forçosamente, para o sentido de outro vocábulo: *signo*. Considerando-se que o Direito é um objeto cultural, considerando-se que todo fenômeno de cultura só funciona culturalmente (com o perdão da redundância) porque é também um fenômeno de comunicação, portanto estruturado em linguagem, pode-se concluir que todo e qualquer fato cultural, toda e qualquer atividade ou prática social, constituem-se como práticas significantes, isto é, práticas de produção de linguagem e sentido. Portanto, ressai de forma cristalina a importância da Semiótica Jurídica, enquanto Ciência de Linguagem, descritiva do Direito como conjunto de normas vertidas em linguagem prescritiva, ou seja, um conjunto articulado de signos jurídicos.

Sendo assim, a Semiótica busca divisar e deslindar seu ser de linguagem, isto é, sua ação de *signo*. Pensemos: diante de qualquer fenômeno, isto é, para conhecer e compreender qualquer coisa, a consciência produz um *signo*, ou seja, um pensamento como mediação irrecusável entre nós e os fenômenos. E isto já ao nível do que podemos chamar de percepção. Perceber é interpor uma camada interpretativa entre a consciência e o que é percebido.

Nessa medida, o simples ato de olhar já está carregado de interpretação, visto que é sempre o resultado de uma elaboração cognitiva, fruto de uma mediação *sígnica* que possibilita nossa orientação no espaço por um reconhecimento e assentimento diante das coisas que só o signo permite. O homem só conhece o mundo porque, de alguma forma, o representa e só interpreta essa representação numa outra representação, num movimento ininterrupto *ad infinitum*. Por exemplo: para esclarecer o significado da palavra "Direito" temos que recorrer a uma outra palavra que, em alguns traços, possa substituir a anterior. Basta

cos Diniz de Santi, *Lançamento Tributário*, São Paulo, Max Limonad, 1996, p. 26; Paulo de Barros Carvalho, *Direito Tributário — Fundamentos Jurídicos da Incidência*, São Paulo, Saraiva, 1998, pp. 57-74; Edvaldo Brito, "ICMS — Inconstitucionalidade da Lei Complementar 87/96. Substituição tributária. Aplicabilidade do Decreto-lei 406/68", *Revista Dialética de Direito Tributário* 16/61 e 62, São Paulo; Luís Alberto Warat, *O Direito e sua Linguagem*, 2ª ed., Porto Alegre, Sérgio Antônio Fabris Editor, 1995, pp. 38-52; Luís Fernando de Souza Neves, *COFINS — Contribuição Social sobre o Faturamento — Lei Complementar 70/91*, São Paulo, Max Limonad, 1997, pp. 21-25; Geílson Salomão Leite, *Do Imposto Territorial Rural — ITR*, São Paulo, Max Limonad, 1996, pp. 17-20; Tércio Sampaio Ferraz Júnior, *Teoria da Norma Jurídica*, 3ª ed., Rio, Forense, 1997, pp. 1-30, e *Direito, Retórica e Comunicação*, 2ª ed., São Paulo, Saraiva, 1997, pp. 3-8; Maria Helena Diniz, *Compêndio de Introdução à Ciência do Direito*, 9ª ed., São Paulo, Saraiva, 1997, pp. 165-187; Genaro R. Carrió, *Notas sobre Derecho y Lenguage*, 4ª ed., Buenos Aires, Abeledo-Perrot, 1990, *passim*.

Sobre a Semiótica enquanto Ciência dos signos, cf., entre muitos outros, Lúcia Santaella, *A Teoria Geral dos Signos*, São Paulo, Ática, 1995, e *A Assinatura das Coisas*, Rio, Imago, 1992, pp. 188-201.

46. Miguel Reale (*Filosofia do Direito*, cit., pp. 371 e 372) tece relevantes comentários sobre a importância da linguagem para o estudo do fenômeno jurídico: "Neste estudo, será de importância fundamental o recurso à Teoria da Linguagem como meio de acesso aos conteúdos espirituais. Procedemos, muitas vezes, a respeito da linguagem, como procedemos com referência ao ar, do qual só nos apercebemos quando dele sentimos falta. Tudo quanto o homem sabe, sabe através de palavras e símbolos, através da linguagem. Procurar a raiz de uma realidade muitas vezes é procurar a raiz de um vocábulo. A etimologia das palavras é manancial precioso de verdades a respeito dos fenômenos, mesmo porque as palavras raramente surgem por acaso, mas são antes postas em função de algo que se impõe inicialmente ao espírito (...). As palavras envolvem, pois, de maneira imediata o real. Poder-se-ia dizer que surpreendem a realidade em seu estado nascente, no vigor de sua projeção inicial".

folhear um dicionário para que se veja como isto, de fato, é assim.

Sobre isto, diz Lúcia Santaella: "Eis aí, num mesmo nó, aquilo que funda a miséria e a grandeza de nossa condição como seres simbólicos. Somos no mundo, estamos no mundo, mas nosso acesso sensível ao mundo é sempre como que vedado por essa crosta *sígnica* que, embora nos forneça o meio de compreender, transformar, programar o mundo, ao mesmo tempo usurpa de nós uma existência direta, imediata, palpável, corpo a corpo e sensual com o sensível".[47]

Com supedâneo nos ensinamentos de Paulo de Barros Carvalho,[48] estabeleçamos como premissa discursiva um pacto semântico, qual seja: a adoção da idéia de *signo*[49] como utilizado por Edmund Husserl, como relação triádica, isto é, um ente que tem o *status* lógico de relação. Nele, um *suporte físico* se associa a um *significado* e a uma *significação* segundo a terminologia husserliana adotada por nós.[50] "O *suporte físico*, da linguagem idiomática, é a palavra falada (ondas sonoras, que são matéria, provocadas pela movimentação de nossas cordas vocais, no aparelho fonético) ou a palavra escrita (depósito de tinta no papel ou de giz na lousa). Esse dado, que integra a relação *sígnica*, como o próprio nome indica, tem natureza física, material. Refere-se a algo do mundo exterior ou interior, da existência concreta ou imaginária, atual ou passada, que é o seu *significado*; e suscita em nossa mente uma noção, idéia ou conceito, que chamamos de *significação*."

Um exemplo oferecido na mesma apostila do Mestre da PUC/SP poderá nos ajudar a consolidar a idéia de *signo* como relação triádica. Vejamos: a palavra "manga"

47. *O que é Semiótica*, cit., p. 52.

48. *Apostila do Programa de Pós-Graduação em Direito — Filosofia do Direito I — Lógica Jurídica*, PUC/SP, p. 11.

49. Alertados por Paulo de Barros Carvalho, aduzimos que "impera abundante descompasso entre os autores a respeito das denominações atribuídas a cada qual dos pontos desse triângulo, começando por aqueles que consideram o signo no seio de uma relação meramente bifásica ou bilateral (Carnap: indicador e indicado; Sausurre: significante e significado). De fato, se percorrermos os livros que se aprofundam na temática dos signos vamos encontrar a mais variada terminologia. Umberto Eco (*O Signo*, Editorial Presença, Lisboa, 3ª ed., 1985) utiliza *significante* para designar o *suporte físico*, *significado* para a *significação* e *referente* para o *significado*. Expõe, ainda, o nome que outros estudiosos adotam, como, por exemplo, Peirce, para quem signo é o *suporte físico*, *interpretante*, a *significação* e *objeto*, o *significado*. Morris, de sua parte, elegeu *veículo sígnico* no lugar de *suporte físico*, '*designatum*' ou '*significatum*' em vez de *significação* e '*denotatum*' para aludir ao *significado*" (*Apostila* ..., cit., p. 11).

50. A classificação dos signos gera, também, intensas polêmicas. Uma das mais difundidas, que examina a entidade segundo o tipo de associação mantida entre o *suporte físico* e o *significado*, exposta por Charles Sanders Peirce, distingue o gênero "signo" em três espécies: o *índice*, o ícone e o *símbolo*. Vejamos as palavras de Paulo de Barros Carvalho (*Apostila* ..., cit., p. 12): "*Índice* é o signo que mantém conexão física com o objeto que indica. Fumaça é índice de fogo. Nuvens carregadas, que se avolumam no céu, aparecem como índice de chuva. Os sintomas patológicos que os homens manifestam nada mais são do que índices das várias enfermidades. Examinado o paciente, verificando que nele ocorrem alguns sintomas, interpreta esses índices como significativos da presença de um mal, substituindo-os, então, pelo nome técnico que as Ciências Médicas artificialmente criaram: sinusite, hepatite, laringite, gastrite etc. Veremos depois que tais palavras são signos da linguagem médica. O *ícone*, por sua vez, procura reproduzir, de algum modo, o objeto a que se refere, oferecendo traços de semelhança ou refletindo atributos que estão no objeto significado. A fotografia, os desenhos figurativos, as próprias caricaturas, os bustos esculpidos ou entalhados, todos e muitos outros, são exemplos de signos icônicos. Já o *símbolo* é um signo arbitrariamente construído, não guardando, em princípio, qualquer ligação com o objeto do mundo que ele significa. Aceitos por convenção, os símbolos são largamente utilizados nos mais diferentes códigos de comunicação. Deles não pode haver melhor exemplo do que as palavras de um determinado idioma. O vocábulo 'casa' nada sugere, considerado em si mesmo, a respeito da entidade real que menciona. É produto de convenção, formada num processo evolutivo que a Gramática Histórica pode em parte explicar, se bem que a escolha propriamente dita, no seu modo primitivo de existir, continue sendo ato arbitrário. São exemplos de símbolo, em linguagens não idiomáticas, a 'bandeira branca', que exprime o pedido de paz; a 'cruz', expressão viva do Cristianismo; os emblemas, brasões, distintivos e tudo aquilo que representa pessoas, famílias, clubes, países, instituições etc.".

(fruta) é *suporte físico* (porção de tinta gravada no papel). Refere-se a uma realidade do mundo exterior que todos conhecemos: uma espécie de fruta, que é seu *significado*. E faz surgir em nossa mente o conceito de "manga", variável de pessoa para pessoa, na dependência de fatores psíquicos ligados à experiência de vida de cada qual. Para aqueles que apreciarem essa fruta, certamente que sua imagem será de uma alimento apetitoso, suculento. Para os que não gostarem, a idéia será desfavorável, aparecendo a representação com aspectos bem diferentes. Trata-se de *significação*.

Em outras palavras, mas falando ainda sobre *signo* como sinônimo de relação triádica, podemos dizer que o Direito enquanto objeto de conhecimento da Semiótica Jurídica apresenta-se na forma enunciativa (exemplo: o art. 111 do CTN) — e sobre enunciado já falamos no primeiro tópico deste trabalho, ao distingui-lo da norma jurídica; portanto, como salienta Eurico Marcos Diniz de Santi, "envolto no suporte físico respectivo, o enunciado refere-se a algo do mundo exterior ou interior, de existência concreta ou imaginária, atual ou passada, que é seu significado; e suscita em nossa mente uma noção, idéia ou conceito, que chamamos de significação. Estes três conceitos, suporte físico, significado e significação, compõem o 'triângulo básico' de Odgen e Ricards, modelo analítico da comunicação sígnica".[51]

No caso do art. 111 do CTN o significado é o fato concreto ocorrido na realidade. O suporte físico é o enunciado que descreve este estado de coisas (significado). A significação[52] é a idéia, noção ou conceito que vem à mente do sujeito cognoscente que trava contato com o significado (fatos concretos) ou com os enunciados lingüísticos do art. 111 do CTN.

"É por isso que a Semiótica ou Teoria dos Signos potencializa o discurso do cientista dogmático que por este novo prisma toma contato com as realidades então inacessíveis mediante as categorias ordinárias da técnica jurídica. A Dogmática amplia, com isso, a zona limítrofe da linguagem do jurista, capacitando seu discurso na medida em que lhe incorpora novos e expressivos recursos. Deveras, instrumentaliza-o para descrever com maior riqueza e precisão as realidades imanentes ao fenômeno lingüístico do Direito".[53]

Dentro da premissa escolhida — o Direito Positivo como uma camada lingüística vazada em termos prescritivos, com um vetor dirigido ao comportamento social, nas relações de intersubjetividade, buscando implantar valores que a sociedade anela —, necessário se torna dizer que toda e qualquer manifestação de linguagem pede a investigação em seus três planos fundamentais: a *sintaxe*, a *semântica* e a *pragmática*.

Exemplificando: no sistema normativo do Direito temos que o *aspecto sintático* se apresenta nas articulações dos enunciados entre si. É sintática a relação entre os enunciados da Constituição e aqueles da lei ordinária, assim como puramente sintático é o vínculo entre a regra que estipula o dever e a outra que veicula a sanção.

Semântica Jurídica é o campo das significações do Direito. É meio de referência que os enunciados guardam com relação ao comportamento tipificado. Essa relação é justamente a ponte que liga a linguagem normativa à conduta no mundo social que ela regula. O aspecto semântico nos leva ao tormentoso espaço das acepções dos vocábulos jurídicos, às vezes vagos, imprecisos e multissignificativos.

Mas, para além do estudo da arrumação dos termos jurídicos dentro da fraseologia da lei (sintaxe) e da pesquisa dos seus significados (semântica), o conhecimento da

51. Ob. cit., p. 30.

52. A significação corresponde à proposição. "O termo 'proposição' aqui é utilizado na acepção empregada pela Lógica moderna, isto é, como a significação de um enunciado declarativo ou descritivo (Echave, Urquijo e Guibourg, *Lógica, Proposición y Norma*, p. 36). Diversamente, na Lógica clássica ou aristotélica emprega-se o vocábulo 'proposição' como a expressão verbal do juízo, ou seja, como o próprio enunciado (Leônidas Hegenberg, *Lógica Simbólica*, p. 21)" (*apud* Eurico Marcos Diniz de Santi, ob. cit., p. 216).

53. Eurico Marcos Diniz de Santi, ob. cit., p. 26.

linguagem do Direito supõe a indagação da maneira como os sujeitos a utilizam dentro da comunidade em que vivem (pragmática). Como motiva a conduta realizando os valores da ordem jurídica, é o grande tema da *pragmática*.[54]

Interpretar o discurso prescritivo do Direito é percorrer esses planos, recolhendo a significação adequada do produto legislado.

6. Uma crítica à interpretação literal no Direito Tributário enquanto técnica que pugna pela aderência aos suportes físicos das mensagens legisladas

Partindo do pressuposto de que, a esta altura do estudo, já estamos suficientemente maduros, é hora de uma tomada de posição frente ao método literal de interpretação no Direito Tributário.

Afirmamos que ali onde houver texto haverá, necessariamente, um contexto. Não há texto sem contexto. E o conteúdo semântico da norma jurídica será construído depois de uma séria e profunda investigação contextual capaz de apreender os valores que nela intervêm, postulando a orientação adequada para as condutas intersubjetivas que disciplina. Desaconselha-se, por isso, falar de interpretação como atividade que vise a "extrair" o sentido e alcance dos textos que abrigam conteúdos de significação.

O que há é uma instigação ao sujeito cognoscente para que ele possa produzir, elaborar ou construir um sentido, tendo como ponto de partida, como estímulo provocativo do processo de compreensão, os enunciados legais (suportes físicos). Reinsistamos: o enunciado (suporte físico) isolado não tem a dignidade de uma norma jurídica, por isto não procede uma interpretação que se apegue à literalidade de um enunciado, como quer o método literal; é necessária uma ou várias idas e vindas ao contexto[55] para se chegar a uma norma jurídica[56] como expressão completa de significação deôntico-jurídica.

Explicando mais ainda: as normas jurídicas estão nas significações que nós construímos a partir dos enunciados, construímos pela leitura dos enunciados. Juntando um enunciado a outro enunciado — às vezes nós precisamos de muitos enunciados —, vamos até a códigos diferentes, corpos de linguagem prescritiva diferentes, para aprisionar um enunciado, juntá-lo a outro e construir uma norma em termos de significação deôntico-jurídica.

Por esta razão, Paulo de Barros Carvalho é categórico quando afirma: "Conside-

54. Paulo de Barros Carvalho, *Curso de Direito ...*, pp. 74 e 75.

55. Stephen Ullmann, em seu clássico *Semântica* (5ª ed., Lisboa, Fundação Calouste Gulbenkian, 1987, pp. 104, 108 e 109), alerta-nos para o fato de que "os lingüistas modernos, contudo, não só deram maior importância ao contexto, como também alargaram consideravelmente o seu raio de ação e investigaram mais profundamente a sua influência no significado das palavras. (...). Essa ampliação dos contextos, lingüísticos e não-lingüísticos, abriu novos horizontes ao estudo do significado. Ao que agora temos de aspirar é a uma 'contextualização em série dos nossos fatos, com um contexto dentro do outro contexto, sendo cada um deles uma função, um órgão do contexto maior, e encontrando todos os contextos o seu lugar naquilo a que poderemos chamar de contexto cultural'".

56. Explica mestre Lourival Vilanova: "Em reescritura reduzida, num corte simplificado e abstrato, a norma jurídica apresenta composição dúplice: norma primária e norma secundária. Na primeira, realizada a hipótese fática, isto é, dado um fato sobre o qual ela incide, sobrevém, pela causalidade que o ordenamento institui, o efeito, a relação jurídica com sujeitos em posições ativa e passiva, com pretensões e deveres (para nos restringirmos às relações jurídicas em sentido estrito). Na segunda, a hipótese fática, o pressuposto é o não cumprimento, a inobservância do dever de prestar, positivo ou negativo, que funciona como fato jurídico (ilícito, antijurídico) fundante de outra pretensão, a de exigir coativamente perante órgão estatal a efetivação do dever constituído na norma primária. Ainda que eventualmente juntas, por conveniência pragmática, lingüisticamente formuladas como unidade, logicamente são duas proposições normativas. Lógica e juridicamente, são diversas, pelos sujeitos intervenientes, pelos fatos jurídicos e efeitos. Norma de direito substantivo ali; norma de direito adjetivo aqui. Normas diversas que têm como ponto de incidência fatos diversos" (*Causalidade e Relação no Direito*, 2ª ed., São Paulo, Saraiva, 1989, pp. 123 e 124).

rações dessa natureza apontam, desde logo, a razão do enorme desgaste que a chamada 'interpretação literal' vem experimentando, em todos os setores do conhecimento jurídico. Se essa técnica postula a aderência aos suportes físicos das mensagens legisladas, tolhendo as excursões que o exegeta normalmente faz pelo corpo do sistema, óbvio está que impede a ida ao contexto. E como não há texto sem contexto, o processo de edificação do sentido fica truncado, frustrando-se a interpretação. Os modernos estudos sobre Hermenêutica Jurídica tomam o texto como o dado objetivo, a partir do qual vai ser desenvolvido o trabalho de formação dos conteúdos significativos. Aliás, nessa direção, cumpre mencionar recente contribuição do professor Eros Roberto Grau (*A Interpretação do Direito: Texto e Norma*, trabalho apresentado em Seminário de Semiótica Jurídica, realizado na PUC/SP, em 1995), que, esforçado em autores de tomo, concluiu: 'O texto, preceito, enunciado normativo, é alográfico.[57] Não se completa no sentido nele expresso pelo legislador. A 'completude' do texto somente é realizada quando o sentido por ele expressado é produzido, como nova forma de expressão pelo intérprete'. Advirta-se que os conteúdos significativos construídos pelo intérprete, por sua vez, pressupõem o sistema, tomando o termo não como conjunto de enunciados, mas como domínio integral das normas produzidas, de tal modo que existir, juridicamente, significará pertencer a determinado sistema, historicamente identificado. Agora, a tarefa de organização de sentido, a contar da base material em que se objetiva o Direito, é o grande problema do desafio interpretativo, ao mesmo tempo em que é a fonte de esclarecimento de tantas diferenças no caminho da compreensão do mesmo objeto. Claro está que, se a interpretação adequada estivesse contida na dimensão dos textos, bastaria abri-los e recolher de seu interior o produto lá existente, desaparecendo as intermináveis disputas semânticas que superlotam os tribunais judiciários e os órgãos administrativos encarregados de julgar. Mas não é assim. Cada um que trave contato com as múltiplas manifestações do Direito Positivo terá que desenvolver esse trabalho criativo que é a interpretação, produzir a sua, e somente sua,[58] compreensão do texto. E, para restabelecer o cunho de objetividade de que necessitam os comandos, a ordem jurídica estatui uma série de providências estabilizadoras, recuperando o poder disciplinado das condutas interpessoais concretas".

Retenhamos uma importante conclusão preliminar. A norma jurídica, enquanto expressão completa de significação deôntico-jurídica, não está contida na dimensão dos enunciados, como se os enunciados pudessem contê-la como um porta-jóias, muito menos a norma jurídica fica envolvendo o

57. Paulo de Barros Carvalho ensina que a distinção utilizada pelo professor Eros Roberto Grau parte da dualidade entre "artes alográficas" e "artes autográficas". Entre as primeiras encontraríamos, por exemplo, a Música e o Teatro, em que a obra apenas se completa com o concurso de dois sujeitos: o autor e o intérprete. Nas últimas, como a Pintura e o Romance, o autor contribui, sozinho, para a realização da obra. Em ambas (nas artes alográficas e nas autográficas) há interpretação, sem bem que produzida de formas diversas. Na interpretação da Pintura e do Romance dá-se a "compreensão da interpretação", mas a obra é completada apenas pelo seu autor. A compreensão visa à contemplação estética, independentemente da mediação de um "intérprete". Por outro lado, a interpretação musical e teatral importa compreensão + reprodução (a obra, objeto da interpretação, para que possa ser compreendida, tendo em vista a contemplação estética, reclama um intérprete; o primeiro intérprete compreende e reproduz e o segundo intérprete compreende por intermédio da compreensão/reprodução do primeiro intérprete, ainda que nessa "segunda" compreensão se manifeste, também, a construção de nova forma expressional). Pois bem, o professor Eros Roberto Grau, na trilha de Edmond Ortigues ("Interpretação", v. 11 da *Enciclopédia Einaudi*, Lisboa, 1987), entende que os textos normativos sejam de caráter "alográfico", o que implica reconhecer não se completarem apenas com o sentido neles impresso pelo legislador. A "completude" do texto somente é realizada quando o sentido por ele manifesto venha a ser produzido como nova forma de expressão. Eis, em resumo estreito, o conteúdo de significação de "alográfico", assim como empregado pelo professor Eros Roberto Grau.

58. Como nota paralela, vale a interessante ponderação feita pelo roteirista e dramaturgo Alcione Araújo, in *Jornal do Brasil*, "Caderno Idéias", de

teor dos enunciados, como um conjunto de nuvens ou espíritos. A norma jurídica é o resultado final de um longo processo gerativo de sentido, construído a partir das significações que nos suscitam a percepção[59] visual das letras, dos vocábulos e das partículas que unem os vocábulos, inseridos na profundidade do contexto, uma vez que não há texto sem contexto.

Em outras palavras: o enunciado (suporte físico) vai aparecer como um estímulo, porque com a nossa percepção, com a intuição sensível da percepção, nós podemos construir o sentido. A significação é construída a partir dos enunciados. É por isso que as pessoas chegam a sentidos diferentes lendo o mesmo enunciado. Se o sentido, se a significação, estivesse no enunciado e nós pudéssemos, então, extraí-lo do enunciado, certamente, ao abrir-se a caixa dos enunciados, todos extrairíamos o mesmo sentido; mas a realidade dos tribunais demonstra que isto não ocorre, de um enunciado surgem diversas significações díspares. Kelsen, com a habitual intuição, diz, em sua *Teoria Pura do Direito*, que uma norma pode ter várias significações, ou — dizemos nós — a partir dos enunciados é possível a existência de várias normas diferentes.

Neste quadrante, à guisa de convenção epistemológica, podemos dizer que os tex-

24.1.98, p. 4, a respeito do processo de leitura. Diz ele: "Imagine-se, agora, alguém sentado, de livro à mão, olhar fixo na página, no ato de leitura. Um processo de extrema complexidade acontece neste momento. Os símbolos gráficos do papel estão sendo confrontados com o repertório na memória do leitor. A possibilidade de articulações e combinações dos vários signos decodificáveis organiza o que chamamos de palavra — e o seu significado. E aqui se descortina um novo horizonte. É que nem todas as palavras são percebidas da mesma maneira por pessoas distintas. Se alguém diz 'martelo', é provável que as percepções sejam mais parecidas umas com as outras do que se alguém diz 'saudade'. A experiência pessoal influenciará mais a percepção de 'saudade' do que de 'martelo'. A palavra é intersubjetiva. À medida que o leitor vai articulando uma palavra à outra, ele reconstrói frases, descrições, avaliações, desejos ou pensamentos — enfim, sugestões. Cada sugestão se insinua, outra vez, pela subjetividade do leitor, são como doses de estimulante para a sua imaginação. Resolvem sua memória emotiva. Num turbilhão, refluem paisagens, rostos, gestos, cenas, imagens, objetos esquecidos, tios, vizinhos, avós, fragmentos de vida passada, sensações, emoções, lembranças perdidas, magicamente evocadas por uma descrição, um clima ou uma situação. Na confrontação e interpretação entre os fragmentos da vida real passada e as sugestões da ficção que se lê, instaura-se a percepção do leitor. A leitura é, pois, uma experiência radicalmente pessoal, resultado da permanente confrontação entre a narrativa do autor e a história das vivências do leitor. Parafraseando Lacan, só se lê do seu lugar. Com tal entendimento, o leitor é uma espécie de co-autor da obra".

59. "Sobremodo interessantes para a especulação jurídica são, também, as construções da Semiótica a respeito da teoria da percepção. Sobre o tema, Lúcia Santaella tece observações agudas, que se ajustam admiravelmente ao processo de conhecimento do fenômeno jurídico. Ensina a ilustre professora que o objeto imediato é o objeto como tal como está representado no signo, ao passo que 'o dinâmico é o objeto que, pela própria natureza das coisas, o signo não consegue expressar inteiramente, podendo só indicá-lo, cabendo ao intérprete descobri-lo por experiência colateral' (*A Percepção — Uma Teoria Semiótica*, Ed. Experimento, São Paulo, 1993, p. 48). Transportando-se essas noções ao conhecimento jurídico, vemos que a linguagem científica, por mais depurada que seja, não esgota o universo de seu objeto, uma vez que seus signos oferecem apenas o assim chamado 'objeto imediato', remanescendo a infinidade de outros aspectos ligados ao objeto dinâmico e que serão apreendidos tão-só por *experiência colateral*. Essa experiência vai expandindo o poder cognoscente do sujeito do conhecimento, mas não chegará nunca ao ponto de dominá-lo. Estará certamente representada pela descritividade de outros discursos que considerem, por ângulos diferentes, o mesmo objeto (o fenômeno jurídico). Fazendo aplicação da teoria, poderíamos ver na Dogmática o enfoque que nos proporciona o Direito enquanto objeto imediato, e na Filosofia Jurídica, bem como nas demais Ciências Jurídicas (Sociologia do Direito, Antropologia Cultural do Direito, História do Direito, Ciência Política do Direito, Psicologia Social do Direito etc.), a experiência colateral imprescindível para ingressarmos naquela porção excedente ao objeto imediato. Sem desprezar, ainda, signos de linguagens não idiomáticas que vão enriquecendo, a cada passo, nossa vivência perante o Direito. Advém de meditações como essas o reconhecimento da impossibilidade de a linguagem normativa cobrir totalmente o domínio material da conduta, bem como a impotência da Dogmática em descrever, plenamente, o Direito Positivo, na condição de sua linguagem-objeto. Aliás, a proposição segundo a qual a metalinguagem representa, invariavelmente, uma redução das complexidades de seu objeto recebe, com a teoria semiótica da percepção, relevante impulso escla-

tos do Direito Positivo, para efeitos de um estudo de Semiótica Jurídica, podem ser arbitrariamente decompostos em três sistemas,[60] todos eles qualificados como "jurídicos": o S_1 — como conjunto de enunciados prescritivos, suportes físicos, ou plano da literalidade, ou plano de expressão como algo objetivado; o S_2 — plano dos significados, ou plano de conteúdo dos enunciados ou suportes físicos; o S_3 — plano das significações, plano onde aparece a norma jurídica como expressão completa de significação deôntico-jurídica, após o intérprete transitar incessantemente pelos outros subsistemas, S_1 e S_2. Eis aí o *signo*, enquanto relação triádica (*suporte físico*, *significado* e *significação*), na terminologia husserliana, auxiliando o jurista a compreender a integridade de sentido dos textos jurídico-positivos.[61]

A lei, vista sob certo ângulo, representa o plano de expressão, em nosso estudo S_1, na sua dimensão de veículo de enunciados prescritivos. Constituição, emenda constitucional, lei complementar, lei ordinária, medida provisória, resoluções, decretos, sentenças, acórdãos e atos administrativos, enquanto suporte materiais de linguagem prescritiva, no seu feitio documental, pertencem à plataforma de expressão dos textos prescritivos, portanto veículos introdutórios de normas jurídicas, constituindo a base empírica do conhecimento do Direito Posto. Aqui, no plano de expressão, devem prevalecer a análise do conjuntos das letras, palavras, períodos, segundo as regras de formação e de transformação do idioma pertinente.

No S_2 o jurista ingressa no plano dos significados, ou plano de conteúdo dos textos jurídico-positivos; enfim, ingressa no mundo do Direito. Neste plano o jurista defronta-se com toda a problemática que permeia a comunicação das mensagens jurídicas, lida, agora, com o significado dos termos jurídicos, associando-os e comparando-os, para estruturar não simplesmente significações de enunciados explícitos ou implícitos (princípios jurídicos construídos a partir de um ou mais de um enunciado expresso), mas significações de cunho jurídico, que transmitam algo peculiar ao universo das regulações das condutas intersubjetivas. Não há falar-se neste subsistema, ainda, em normas jurídicas.

Por fim, o S_3. Após o primeiro contato com o texto jurídico-positivo, que se dá com a leitura da literalidade dos textos (S_1), suportes físicos, ingressa o intérprete no universos dos conteúdos significativos (S_2), enfrentando o muitas vezes penoso processo de geração de sentido. Mas salta aos olhos que isso não basta, devendo o exegeta promover a contextualização das significações obtidas no curso do processo gerativo, com a finalidade de produzir unidades *completas* (S_3) de sentido deôntico-jurídico.

Vejamos exemplos de Paulo de Barros Carvalho para elucidação da articulação dos três sistemas de interpretação dos textos jurídico-positivos: S_1, S_2 e S_3. Imaginemos enunciado constante de lei tributária que diga simplesmente: "A alíquota do imposto é de 3%". Para quem souber as regras de uso dos vocábulos "alíquota" e "imposto" não será difícil construir a significação dessa frase prescritiva. Todavia, é de clareza solar a insuficiência do comando em termos de orientação jurídica da conduta. A primeira pergunta certamente será: mas 3% do quê? E o interessado sai à busca de outros enunciados do Direito Posto para entender a comu-

recedor" (Paulo de Barros Carvalho, *Semiótica e Textos Jurídico-Positivos*, texto inédito, pp. 9 e 10). Diz a professora Lúcia Santaella em outra obra (*A Teoria Geral dos Signos*, São Paulo, Ática, 1995, p. 44): "O signo está ligado ao objeto não em virtude de todos os aspectos do objeto, porque, se assim fosse, o signo seria o próprio objeto. Pois bem, ele é signo justamente porque não pode ser o objeto. Haverá, desse modo, muitos aspectos do objeto que o signo não tem poder de recobrir. O signo estará, nessa medida, sempre em falta com o objeto. Daí sua incompletude e conseqüente impotência. Daí sua tendência a se desenvolver num interpretante onde busca se completar. Contudo, sendo interpretante de natureza sígnica, ele se manterá também em dívida para com o objeto, que será, em razão disso, aquilo que, por resistir na sua alteridade, determina a causação lógica do desenrolar dos interpretantes".

60. Com fulcro em Paulo de Barros Carvalho, *Semiótica e Textos Jurídico-Positivos*, texto inédito.

61. O texto em sua integridade de sentido só começará a surgir quando primeiro promovermos a união dos três sistemas: S_1, S_2 e S_3.

nicação deôntica em sua plenitude significativa. Suponhamos que logo se depare com oração prescritiva gravada assim: "A base de cálculo é o valor da operação". Pronto, o montante a ser recolhido, a título de imposto, pode ser apurado. Mas isto não é tudo; restam ainda na mente do intérprete dúvidas outras que hão de ser esclarecidas. *A quem deve pagar a quantia do tributo? Quem será o sujeito ativo dessa exação?* E novamente continuará o exegeta à procura de outras unidades de significação que possam completar o sentido deôntico-jurídico da mensagem. Não encontrando disposição expressa no texto examinado, o interessado consultará a lei constitucional brasileira, investigando a quem fora outorgada a competência para legislar sobre a matéria, uma vez que a competência tributária encontra-se delineada pela Carta Magna.

Nessa linha de raciocínio o exegeta continuará incessantemente, até que consiga formular a norma jurídica completa de significação deôntica, onde aparecerá no *antecedente* um enunciado de fato, pressuposto da incidência tributária selecionado pelo legislador, e no *conseqüente* uma relação jurídica por força da imputação deôntica, numa síntese de *dever-ser* posta pela vontade imperativa dos detentores do poder político.

Eis aí o apogeu da missão hermenêutica, a norma jurídica enquanto expressão completa de significação deôntico-jurídica — é bem verdade que também as normas jurídicas, enquanto manifestações mínimas e, portanto, irredutíveis do conjunto, permanecerão à espera de outras unidades da mesma espécie, para a composição do sistema jurídico-normativo —, como microssistema, penetrada, harmonicamente, pela conjunção dos mais elevados valores que o ordenamento consagra. Enquanto tal, representa o cruzamento, a força resultante do S^1 com o S^2, isto é, a integração do plano de expressão, plano da literalidade, com o plano de conteúdo, numa síntese que dá a autêntica profundidade do texto examinado. A norma jurídica assim obtida exprime, na sua singeleza estrutural, a orientação jurídica da conduta, precisamente do modo como determinada pela totalidade sistêmica. Não é mais um ente isolado, só, mas algo que tem pertinência a certo conjunto normativo. Mais do que isso, é o próprio domínio, reduzido à sua expressão mais simples, tanto em termos sintáticos como nas suas proporções semânticas e pragmáticas.

Tais cruzamentos entre os três planos de elaboração (S^1, S^2 e S^3), deles não saindo em qualquer dos momentos do percurso gerativo de sentido, mostra, entre outras coisas, a unidade do sistema jurídico, visto como um todo, tecido pelo intérprete numa concepção que salvaguarda, acima de tudo, o dado de sua integridade existencial.[62]

7. *Conclusões*

7.1 Afirmamos que ali onde houver texto haverá, necessariamente, um contexto. Não há texto sem contexto. E o conteúdo semântico da norma jurídica será construído depois de uma séria e profunda investigação contextual capaz de apreender os valores que nela intervêm, postulando a orientação adequada para as condutas intersubjetivas que disciplina. Desaconselha-se, por isso, falar de interpretação como atividade que vise a "extrair" o sentido e alcance dos textos que abrigam conteúdos de significação. O que há é uma instigação ao sujeito cognoscente para que ele possa produzir, elaborar ou construir um sentido, tendo como ponto de partida, como estímulo provocativo do processo de compreensão, os enunciados (suportes físicos). Reinsistamos: o enunciado (suporte físico) isolado não tem a dignidade de uma norma jurídica. Por isto, *não procede uma interpretação que se apegue à literalidade de um enunciado, como quer o método literal*; é necessária uma ou várias idas e vindas ao contexto para se chegar a uma norma jurídica como expressão completa de significação deôntico-jurídica.

7.2 Por esta razão, Paulo de Barros Carvalho é categórico quando afirma: "Con-

62. Paulo de Barros Carvalho, *Semiótica e Textos Jurídico-Positivos*, cit., pp. 18 e 19. Cf. também, do mesmo autor, *Direito Tributário — Fundamentos Jurídicos da Incidência*, São Paulo, Saraiva, 1998, pp. 57-76.

siderações dessa natureza apontam, desde logo, *a razão do enorme desgaste que a chamada 'interpretação literal' vem experimentando, em todos os setores do conhecimento jurídico.* Se essa técnica postula a aderência aos suportes físicos das mensagens legisladas, tolhendo as excursões que o exegeta normalmente faz pelo corpo do sistema, óbvio está que impede a ida ao contexto. E como não há texto sem contexto, o processo de edificação do sentido fica truncado, frustrando-se a interpretação".

7.3 O enunciado (suporte físico) vai aparecer como um estímulo, porque com a nossa percepção, com a intuição sensível da percepção, nós podemos construir o sentido. A significação é construída a partir dos enunciados. É por isso que as pessoas chegam a sentidos diferentes lendo o mesmo enunciado. Se o sentido, se a significação, estivesse no enunciado e nós pudéssemos, então, extraí-la do enunciado, *como pugna erradamente o método literal de interpretação previsto no art. 111 do CTN*, certamente, ao abrir-se a caixa dos enunciados, todos extrairíamos o mesmo sentido. Mas a realidade dos tribunais demonstra que isto não ocorre, de um enunciado surgem diversas significações díspares. Kelsen, com a habitual intuição, diz, em sua *Teoria Pura do Direito*, que uma norma pode ter várias significações, ou — dizemos nós — a partir dos enunciados é possível a existência de várias normas diferentes.

7.4 À guisa de convenção epistemológica, podemos dizer que os textos do Direito Positivo, para efeitos de um estudo de Semiótica Jurídica, podem ser arbitrariamente decompostos em três sistemas,[63] todos eles qualificados como "jurídicos": o S_1 — como conjunto de enunciados prescritivos, suportes físicos, ou plano da literalidade, ou plano de expressão como algo objetivado; o S_2 — plano dos significados, ou plano de conteúdo dos enunciados ou suportes físicos; o S_3 — plano das significações, plano onde aparece a norma jurídica como expressão completa de significação deôntico-jurídica, após o intérprete transitar incessantemente pelos outros subsistemas, S_1 e S_2. Eis aí o *signo*, enquanto relação triádica (*suporte físico, significado* e *significação*), na terminologia husserliana, auxiliando o jurista a compreender a integridade de sentido dos textos jurídico-positivos.[64] *Para o método literal de interpretação o exegeta deve apenas se ater ao subsistema S_1 quando da interpretação do art. 111 do CTN, o que demonstra sua total incapacidade de construir uma significação aceitável do ponto de vista da Semiótica Jurídica.*

7.5 Finalmente, o apogeu da missão hermenêutica: a norma jurídica enquanto expressão completa de significação deôntico-jurídica — é bem verdade que também as normas jurídicas, enquanto manifestações mínimas e, portanto, irredutíveis do conjunto, permanecerão à espera de outras unidades da mesma espécie, para a composição do sistema jurídico-normativo —, como microssistema, penetrada, harmonicamente, pela conjunção dos mais elevados valores que o ordenamento consagra. Enquanto tal, representa o cruzamento, a força resultante do S_1 com o S_2, isto é, a integração do plano de expressão, plano da literalidade, com o plano de conteúdo, numa síntese que dá a autêntica profundidade do texto examinado. A norma jurídica assim obtida exprime, na sua singeleza estrutural, a orientação jurídica da conduta precisamente do modo como determinada pela totalidade sistêmica. Não é mais um ente isolado, só, mas algo que tem pertinência a certo conjunto normativo. Mais do que isso, é o próprio domínio, reduzido à sua expressão mais simples, tanto em termos sintáticos como nas suas proporções semânticas e pragmáticas. *Mais uma vez revela-se a fragilidade ou ingenuidade do método literal de interpretação quando ignora esta complexidade do fenômeno interpretativo, protestando por um apego à literalidade de algo que não é uno: o signo — que, como vimos de ver, é uma relação triádica: suporte físico, significado e significação.*

63. Com fulcro em Paulo de Barros Carvalho, *Semiótica e Textos Jurídico-Positivos*, texto inédito.

64 O texto em sua integridade de sentido só começará a surgir, quando primeiro promovermos a união dos três sistemas: S_1, S_2 e S_3.

Bibliografia

ATALIBA, Geraldo (coord.), e outros. *Interpretação no Direito Tributário*. São Paulo, Saraiva, 1975.

BARROS CARVALHO, Paulo de. "A relação jurídica tributária e as impropriamente chamadas obrigações acessórias". *RDP* 17. São Paulo.

———. *A Visão Semiótica na Interpretação do Direito*. Texto inédito.

———. *Apostila do Programa de Pós-Graduação em Direito — Filosofia do Direito I — Lógica Jurídica*. São Paulo, Pontifícia Universidade Católica de São Paulo.

———. *Curso de Direito Tributário*. 8ª ed. São Paulo, Saraiva, 1996.

———. *Direito Tributário — Fundamentos Jurídicos — Incidência*. São Paulo, Saraiva, 1998.

———. "Enunciados, normas e valores jurídicos tributários". *RDT* 49. São Paulo, Malheiros Editores.

———. "IPI — Comentários sobre as regras gerais de interpretação da Tabela NBM/SH (TIPI/TAB)". *Revista Dialética de Direito Tributário* 12. São Paulo, 1996.

———. "Interpretação e linguagem — Concessão e delegação de serviço público". *RTDP* 10. São Paulo, Malheiros Editores, 1995.

———. "Lançamento por homologação — Decadência e pedido de restituição". Repertório IOB de Jurisprudência 3/97. 1ª quinzena de fevereiro/97. Caderno 1.

———. "O ICMS e os 'regimes especiais'". *Revista Dialética de Direito Tributário* 8. São Paulo, 1996.

———. "O princípio da anterioridade em matéria tributária". *RDT* 63. São Paulo, Malheiros Editores, 1994.

———. *Semiótica e Textos Jurídico-Positivos*. Texto inédito.

———. "Sujeição passiva e responsáveis tributários". In: *Grandes Temas da Atualidade*. IV Simpósio IOB de Direito Tributário, 23 e 24.11.95. São Paulo.

BECKER, Alfredo Augusto. *Teoria Geral do Direito Tributário*. 2ª ed. São Paulo, Saraiva, 1972.

BELSUNCE, Horácio A. García. *La Interpretación de la Ley Tributaria*. Buenos Aires, Abeledo-Perrot, 1958.

BOBBIO, Norberto. *O Positivismo Jurídico — Lições de Filosofia do Direito*. São Paulo, Ícone, 1995.

DINIZ, Maria Helena. *A Ciência do Direito*. 4ª ed. São Paulo, Saraiva, 1996.

———. *Compêndio de Introdução à Ciência do Direito*. 9ª ed. São Paulo, Saraiva, 1997.

ENGISH, Karl. *Introdução ao Pensamento Jurídico*. 6ª ed. Lisboa, Fundação Calouste Gulbenkian, 1983.

FERRAZ JÚNIOR, Tércio Sampaio. *Introdução ao Estudo do Direito*. 2ª ed. São Paulo, Atlas, 1996.

FREITAS, Juarez. *A Interpretação Sistemática do Direito*. São Paulo, Malheiros Editores, 1995.

LARENZ, Karl. *Metodología de la Ciencia del Derecho*. 1ª ed. Barcelona, Ariel Derecho, 1994.

MACHADO, Hugo de Brito. *Curso de Direito Tributário*. 10ª ed. São Paulo, Malheiros Editores, 1995.

MONTORO, André Franco. *Introdução à Ciência do Direito*. 24ª ed. São Paulo, Ed. RT, 1997.

RÁO, Vicente. *O Direito e a Vida dos Direitos*. 4ª ed., v. 1. São Paulo, Ed. RT, 1997.

REALE, Miguel. *Filosofia do Direito*. 17ª ed. São Paulo, Saraiva, 1996.

SANTAELLA, Lúcia. *A Teoria Geral dos Signos — Semiose e Autogeração*. São Paulo, Ática, 1995.

———. *O que é Semiótica*. 12ª reimpressão. São Paulo, Brasiliense, 1996.

SANTI, Eurico Marcos Diniz de. *Lançamento Tributário*. São Paulo, Max Limonad, 1996.

SOUSA, Rubens Gomes de. *Compêndio de Legislação Tributária*. São Paulo, Resenha Tributária, 1981.

TELLES JÚNIOR, Goffredo, *O Direito Quântico*. 6ª ed. São Paulo, Max Limonad, 1985.

TORRES, Ricardo Lobo. *Normas de Interpretação e Integração no Direito Tributário*. 2ª ed. Rio de Janeiro, Forense, 1994.

ULLMANN, Stephen. *Semântica — Uma Introdução à Ciência do Significado*. 5ª ed. Lisboa, Fundação Calouste Gulbenkian, 1987.

VERNENGO, Roberto J. *La Interpretación Literal de la Ley*. 2ª ed. Buenos Aires, Abeledo-Perrot, 1994.

———. *Teoría General del Derecho*. 2ª ed., 4ª reimpressão. Buenos Aires, Depalma, 1995.

VILANOVA, Lourival, *As Estruturas Lógicas e o Sistema do Direito Positivo*. São Paulo, Max Limonad, 1997.

———. *Causalidade e Relação no Direito*. 2ª ed. São Paulo, Saraiva, 1989.

WARAT, Luís Alberto. *O Direito e sua Linguagem*. 2ª ed. Porto Alegre, Sérgio Antônio Fabrsi Editor, 1995.

WITTGENSTEIN, Ludwig, *Tratado Lógico-Filosófico*. 2ª ed. Lisboa, Fundação Calouste Gulbenkian, 1995.

Três Rios (RJ), 19 de abril de 1999

RDT 74

HOMENAGEM A GERALDO ATALIBA – Víctor Uckmar • ***CADERNOS DE DIREITO TRIBUTÁRIO:*** LA DISCREZIONALITÀ NEL DIRITTO TRIBUTARIO – Franco Gallo • LANÇAMENTO TRIBUTÁRIO – José Souto Maior Borges • LA TUTELA DEL CONTRIBUENTE DINANZI ALLA CORTE COSTITUZIONALE ITALIANA ED ALLA CORTE DI GIUSTIZIA EUROPEA – Víctor Uckmar • IMPOSTO DE RENDA-PESSOA FÍSICA – GANHOS LÍQUIDOS AUFERIDOS EM OPERAÇÕES REALIZADAS EM BOLSA DE VALORES, DE MERCADORIAS, DE FUTUROS E ASSEMELHADAS – INCONSTITUCIONALIDADE DA LEGISLAÇÃO QUE MANDA TRIBUTÁ-LOS A UMA NOVA ALÍQUOTA – Roque Antonio Carrazza • A COMPENSAÇÃO FINANCEIRA DEVIDA NA EXPLORAÇÃO DE PETRÓLEO E RECURSOS MINERAIS E NA GERAÇÃO DE ENERGIA ELÉTRICA – Heleno Taveira Tôrres • O IMPOSTO DE RENDA DAS PESSOAS JURÍDICAS E A CORREÇÃO MONETÁRIA DE SUAS DEMONSTRAÇÕES FINANCEIRAS – Hugo de Brito Machado • LA REFORMA DEL IRPF: FAMILIA Y CARGAS FAMILIARES – Eugenio Simón Acosta • LA PROTECCIÓN FISCAL DEL MEDIO AMBIENTE EN LA UNIÓN EUROPEA. EL IMPUESTO COMUNITARIO SOBRE PRODUCTOS ENERGÉTICOS – Fernando Serrano Antón • LAS AYUDAS ESTATALES DE CARÁCTER FISCAL Y EL DERECHO COMUNITARIO: ALGUNAS NOTAS SOBRE SU DIFERENCIA DE LOS TRIBUTOS INTERNOS DISCRIMINATORIOS Y LAS EXACCIONES DE EFECTO EQUIVALENTE A PROPÓSITO DEL PRIMER INFORME SOBRE EL CÓDIGO DE CONDUTA FISCAL – Marta Villar Ezcurra • FEDERALISMO E AUTONOMIA DOS ESTADOS. A COMPETÊNCIA DO SENADO FEDERAL E A EMISSÃO DE LETRAS FINANCEIRAS DO TESOURO DO ESTADO DE PERNAMBUCO – Misabel Abreu Machado Derzi e Sacha Calmon Navarro Coêlho • O IMPOSTO SOBRE A TRANSMISSÃO DE BENS IMÓVEIS (ITBI): PRINCIPAIS QUESTÕES – José Maurício Conti • ***NOTAS E COMENTÁRIOS:*** A TRIBUTAÇÃO DOS SERVIÇOS DE "INTERNET" PRESTADOS PELOS PROVEDORES: ICMS OU ISS? – Clélio Chiesa • A INCONSTITUCIONALIDADE DA LEI 9.718, DE 27.11.98, E DA EC 19, DE 16.12.98 – Igor Nascimento de Souza • A SISTEMÁTICA DA PROVISÃO PARA DEVEDORES DUVIDOSOS COM RELAÇÃO ÀS INSTITUIÇÕES FINANCEIRAS – Flávio Couto Bernardes • O MÉTODO LITERAL DE INTERPRETAÇÃO NO DIREITO TRIBUTÁRIO FRENTE A ALGUNS ASPECTOS SEMIÓTICOS DOS TEXTOS JURÍDICO-POSITIVOS – Roberto Wagner Lima Nogueira

MALHEIROS
EDITORES